貴三主任賜正

五九級丙班

王大千敬上

民國一〇九年十一月十七日

王大千 撰述

從所好軒

論語甚解

薛松村

余序

論語二十篇，記載著孔子修身、齊家、治國、平天下的大道。這個「夫子之道」是一貫而有系統的——它以「仁」為核心，而以其他諸德為內涵。如果把這個「道」比喻為車輪，「仁」就是輪轂，其他諸德——如孝、弟；忠、恕；禮、樂；智、義、勇；剛、毅、木、訥；恭、寬、信、敏、惠；溫、良、儉、讓……等就是輪輻，湊集於轂上；也就是說，這所有的「德」都與「仁」有關聯。

本書論語甚解依原書二十篇的次序，逐章譯解其字句，疏通其意旨，前後照應，廣徵博引，交代清楚，相當符合「甚解」的要求；而對其中的關鍵詞語——如「仁」、「義」、「道」、「德」、「忠恕」、「中庸」、「中行（中道）」、「知命」等，又不憚麻煩的另為專文，附於書後，務使篇章辭意融會貫通、曲盡明曉而後止。此外，作者王大千君特別闡明孔子提倡的倫理道德就是生活哲學，貴在「篤行」，良以「夫子之道」必須經過實踐，才能顯現其價值。試看孔門四科，「德行」居首。所謂「德行」，鄭玄於周禮．地官．師氏注：「德行，內外之稱——在心為德，施之為行。」不經過踐行，論語中諸「德」只是思想，甚至只是空言而已。大千君所以特別重視踐行，固然是由於對「夫子之道」的透徹了解，更是由於自身數十年體驗的結果，因而能夠清楚的說明「夫子之道」的重心、系統，並特別強調此道必須身體力行，這是本書的第一個特點。

論語自成書以來，注釋者何止千百？其注釋的重心，大多在疏解其義理；遇有特殊單字、複詞，也大多釋其音、義，絕少分析其字形的。大千君在就讀臺灣師範大學國文系、所期間，曾從國學大師魯實先先生研習文字學，得其真傳，遂將所學用於論語的詮釋——例如「仁」字，許慎說文解作「親也」；按照魯師實先「形聲必兼會意」的說法，「仁」字的構形為從二、人聲，且會合「二人」之意，可知「仁」的本義為人與人之間的親睦關係，引申可指一切能增進親睦人際關係的美好德行。論語所載幾位弟子問「仁」，無非請教在日常生活中如何待人接物，使彼此得以和睦相處的要領；而孔子的答覆，正是踐行上述諸「德」。又如「忠」、「恕」二字，根據「形聲兼會意」說，會合「中心」、「如心」之意，便知這兩個字的本義都是將心比心，因而可以構成一個複詞「忠恕」來用。其他的例子，不一而足。由此可見大千君深入淺出的運用古文字學，不僅為詮釋論語開闢了新的途徑，也擴展了考據、訓詁之學的功用，這是本書的第二個特點。

孔子長於言語，孟子中可以找到證明。公孫丑篇說：「宰我、子貢善為說辭，冉牛、閔子、顏淵善言德行，孔子兼之，曰：『我於辭命則不能也。』」孔子「善為說辭」，而謙稱「於辭命則不能」，正足以說明他長於言語。論語所載，既是孔子的「善言」，其文采自然可觀，只是被義理的光芒所掩蓋，言語的光采遂闇然而不彰。讀者如果細細玩味，便會發覺孔子的言語如珍珠、寶玉，含蓄溫潤，愈咀嚼愈覺其有味；不像孟子的言語如水晶、琉璃，光芒奪目，英氣逼人。大千君用他所熟知的文法學、修辭學等，來剖析、比較論語中的語句，以彰顯其中的義蘊，使讀者在沐浴孔子的德化之外，又能享受其優美文章的薰陶，這是本書的第三個特點。

姚姬傳氏曾說：「學問之事，有三端焉：曰義理也、考證也、文章也。是三者苟善用之，則皆足以相濟；苟不善用之，則或至於相害。」以前的學者往往善其一以攻訐其二，或有其二以詆毀其一，這是「相害」。大千君闡發論語中的義理，而不偏廢考證、文章，使三者相輔相成，這是「相濟」。其實孔門四科中，「德行」、「政事」，內聖外王，皆是義理，「言語」就是「文章」（或稱「詞章」），「文學」就是「考證」（或稱「考據」）。孔子聖人，集其大成。弟子中如「子夏、子游、子張，皆有聖人之一體；冉牛、閔子、顏淵，則具體而微」。讀者透過本書，親沐孔門四科，想達到「具體而微」的成就，自是難能；但如能得「聖人之一體」，為游、夏的流亞，也就可以「無忝所生」

了。

四十餘年前，大千君從我習論語，每有提問，皆能對我有所啟發。我知他體悟獨多，預期他將來對聖學必能有所貢獻。四十餘年後，他果然撰成論語甚解，完全符合我昔日的期望。書成，大千君顧念舊情，向我索序。我雖已老耄，兼染怪疾；但因深喜論語，又喜大千君撰寫甚解的方法，乃欣然應允，特援筆為之序如上。

余培林

民國一〇一年二月二十八日

自序——我對詮釋論語的一些淺見

先師魯公實先說：「中華文化有三寶——文字、史學、儒家思想。」他所謂「儒家思想」，既非漢儒講究的陰陽五行，也不是宋儒愛談的心性理氣，而是孔子得人心所當然的仁道，論語則為記錄孔子言論和行誼最豐富、最珍貴的第一手資料。

兩千多年來，論語一書對國人思想、言行、生活各方面影響之深遠，無與倫比。在臺灣寶島，它是無數具高中以上學歷者所讀過中國文化基本教材的主要內容。其中許多嘉言早已成為大家日常習用的成語，稱之為「中國人的聖經」，實不為過。近年來，由於大陸的迅速崛起，全球勃然興起一股中國熱，研究中華文化代表人物——孔子的思想，料將成為二十一世紀的顯學。當今世亂日亟，物慾橫流，人心汩沒；若要力挽狂瀾、撥亂反正，必須從教育、文化事業著手，而研讀論語正是達到「心靈改革」目標的最佳途徑。

對這樣一部重要經典，從古到今，註家之多，更僕難數，前人在考證、訓詁方面，累積了無數成果；然而時至今日，書中義蘊仍有許多不太清楚的地方，誠如近人陳大齊先生所言：「論語所載孔子言論，雖有說得很明白，一讀即可了然，無所用其推敲，遂亦不會引起異解；但多數則因古代文字簡潔【註一】，用字少而涵義富，說得不夠明確，可以做如此解，亦可以做如彼解【註二】，於是後世的註釋家各逞己見，做了許多不同的解釋，甚至有不同到相反程度的【註三】……又有些孔子言論，後世各家的解釋雖大體相同，沒有甚大的差異，但未必切合孔子立說的本意【註四】，亦有改釋的必要。」（見論語臆解・序，臺北商務印書館印行。）因此，今後研讀論語，務必跳出傳統的漢學或宋學窠臼【註五】，另闢蹊徑，參考而不盲從權威的說法，多方運用文字【註六】、訓詁【註七】、文法【註八】、修辭【註九】、語意【註一〇】、邏輯【註一一】，以及教育【註一二】、心理【註一三】等知識和方法，融會貫通，才易於求得最貼近原意的正解。【註一四】

大千不才，資質駑鈍，唯性甘恬淡，幼承父母庭訓，長受師友啟迪，一心嚮慕孔子之道；就讀臺灣師範大學國文系、所期間，修習了文字、訓詁、文法、修辭等科目，略諳治學方法；對於先秦古籍，始終偏好論語一書。多年以來，反覆研讀，悉心探索，真積力久的結果，漸能把握孔子的一貫之道，進而領略他志道向學，雖飯疏食、飲水，枕曲肱也樂在其中的生活情趣。如今我所認識的孔子，絕非一般人心目中那個彎腰駝背、道貌岸然、高深莫測、思想迂腐、保守頑固的糟老頭子，而是一位博學多能、虛懷若谷、通情達理、富有智慧、頭腦靈活、寬厚仁慈、親切和藹、令人心悅誠服的恂恂長者。當自己待人接物時，每每想像孔子如果活在今天，他可能會怎麼對應和處理？無形中將自己和孔子的時空距離拉近，而不再覺得他所垂示的仁道是那麼遙不可及與高不可攀，拿來作為自己立身處世的南針，幾乎不覺有什麼不合時宜的地方【註一五】。十四年前，我任教的專科學校改制為技術學院，增設了通識課程，我因此有機會講授「四書與人生」，並在課餘閱讀中外學者、作家們的相關書籍，發現古今那些聖哲與賢達之士對於為人處事之道，雖然不無見仁見智的差異存在，但也更多相通之處，只是彼此所用的語言和詞彙不同而已——例如現代企業管理談人際溝通所強調的同情心和同理心，便相當於孔子的忠恕之道；教育及心理學家所探討人格發展、心智成長的問題，也都符合孔子對君子、小人作風的描述。又如今人講究處理事情的彈性，實即孔子「無可無不可」、「無適無莫，義之與比」的中道原則；近年來社會上流行「活出自我」的主張，孔子早就「從吾所好」了；佛家的隨緣隨遇、道家的順應自然，和孔子的樂天知命，可謂殊途同歸，都有令人忘懷得失、怡然自適的效果；孔子「關雎樂而不淫、哀而不傷」的詩評，也可作為今人處理兩性關係時的借鑑。其他還有許多孔子受之於前修的理念以及他自己對人生的體驗，都可在中外學者的論述中獲得印證，而適用於當今的工商社會。

有了這樣的發現，再來溫習論語，往往有左右逢源、茅塞頓開的喜悅。

孟子・萬章下篇說：「頌（誦）其詩，讀其書，不知其人，可乎？」淮南子・氾論篇也說：「誦先王之書，不若聞其言；聞其言，不若得其所以言。」如果不先認清孔子的真實面目，便無從得其所以言，又怎能正確解讀論語？今人韋政通先生發覺：近百年來，無論抨孔者或尊孔者，「在有意和無意之間，都把孔子神聖化、絕對化了」，結果「把孔子那堅定的自然人性的意象除去了。本來是一個充滿人道熱情和富人間性的孔子，在我們這時代激情的激盪之下，和我們之間產生了遙遠的距離」（見中國思想史第六五頁，臺北大林出版社）。例如孔子要子貢比較顏淵和自己資質的高下，子貢說：「賜也何敢望回？回也聞一以知十，賜也聞一以知二。」可知顏淵天資穎異，孔子不僅同意子貢的認知，而且也自嘆不如——這並無損於他的偉大，且更顯示出聖人謙虛、平易的風範。他對子貢說「弗如也，吾與女弗如也」的「與」字，明明是個連接詞，「吾與女弗如」整句意謂我和你都不如顏淵聞一知十的智慧；若把「與」解釋為讚許，未免過於牽強。又如孔子居衛期間，曾在寓所擊磬，有位隱者經過門口，譏諷他不能與時推移、知所進退；孔子聽到之後，不禁感慨地說：「果哉！末之難矣！」「果」是果真、確實的意思，可見孔子有尊重異議並接受批評的雅量，同時反映出他對時局的無力感。當他周遊列國，遊說諸侯，奔波十幾年，心力交瘁，卻無功而返的前夕，如此回應避世賢者的善意譏諷，原來就很自然，也正是「六十而耳順」的具體表現，後人實無必要勉強替他作想當然耳的辯駁。

論語全書二十篇，大約五百章，篇章之間，意思並不連貫；而且孔子因材施教，對相同問題的答覆往往不同，甚至完全相反，加上他說：「朝聞道，夕死可矣！」因此，孔子之道給人的感覺是博大精深而不易理解。晚近學者也多認為孔子學說沒有系統，這是由於未能看懂原文，便用重視定義、講求邏輯的西洋哲學方法來研究論語所產生的偏見。事實上，孔子一再告訴學生：他的道是「一以貫之」的，論語這部書把孔子的話彙集在一起，反覆研讀，融會貫通，可知他所談都不外君子立身處世、待人接物的道理；在待人之前，必先懂得自處，也就是要具備正確的人生觀與價值觀。孔子說：「君子喻於義。」又說：「君子義以為質。」唯其如此，才會真誠無私地對待他人（參閱附錄六釋義利）；而待人之道，一言以蔽之，就是孔子思想的核心——仁（參閱附錄七釋仁、附錄八釋中庸）。至於行仁的基本原則，為曾子所悟出的忠恕（參閱附錄九釋忠恕），其具體規範是孔子答覆顏淵問仁時提到的禮教（參閱附錄二釋道、附錄三釋禮）；然而中庸記載子曰：「忠恕違（離）道不遠。」孟子・盡心上篇也說：「強恕而行，求仁莫近焉。」可見忠恕只是行仁的捷徑，要達到仁的目標——人際關係和諧，仍有一些距離，所以說「君子而不仁者有矣夫」。從他告訴子路的「六言六蔽」，以及親身體會的「好學近乎知」、「知者不惑」，可知唯有好學如顏淵的智者，才能夠守經達變，保持「用之則行，舍之則藏」的彈性，所作所為莫不合情合理、切近中道（參閱附錄十釋中行）。再從弟子所記「子罕言利；與命，與仁」，以及他說的「君子去仁，惡乎成名」、「不知命，無以為君子也」，可見知命和行仁兩者關係密切，相輔相成；君子盡人事而聽天命，才是自強不息、樂觀進取的處世態度（參閱附錄十一釋知命）。由上所述，便大致可以勾勒出孔子之道的輪廓來了【註一六】，怎會沒有系統呢？

所謂仁與不仁，是相對而非絕對的，它的涵義有廣、狹之別。從文字的構體來解析，並參照孔子答覆學生問仁的話，可知仁的本義為和諧的人際關係，引申開來，有時泛指一切待人接物的法則，有時單指愛心或利他的言行、態度，有時又用來指心智成熟、品德優良的賢者（說詳附錄七釋仁）。由於古人大都使用單詞，不像現行白話有那麼多複詞可以精確表達複雜、細膩的意思，因此在不同的地方，最好能靈活運用適切的白話詞語來翻譯，讓讀者看了，彷彿覺得孔子和相關人物就在眼前用自己所熟悉的言語說話或交談一樣。

孔子說：「朝聞道，夕死可矣！」孟子・離婁上篇則引述他的話說：「道二：仁與不仁而已矣！」

可知他口中的「道」實為仁道，指的是經營人際關係、期能與人和睦相處所遵行的途徑，其理易明，其道易行；然而他在世的時候，就曾不只一次落寞地表示「莫我知也夫」，甚至說出「予欲無言」的無奈。他再三告訴學生：自己既不是聖人，也非生而知之者；只是好古敏求、默而識之的凡人；在為人處事方面，則躬行君子、過不憚改。為了袪除弟子的疑惑和怕難心理，孔子還特別把既美好、又尋常的仁道稱作「中庸」（說詳附錄八釋中庸）。後人研讀論語，若不能從平凡處著眼，只因蔽於他的「聖」名，且溺於本身所習，總是好高騖遠、捕風捉影，將難免以辭害意，犯下智者之過，而讓孔子繼續抱憾於九泉之下。

待人接物和飲食、起居都是生活的實質內容，所以孔子說：「道不遠人；人之為道而遠人，不可以為道。」（見中庸）近人梁漱溟說：「孔子的東西不是一種思想，而是一種生活。」（見東西文化及其哲學第五章第二一四頁，臺北虹橋書店）其實，孔子之道當然也是一種思想，有怎樣的思想，才有怎樣的態度和行為；梁先生的話只是針對當時學界只講習知識與崇尚空談的風氣，特別強調孔子思想在生活上的實用性而已。試看孔子和學生對話的內容，便不難明白——例如司馬牛問仁，孔子的答覆竟然只是一句「仁者其言也訒」（意謂經營人際關係須在言語上知所節制，也就是要懂得說話的分寸）。司馬牛不敢置信地問道：「其言也訒，斯謂之仁矣乎？」他顯然不曉得言語是人際溝通的主要媒介，其言也訒，使人我之間充滿和氣，這就是「仁」了；否則「禦人以口給」固令人憎惡，「巧言令色」也讓人不齒，雙方就不易維持良好的關係，所以說「鮮矣仁」。或許像司馬牛這樣捨近求遠、圖易於難的人為數不少，難怪孔子會感慨地說：「道之不明也，我知之矣！知者過之，愚者不及也；道之不行也，我知之矣！賢者過之，不肖者不及也——人莫不飲食也，鮮能知味也。」（見中庸）

做人是一輩子的事，君子立身處世，必須隨時隨地學、問、思、辨，並由篤行中去省察與調適才行。孔子仁道之所以「極高明而道中庸」，必須「下學而上達」，其原因在此；而他自認「躬行君子，則吾未之有得」、「君子之道四，丘未能一焉」，固屬謙辭，但也未嘗不是實話。若不從這些地方去心領神會，而一味地「把孔子神聖化、絕對化」，如何能夠認識「充滿人道熱情和富人間性的孔子」呢？有了這樣的體認之後，那麼把「君子而不仁者有矣夫」這句話翻成「君子有時候也難免跟人家相處得不太融洽」，便極淺明易懂而符合人之常情，且不至於跟孔子說的「君子去仁，惡乎成名？君子無終食之間違仁」有所矛盾——因為人際關係是相對的，如何待人接物又是君子必須終身學習的功課，即使偶有疏失而犯錯，只要反躬自省、知過能改，仍不失為君子。孔子說：「夫言豈一端而已？夫各有所當也。」（見禮記‧祭義篇）本來在不同的情況下，話就有不同的說法，「君子而不仁者有矣夫」這句話只是在陳述一項事實，並未否定君子的人格。近人高明將「仁」視同為「愛」，又拘泥於「君子必仁」的認知，於是主張「君子而不仁者有矣夫」是用疑問的語氣表達否定的意思（說見孔學管窺‧孔子倫理學說的基本精神第四四至四五頁，臺北廣文書局），雖似言之成理；然而參照子罕篇21所記孔子說的：「苗而不秀者，有矣夫！秀而不實者，有矣夫！」高先生的說法便站不住腳了。孔子以「愛人」答覆樊遲問仁，就和他答覆顏淵等人問仁一樣，意在告知行仁的要領，並非為「仁」字下定義，經營人際關係的方法也不僅愛人一途而已；何況禮記‧檀弓上篇說：「君子之愛人也以德，細人之愛人也以姑息。」假使愛人的方式偏差，有時反而會害了對方。後人拘執一端，拿自己的成見來解讀論語，往往偏離孔子說話的原意。

孔子的中心思想為仁，君子應當努力進德修業，以成就自己高尚的、完美的人格；然後由近而遠，推己及人，期能建立一個和諧的倫理社會，這是孔子一生的志業。現代學者大多將「仁」加個字解釋為「仁道」、「仁德」，並未進一步清楚交代究竟「仁道」、「仁德」的內涵是什麼；或將「仁」翻譯為「愛」，也失之狹隘。因此，除了上述對「君子而不仁者有矣夫」的誤解外，遇到像「一日克己復禮，天下歸仁焉」這樣的句子時，也解釋得十分牽強而不合邏輯。愚意以為：仁的本義既為和諧的人際關係，弟子們問仁，當然是要請教經營人際關係的方法，所以孔子在答覆仲弓問仁時說：「出門如見大賓，使民如承大祭；己所不欲，勿施於人；在邦無怨，在家無怨。」又在答覆子張問仁時說：「能行五者於天下，為仁矣……恭則不侮，寬則得眾，信則人任焉，敏則有功，惠則足以使人。」由此可知「一日克己復禮，天下歸仁」的意思是說：一個人如果從早到晚，整天都能做到克己復禮，那麼無論走到天下任何地方，他跟別人相處，終必歸於融洽，這與「言忠信，行篤敬，雖蠻貊之邦行矣」的說法，大致上是吻合的。學者們大多望文生義，解作：「只要有一天能克己復禮，天下的人就會趨向仁道」，或把「歸仁」翻譯為「將仁的美名歸屬於他」。仔細思考，兩者都似是而非——因為孔子說：「如有王者，必世而後仁。」一世為三十年，即使大學說「堯、舜帥天下以仁，而民從之」，也絕非一蹴可幾，通情達理的孔子怎會苛求只是平民之身的弟子在一日之間便成就帝王一世之功呢？同理，他在答覆子張問仁時說「能行五者於天下為仁矣」的意思也是：倘若能遵照恭、寬、信、敏、惠這五項原則去做，無論身處天下任何地區，都會受到歡迎而通行無阻；並非教子張把五者推行到全天下。學者們那樣解讀，真不知其中的邏輯究竟在哪裡？讀者聽了這麼不切實際的高調，怎能不昏昏欲睡？

論語所記孔子的言談，大多為人倫日用之常道，我們最好也從平易處去解讀，才不至於像明儒樊良樞說的：「今之讀書，本直也而曲解之，本易也而僻解之，本深也而淺解之，有甚不費解而終身索解不得者，有強作分解而究竟不知其解者——所由不自參照故也。」（見朱彝尊經義考所引樊氏四書參解・自序，臺北中華書局發行）若能互相參照，以經解經，當可避免樊氏提到的種種缺失——例如孔子自述心靈成長的歷程：「吾十有五而志於學，三十而立，四十而不惑，五十而知天命，六十而耳順，七十而從心所欲不踰矩。」參照季氏篇13記載他對愛子的庭訓：「不學禮，無以立」，以及他在堯曰篇末章說的「不知禮，無以立也」，可見他所志於學的主要是禮，「三十而立」就是指「立於禮」

而言；「四十而不惑」則因「好學近乎知」而「知者不惑」有以致之。至於「耳順」一詞，自古學者們的解釋，頗嫌迂曲、深奧，令人有不知所云之感【註一七】。其實，只要從「忠言逆耳」的成語作反向思考，便可了解它的意思是聽得進任何負面言語，原本非常淺顯易懂，何須深求而曲解之？

孔子自稱信而好古、述而不作，其實他是拿舊瓶來裝新酒，就世人習用的詞語賦予新的意義，可說是以述為作的——例如「天命」之說，孔子承襲了春秋時代人文主義先驅者的觀念，並不相信真有等同上帝而能決定人事吉凶禍福的「天」存在。他心目中的「天」，指的是人力所無法控制、甚至無法預知的外在因素；而所謂「知天命」，只不過是對這些外在因素攏統的象徵性說辭罷了（說詳附錄十一釋知命）具有相當的理性。明白了這一點之後，才容易理解孔子所稱「貧與賤，是人之所惡也，不以其道得之，不去也」，是由於君子能夠知命——也就是認清天命無常的現實，所以凡事求其在我，盡心盡力，而有接受一切可能後果的心理準備。這番話的意思和「人不知而不慍」、「臨難毋苟免」、「素貧賤行乎貧賤」大致相同。因此，「不以其道得之，不去也」的「道」字，當指事情發生的緣由（說詳附錄二釋道）；而「其」字則和公冶長篇25「匿怨而友其人」、左傳・定公六年「寡君有官，將使其人」、莊子・養生主篇「吾以為其人也」、史記・項羽本紀「將非其人不可」的「其」，都是用來指某些（個）非特定的人、事、物【註一八】——那麼這句話宜解讀為：一般人所認知的天命是「善有善報，惡有惡報」，以致無法接受按理不該貧賤卻偏偏落到貧賤下場的事實，不免怨懟上蒼，甚至由於心有未甘，而一味地想要脫離逆境，即使作奸犯科也在所不顧；唯獨知命的君子能夠逆來順受，安貧樂道，為所當為，顏淵就是最好的典範。歷來學者們各種削足適履似的穿鑿解釋、怪異斷句和改字主張（見附錄二釋道的附註），都不免失之主觀、武斷而顯得多餘。

君子平日除了依乎中庸、克己復禮之外，也須明白「六言六蔽」，講究通權達變、因利制宜之道，才不至於如宰我所想像的那麼愚昧——聽說有人掉到井裡，便糊裡糊塗地跳下去救人。管理學者任維廉博士運用西方科學方法，就論語中描述君子與小人的語詞，作「結構性重組轉換」，所得「小人的圖象」，其中之一為「能信守承諾」（見中央大學哲學研究所編印的第三屆管理與哲學國際學術研討會論文集第五〇六頁），證據只是子路篇20記載了孔子說的：「言必信、行必果，硜硜然小人哉！」殊不知這裡的「小人」指的是一般沒受教育、見識淺陋的市井小民；君子處世，固以誠信為經，然而「好信不好學，其蔽也賊」也是「六言六蔽」之一——「蔽」的本義為遮掩，引申可指視覺的死角（盲點），讀書人倘若謹守禮教而不知權變，即所謂「小人儒」，是難成大器的。在孔子的眾多弟子當中，大多屬於進取有餘的狂徒和有所不為的狷者，固然都學有專長，斐然成章，只惜各有偏執；像顏淵這樣有守有為、能狂能狷的「中行」之士，少之又少，難怪在得知顏淵亡故時，孔子會為之悲慟逾恆了。

孔子服膺周公，博學多聞，尤以知禮著稱於世，畢生以提倡禮樂、再造周初盛世為職志。禮不外乎人情與事理，因此他判斷一個人直不直的標準，在於當事人的作為是否合情合理——例如當葉公得意地告知「吾黨有直躬者，其父攘羊，而子證之」時，他卻認為那是扭曲人性的矯情行為，哪裡能算直者？真正直者的表現應該是「父為子隱、子為父隱」而符合人之常情的；至於偷羊的行為對不對，那是另一回事。又如有人向微生高討醋，他向鄰居乞討後轉手送給對方，只可說是熱心有餘；若從孔子對「直」的認知來看，就有所不足了。此外，他不贊同以德報怨，因為那樣違反了社會公平、正義的原則；只有「以直報怨、以德報德」，留給當事人無限寬闊的自主空間，才是合情合理的中道作法。由於堅守原則而能保持彈性，使得孔子處理事情日趨圓熟，終能超凡入聖而達到「從心所欲不踰矩」的境界。

孔子說：「人之生也直，罔之生也幸而免。」意思是說：人的本性是條直的；一個人立身處世，若扭曲了條直的本性，除非他始終都很幸運，否則很難免於自食惡果。因此，「直」可說是做人的核心價值，古人所造「德」字，便用「直」作它的聲符（說詳附錄五釋德）。雖說「直」是為人處事的基本原則，但也必須懂得變通才行，所以在孔子看來，「好直不好學，其蔽也絞」也是「六言六蔽」之一。「絞」為形聲兼會意字，兩繩相交，愈扭愈緊，所以引申有緊、急之意。一個人若自恃「一條腸子通到底」，卻因不喜歡讀書，缺乏變通的智慧，在與人交往時，就很可能使彼此的關係緊繃、場面尷尬，甚至造成令人遺憾的後果。

先民造字，以象形為主，觀形便知其意；然而文字創造以後，流傳既久且廣，人人可憑己意引申使用，以致同一個字往往兼具廣狹多重涵義，或不同的文字卻意思疊複——例如「道」、「仁」、「禮」三字，雖然析言之其義有別，但是統言之卻可相通。因為「道」的本義為道路，引申可指人倫交接所遵循的規範；將這些規範儀式化，便成為「禮」；以禮待人，強恕而行，大致可使彼此親睦相處，這就是「仁」。由此可見道、仁、禮三者的關係密不可分。另如「忠」、「恕」和「仁」、「愛」四字在論語裡面，往往意義相容，有時也就可以互言或替代使用了。

論語是一部教人如何做君子的經典，君子與小人之間，存在著人生觀與價值觀的差異，所以說「君子喻於義，小人喻於利」、「君子無終食之間違仁」、「未有小人而仁者也」。從卜辭所見「義」、「利」二字的構體，可知其本義各為祭祀所用犧牲與持刀收割作物，引申為捨己為人的善行與佔有財物的私慾（說詳附錄六釋義利）。士志於道，仁者愛人，必要時，甚至不惜付出寶貴的生命。文天祥衣帶贊有言：「孔曰成仁，孟曰取義；唯其義盡，所以仁至。」所謂「仁風」、「義舉」，其精神實無二致，信國公可說善讀聖賢書了。志士仁人見義勇為，如此不計得失，自然能夠不憂不懼、無怨無悔，而贏得世人的敬重，這也正是「求仁得仁」的精義所在。

古人語法簡潔，常有修辭學所謂「跳脫」【註一九】的語病，這時就不能按照字面來解讀——例如子罕篇27的「歲寒然後知松柏之後凋也」，學者大都解作：到了年終嚴寒的時候，才知松柏是最後凋零的。若是這樣，那麼後凋和先凋便只有時間上的差異，但畢竟還是凋零了；好比孟子說的「以五十步笑百步」，拿這句話來稱讚松柏不同凡俗，不啻表揚晚節不保的人，豈是孔子的本意？事實上，松、柏等針葉木，不像其他植物在冬天掉光所有葉子，來年春季才又漸漸長出新葉；松、柏是一邊掉老葉、一邊長新葉，因此才有「松柏長青」的現象及成語。本章和前面提過的「一日克己復禮，天下歸仁焉」一樣，不能拘泥於文法，必須從孔子說話的用意來理解才是。「後凋」只有解讀為：在其他樹木都凋零之後，仍然保持青翠的顏色，才足以顯示和「雞鳴不已於風雨」同樣難能可貴的節操。陶淵明在五柳先生傳中說自己「好讀書，不求甚解；每有會意，便欣然忘食」，所以他讀書能夠自得其樂；然而為使青少年學子和外邦人士能夠清楚認識孔子之道，不會如霧裡看花，甚至愈看學者的解釋，愈覺得原文深奧難懂，因而產生怕難、甚至厭惡的心理，本書對於論語的每一字句，務必求其甚解，絲毫沒有含糊不清的地方，那麼孔子之道才易於被大家瞭解與認同，進而產生導正人心、移風易俗的作用。因此，本書在詮釋的時候，通常先說明文字的本義、引申義或假借義，並參照上、下文以及該字在別章乃至其他去古未遠的先秦或漢代古籍中的用法；再揣想當事人說話時的情境，同時比較古人的語彙、句例，以求得它的恰當解釋【註二〇】；然後逐字逐句，反覆悉心推敲，能直譯就直譯，否則採取意譯，儘可能深入淺出，使用現代人一看便懂的言語加以翻譯、解說，必至意思明確、怡然理順、文字流暢而後止【註二一】。這是非常大膽的嘗試，難度很高，我雖不敢自詡能闡釋得完全精準，就此達到「為往聖繼絕學」的目的；但相信頗便初學以及外邦人士閱讀。孔子之道就像日常生活中不可或缺的食物和飲水，絕非廟堂上僅供少數人用來禮敬神明的龜玉。詮釋古籍猶如作菜，最好能保留食物原味，讓用餐者不但感覺可口，而且容易消化，在飽足的同時，也得到了健康和快樂。無論知我、罪我，切盼海內外博雅君子不吝賜教。

本書脫稿付印前，幸蒙余師培林教授悉心審閱，多所指點，同時俯允賜序嘉勉，使我得附驥尾，戮力為弘揚中華文化而奔馳，長者風範，至足感佩！封面題字，則出於好友薛松村老師之手，憑添拙撰不少光彩。此外，由於臺南和裕出版社工作團隊的黽勉從事，舉凡編排、設計、校正、印製等，都力求完善不誤，讓論語甚解以最美好的面貌呈現世人眼前，同此表達誠摯的謝忱！

中華民國百又一年三月三日，王大千謹誌於臺灣屏東之從所好軒。

【附註】

註一　古代沒有紙張，且絹帛價昂，孔門弟子記錄老師講的話，大都使用毛筆和短簡，若一時沒有竹簡可用，像子張就曾「書諸紳」（見衛靈公篇06）。因此，詞句力求簡略是可以理解的。

註二　例如顏淵篇07的「民無信不立」，可解為「若沒有人民的信任，國家就不能成立」；也可解為「人們若不守誠信，就無法在社會上立足」。

註三　例如子罕篇06的「君子多乎哉？不多也」，一說君子無需多能，一說君子不嫌才能太多。

註四　例如「中庸」一詞，原指仁道而言，學者們的解釋大都和中道混為一談。

註五　由於秦始皇焚書，儒家經籍散佚、殘缺情形嚴重，漢代學者致力於考據、訓詁，顯得支離破碎。宋、明理學家喜愛講究聖人的微言大義，儼然以孔子的代言人自居；其實卻是在表述本身的哲學思想，往往乖離經旨，並非聖人話語的原意。

註六　先師魯公實先說：「形聲之字必以會意為歸。」（見假借遡原第三十六頁，臺北文史哲出版社）意謂形聲字的聲符，不僅代表該字的讀音，同時也和形符會意——例如孔子答覆司馬牛問仁，所謂「仁者其言也訒」的「訒」是個形聲字，從刃得聲，以示切割之意，因此它的本義當為言語知所節制，也就是懂得說話的分寸。這比學者們「頓也」、「難也」等解釋直截了當而淺明易懂。魯公又說：「形聲字必以聲符為初文。」例如孔子提到的損友之一——「友善柔」，歷來學者對「柔」字的解釋，都非常牽強；殊不知它是「揉」的初文，有矯揉造作、裝模作樣的意思。稱這種虛偽不實的人為損友，初學者一看就明白了。

註七　自漢朝以來，為政篇「道之以政」這一章經常被論者所引述；然而學者們對本章「免」、「格」二字的解釋，卻眾說紛紜，莫衷一是。若由文字訓詁、版本異文，以及文法、修辭，參酌儒家典籍的相關言論，可知「民免而無恥」句意謂人民將會離心離德，而且沒有羞恥的觀念；「有恥且格」句意謂人民不但有羞恥的觀念，而且會尊敬在位的統治者。

註八　例如孔子答覆孟武伯問孝說：「父母，唯其疾之憂。」省略了主詞——子女；「父母」係外位止詞，「其疾」指的是父母之疾，為動詞「憂」的止詞；「之」為語助詞，用法和「唯利是圖」的「是」相同，把動詞移到後面去了。因此，本句的意思當為子女只怕父母生病。由於古書沒有現行的標點符號，「父母」所在的位置，看起來像主詞，以致很容易被曲解為父母憂慮子女生病。

註九　例如孔子說：「愛之，能勿勞乎？忠焉，能勿誨乎？」「忠」、「愛」二字互言，可知「忠」字引申有愛的意思，原不限定用於下對上，上對下也可說「忠」或「忠愛」。（說詳附錄九釋忠恕）

註一〇　例如孔子說：「道不行，乘桴浮于海，從我者其由與！」「乘桴浮于海」主要在表達自己內心對「道不行」的遺憾，只是隨口說說，並非真的決定那麼做，所以當子路信以為真時，便以「無所取材」作為託辭，「材」字顯然是指造桴的材料。

註一一　例如孔子說：「父母在，不遠遊；遊必有方。」今人往往斷章取義，據以批判孔子思想不合時宜；卻忽略了在「有方」的前提下，子女仍然可以「遠遊」的。

註一二　例如孔子說：「不憤，不啟；不悱，不發；舉一隅，不以三隅反，則不復也。」便涉及自動學習和啟發式教學的法則。

註一三　例如孔子說：「色厲而內荏，譬諸小人，其猶穿窬之盜也與！」真是看透了小人消極攻擊行為所顯示的不成熟心態。

註一四　論語為經典中的經典；然而許多章節看似簡單，卻並不容易讀懂——主要原因是弟子們當時用毛筆把老師的話直接記錄在簡牘上，語句原本就力求簡短，常常有所跳脫或省略，致使後人很容易誤解；不像孟子一書，經孟子本人和萬章、公孫丑之徒坐下來共同審訂手頭資料，有充裕的時間整理、撰寫，所以篇幅大多較長，意思反而容易瞭解。所幸中文是以象形為主的表意文字，具有相當的穩定性。兩千多年來，雖然在字形上從大、小篆變為隸、楷，在字義上有引申和假借，但是大致還能找出其間的脈絡。況且孔子的仁道是一種生活哲學，雖愚夫愚婦也能知易行。古人用文言對話，猶如今人用白話交談；言為心聲，藉文字這一載具而傳之久遠，今人若能置身古人的語境，瞭解古人的語彙、語法，尋繹古人的語意，綜合運用文字、文法、語意、修辭等學識及以經解經的方式，透過經典文本來明瞭古人的思想、觀念，並非難事。近人徐復觀先生說古人「積字成句……積句成章……積章成書」，所以「用得上清人的所謂訓詁、考據之學」，他主張「通過局部」以「了解全體」，然後反轉「由全體來確定局部的意義」（參閱黃俊傑東亞儒學視域中的徐復觀及其思想第二章第二十七頁，臺北臺大出版中心）。本書逐章逐句的譯解，便是經由訓詁、考據等途徑，認識孔子仁道的全貌；而書後所附論語關鍵詞語的闡釋，則確定了它們所在各章的意義。

註一五　當代法國哲學家呂克爾（Paul Ricoeur 生於西元一九一三年）說：「所有詮釋學的目的，都是要征服存在於經典所屬的過去文化時代與詮釋者本身之間的疏遠和距離。藉由克服這距離，使自己與經典的時代合一，詮釋者才能夠使其意義為自己所有。」（詮釋的衝突，引見黃俊

傑孟學思想史論・序論，臺北中央研究院・中國文哲研究所）

註一六　幾何學有一則定理：凡不在直線上的三點，都可畫成圓形。由上所述，可得孔子之道的三個重點為行仁、權變、知命；據此，也就能夠畫出君子理想人生的輪廓來了。

註一七　鄭註：「聞其言而知其微旨也。」朱註：「聲入心通，無所違逆，知之之至，不思而得也。」二人都似將「耳順」解讀為聽話的理解力很強，意思近乎孟子・公孫丑上篇的「知言」；然而一個人理解力強弱，取決於他的資質、閱歷和說話者能否將意思表達清楚，孔子從來不願承認自己是生而知之者，當他遇到鄙夫所提「空空如也」的疑惑時，尚且須一步步「扣其兩端而竭焉」，又豈能「聞其言而知其微旨」或「聲入心通，無所違逆，知之之至，不思而得」？本章記他自述心智成長的進境，實奠基於後天的學習；而能接受逆耳之言，則為四、五十年長期學習和修養的成果。

註一八　按左傳記載：定公六年二月，魯國出兵鄭國，攻取下匡城。進軍時沒向衛國借路，回軍時，「陽虎（陽貨）使季孟（季桓子）自南門入，出自東門」，衛靈公因而震怒，打算派彌子瑕追擊魯軍，結果被老臣公叔文子所勸阻。四月，「陽虎強使孟懿子」訪問晉國。對三桓尚且如此指使，可見陽貨多麼專橫，「陪臣執國命」的說法果然不虛！因此孟懿子當時私下故意對范獻子預言：他日陽貨若無法在魯國待下去而逃往晉國時，晉國一定會任用陽貨作中軍司馬。范氏則回應道：「寡君有官，將使其人。」意謂自己的國君有官員出缺時，將會舉用適任的那個人；中軍司馬可不一定就非陽貨莫屬。

又按養生主篇藉秦佚弔友人老聃之喪的故事，說明「適來，時也；適去，順也」（意謂人的生與死都是自然現象），只要能「安時處順」（意謂順應自然），將死生置之度外，就「哀樂不能入」（意謂心靈不至於受到外物的牽累），而得以保身全性、盡享天年，這是本篇的主旨所在。因此，秦佚弔喪，僅僅「三號而出」，便適可而止；不像老聃其他那些先已到場弔喪的友人，由於受到靈堂裡哀戚氣氛的感染，便情不自禁、身不由己，呈現「老者哭之，如哭其子；少者哭之，如哭其母」的場面，讓秦佚起初誤認他們都是亡者家屬，當實際接觸後才知不是，所以說「始也吾以為其人也，而今非也」——這裡的「其人」，專指老聃的至親家屬，依人之常情，才會哭得那麼悲傷。

又按項羽本紀記載：項羽隨叔父項梁起兵後，勢如破竹，江東已定，於是率領八千兵員渡江而西，打算直搗嬴秦老巢關中。當獲悉陳嬰已取得東陽縣、擁兵兩萬時，想要跟他聯手西進。原本東陽少年志士殺了縣令，強行擁立「素信謹」、有「長者」稱譽的陳嬰取代，進而稱王，準備與群雄逐鹿中原。陳嬰聽從母親的勸阻，並在不如依附名將的暗示下，向追隨者宣稱：「項氏世世將家，有名於楚；今欲舉大事，將非其人不可；我倚名族，亡秦必矣！」這裡的「其人」，專指真正有能力率領大軍作戰的將才。

註一九　所謂「跳脫」，是指語言運用時，由於特殊的語境——如語意的含蓄、心思的急轉、事象的突出等等，有時半路斷了語路，從而造成語意不全，或句子成分殘缺。這在語言上本是一種變態；但若用得貼切和恰到好處，卻能真實地表現出說話者說話時的特殊語境，保留說話人的真實神態，起到不完整而有完整以上的情韻，不連接而有連接以上的效力。（參閱陳望道修辭學發凡）

註二〇　例如先進篇25記孔子老年回到魯國後，有一天和幾位弟子聚在一起，要他們談談各自的志向和抱負。他首先打開話匣子說：「以吾一日長乎爾，毋吾以也。」學者們大多解作孔子示意弟子們莫因他較年長就顯得拘謹而不敢開口，不啻將「毋吾以」視為「毋以吾一日長乎爾而噤口」的倒裝和省言，主詞則為在場侍坐的弟子們。這樣刻意穿鑿、扭曲，致使原文變成「以吾一日長乎爾，爾毋以吾一日長乎爾而噤口」，真是累贅、牽強而彆扭到極點，又與事實不符——因為子路向來在孔子面前都敢於發言，且直言不諱；曾晳甚至在這次師生談話的場合悠閒地鼓瑟，何嘗有絲毫拘謹的樣子？而擅長在「宗廟會同」時相禮的公西赤，當深諳應對的禮節，並不需要老師特別誘導才敢開口。因此，學者們的說法實無意義。殊不知「以吾一日長乎爾，毋吾以也」屬於因果關係複句，「毋吾以」和下文的「不吾知」都是倒裝句法，在子路篇14也有「不吾以」的相同句例，而且主詞同樣都是指用人的當權者。「毋吾以」意謂朝廷不願用我，只是「以吾一日長乎爾」，因果相承，怡然理順，含蓄中隱約有自嘲的意味，由此可見一位長者圓融、成熟的心智；接著對正當青壯之年的弟子說：你們卻埋怨無人賞識；進而問道：假使有人賞識，你們將拿甚麼才幹來表現給人家看？這樣解讀，無論從文法、語境和前後文意的連貫來看，都十分穩妥而簡明。

註二一　例如在詞語的解釋方面，以「和諧的人際關係」或「品德良好」解釋「仁」、以「捨己為人的善行」或「正當性」解釋「義」、以「同情心及同理心」或「體貼人意」解釋「忠恕」、以「認清人生際遇不由自主的現實」或「懂得接受一切不如意的事物」解釋「知命」、以「聽得進負面言語」解釋「耳順」、以「違反經驗法則」和「靈異事件」解釋「怪」和「神」、以「習慣動歪腦筋」和「很會裝模作樣」解釋「便辟」和「善柔」等等。又如在整句的翻譯方面，以「別人不瞭解自己卻不發牢騷」翻譯「人不知而不慍」、以「在婚姻關係中，只要是親生子女，也可以傳宗接代」翻譯「因不失其親，亦可宗也」、以「不做官沒有正當理由」和「君子做官的目的是為了履行自身的義務」翻譯「不仕無義」和「君子之仕也行其義也」、以「您真是太客氣了」翻譯「子為恭也」等等，不勝枚舉。

修訂版序

拙撰論語甚解自去年秋天出版以後，陸續發現不少缺誤，承蒙多位師友、讀者不吝指教、建議，或提供參考資料，經過一年的修訂，如今重新問世，相較於前，似有些許改進，值得告慰大家，簡述如下：

一、原版校對時未發現的衍文、脫字以及錯誤標點等，多達五十餘處，現都一一勘正了。

二、語譯和解說的文字，推敲、潤飾得更淺易通順了。

三、增加按語和註語，補充原版解說未盡詳明的地方。

四、除原有古文字外，再嘗試加入一些插圖，讓解說更具真切感及趣味性。

五、增加孔子生平簡介，參照之下，使論語相關章節的背景更為鮮明。

當然，本書永遠存在改善的空間，懇請喜好論語的讀者們，繼續秉持愛護大千的初衷，時時給予策勵和督教，讓世人透過本書，如同聽到孔子充滿智慧話語的原音重現，因而更能吸收孔子思想的精髓，在立身處世、待人接物上獲得莫大的裨益。這是大千不揣謭陋而膽敢撰述甚解的一點點愚誠。凡知我、罪我，無不感念；皇天后土，實鑒察之！

孔子誕生二五六四年紀念日前夕，王大千謹誌。

孔子生平簡介

孔子名丘，字仲尼。周靈王二十一年（魯襄公二十二年、西元前五五一年）夏曆八月二十七日（陽曆九月二十八日）生於魯國昌平鄉鄹邑。據說因母親私下禱於尼丘山而生，故名丘，字仲尼。

他是商湯、也是宋微子啟之弟微仲的後裔。先祖弗父何為宋湣公長子，本可繼承君位，卻讓給弟弟鮒祀（宋厲公），自己則屈居卿位，而成為厲公旁系的第一代，傳到第五代孔父嘉（註一），依然姓子。按照「五世親絕，別為公族」的慣例，從下一代木金父起，才以嘉的字為氏（註二）——這是孔子家世以及姓氏的由來。

弗父何的曾孫正考父繼承了他讓國的美德，以上卿的身分輔佐戴公、武公、宣公，勳勞卓著，為人卻非常謙卑，自奉也十分儉約。魯昭公時，孟僖子因此認定博學知禮的孔子是「聖人之後」，必將大有成就，臨終特別遺囑二子孟懿子、南宮敬叔向孔子拜師學禮（註三）。

擔任宋國大司馬的孔父嘉，不幸和宋殤公同時被野心、邪惡的太宰華父督殺害，後人避禍逃到魯國，定居鄹邑，孔氏從此成為魯國人。

孔子的父親叔梁紇（氏孔，名紇，字叔梁）為鄹邑大夫，力大無比，曾兩度建立戰功。元配施氏一連生了九個女兒，結果被迫離婚。孔子唯一的兄長孟皮為庶出，而且跛腳行動不便。叔梁紇晚年又娶顏家小女徵在為妻，生下孔子不久後便去世了。母親帶他遷居國都曲阜的闕里，孤兒寡母過著艱苦的生活。

孔子兒時和鄰居小朋友玩耍，喜歡模仿大人擺設禮器，煞有其事地祭拜一番。十五歲開始用心向學，自稱信而好古，特別對三代禮制發生興趣，由於嚮往周初的太平盛世，便以恢復周公制訂的禮樂為終身職志。十九歲和亓官氏結婚，第二年生下男孩，因昭公賜給鯉魚，所以命名為鯉，字伯魚。二十四歲那年母親去世（註四），孔子打聽到父親的墓地所在，便將父母合葬於防。

孔子在貧窮中渡過青少年期。他曾參加樂團為喪家奏哀樂謀生，也做過權貴家族的委吏（糧倉管理員）、乘田（牧場管理員）等雜役，才會說：「吾少也賤，故多能鄙事。」雖然生活困苦，但是發憤用功，常常廢寢忘食，而且儘可能把握機會學習新的事物——例如他進入魯國太廟時，對奉祀周公禮儀的細節，都一一詢問清楚；曾經慕名向來訪的郯國君主請教該國古代的官制；也曾向魯國的樂官師襄學習擊磬和彈琴；更曾遠赴京師（註五），問禮於王室守藏史（國家圖書館館長）老聃，同時向執掌朝政的內史大夫萇弘請教樂理和天文、曆法；他曾前往嬴、博之間觀摩嫻習禮儀的吳公子季札如何安葬兒子。在三十歲以前，孔子便因博學和知禮而聞名於世。

孔子從二十三歲開始，打破官辦學校的傳統，自行收徒講學，授以六藝，更重視品德和通識的培養。早期的學生有顏路（顏淵之父）、曾點（曾參之父）、子路、冉耕、琴張等，堪稱平民教育風氣的開創者；加上他有教無類、循循善誘、因材施教、博學多聞，因此被後世尊為「萬世師表」、「至聖先師」。

魯國是周公旦的封地，成王為感念周公在自己成年以前輔政的勳勞，特許魯國準用天子的禮樂，使魯國十分完備地保存了周代的典章制度，這對孔子的學習和思想形成，實有非常密切的關係。

魯國自宣公以後，政權被有「三桓」之稱的季孫氏、孟孫氏、叔孫氏三大家族把持，其中又以季孫氏的權勢最重。三桓逐步瓜分了國家的政治、經濟、軍事資源，把國君架空如同傀儡，甚至在自家廟堂濫用天子的禮樂；然而上行下效的結果，三桓的家臣也日益跋扈、驕橫，形成「陪臣執國命」的局面，使得崇尚禮制、講究正名的孔子憂慮、憤慨不已，即使想安邦定國的責任感非常強烈，也一直不願違背良知出來做官，為自己素所不齒的權貴效勞。

昭公二十五年，孔子三十五歲。昭公出兵攻伐季平子，結果反被季氏聯合孟、叔二氏打敗而投奔齊國。不久孔子也避亂前往齊國，見到了齊景公。五年前景公訪問魯國時，交談中就對孔子留下深刻的印象；這次問政，更加賞識孔子的見解，原本有意封地並且賦予重任，可是宰相晏嬰以儒者繁縟的禮節不切實用為由，極力反對，使景公打消了念頭，態度轉為敷衍。孔子在齊國待了一年多（註六），願望雖然落空，卻有機會和太師談論音樂，又得以聆賞盡善盡美、讓他「三月不知肉味」的韶樂。返回魯國後，孔子繼續教學的工作，學生來自各國、各地、各階層，人數愈來愈多，「孔丘是聖人」的口碑於是不脛而走；他則動見觀瞻，時常為政界人士和市井小民祛疑解惑。

定公八年，季氏家臣陽貨叛亂失利，逃亡國外。第二年，孔子受命出任中都宰，不出一年，亮眼的績效便成為各地執政者取法的模範，因而被提拔為司空，不久又晉升大司寇，兼代宰相職務，大刀闊斧地遂行改革，短短三個月就使得魯國社會安定、民生樂利。

定公十年，孔子隨君和齊景公會於夾谷，因有先見之明，早有防範，使對方想用武力要脅定公的企圖未能得逞，同時憑著智慧、膽識，加上對禮樂的熟悉，靈活運用外交手段，結果收回被齊國侵佔的鄆、讙、龜陰之田。定公十二年，孔子利用三桓苦於被家臣脅制的心理，提出「墮三都」的計劃，先後拆毀了叔孫氏郈邑、季孫氏費邑過於高大而強固的城牆；但要拆成城時，受到邑宰公斂處父在孟懿子默許下的強力抵制，終告失敗。

定公十三年，孔子五十五歲。齊人鑒於孔子的政績斐然，唯恐魯國強盛會不利於己，於是挑選了八十名能歌善舞的美女，送給魯定公與季桓子觀賞、玩樂。季氏接受之後，果然和定公沉迷其中，連日不理朝政。孔子見狀，有感於君上的昏庸，既然自己的政治抱負難以施展，便決定辭職，帶領顏回、子路、子貢、冉有等多位高徒，離開父母之邦，周遊列國，另謀實現理想的機會。前後十四年中，輾轉往來於衛、陳、衛、曹、宋、鄭、陳、衛、陳、蔡、楚、衛之間，雖都受到相當的禮遇，但始終未獲重用；甚至遭遇在衛國被匡人圍困、在宋國幾乎被司馬桓魋派人殺害、在鄭國和弟子失散、在陳國和蔡國途中斷糧等多次危機，也經常受到隱逸之士的冷嘲熱諷。無論如何，孔子總是處之泰然，不憂不懼，終能化險為夷，脫離困境。

哀公十一年，先已回國出任季康子家臣的冉求，率師打敗齊國大軍，季氏詢知他的軍事才能學自孔子，於是派人徵召，孔子這才以六十八歲之年結束到處奔波的行程，回歸故里。

返國後，孔子雖以「國老」的身分，時常主動或被動就國政提出建言，怎奈當局很少採納，他只好潛心致力於整理典籍和教育事業。其間從學的，有子游、子夏、子張、曾子等及門高足；然而愛子伯魚和愛徒顏淵、子路也先後亡故，使他在精神上受到莫大的打擊。他自己則在哀公十六年夏天辭世，享壽七十三歲，安葬於曲阜城北泗水之濱。弟子們為他守心喪之禮三年，唯獨子貢廬墓六年才離去。

孔子是曠古少見的思想家、政治家和教育家。他推崇堯、舜、禹三王以天下為公的禪讓政治，傳述文王、周公安定天下的禮樂制度，稱讚伯夷、叔齊讓國的倫理道德，貫串成「仁」為核心的思想體系，由修己而安人、安百姓，希望能用政治的公權力來付諸實現。他說：「書云孝乎！惟孝友于兄弟，施於有政，是亦為政。」又說：「如有用我者，吾其為東周乎！」又說：「苟有用我者，期月而已可也，三年有成。」事實上，他在魯國中都宰及後來大司寇攝行相事任內，都有非常傑出的表現；只惜遭時不遇，未逢明君，以致宿願無法成全。不過，他生前就憑本身博學多能和高尚人格的感召，創立了儒家學派；又藉教育的方式培養出眾多英才，在他去世之後散居各地，使他播下的儒家思想種子開花、結果。通過兩千多年的考驗，儒家以人為本的王道精神，已建構成為中華文化的主體，除了維繫民族的命脈之外，對人類追求和平、安定、幸福的生活，也勢必會產生深遠的影響。

【附註】

註一　孔子的六世祖名嘉，字孔父。因直呼人名有違於禮，所以古人通常於自我稱名，而拿字號或將字放在名前來稱呼他人。「父」讀上聲，是對男子的美稱，好比現在稱「先生」，以示尊重。

註二　氏原是從姓分出來的，代表宗族與家族的世系，顯示成員間的親疏關係。秦、漢廢除封建制度以後，姓、氏通稱，兩者就沒有分別了。

註三　按論語有孟懿子、孟武伯父子問孝及武伯問子路等仁乎的記錄；左傳詳載孟氏兄弟雙生於昭公十一年，十三歲奉父遺命拜入孔門，應無可疑。那麼孟氏父子和孔子的交談，當在定公十三年孔子辭官周遊列國之前，才有可能——因為孟氏既然接納屬下意見，且默許抗拒墮城得逞，以致孔子的重大政策功虧一簣，於情於理，父子二人此後都不會若無其事般再與孔子互動才是。

註四　按禮記・檀弓上篇記載：「孔子既得合葬于防，曰：『吾聞之，古之墓而不墳。今丘也東西南北之人也，不可以弗識也。』於是封之，崇四尺。孔子先反，門人後，雨甚。至，孔子問焉曰：『爾來何遲也？』曰：『防墓崩。』孔子不應。三。孔子泫然流涕曰：『吾聞之，古不修墓。』」由此可見孔子合葬父母於防時已有門人，而在早期弟子中，可以確知顏路比他小六歲，子路比他小九歲，因此，他在母親去世當時，應為闕里志所記載的二十四歲，而非後人誤讀史記・孔子世家所認定的十七歲。

註五　孔子因南宮敬叔向魯昭公爭取，獲得資助，才得以前往成周洛陽訪問。南宮敬叔和兄長孟懿子是奉父親孟僖子遺命師事孔子的，孟僖子卒於昭公二十四年春，而昭公在二十五年秋流亡境外。因此，孔子赴京問訪禮、樂於老聃、萇弘，應在這段期間，年約三十四、五歲。

註六　按左傳及禮記・檀弓上篇記載，吳公子季札於昭公二十七年適齊，回程長子死，葬於嬴、博之間，孔子就近從魯國前往觀禮。由此可知孔子在齊國住了大約一年多（參閱錢穆先秦諸子繫年・孔子自齊返魯攷）。

凡例

一、本書分章，悉照王財貴教授所編兒童經典誦讀本，章首用阿拉伯數字標示次第，以便檢閱，且利推廣讀經風氣。

二、本書對論語的譯解，依序先錄篇章原文，其次使用現行白話翻譯，讓初學和有志研習中華文化的外邦人士一看便懂原文大意；然後逐字、逐句詳細解說，期使讀者瞭解為什麼要那樣翻譯的緣故。所引他書若有艱難詞句，就隨文在括弧內扼要加注。凡解說時用到的文法或文字學術語，若有必要，就另作說明，附列該章解說之後。

三、凡屬論語重要詞語——如「道」、「德」、「仁」、「義」……等，涵義廣泛、需用較長篇幅加以釐清的，都在書末的附錄中進一步探討，讓讀者能夠融會貫通，更容易掌握孔子思想的要領。

四、本書解說著重於整章文意的疏通，不僅作單字、單詞的注釋而已，所以不採條列式編排；但為方便讀者檢閱，而將所解詞句用黑底白色數字圖形標示，以醒眉目。

五、凡自序中引用的論語詞句，不特別標明所出篇章，以免繁多的註記妨礙讀者過目。此外，由於禮記的中庸、大學兩篇和論語、孟子並稱「四書」，已屬國人熟知的常識，因此在引用時，僅註明為中庸、大學；且比照引述其他資料時，採用舊式波浪狀書名號。

六、凡需標音的單字，都用直音法，以拆除海峽兩岸不同拼音系統之間的藩籬，便於各方人士閱讀。

七、古代對師長、卿大夫或有名望的人士，都可尊稱「子」，這是「夫子」一詞的省言，猶如現代人稱「先生」。因此，凡論語中的「子」、「夫子」、「孔子」，都翻譯為「先生」或「孔先生」；其他稱「子」的——如有子、曾子、冉子、閔子等，也一律翻譯為「某先生」，以求統一。

八、凡重見章，為避免重複，只在首見時譯解；若有詳略的差異，便捨略而從詳，並於所略該章原文後加按語敘明。

九、凡錯簡或傳抄脫、誤之字，都仿古代史官「闕文」作法，不予更動或補正，而在解說時敘明，以保持經典原貌。

十、解說時，為求文氣流暢，只陳述個人研讀所得；若屬前人獨到之見，才標舉出處，示不掠美。若有必要，才檢討異說；若問題複雜、為免佔用太多篇幅，就放在相關的附錄中析論。

目錄

貳、附錄

壹、譯解

學而篇第一

01子曰❶：「學而時習之❷，不亦說乎❸？有朋自遠方來❹，不亦樂乎❺？人不知而不慍❻，不亦君子乎❼？」

譯 先生說：「學過之後時常溫習一下，不也覺得開心嗎？有朋友從遠地來訪，不也感到快樂嗎？別人不瞭解我，我卻不發牢騷，不也是君子的風度嗎？」

解 ❶子，殷商卜辭（或稱「甲骨文」，簡稱「甲文」）作、，周代彝銘（銅器上的銘文，又稱「鐘鼎文」、「金文」）作、，秦朝小篆作，都象嬰兒身在襁褓、兩手舞動之形。嬰兒純潔無邪，是德性至真、至善、至美的象徵，老子說：「含德之厚，比（近似）於赤子（嬰兒）。」孟子・離婁下篇也說：「大人（偉人）者，不失其赤子之心者也。」因此，古人對學識淵博、道德完美的成年人，也尊稱為「子」或「夫子」，通常用在師長或卿大夫身上（參閱本篇第十章「夫子至於是邦」句解說）。論語中，凡屬孔子學生所記他的言行，照例都只稱「子」或「夫子」，而不冠姓氏；只有對他和國君或國卿的交談，才稱「孔子曰」，以示對元首和執政者的尊敬。曰，甲骨文作、金文作、小篆作，象氣流從口腔發出之形，意思是開口說話，為部份形符不成文的會意字（說見本章附註一）。❷「學而時習之」為時間關係複句——「學」、「習」兩個動詞（或稱述詞）由「而」字連接。學，本義為教育的場所，也就是學校；原為名詞，引申可作動詞用——藉著閱讀、仿效等方法而獲得某些知識、技能，也叫做學（說詳本書附錄一釋學）。時，「時時」的省言，意思是常常；在這裡用作副詞（或稱限制詞），形容動詞——習。「習」字在卜辭中作，從（說詳本章附註二）羽、從日會意（小篆從作，字形變錯了，一直錯到現行楷書，以致不得其解。參閱先師魯公實先文字析義・釋習），本義即許慎說的「數飛也」（見說文解字・習部）。禮記・月令篇說：「季夏之月……鷹乃學習。」小鳥天天仿效成鳥飛翔的動作，熟練以後就會了；人類像小鳥學飛那樣，多次重複同樣的行為，也可以叫做習——例如學習、練習、複習等。之，句末語氣詞；也可視為代名詞，指學過的事物。❸不亦……乎，用疑問口氣表示肯定意思的文言句法——不，否定詞；亦，相當於白話的「也」；乎，句末疑問語氣詞，相當於白話的「嗎」。說，本是「曰」的後起字（後人根據初文所造新字）；不過在這裡讀作「月」，和論語其他地方的「說」字，多假借（說詳本章附註三）為喜悅之意；後人根據借義另造本字「悅」，來和本義（文字的原始意義）為言談的「說」字相區隔。經學習而獲得新的知能，內心充滿成就感，自然會覺得喜悅，所以說「學而時習之，不亦說乎」。❹朋，「倗」的初文（當初造字時的構體），指友人。古代用貝殼作為錢幣或裝飾品，「朋」字在卜辭中作、金文中作，象兩串貝殼相聯之形，於是成雙成對的事物也可用「朋」來表示——例如詩經・豳風・七月：「朋酒斯饗（招待），曰（於是）殺羔羊。」句中的「朋」，便是兩樽（壺）酒的意思。金文多見一詞，隸、楷書作「倗友」，為聯合式合義複詞（說見本章附註四），指志同道合的友人。因為後世大都使用初文的引申義，所以「倗」字就幾乎失傳了。❺樂，甲骨文作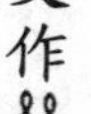，從絲代表可供撥弄發音的線縷，從木代表線縷下面的音箱；金文作，多出來象拇指之形的，則代表套在拇指上用來彈奏的撥子——由此可知「樂」字的本義為琴、瑟等弦樂器（說本羅振玉增訂殷墟書契考釋），引申為音樂和喜樂之意。有志同道合的朋友從遠處來訪，彼此可以促膝談心、切磋學問、砥礪德行，也屬人生一大樂事，所以說「有朋自遠方來，不亦樂乎」。❻知，瞭解、賞識之意，後面的受詞（或稱止詞）省略了，「人不知」的意思是人家不瞭解我有良好的品德、學識、才能等從政條件。慍，音「運」，心中不平而有所抱怨之意。❼君，甲文作、金文作，從口，尹聲。古代政教結合，君師一體，從口

以示說教之義；尹，從又、丨，表示手持權杖，而有統治之意，為部份形符不成文的會意字。君子，原指統治者；由於當初統治者都先後在小學、大學受過文武合一、術德兼修的貴族教育，因此，凡品行良好、有才能、理想、抱負的讀書人，也可稱為君子，論語所用大多屬於後者。孔子說：「古之學者為己。」（見憲問篇25）又說：「不知命，無以為君子也。」（見堯曰篇03）君子進德修業，樂天知命，如果有人賞識而能學以致用，服務社會，固然值得慶幸；縱使不被賞識，無從發揮所長，也因心靈充實而怡然自得，哪裡還會有什麼怨尤呢？（參閱本書附錄十一釋知命）

註

一、文字的三要素為形、音、義；若僅具形、義而沒有讀音——例如「↑」，只能稱為符號，而非文字。構成「曰」字的上面那一筆劃，代表說話時從口腔發出的氣流，卻沒有讀音，所以說它「不成文」；它和成文的「口」會合成「曰」字，而產生「說話」的意思，因此稱「曰」為「部分形符不成文的會意字」。

二、從，文字學術語，有依據、按照之意。凡說「從某、從某」，意謂依照兩個具有獨立音、義的象形或指事文，會合它們的意思，而產生新的意思（好比氫、氧化合成水），這樣的造字方法就叫作「會意」。凡說「從某、某聲」，為「從某、從某聲」的省言，意謂組成形聲字的形符和聲符，分別取自各具獨立音、義的文字——後者除代表新字的讀音外，它的意思同時和前者會合為新字的意思，所以說「形聲字必兼會意」，早期的形聲字大多如此。

三、假借，文字學術語，為「六書（六種造字方法）」之一。大凡文字的創造，先有義（意念），次有音（語音），最後才有形（筆劃）。我國文字同音的情形非常普遍；古人在創造某些會意或形聲字時，偶或由於思慮欠周，不知本有其字；或因意思過於抽象，沒有現成的文字可用；於是借用語音相同的其他文字，作為新字的形符或聲符，後代的文字學家就把這種借用同音字的變通方法稱為「假借」。這是造字假借，用字也有假借的情形——在著作或記錄時，忘了本字怎麼寫，或因意思抽象而本無其字，於是借用其他現有的同音字來代替，如同今人書寫別字，學者特別稱古人使用別字為「同音通假」。本章以「說」為「悅」，就是同音通假的例子。

四、許世瑛中國文法講話（臺灣開明書店發行）分合義複詞為聯合式、組合式、結合式三類——兩個詞性相同、意思相同或近似的單詞以平行關係構成的複詞，屬聯合式（例如：假借、快樂、休息等）；一個作為主體的名詞，附加一個具有形容性詞類所構成的複詞，屬組合式（例如：大門、飛機、毛筆等）；兩個單詞以句子形式構成的複詞，屬結合式（例如：懸壺、跳高、知己等）。

02 有子❶曰：「其為人也孝弟而好犯上者❷，鮮矣❸；不好犯上而好作亂者，未之有也❹。君子務本，本立而道生❺——孝弟也者，其為仁之本與❻！」

譯 有先生說：「那種在做人方面能夠孝順父母、尊敬兄長卻愛冒犯上司的人，可說很少了；既然為人孝悌而且不愛冒犯上司，卻愛發動政變、擾亂社會秩序的人，更是從來沒有的。君子致力於基本模式的建立，當基本模式建立起來之後，一切技術層面的方法便跟著產生了——孝悌這兩項行為或許就是經營和諧人際關係的基本模式吧！」

解 ❶有子，孔子的學生，姓有（「郁」的初文），名若，魯國人，比孔子小十三歲，是少數跟孔子年齡比較接近的弟子之一。本篇共收錄三則他的言論，都載明為「有子曰」，這在論語中非常罕見（另外三位被稱「子」的是曾參、冉求和閔子騫），或許從以下的記載不難找出原因——子游曾推崇說：「甚哉有子之言似夫子也！」（見禮記・檀弓上篇）孟子認為「有若智足以知聖人」（見孟子・公孫丑上篇），孟子也提到：「昔者孔子沒……子夏、子張、子游以有若似聖人，欲以所事孔子事之。」（見同書滕文公上篇）❷其，指稱詞，也可以用「彼其」或「夫」，相當於白話說「那種」

或「那些」。也，句中語氣詞。「孝」字未見於卜辭，金文作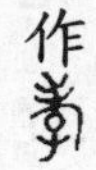，從子、從老省，而「老」在卜辭中作，象一位拄著手杖的長髮老人；由子在老下的構體，可知「孝」字的本義為善事父老。「弟」的金文作，從弋（金文作，象椿柱插入地中），綁椿的繩索不成文，所以是部份形符不成文的會意字。戰國末期有弌、弍、弎等字，都從弋以示一、二、三的次第，可知「弟」為「第」的初文；借用為「兄弟」的「弟」，且因長幼有序而引申為善事兄長之意，後世又根據動詞的意思而特別造了「悌」字。而，轉折詞，相當於白話的「可是」或「卻」。犯上，意思是用言行衝撞地位或輩分高於自己的人。者，稱代詞，相當於白話說「的人」。❸鮮，音「險」，為「尟」的同音通假字（參閱前章附註三），意思是稀少。❹作亂，為達到某種目的而故意造成混亂的場面，有發動政變、聚眾造反之意。❺務，從力、敄聲，說文（說文解字的簡稱）：「敄，彊（強）也。」可知「務」字的本義是態度積極、盡心盡力地去做某件事情。本，金文作，小篆作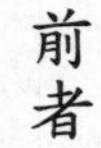，前者的三點和後者的短橫劃都屬指事符號，指樹木的根部，所以「本」的原始意義為樹根，在這裡比喻事物的基本模式。道，本義為路途，引申為待人接物所遵循的法則。基本模式建立起來之後，其他一切法則便都由此產生，好比枝葉由樹根所孳生，所以說「本立而道生」。❻其，揣測語氣詞，相當於白話的「大概是」、「或許是」，在這裡用來表達肯定的意思。仁，從二、人聲，形聲而兼會意——字從二人，以表示人與人之間的親睦關係。（說詳附錄七釋仁）為仁，用法和「為仁由己」（語見顏淵篇01）的「為仁」相同，意思都是經營和諧人際關係。與，「歟」的初文，句末語氣詞。孔子的政治主張和理想，在締造一個倫理的社會，而他所提倡的倫理道德是從家庭出發的——因為一個人出生以後，最早接觸的人就是父母和兄姊，他必須先學會和父母、兄姊相處的模式，才懂得如何與外人相處，所以說：「夫孝，德之本也，教之所由生也」（見孝經）、「親親而仁民」（見孟子・盡心上篇）、「仁者人也，親親為大」（見中庸）、「不愛其親而愛他人者，謂之悖德；不敬其

親而敬他人者，謂之悖禮」（見孝經）。常言道：「百善孝為先」、「求忠臣於孝子之門」等等，也都是從這一基本理念所衍生出來的說法。

03 子曰：「巧言❶令色❷，鮮矣仁❸。」

譯 先生說：「美妙的謊言和討好的笑臉，很少能和他人保持良好關係的。」

解 ❶「巧」有精美、巧妙之意，巧言，指特別用心修飾過的言語，以求取他人的好感，通常都不太真實，因此老子說：「美言不信」。❷「令」有優良、美好之意，令色，指刻意表現出好看的臉色，以博得他人的歡心，通常也相當虛偽，所以國人向來有「禮多必詐」的說法。❸「仁」的本義為親睦的人際關係。要贏得他人的敬重與信任，必須具備優良的品德，而待人以誠；巧言令色的人雖能討好於一時，然而「日久見人心」，當他們自私自利、甚至不惜損害他人利益的醜陋面目被認清後，將會令人不齒，和諧的關係自然難以維持，所以說「巧言令色，鮮矣仁」。

04 曾子❶曰：「吾日三省吾身❷：為人謀而不忠乎❸？與朋友交而不信乎❹？傳不習乎❺？」

譯 曾先生說：「我每天都要再三自我反省下列這幾件事情：幫人設法解決問題卻不為他著想嗎？跟朋友交往卻不真誠嗎？先生傳授的學業還不加以溫習嗎？」

解 ❶曾子，和父親曾晳都是孔子的學生，名參，魯國人，小孔子四十六歲。以孝順著稱，相傳為孝經的作者，後世稱為「宗聖」。論語共收錄十四則他的言談，而且都稱「曾子曰」，很值得留意。❷日，意思是天天。三，在此為虛數，君子隨時隨地都在反省，用不著拘泥於三次或三件事——像身體髮膚受之父母，是否不小心毀傷了？自然也是曾子時常反省的事項（參閱泰伯篇03及孝經）。省，仔細察看之意。❸謀，意思是設法解決困難或取得利益。忠，從心、中聲，將心比心、為他人著想之意（說詳附錄九釋忠恕）。能設身處地，完全替對方著想，而不是藉此取得本身的利益，這樣才算真正在為人謀事，也才無愧於心。曾子說：「夫子之道，忠恕而已矣！」（見里仁篇15）所以他天天以此自省。❹信，誠實不欺、言行一致之意。古人將人際關係歸納為五種，稱為五倫，各種關係的相對雙方，都有自己應盡的本分，朋友交往，彼此的本分都是誠信，所以說「朋友有信」（見孟子・滕文公上篇），孔子也以「朋友，信之」作為自己的志願之一（見公冶長篇26）。❺傳，授業，在此做名詞用，指老師所傳授的學業。習，解說已見首章。荀子・議兵篇說：「百事之成也必在敬之，其敗也必在慢之。」因此，求學必須具備敬業精神，天天溫故知新，才會有所成就。

05子曰：「道千乘之國❶，敬事而信❷，節用❸而愛人，使民以時❹。」

譯 先生說：「統治一個有千輛兵車規模的國家，必須謹慎地處理事情，而且說到做到；應當節約開銷，而且愛護人民；徵調民眾服行勞務，要選在適當的時間。」

解 ❶道，動詞，為「導」字的初文，有領導、治理之意。乘，音「勝」；金文作[乘字金文]，原指腳踏一截木頭登上馬車的動作，引申可指馬車。馬車數量的多少，顯示國力的強弱。❷敬事，意思是對所做的事情抱持慎重的態度。❸節用，節省錢財的支出之意。❹使，動用、指揮他人做事之意。以，用法同「於」，相當於白話的「在」。時，和首章「學而時習」的「時」意思不同，在這裡指適當的時間。

06子曰：「弟子❶入則孝，出則弟，謹而信，汎愛眾❷，而親仁❸；行有餘力，則以學文❹。」

譯 先生說：「身為學生的人，進到家裡便孝順父母，出門在外便尊敬年長的人，態度謹慎而且說話算話，普遍愛護群眾，而且親近品德高尚的人；能做到以上幾點而還有多餘的心力，才用來研讀典籍。」

解 ❶弟子，古代師生朝夕相處，關係密切，視年齡大小，有的猶如兄弟，有的情同父子，所以用「弟子」一詞來指學生。❷汎，同「泛」，廣泛、普遍之意；汎愛，相當於現在說「博愛」。❸「仁」字的本義為人與人之間的和諧關係，引申可指維持良好關係的一切德行。因此，講究人格修養、具備各項美德、能與人和睦相處的君子，就稱為「仁人」或「仁者」；「親仁」的意思就是親近仁者。衛靈公篇09記載子貢問為仁，子曰：「工欲善其事，必先利其器。居是邦也，事其大夫之賢者，友其士之仁者。」所謂「事其大夫之賢者，友其士之仁者」，就是本章親仁之意。❹文，指詩、書、禮、樂等典籍。孔子說：「為政在人，取人以身。」（見中庸）因為「惟仁者宜在高位；不仁而在高位，是播其惡於眾也」（語見孟子・離婁上篇），所以在求學、從政之前，必須先懂得做人的道理。

07子夏❶曰：「賢賢易色❷；事父母能竭其力❸；事君能致其身❹；與朋友交，言而有信——雖曰未學，吾必謂之學矣！」

譯 子夏說：「敬重妻子的賢慧，而不在意她的長相好不好看；服事父母，能竭盡自己的心力；服事君主，能獻出自己的生命；和朋友交往，話說出口以後能確實做到——這種人雖說還沒進學校讀過一天書，我也認定他已經受過教育了啦！」

解 ❶子夏，孔子學生的字，姓卜，名商，衛國人，小孔子四十四歲。為孔門文學方面的高材生（見先進篇02），傳易、詩、禮與春秋，為戰國初年魏文侯的老師。論語共收錄十九則他的言談與相關記載。❷相對於事父母、事君、與朋友交三者，「賢賢易色」應指對妻子的態度而言——上一個「賢」字是動詞，有敬重之意；下一個「賢」字是名詞，指妻子的賢淑、美德。易，用法和左傳・襄公四年「貴貨易土」的「易」字相同，都是「傷」的初文。說文・人部：「傷，輕也。」段玉裁注引蒼頡篇：「傷，慢也。」意思是輕慢、忽略。色，指容貌、長相，在這裡屬中性用詞；易色，意謂不把外貌的美醜放在心上。❸竭，盡，無所保留之意；力，包括時間、金錢、體能、精神等。❹致，送上、付出之意；身，指生命——服事君主，必要時，連生命都能夠付出，即子張篇01「見危授命」之意。兩個「其」字都指子夏在本章提到的那種人，用作所有格。

08子曰：「君子不重則不威❶，學則不固❷，主忠信❸，無友不如己者❹，過則勿憚改❺。」

譯 先生說：「君子若舉動輕浮，就不會有威嚴；若把書讀通了，就不至於腦筋僵化；要心存善意、真誠；不要結交不如自己的人；假使犯了錯，就不要怕改正。」

解 ❶重，沉穩、莊重；不重，舉止輕浮之意。威，有尊嚴而令人敬畏。❷固，堅硬之意，形容腦筋僵化、不知變通（參閱子罕篇04）。孔子說：「好學近乎知。」（見中庸）又說：「知者不惑。」（見子罕篇28）可知讀書能增長見識和智慧，通達事理而不至於冥頑不靈，所以說「學則不固」。❸主，和孟子・萬章上篇「或謂孔子於衛主癰疽，於齊主侍人瘠環」的「主」字，都是「住」的初文，意同孟子・盡心上篇「居仁由義」的「居」、同書離婁下篇「君子以仁存心、以禮存心」的「存」，也就是居心、存心之意；忠信，參閱本篇第四章、述而篇24。❹友，甲骨文作、金文作，從二又（右手），表示兩人志同道合，能互相扶持，因此當名詞用時，指的是朋友；這裡當動詞用，有結交之意。大戴禮記・曾子制言篇說：「不如我者，吾不與處，損我者也；與吾等者，吾不與處，無益我者也；吾所與處者，必賢於我。」說明了「無友不如己者」的理由。❺憚，畏懼之意。孔子說：「過而不改，是謂過矣！」（見衛靈公篇29）君子志向遠大，心胸坦蕩，一方面勤學好問以充實自我，另一方面時常反省而勇於認錯、改過，心靈不斷成長，也就愈來愈有自信。小人則唯利是圖，得失心重，缺乏自信，不敢承認過錯，總愛找藉口加以掩飾，以致人格始終卑下。因此，從犯錯之後的態度，便可分出君子和小人了（參閱子張篇08、21）。

09曾子曰：「慎終❶追遠❷，民德歸厚矣❸！」

譯 曾先生說：「認真辦理親人的喪事，虔誠祭祀遠代的祖先，人們的性情就會趨向於敦厚啦！」

解 ❶慎，從心、真聲，用真心處事，有認真、敬謹之意；終，生命結束，這裡指喪事。❷追，本義為用力奔走以趕上前方敗逃的敵軍，在這裡引申為向上懷念已經去世的直系血親，因此有祭祀之意；遠，這裡用作名詞，指去世已久的祖先。❸德，指性情而言（參閱附錄五釋德）。歸，趨向之意。感情是無價的，如果用功利的心態處理，就很容易變質。一個懂得飲水思源的人，必不至於刻薄寡恩，能慎重處理喪葬、祭祀的事——尤其遠代祖先和自己已無切身的利害關係，卻還能追念他們，顯示心中輕利而重義，就是所謂「性情中人」，因此曾子才會這麼說。

10子禽問於子貢曰❶：「夫子至於是邦也❷，必聞其政❸——求之與？抑與之與❹？」子貢曰：「夫子溫、良、恭、儉、讓以得之❺；夫子之求之也，其諸異乎人之求之與❻！」

譯 子禽向子貢詢問他的看法說：「先生來到這個國家，一定會過問它的政治狀況——這機會是他向人家求來的呢？或是人家主動提供給他的呢？」子貢說：「先生靠著溫和、善良、謙恭、儉樸、退讓的美德而得到那樣的機會；若說先生真是向人家請求才得到的，大概和別人請求的方式有所不同吧！」

解 ❶子禽，孔子的學生，姓陳，名亢，字子禽，齊國人。子貢，孔子學生的字，複姓端木，名賜，衛國人，比孔子小三十一歲。長於言語，以經商致富，曾任魯、衛國相，對當時局勢造成極大影響（參閱先進篇02、史記・仲尼弟子列傳）。論語中關於子貢的記錄多達四十則。據孟子・滕文公上篇，可知孔子去世後，幾位門弟子為他守完心喪（不穿孝服）三年，各自含悲離去，唯獨子貢又留守了三年。無論孔子生前死後，子貢對老師的推崇始終不遺餘力，儒家思想到戰國時代能夠成為「顯學」（見韓非子・顯學篇），在孔門弟子中，子貢和傳經的子夏可說是功勞最大的兩位。❷「夫」在甲骨、金文中的構形同為，篆、隸、楷書相沿，大致上沒甚麼改變，是個部分形符不成文的會意字——從大象人形，頭上那一橫劃代表髮簪；兩者會合而有成年男子之意。「夫子」一詞，通常用來尊稱學識淵博、道德完美的師長或卿大夫。在論語一書中，學生或時人稱孔子為「夫子」的例子，多不勝舉；孔子師生稱當時權貴為「夫子」的例子，有棘子成、公叔文子、蘧伯玉、季孫氏、叔孫武叔等（分見顏淵篇08、憲問篇14、26、季氏篇01、子張篇23）。❸聞，經過詢問而知曉之意，相當於白話說「探聽」、「過問」。其政，指孔子所到邦國的政治狀況。❹「求之」、「與之」的「之」都是代名詞，代「聞其政」的機會，下文「得之」和兩個「求之」的「之」也相同。由於能夠過問他國政務不是一件尋常、容易的事，因此子禽有此疑惑而詢問子貢的看法。「求之與抑與之與」為交替關係複句（參閱附註）——「抑」為關係詞，相當於白話說「或」；兩個交替小句的主詞各為孔子和地主國君，都省略了。「求之與」和「與之與」的第二個「與」字為「歟」的初文，相當於白話的「呢」。「與之與」的第一個「與」字通「給予」的「予」，意思是給予問政的機會或提供相關的資訊。❺「溫、良、恭、儉、讓以得之」的句法和「以溫、良、恭、儉、讓得之」相同；以，憑藉補詞的關係詞，有依靠、利用之意。❻「夫子之求之也，其諸異乎人之求之與」為假設關係複句，關係詞「若」、「則」都省略了；「夫子之求之」的第一個「之」，用法和顏淵篇18「苟子之不欲」的「之」相同，有強調的語氣，相當於白話說「真的是」、「確實是」。其，揣測語氣詞；諸，語助詞。

註所謂「交替關係」，就是兩個以上裡面的一個。這類複句的關係詞通常用「或」、「否則」，文言文有時也用「抑」。

11子曰：「父在❶，觀其志❷；父歿，觀其行❸——三年無改於父之道，可謂孝矣❹！」

譯先生說：「父親健在時，觀察這個人的志向；父親去世後，觀察這個人的行為——如果在三年那麼長的時間裡，他都沒有改變父親的作風，便可以說是孝子囉！」

解❶父，包括母。由於古代為父系社會，父親為一家之長，所以古書往往拿父代表父母，同時拿子代表兒女、拿兄代表兄姊、拿弟代表弟妹——例如「父慈、子孝、兄友、弟恭」。在，存活世上之意，這裡指生前那段時間。❷本章兩個「其」字都作指稱詞用，指觀察的對象而言。志，相對於「行」，指的是意念。人在小時候，懵懂無知，一切都向父母學習，世人所謂「不肖子」，是指兒女的行為不像父母，因而被視為壞孩子。原則上，父母健在時，子女不得自作主張，在行為上，都得稟承、順從父母的意志，所以說「觀其志」而有「孝順」一詞。❸歿，死亡之意。父母去世以後，子女便可以憑自由意志行事了，所以說「觀其行」。❹三年，指服喪期間（參閱陽貨篇21）。道，本意為人所行走的路徑，引申可指行為的模式，通常也是父母生前的言教與身教；如果父母去世三年之內，子女仍未改變他們的行事風格，可見昔日的順從並非陽奉陰違，這才算真正的孝子，因此孟子・萬章上篇說：「大孝終身慕父母。」

12有子曰：「禮之用❶，和為貴❷，先王之道❸，斯為美❹；小大由之，有所不行❺——知和而和，不以禮節之，亦不可行也❻。」

譯有先生說：「行禮的原則，以維持和諧為最高的目標，古代帝王的政策，正因這一點而顯得完美；

不過，假使一切小事、大事都依循著它，有時候會行不通——只因認知和諧的可貴，便一味地希望求得和諧，卻不能用禮教中的理性來節制，也會行不通的。」

解❶禮，從示、豊聲，初文「豊」為從豆（一種禮器）的合體象形，原指用來祭祀祖先或神祇以求降福的物品或儀式，引申為一切可以維持秩序的規範（參閱附錄三釋禮）。用，運用、遵行之意。本來是個動詞，前面加上介詞「之」就變成名詞，指行禮的原則。❷和為貴，「以和為貴」的省言。和，從口，龢省聲，本義為響應（參閱述而篇31），在這裡通「龢」（甲骨文作，從龠省、禾聲；金文作、，從龠或從音，禾為聲符），原指笙樂的龢諧，引申為人際關係良好，彼此感情融洽、相處愉快。貴，本義是物價高昂，引申可指地位的崇高；在這裡當名詞用，有最高目標之意。❸先，稱呼已經去世人物的用詞；先王的意思就是古代的帝王。❹斯，稱代詞，指前面提到的「和」而言。❺「小大由之，有所不行」為假設關係複句，假設小句和後果小句的關係詞「若」、「則」都省略了。小大，又見堯曰篇02，意謂不分小事或大事，均無例外；由，依循、遵照之意；之，代名詞，指和諧原則。所，代名詞，通常放在動詞的前面，這裡代某些「不行」的時機或狀況。世事本無應然與否的絕對性，只有如何比較妥適的相對性，所以孔子說：「君子之於天下也，無適也、無莫也，義之與比。」（見里仁篇10）他自稱處事的態度「無可、無不可」（見微子篇08），意謂凡事沒有成見或預設立場，總是衡酌情理，因利制宜。行禮的目的固然在求得和諧，但是要合情合理才行；否則遇到漫不講理的對象，若一味地想要息事寧人，於是委屈求全，結果往往適得其反。因此，孔子不贊成以德報怨，而主張以直報怨（見憲問篇36）。❻「知和而和，不以禮節之，亦不可行也」補充說明「小大由之，有所不行」的原因，在一味地求和而無所節制。禮有指導和節制的雙重作用，無非要使為人處事合情合理、恰到好處，「和為貴」固然是最高指導原則，但也不宜漫無節制，必須因人、事、時、地而制宜。孔子說：「恭而無禮則勞，慎而無禮則葸，勇而無禮則亂，直而無禮則絞。」（見泰伯篇02）可知行禮在遵守和諧原則之外，也當保持彈性，才能無偏無頗、無過無不及——這是孔子之道所以無往不宜、歷久彌新的緣故。

13 有子曰：「信近於義❶，言可復也❷；恭近於禮❸，遠恥辱也❹；因不失其親❺，亦可宗也❻。」

譯 有先生說：「誠信只要大致合宜，諾言便可履行了；謙卑只要大致適度，就能避免羞辱了；在婚姻關係中，只要是具有血緣的親生子女，也就可以傳宗接代了。」

解 ❶本章三組假設關係所構成的複句中，假設小句的關係詞（若、只要）和結果小句的關係詞（則、就）都省略了。信，意思是實踐諾言，這是說話負責的態度；近，距離不遠，有大致上差不多之意；義，本義為犧牲，引申而有正當、適宜的意思（參閱附錄六釋義利）。❷復，履行、實踐之意（參閱顏淵篇01「克己復禮」句解說）。左傳‧哀公十六年記葉公評論白公勝的為人說：「吾聞勝也，好復言而求死士（敢死之士），殆有私乎（大概有不可告人的隱情吧）！復言非信也（復言不等於誠信），期死非勇也（期待赴死不等於勇敢）。」「復言」的意思就是履行諾言。孔子說：「君子之於天下也，無適也，無莫也，義之與比。」（見里仁篇10）又說：「好信不好學，其蔽也賊。」（見陽貨篇08）孟子也說：「大人者（能成就大事的人），言不必信（說話不一定要守信），行不必果（做事不一定要果斷），唯義所在（只看妥適性在哪裡而定）。」（見孟子‧離婁下篇）可知天下的事物並無應然與否的絕對性，只有妥當與否的相對性，為人處事最好保持彈性、靈活應付，不宜墨守成規、故步自封；然而孔子說：「人而無信，不知其可也——大車無輗，小車無軏，其何以行之哉？」（見為政篇22）誠信畢竟是待人接物的基本原則，只要大致適宜，不會產生不良後果，那麼對他人許下的諾言，就可以放心地去履行，所以說「信近於義，言可復也」。❸恭，態度謙卑之意，相當於白話的「客氣」。❹遠，作動詞用，有拉長距離、避開之意。孔子說：「如有周公之才之美，使驕且吝，其餘不足觀也已！」（見泰伯篇11）禮記・曲禮上篇說：「敖（傲氣）不可長（擴張）。」可知恃才傲物或仗勢欺人，對人際關係會造成莫大的傷害，而「恭則不侮」（語見陽貨篇06），只有態度謙卑可以博得他人的好感；但是孔子說：「恭而無禮則勞。」（見泰伯篇02）又說：「巧言、令色、足（當作「皃」，參閱該章解說）恭，左丘明恥之，丘亦恥之。」（見公冶長篇25）因此謙恭也須適可而止才好。不過，俗話所謂「禮多人不怪」、「不打笑臉人」，謙恭如果出於真誠，在理性的節制下，表現得不太過度，就容易被人接受，至少不會受到羞辱，所以說「恭近於禮，遠恥辱也」。❺因，「姻」的初文，指婚姻關係。徐鍇說文繫傳・通論引禮曰：「姻不失其親。」用的正是後起本字。不失，具有、保持之意；不失其親，意謂具有血緣的親生子女。❻宗，甲骨文作，金文作，從示、從宀，本義為祖廟（供奉祖先靈位的建築物），當動詞用，有傳續宗族香火之意，拿現代的話說，就是「傳宗接代」。「因不失其親，亦可宗也」的意思是說：婚姻關係中的親生子女，必要時可從母姓，讓女性也能傳宗接代。

按本章主旨和前章一樣，在強調禮教的彈性。從「可」、「亦可」的用詞和語氣，不難理解有子這番話所呈現禮教的彈性。「信」與「恭」都是做人應有的基本原則和態度，兩者的表現只要正當、適度，便無所不可。父子相傳，固有宗法作依據；但若遇到特殊狀況，仍有合情合理的變通辦法。孟子・離婁上篇說：「不孝有三，無後為大。」當指終身不婚者而言。如果結了婚，無論生男、育女，都是自己的親骨肉，當然也就「有後」；說生女兒、沒生兒子是「無後」，就要扣上「不孝」的罪名，未免誤解了孟子的本意，在情理上是說不過去的。桂馥群經義證：「詩・皇矣・正義曰：『周禮六行，其四曰姻。』注：『姻親於（為）外親。』是姻得為親。」在以父系為主的周代宗法制度下，母親與妻子都來自異姓家族，女兒也將出嫁於異姓，所以姻親屬於「外親」；然而無論是內親或外親，畢竟都有血緣關係，所以在現行民法裡面，直系血親的名稱雖分內、外，親等卻完全相同，於理子女應當都可以接續宗族的世系。孔子認為禮制的因革損益，大致有跡可循，雖百代以後，也可推知（見為政篇23）。因此，從後世招贅的民俗和禮制，未嘗不可逆推古代宗法制度中因文獻不足而失傳的部份。根據臺北聯合報民國九十七年（西曆二〇〇八年）十一月十三日的報導：九十六年農曆一月十二日，臺灣．彰化的蕭氏家族舉行祭祖大典，首度由在大學任教的女性族人擔任主祭。此外，臺北中央社於民國九十八年（西曆二〇〇九年）七月二十三日報導：「大成至聖先師奉祀官」制度也將有所變革——原則上，繼任人選仍採嫡系裔孫世襲方式；若嫡系無子嗣，則可由女性繼承；唯日後若由其子女繼承時，該繼承人必須姓孔。前者固已彰顯兩性平權的意義，後者更不啻為「因不失其親，亦可宗也」的最佳註腳！劉寶楠論語正義引孔安國注：「因，親也；言所親不失其親，亦可宗敬。」古今學者據此所作解釋，都十分牽強而不具意義——這是由於不知「因」為「婣」的初文，又未見周公、孔子賦予禮制的彈性所致。

14子曰：「君子食無求飽，居無求安❶；敏於事而慎於言，就有道而正焉❷，可謂好學也已❸。」

譯　先生說：「君子對吃不講求飽足，對住不講求舒適；做事勤快而說話謹慎，接近學有所成的人士來改正自己的過失——以上這些可說是好學精神的表現了。」

解　❶無求，並非執意不要，而是不把心思放在追求物質生活的享受上。❷就，接近之意。為政篇11記載子曰：「溫故知新，可以為師矣！」孟子．離婁下篇說：「君子深造之以道，欲其自得之也。自得之，則居之安；居之安，則資之深；資之深，則取之左右逢其原。」（參閱述而篇08解說❷）禮記．學記說：「記問之學（靠死背或耳聞得來的知識，沒有自己的見解），不足以為人師。」可知「有道」在這裡是指好學時習、深造自得、具有專業成就，而不是僅靠記問之學的人士。正，改正過失之意。❸孔子說：「士志於道而恥惡衣惡食者，未足與議也。」（見里仁篇09）他屢次稱讚顏淵好學，正因顏淵能「一簞食、一瓢飲、在陋巷」仍「不改其樂」（見雍也篇09），而且他說「吾與回言終日，不違如愚；退而省其私，亦足以發」（見為政篇09）、「回之為人也，擇乎中庸，得一善，則拳拳服膺而弗失之」（見中庸）、「不遷怒、不貳過」（見雍也篇02）——自甘貧賤、寂寞，才有求學的誠意，甚至廢寢忘食，全力以赴。

15子貢曰：「貧而無諂，富而無驕❶，何如？」子曰：「可也；未若貧而樂、富而好禮者也❷。」子貢曰：「詩云：『如切如磋，如琢如磨❸。』其斯之謂與❹？」子曰：「賜也，始可與言詩已矣！告諸往而知來者❺。」

譯 子貢問道：「貧窮卻不諂媚，富裕卻不驕傲，您對這兩種人的看法怎麼樣？」先生說：「值得肯定；但是還不如貧窮卻喜歡仁道、富裕卻愛好禮教的人。」子貢又問：「詩經上說：『好比切取玉材之後，把它鑿成粗樣，接著精雕細琢，最後再將作品磨光。』是不是這樣的意思呢？」先生說：「賜啊，這才可以跟你討論詩經了呀！告訴你前面的部份，你就能領悟到後面的部份。」

解 ❶諂，形容地位卑微者說一些不符事實的好話來取悅尊貴者的醜態。驕，形容擁有優越條件或豐沛資源者的高傲態度。❷據學者們考證，「貧而樂」之後應該有「道」字才對（見陳舜政論語異文集釋，「嘉新水泥公司文化基金會」）。「道」指的是仁（參閱附錄二釋道、附錄七釋仁）。樂道和好禮互言，意思就是：貧者也可以好禮，富者也可以樂道。不過，由於「禮尚往來；來而不往，非禮也」（見禮記・曲禮上篇），人與人往來行禮，難免需要用到錢財，雖說「貧者不以貨財為禮」（同上），畢竟難以進入上流社會去交際應酬，所以不說「貧而好禮、富而樂道」，而說「貧而樂道、富而好禮」。❸清代學者俞樾的古書疑義舉例有「兩語似平而實倒」一項，好比對偶中的「流水對」——例如孟子・公孫丑上篇說：「蹶者趨者。」（參閱子路篇01「先之勞之」句解說）陶潛的歸去來兮辭說：「載欣載奔。」駱賓王的在獄詠蟬說：「那堪玄鬢影，來對白頭吟？」王維的終南別業說：「行到水窮處，坐看雲起時。」在句法上看似平行，意思卻有先後的連貫性，子貢所引述詩經・衛風・淇澳篇的「如切如磋，如琢如磨」也是這樣。切、磋、琢、磨都是工匠製作玉器時，從大到小、由粗而細的步驟和技法——首先根據設計圖，用刀具將玉石約略切割出所需適當尺寸作為素材，其次用鑿子、錯刀等工具將素材槌鑿成作品的粗樣，繼用各式刻刀作細部雕琢、修整，最後再用沙子將成品表面磨光，使它更加精緻、平滑、明亮、美觀。❹其，不確定的語氣詞，有是否之意。斯，相當於白話的「這」，指孔子在前面說的「貧而樂道、富而好禮」。之，語助詞，和「是」的用法相同，可將動詞移到止詞（受詞）後面。❺諸，用法同「之」，句中語氣詞。告諸往而知來者，等於稱讚子貢能「聞一以知二」（語見公冶長篇09）。

16 子曰：「不患人之不己知❶，患不知人也❷。」

譯 先生說：「不愁別人不瞭解自己，只怕自己不瞭解別人。」

解 ❶患，憂愁、擔心的意思。文言的否定句往往倒裝，「不己知」是「不知己」的倒裝句法。「人不己知」本為敘事簡句，加上「之」字後，就變成組合式詞結（參閱本章附註），用作動詞「患」的止詞，「不患人之不己知」於是成為省略主詞的敘事繁句。子路篇02記載仲弓問：「焉知賢才而舉之？」孔子說：「舉爾所知；爾所不知，人其舍諸？」因此，只要能好好充實自我，具有可被利用的價值，就不用為人家不瞭解自己的才學而發愁。❷患不知人，句法同上，為「患己之不知人」的省言。顏淵篇22記載孔子以「知人」答覆樊遲問「知」。古人有言：「良禽擇木而棲。」一個人學成之後，若有機會為君子效勞，當能施展長才，而對職務勝任愉快；如果缺乏知人的智慧，而不幸落到小人手下任職，將備嘗「難事而易說」（見子路篇25）的痛苦，可見知人的重要。

註許世瑛中國文法講話把詞和詞的配合關係分為聯合式、組合式、結合式三類——組合關係（又叫「主從關係」）是作為主體的「端詞」（名詞），前面配合「加詞」（附加的詞），兩者中間省略了「的」或「之」，許氏稱之為「詞組」——例如白（的）紙、好（的）人、飛（的）鳥等。結合關係（又叫「造句關係」）已具備句子形式，許氏稱之為「詞結」——例如風和、日麗、讀書、寫字等。所謂「組合式詞結」，指的是原來可以獨立表達完整意思的句子，經過改造後（通常是在動詞或謂語前面加上「之」字），變成新句子的文法成分（例如在八佾篇05「夷、狄之有君不如諸夏之亡也」這個準判斷繫句中，「夷、狄之有君」和「諸夏之亡」各由原屬有無句的「夷、狄有君」、「諸夏亡（無君）」變來，分別用作本句的主語和謂語），看起來是個詞結，形式上卻是加詞配合端詞所構成的詞組，所以叫作「組合式詞結」。

為政篇第二

01子曰：「為政以德❶，譬如北辰❷居其所❸而眾星共之❹。」

譯先生說：「用道德作基礎來推行政務的效果，好比北極星留在它的位置上，就有眾多的星星環繞著它。」

解❶整章屬於準判斷句（參閱附註），由「以德為政」倒裝的「為政以德」是主語；「譬如」是準繫辭；「北辰居其所而眾星共之」是謂語，形容「為政以德」的效果。為，施行之意；德，品行端正之意（參閱附錄五釋德）。為政以德，包括在位者本身品行端正和舉用品行端正的人才。❷北辰，現代人稱「北極星」。❸居，「踞」的初文，本義是蹲；不過在這裡是「凥」的同音通假字。「凥」字的構形沿自小篆的，從尸、几聲，表示人坐在板凳上，本義為坐，引申有停留的意思。所，意思是處所、位置。❹共，「拱」的初文，字於甲骨文作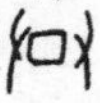、金文作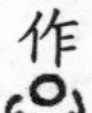，象左、右手指合圍成圈狀（小篆錯成了，為隸、楷書所本），可用來形容樹幹的粗細——例如左傳・僖公三十二年記秦穆公詛咒老臣蹇叔說：「中壽，爾墓之木拱矣！」意指對方若只活到中壽的歲數，早在十年前就死亡的話，墓樹已長到左右手指合圍那麼粗了。這裡當動詞用，有環繞之意。在政治上，孔子主張施行禮樂，用道德感化民眾。他認為在上位者動見觀瞻，若能以身作則，教育民眾；並且選賢舉能、勤政愛民，自然會受到民眾的愛戴。他說：「上好禮，則民莫敢不敬；上好義，則民莫敢不服；上好信，則民莫敢不用情——夫如是，則四方之民繈負其子而至矣！」（見子路篇04）「其身正，不令而行。」（見同篇06）又說：「苟正其身矣，於從政乎何有？」（見同篇13）又說：「舉直錯諸枉，則民服。」（見為政篇19）又說：「無為而治者，其舜也與！夫何為哉？恭己正南面而已矣！」

（見衛靈公篇04）本章記孔子用譬喻的方式來表達他一向的政治理念。

註　真正的判斷句，繫辭為肯定的「是」或否定的「非」，一看便知。有一類句子，它所用動詞的性質介於一般動詞和純粹繫辭之間（例如「為」、「成為」、「猶如」、「類似」、「變成」、「叫作」等等），以致看起來像敘事句，又像判斷句，許世瑛中國文法講話便稱它為「準判斷句」。

02子曰：「詩三百❶，一言以蔽之❷，曰『思無邪』❸。」

譯　先生說：「詩經三百篇的旨趣，用一句話來概括，就是『沒有邪念』。」

解　❶詩經總共三百十一篇，扣掉只有篇目而沒有文字的六首「笙詩」，實際的篇數是三百零五（參閱泰伯篇15按語）；所謂「詩三百」（又見子路篇05），是舉整數而言的。❷一言，有時指一個字（如衛靈公篇23記子貢問曰「有一言而可以終身行之者乎」），在這裡的意思是一句話；蔽，本義是遮覆，引申有籠罩、概括之意。❸思，指一個人的意念、想法。

03子曰：「道之以政❶，齊之以刑❷，民免而無恥❸；道之以德，齊之以禮，有恥且格❹。」

譯　先生說：「用權力來領導，用刑罰來整頓，人民將會背離，而且沒有羞恥心；用德行來領導，用禮教來整頓，人民就有羞恥心，而且態度會恭敬。」

解　❶道，「導」的初文，有領導、統治之意；政，指統治權。❷齊，「劑」的初文，這裡作動詞用，有調理、整頓之意。韓非子‧定法篇說：「醫者，齊藥也。」意謂醫師的工作是調配藥物來為人治病。同篇又說：「罰加乎姦（干、犯）令者也。」意謂懲罰是針對觸犯法令者而施行的。❸免，意思是避開、脫離，指民心背離。倘若一味地用權力強制人民遵守法令，並對違反規定的人處以刑罰，人民不但會厭棄執政者，而且沒有羞恥的心理。顏淵篇18記載：季康子患盜，問於孔子。孔子對曰：

「苟子之不欲，雖賞之不竊。」同篇第十九章記載：季康子問政於孔子曰：「如殺無道，以就有道，何如？」孔子對曰：「子為政，焉用殺？子欲善，而民善矣！」可相參閱。「民免」是對「道之以政」而言，「無恥」是對「齊之以刑」而言的；「而」字是個連接詞，「免」字應解釋為脫離或逃避。子夏說：「君子信而後勞其民；未信，則以為厲己也。」（見子張篇10）在位者若不能好好施行教化，並且以身作則，來取得人民的信任，而完全拿政令規定他們做這做那，不免失之苛擾，人民自不喜歡而產生逃避的心理，所以禮記・緇衣篇引用本章作「夫民，教之以德，齊之以禮，則民有格心；教之以政，齊之以刑，則民有遯心」，「遯」字正是逃避、逃亡的意思。孟子・盡心上篇說：「善政不如善教之得民也——善政民畏之，善教民愛之；善政得民財，善教得民心。」大戴禮記・盛德篇說：「無德法而專以刑法御民，民心走，國必亡。」所謂「民畏之」、「民心走」，與緇衣篇的「民有遯心」，可說是「民免」的最佳註腳。❹格，按劉寶楠論語正義：漢代山陽太守祝睦碑所引論語本章作「恪」（音「客」），這是當時論語的另一版本。爾雅・釋詁：「恪，敬也。」漢書・貨殖傳說：「在民上者，道之以德，齊之以禮，故民有恥而且敬也。」「有恥」對「道之以德」而言，「敬」對「齊之以禮」而言。由於古人讀書的目的在通經致用，所以當引用經書時，往往在字句上略有出入，而且可拿當時較常用的同義字來取代本字——例如尚書・堯典：「乃命羲、和，欽若昊天。」史記・五帝本紀「欽若」便作「敬順」。漢書・貨殖傳既然用「敬」字取代「恪」字，可見班固所讀的論語也作「有恥且恪」。孔子說：「上好禮，則民莫敢不敬。」（見子路篇04）孝經說：「禮者，敬而已矣！」因此，齊民以禮，可使人民有恭敬之心。

04 子曰：「吾十有五而志於學❶，三十而立❷，四十而不惑❸，五十而知天命❹，六十而耳順❺，七十而從心所欲不踰矩❻。」

譯 先生說：「我十五歲時，就一心嚮往讀書這件事；三十歲時，便學有所成，而能在社會上站穩腳步；四十歲時，便凡事都有明確的想法和作法，而不再迷惑；五十歲時，便認清人生的際遇無常，而能接受一切不如意的事實；六十歲時，就不排斥任何負面言語，而能聽進耳裏；到了七十歲，便能隨意做自己想做的事，而不至於超出禮教的規範。」

解 ❶有，通「又」，「十有五」就是十五歲。志，小篆作，從心、㞢聲；「㞢」在卜辭中作，金文中作、——據此，隸、楷體當作「之」；然而由於戰國時代，文字的筆劃在各國不盡相同，李斯整理文字，以作為小篆的標準寫法，因而演變為隸、楷體的㞢。從它的原始構形來看，應是個部份形符不成文的會意字，表示人腳跨過出發線，向前行進之意，因此心中有所嚮往就叫做志。孔子博學多聞，德高望重，既謙稱非生而知之，更不敢承認是聖人與仁者；只說自己的學識都是從書本中得來，他的好學精神則無人能及（見公冶長篇28）。❷立，用法和子罕篇29「可與適道，未可與立」、中庸「凡事豫則立，不豫則廢」的「立」，都是有所成就之意。對照孔子說的「勇而無禮則亂、直而無禮則絞」（見泰伯篇02）與「好直不好學，其蔽也絞；好勇不好學，其蔽也亂」（見陽貨篇08），可知他學的主要是禮。孔子在青年時期，便以知禮而聞名，並在陪同定公前往夾谷和齊景公會盟時，憑著對禮儀的熟悉折服對方，而使景公於事後歸還一年前陽貨叛逃時出賣給齊國的國土（參閱八佾篇15、左傳・定公十年）。孔子說：「立於禮。」又說：「不學禮，無以立。」（見泰伯篇08、季氏篇13）可知「三十而立」這句話包涵兩層意思——承上文「志於學」而指在學禮上有所成就，並且因此而能立足於社會，隨時隨地跟任何人交往，都不至於失禮。在當時的上流社會，不知禮的人往往會受到譏評；孟僖子更因自己隨同國君出訪楚國時應對無方而深切自責，回國以後，不但自己勤學外交禮儀，而且臨終時還遺囑兩個兒子孟懿子和南宮敬叔務必師事孔子，向他學禮（見左傳・昭公七年）。❸惑，心思被疑難的事物困擾而顯得迷亂之意。孔子說：「好學近乎知。」又說：「知者不惑。」（各見中庸、子罕篇28）孔子淵博的學識使他的心智日趨成熟，處理任何事情，都能夠站穩立場，把握原則，並拿出妥善的方法，不至於迷惑而無所適從。❹天命，照字面上解釋，為上天的命令或意志，其實指的就是人們所無法預知及掌控的外在因素——現代叫做「變數」或「未知數」。常言道：「天有不測風雲，人有旦夕禍福。」禍福之難料，有如風雲之不測，君子必須認清這一客觀的事實，才有心理準備，而在力行仁道的同時，能夠做到逆來順受、隨遇而安，不致有所強求、患得患失，或怨天尤人、灰心氣餒（說詳附錄十一釋知命）。❺耳順，「逆耳」的相反，意謂任何他人批評自己的話，都能聽進耳裡。人之常情，總愛聽讚美、肯定自己的好話；對於負面的批評，大都存有排斥的心理，所以俗話說：「忠言逆耳」。只有心智成熟、深具自信的君子，不僅會欣然接受善意的批評與指教，即使遭人誤解或受到流言誹謗，也會在聽了之後反躬自省，妥善處理——這種理性的聽話態度就是「耳順」。❻踰，超出範圍之意。矩，「巨」的後起字，金文作、，從大或夫象人，從巨象有把手的矩尺，會合兩者之意，可知它原指木匠拿來畫直線或直角的工具（由於夫和矢的形體近似，以致從夫的寫法，到小篆時變錯成從矢，而為隸、楷所本。許慎說文收錄篆體的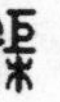，列為「巨」的另一種寫法，從木，更可看出它是規矩的矩）；因為被借用為巨大的巨，後來才又造了「矩」字來保留本義，而與借義區隔。矩尺和圓規都是木匠繪圖必備的工具，在這裡比喻禮教的規範。孔子好學深思，不恥下問，躬行君子，下學上達，經過幾十年的歷練，到了晚年，已經優入聖域。子思作中庸，推崇他說：「不勉而中，不思而得，從容中道，聖人也。」所謂「從容中道」，意謂一舉一動都符合禮教的規範，和孔子的自述大致吻合，而「不踰矩」的語氣顯得比較婉轉、謙卑。

05 孟懿子問孝❶，子曰：「無違。」樊遲御❷，子告之曰：「孟孫問孝於我，我對曰『無違』。」樊遲曰：「何謂也？」子曰：「生，事之以禮；死，葬之以禮，祭之以禮❸。」

譯 孟懿子請教孝道，先生說：「不要有所違背。」樊遲駕車時，先生告訴他說：「孟孫氏向我詢問孝道，我回答說『不要有所違背』。」樊遲說：「什麼意思啊？」先生說：「父母活著時，依照禮教的規範來服事他們；父母去世後，依照禮教的規範來安葬他們，也依照禮教的規範來祭祀他們。」

解 ❶孟懿子，魯國大夫，姓仲孫，名何忌，懿為死後謚號。奉父親孟僖子遺囑，向孔子學禮。❷樊遲，孔子學生，名須，齊國人，比孔子小三十六歲。御，駕車之意。❸孔子教學，循循善誘，他的原則是「不憤，不啟；不悱，不發；舉一隅，不以三隅反，則不復也」（見述而篇08），因此答覆問題，有時故意保留一些，等弟子繼續請益，然後給予完整的答案。這類的例子在論語中不少。孟懿子問孝，在聽了孔子簡單答覆「無違」後，不像樊遲那樣追問「何謂也」，可能是因為奉父親遺命才師事孔子，卻放不下權貴子弟的身段，不夠謙卑，更缺乏強烈的求知慾望，所以孔子也就算了，而把原來準備教導他的孝道講給樊遲聽。孔子提倡禮教，主張用它來治國和待人接物，所謂「無違」，當然是不違背禮教、一切都依照它的規範來做的意思。孝親之道，當父母生前，固然要事之以禮；在他們死後，也須葬之以禮、祭之以禮，以示不忘父母的恩情和教誨。孔子說：「三年無改於父之道，可謂孝矣！」（見學而篇11）孟子也說：「大孝終身慕父母。」（見孟子・萬章上篇）因此，藉著喪葬和祭祀維繫孝道於不墜，實有必要。

06 孟武伯問孝❶，子曰：「父母，唯其疾之憂❷。」

譯 孟武伯請教孝道，先生說：「對於父母，子女特別要為他們身體的病痛費些心思。」

解❶孟武伯，孟懿子的兒子，名彘。❷唯其疾之憂，「唯憂其疾」的變換說法。唯，有獨、特的意思。父母是子女憂慮的對象，放在句子前面，有文法學家把它叫作外位止詞（參閱附註），真正的主詞是「子女」，省略了；「之」為語助詞，用法同「是」，有調換動詞、止詞位置的作用——例如「唯利是圖」就是「唯圖利」的意思。孝經說：「孝子之事親也，病則致其憂。」里仁篇21記孔子的話說：「父母之年，不可不知也——一則以喜，一則以懼。」人到老年，身體衰弱，很容易生病，而且病勢往往十分凶險；子女心存憂懼，仔細照顧飲食起居，孝道自然就在其中了。

註在敘事句或有無句裡，作者有時為了加強讀者對止詞的印象，而將它提到句子前面（例如本篇第二十二章的「人而無信，不知其可也」，不可的事情很多，「人而無信」提前來說，有特別強調的用意）；或由於止詞的字數太多，為了緩和語氣，而將它移到句子後面（例如顏淵篇05的「商聞之矣：死生有命，富貴在天」，「死生」兩句的止詞地位被「之」字取代了）；然後在它原來的位置補一個代名詞「之」或稱代詞「其」，作為形式上的止詞，使得原本實際上的止詞，因為換了位置而似乎和動詞失去了聯絡——這個離位的止詞，許世瑛中國文法講話就稱它為「外位止詞」，他如禮記・禮運篇「貨惡其棄於地」、「力惡其不出於身」的「貨」、「力」都是。

07子游問孝❶，子曰：「今之孝者，是謂能養❷——至於犬馬❸，皆能有養；不敬，何以別乎❹？」

譯子游請教孝道，先生說：「現代人實踐孝道的方式，只認為能供給父母生活物資就好了——不過，談到犬馬這些畜牲，它們也都會有主人給予的食物；假使子女不尊敬父母，那麼奉養父母跟飼養犬馬有什麼區別呢？」

解❶子游，孔子學生言偃的字，吳國人，比孔子小三十五歲，長於文學（見先進篇02）；曾任武城邑宰，能學以致用，受到孔子的肯定（參閱雍也篇12、陽貨篇04）。❷是，通「祇（只）」。養，意思是供給生活所需物資。❸至於，把話題導向另一方面的提引詞，相當於白話說「談到」。❹「不敬，何以別乎」，為「假設子女不敬父母，則養父母與養犬馬何以別乎」的省言。以，用、拿；何以別，意思是用什麼來區別養父母和養犬馬，也就是等於把父母當犬馬看待。大戴禮記・曾子大孝篇說：「大孝尊親，其次弗辱，其下能養。」奉養父母是子女最基本的責任；假使欠缺敬意的話，奉養父母跟飼養犬馬就沒有區別了，哪能算是孝道？孟子・離婁上篇說：「曾子養曾皙，必有酒肉；將徹（飯後撤去剩餘酒肉），必請所與（請示給誰）；問：『有餘（家裡還有多餘的嗎）？』必曰：『有。』曾皙死，曾元養曾子，必有酒肉；將徹，不請所與；問：『有餘？』曰：『亡（無）矣！將以復進（另想辦法供應）也。』此所謂養口體者也；若曾子，則可謂養志也。事親若曾子者，可也。」一般人事親，只做到「養口體」，還缺少一些尊重；像曾子對曾皙做到「養志」那樣，才算真正盡了孝道。

08 子夏問孝，子曰：「色難❶。有事弟子服其勞❷，有酒食先生饌❸——曾是以為孝乎❹？」

譯 子夏請教孝道，先生說：「不容易做到的是態度。有事情時，晚輩就為他們代勞；有酒菜時，就讓長輩享用——難道這就算孝了嗎？」

解 ❶色，指臉色、態度。❷有事弟子服其勞，「若有事，則弟子服其勞」的省言。弟子，相對於下文的先生，在這裡指晚輩。❸有酒食先生饌，「若有酒食，則先生饌」的省言。先生，先出生的人，指長輩（參閱憲問篇47）。饌，進食之意。❹曾，音「增」，和八佾篇06「嗚呼！曾謂泰山不如林放乎」、先進篇23「吾以子為異之問，曾由與求之問」的「曾」字，用法都同「乃」，相當於白話的「難道」、「竟是」，有不以為然、不敢置信的反問語氣。是，這樣，指「有事弟子服其勞，有酒食先生饌」。

09子曰：「吾與回言終日❶，不違如愚❷；退而省其私❸，亦足以發❹——回也不愚❺！」

譯先生說：「我和顏回交談一整天，他始終不違背我的意思，好像笨笨的樣子；可是當他告退後，我觀察他獨處時的情形，倒也能夠把我對他說的話表現在行為上——顏回其實並不愚笨啊！」

解❶回，孔子最喜愛的學生。姓顏，名回，字子淵，論語中多稱顏淵。魯國人，比孔子小三十歲。聰明好學，安貧樂道，為孔門德行最優良的學生之一（見先進篇02），不幸短命而死，後世尊為「復聖」。終日，形容談話的時間很久。❷不違，意思是顏淵在交談中，顏淵一直都順應老師的話，始終不表示自己的看法。先進篇03記孔子的話說：「回也非助我者也，於吾言無所不說。」既然「無所不說」，也就「不違」了。❸「退」的主詞為顏回，「省」的主詞為孔子，兩者都省略了。省，觀察之意；私，獨處之意，這裡用作名詞，相當於現在說「私生活」。❹發，發揮、表現之意；足以發，是說顏淵並非聽過就算了，而是能夠把所學實際運用在日常生活當中。❺老子說：「大智若愚。」又說：「上士聞道勤行之。」孔子說：「回之為人也，擇乎中庸，得一善，則拳拳服膺而弗失之矣！」（見中庸）都是顏淵為人處事態度的寫照。

10子曰：「視其所以❶，觀其所由❷，察其所安❸——人焉廋哉❹？人焉廋哉？」

譯先生說：「先瞭解他為什麼這樣做的動機，再看他採取什麼方式去做，最後注意他做過之後的神情怎樣——這個人還隱藏得了什麼嗎？這個人還隱藏得了什麼嗎？」

解❶以，用法同「為（讀去聲）」，有企求之意。本章三個「所」字都做不定代名詞用，文言文通常放在動詞前面；「所以」指行為的動機。❷由，遵循之意；「所由」指遵循的途徑。❸安，和里仁篇02「仁者安仁」、陽貨篇21「食夫稻，衣夫錦，於女安乎」的「安」字用法相同，形容內心舒坦、情緒穩定的樣子；「所安」指事後的心理狀態。俗話說：「平生不做虧心事，夜半敲門心不驚。」「察其所安」和現代司法測謊的原理不謀而合。❹廋，隱藏之意。不在直線上的三個點，可以畫成一個圓；從一個人做事的動機、方法和神情三方面著眼，就不難認識他的為人。老子說：「知人者智。」樊遲問知（智），孔子也告訴他要能「知人」（見顏淵篇22），由本章可見孔子知人的智慧。

11子曰：「溫故而知新❶，可以為師矣❷！」

譯先生說：「一個人能溫習舊的知能，並且認識新的事物，便可以拿他具備的知能來教導別人了呀！」

解❶子張篇05記子夏曰：「日知其所亡，月無忘其所能，可謂好學也已矣！」「日知其所亡」就是「知新」，「月無忘其所能」就是「溫故」。❷學識須經長期累積與深化，才會專精、嫻熟，也就是孟子・離婁下篇說的「深造自得」、「左右逢源」，除了傳道、授業之外，也能為人解惑，而勝任為師的工作；否則靠一時強記或耳聞得來的膚淺知識，是「不足以為人師」的。（見禮記・學記篇）

12子曰：「君子不器。」

譯先生說：「君子不該只有專業才能。」

解器，本來的意思是盛裝物品的用具，這裡用來比喻一個人的專業才能。孔子以六經、六藝教授學生，重視的是術、德兼修的全人教育，希望將學生培養成能為國家決疑定計的股肱大臣，而非只有某項專業的技術官僚，所以說「君子不器」。

13子貢問君子，子曰：「先行其言❶，而後從之❷。」

譯 子貢請教怎麼樣才稱得上君子，先生說：「先做到自己心裡所想的，然後才把話說出口。」

解 ❶其，指稱詞，這裡指自己。❷言為心聲，沒說出口之前，只是意願而已。為人處事，應有自知之明，言行須能相顧，所以孔子說：「古者言之不出，恥躬之不逮也。」又說：「君子欲訥於言而敏於行。」（見里仁篇22、24）「君子恥其言而過其行。」（見憲問篇29）小人愛好炫耀才能，往往先說大話，結果不能實踐，於是找藉口為自己掩飾，幾乎沒有例外。君子對自己能力所及的事才說得出口，甚至做到了才說，這是心智成熟、態度謙虛的表現。

14 子曰：「君子周而不比❶，小人比而不周❷。」

譯 先生說：「君子顧全大局而不偏私，小人偏私而不識大體。」

解 ❶周，甲骨文作□，金文作□，象田裡作物密集之形，本是「稠」的初文，因為用作國名，所以金文或加繁文「口」（「圍」的初文）作□（口誤作口，是因形近之故）來表示；後來又加形符「禾」以保留稠密的本義，引申則有周到、普遍、完全之意。君子講究道義，公正無私，凡事都能顧全大局，為多數人的權益著想，所以說「君子周而不比」。❷

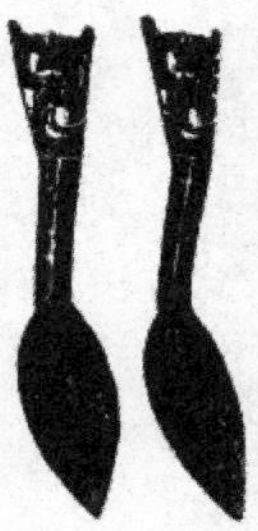

獸紋匕（二器），見容庚 商周彝器通考 下冊圖四〇九

比，音「必」，甲骨文作□、金文作□，象兩匕（匙）並列之形（見附圖），本義為並排（例如「比肩」就是並肩、「朋比」就是兩人一起行動），引申則有親暱、靠近、依附之意。小人自私自利，心胸狹隘，總是喜愛畫小圈圈，凡事只考量本身和圈內人的利益，所以說「小人比而不周」。

15 子曰：「學而不思則罔❶，思而不學則殆❷。」

譯 先生說：「只閱讀而不思考，就會迷糊；只思考而不閱讀，就會疑惑。」

解❶本章說明學、思兩者同等重要，不可偏廢。罔，初文「网」在卜辭中作[illegible]、金文作[illegible]、小篆作[illegible]，象網之形，本義是漁網；由於語音轉變，又假借為無，因此先後加注「亡」、「糸」，以保留本音、本義。在這裡用來形容一個人的心思受到外在事物的蒙蔽或拘束，對真相認識不清，因而感到迷惘的樣子，可以說是「惘」的初文。一味地死讀、死記而不加思考，好比囫圇吞棗，無法消化，結果但知其一而不知其二，或僅知其然而不知其所以然，又不能學以致用，成為俗稱的「書呆子」，經常迷迷糊糊的，無所適從，所以說「學而不思則罔」。❷殆，本義是危而不安，引申有懸疑、不確定或疲憊不堪之意。孔子說：「好學近乎知。」（見中庸）又說：「知者不惑。」（見子罕篇28、憲問篇30）又說：「吾嘗終日不食、終夜不寢，以思，無益，不如學也。」（見衛靈公篇30）因為天下的事物太多，若不從書本中吸取他人的經驗和智慧，而光憑個人有限的智力去勞神苦思，勢必常有大惑不解、心神疲憊的時候，所以說「思而不學則殆」。

16子曰：「攻乎異端❶，斯害也已❷！」

譯先生說：「一味地批判和自己立場相對的意見，這樣會妨礙問題的解決呀！」

解❶攻，意思和先進篇16「小子鳴鼓而攻之可也」、顏淵篇21「攻其惡，無攻人之惡」的「攻」字相同，有攻擊、批評之意。異端，指和自己相對那一方的見解或主張。❷斯，稱代詞，意思是這樣，代表「攻乎異端」的作法。害，不利、妨礙之意。也已，句末語氣詞，為論語所習用。天下沒有絕對應該與否的事情，只有相對妥當與否的問題，所以孔子說：「君子之於天下也，無適也，無莫也，義之與比。」（見里仁篇10）他平生也絕不「意、必、固、我」（見子罕篇04），處事則秉持「無可、無不可」的彈性原則（見微子篇08）。一個人處理事情若太過主觀，就容易產生偏見；固執偏見，不能尊重、包容不同的看法，就會經常與人發生意氣之爭，結果成事不足，敗事有餘，所以說

「攻乎異端，斯害也已」。

17子曰：「由，誨女知之乎❶？知之為知之，不知為不知——是知也❷。」

譯先生說：「仲由，我教你的那些道理，你都懂了嗎？懂了就說懂了，不懂就說不懂——這樣你所懂的部份才算真懂。」

解❶誨女，「吾所誨女者」的省言，為動詞「知」的外位止詞，意思是我所教你的道理；女，「汝」的初文，用法同「爾」，指第二人稱。「知之」的主詞為「女」，省略了。❷是，稱代詞，意思是這樣，代表「知之為知之，不知為不知」的態度；「是知也」的「知」，當指「知之為知之」的部份而言，才符合邏輯。若強不知以為知，便混淆了兩者的界線，結果究竟知或不知，恐怕連自己也分不清楚了。

18子張學干祿❶，子曰：「多聞闕疑❷，慎言其餘，則寡尤❸；多見闕殆，慎行其餘，則寡悔——言寡尤，行寡悔，祿在其中矣❹！」

譯子張想學求取俸祿的方法，先生說：「多方聆聽而保留有疑慮的部份，對其他沒有問題的部份，也能謹慎地談論，那麼說錯話的情況就會比較少；多方見識而保留不確定的部份，其他沒有問題的部份，也能謹慎地實行，那麼事後懊悔的情況也會比較少——說話少被責難，做事少有懊悔，求取俸祿的機會便在其中了呀！」

解❶子張，孔子學生，姓顓孫，名師，字子張，魯國人，小孔子四十八歲。孔子說：「師也過（太重外表）。」他的某位同學也說：「師也辟（心態偏差）。」（見先進篇15、17）子游、曾子都批評他儀表堂堂、善於交際應酬，卻無法深交（見子張篇15、16）。干，追求之意。祿，薪俸，指官職。

❷闕，空缺，作動詞用，有保留之意。❸尤，意思是指謫他人過失，這裡當名詞用，意思是過失。❹孔子說：「不患無位，患所以立。」（見里仁篇14）博學多聞，謹言慎行，便已具備出仕的條件，所以說「祿在其中」。子張熱衷名位，過於講究表面功夫（參閱顏淵篇20），因此孔子告誡他要好好進德修業、充實自我，以等待出仕的機會。

19哀公問曰❶：「何為則民服？」孔子對曰：「舉直錯諸枉❷，則民服；舉枉錯諸直，則民不服❸。」

譯 哀公問道：「我該怎麼做，民眾才會服從？」孔先生回答說：「提拔正直的人，放在不直的人上面，民眾就會服從；提拔不直的人，放在正直的人上面，民眾就不會服從。」

解 ❶哀公，魯國君主，名蔣。❷直，指正直的人；枉，指不直的人。錯，通「措」，放置之意；諸，「之於」兩字的合音。俗話說：「公道自在人心」、「不平則鳴」。當權者親賢臣，遠小人，使得政治清明，國家富強，人民能夠安居樂業，當然會心悅誠服——可知為政以得人為首要。衛靈公本身雖然無道，只因能尊賢任能，而得以在位四十二年（參閱憲問篇20），就是很好的例證。❸君主若親小人，遠賢臣，以致政治腐敗，社會動亂，人民生計難以維持，勢必怨聲載道，自然也就不服了。

20季康子問❶：「使民敬、忠以勸❷，如之何❸？」子曰：「臨之以莊則敬❹，孝慈則忠❺，舉善而教不能則勸❻。」

譯 季康子問：「使民眾做事認真、懂得替別人著想，而且具有積極進取的精神，我該怎麼做才能達到這樣的目標？」先生回答說：「你用莊重的態度面對他們，他們就會做事認真；你愛護、關懷他們，他們就會懂得替別人著想；你提拔表現良好的人，同時教導做不到的人，他們就會受到鼓舞而努力上進。」

解❶季康子，魯國大夫，姓季孫，名肥，諡號康。❷敬，態度認真、不敢敷衍了事之意。荀子・議兵篇說：「凡百事之成也必在敬之，其敗也必在慢之。」做事怠慢，是因為不重視它，這樣怎會成功？敬對慢而言，所以可指慎重其事的態度，現在叫做敬業精神。忠，本義同「恕」，都是將心比心、為人著想的意思。以，連接詞，相當於白話的「而且」。勸，奮勉，努力進取之意。❸「如之何」就是「如何」，「之」為代名詞，代「使民敬、忠以勸」這個理想目標。❹臨，本義是從高處往下看，引申有面對、統治之意。❺孝慈，王引之經義述聞・通說：「秉心仁愛，亦謂之慈孝；上愛利其民，亦謂之孝慈。」國語・楚語：「明（教示）施舍（施予恩惠，擱置過失）以道（引導）之忠。」身教重於言教，這是孔子答話的用意。❻舉，稱讚、提拔之意。

21 或謂孔子曰❶：「子奚不為政❷？」子曰：「書云孝乎！惟孝友于兄弟❸，施於有政❹，是亦為政❺——奚其為為政❻？」

譯有人對孔先生說：「您怎麼不從事政治呢？」先生回答說：「書本上可是說了一堆孝道呢！只要能孝順父母、友愛兄弟，並且讓這樣的倫理道德影響到政治層面，那麼這也就相當於從事政治了——否則你認為怎樣才叫做從事政治呢？」

解❶或，不定代名詞，這裡指某一個人，相當於白話說「有人」。❷奚，疑問詞，用法同「何」，相當於白話問「為什麼」、「怎麼樣」。❸惟，通「唯」，相當於白話說「只要」，在這裡用作假設小句「惟孝友于兄弟，施於有政」的關係詞；後果小句「是亦為政」的關係詞「則」省略了。孝，「孝於父母」的省言；友，意思是相親相愛；于，用法同「於」。❹施，音「亦」，意思是及、影響到。「有」、「為」古音相同，可以通用，「有政」就是「為政」。❺「是」，相當於白話的稱代詞「這」，指前面說的「孝友于兄弟，施於有政」。❻奚其為為政，反詰語，句法和顏淵篇20的「何哉爾所謂達者」相同，也可以變換為「何哉爾所謂為政」。「其」在這裡用作第二人身稱代詞，指發問的人；「奚其為」的「為」通「謂」，相當於白話的「以為」、「認為」。孔子遊說諸侯，無非想取得公權力，施行禮樂，以建立講究倫理的社會，所以他在答覆齊景公問政時說「君君、臣臣、父父、子子」（見顏淵篇11）；假使能用教育的方式，推廣這樣的理念，可說殊途而同歸，這是他回應某人「奚不為政」的問題時所持理由的用意所在。

按 本章孔子答語中的「書」，歷來學者都認定是書經；而對他這一番話，則有幾種不同的斷句——有的作「書云：『孝乎，惟孝友于兄弟。』」有的作「書云：『孝乎惟孝，友于兄弟。』」有的作「書云：『孝乎惟孝，友于兄弟，施於有政。』」殊不知這幾句見於偽古文尚書‧君陳篇，應是君陳篇文字殘缺，偽造者見論語本章有「書云」字樣，所以拿去補上的。既然現行君陳篇是偽造的，也就不足為據；何況上述幾種斷句，無論怎麼解讀，都十分牽強。仔細尋繹本章脈絡，「惟孝友于兄弟，施於有政，是亦為政」這個假設關係複句，為孔子針對有人問他「子奚不為政」時的回應，而先進篇24有子路「何必讀書然後為學」的話，可見本章的「書」未必就指書經；若視為一般書冊，且從「書云」以下都是孔子自己說的話，那就文從理順，而上述斷句歧異的問題也就自然消弭於無形了。

22子曰：「人而無信，不知其可也❶——大車無輗❷，小車無軏❸，其何以行之哉❹？」

譯 先生說：「一個人倘若沒有誠信，我不曉得他可以憑什麼跟人家交往——好比牛車上沒有聯結車轅和車輗的零件，馬車上沒有聯結車轅和車衡的零件，那麼駕駛人將靠什麼來使車輛行進呢？」

解 ❶「人而無信，不知其可」句的主語——「吾」省略了，動詞為「知」；「而」為假設語氣詞，用法同「如」、「若」。「其」指「人而無信」這件事；「不知其可」為價值判斷語，說明誠信的重要性。孔子說「道千乘之國」要「敬事而信」（見學而篇05）；談到自己的志願時，希望「朋友信之」（見公冶長篇26）；答覆子張問仁時說要做到「恭、寬、信、敏、惠」，因為「信則人任焉」（見陽貨篇06）；又答覆子張問行時說：「言忠信，行篤敬，雖蠻貊之邦行矣！」（見衛靈公篇05）子夏說：「君子信而後勞其民；未信，則以為厲己也。信而後諫；未信，則以為謗己也。」（見子張篇10）孫子・計篇也說：「將者，智、信、仁、勇、嚴也。」可見無論治國、從政、帶兵或交友等，誠信都是不可或缺的要件。荀子・非十二子篇說：「君子能為可信，不能使人必信己。」講究誠信尚且不一定能夠獲得他人信任，何況言而無信？所以說「民無信不立」（見顏淵篇07）。❷大車，指牛車，雙轅；因為要載運物資，所以車型比較龐大。輗，音「尼」，大車車轅和車軛（音「餓」，扼住牛頸的曲木）兩端連結部位的零件。❸小車，指馬車，獨轅；因為用於戰鬥、打獵或當作交通工具，所以比較輕巧。軏，音「月」，小車車轅前端和車衡（上有左右對稱的車軛）中央連結部位的零件。❹其，用法同「則」，相當於白話的「那麼」。何，疑問代名詞，通常放在文言句子的前面；以，憑藉補詞的關係詞，有依靠之意。行，使役動詞；之，代表大車、小車。其何以行之哉，用疑問句表達否定的意思。輗和軏有如人體的關節，使車子行進中可以順利地左右轉彎；假使車輛上缺少它們，便難以駕駛前行了。

23 子張問：「十世可知也❶？」子曰：「殷因於夏禮❷，所損益可知也❸；周因於殷禮，所損益可知也；其或繼周者❹，雖百世可知也❺。」

譯 子張問：「十代以後的禮制，現在可以預知嗎？」先生說：「商朝沿用夏朝的禮制，有哪些增減的部份，我們可以明瞭；周朝沿用商朝的禮制，有哪些增減的部份，我們可以明瞭；如果未來有接替周朝的政權，即使相傳百代之後，仍然可以推想而知的。」

解❶世，禮記・曲禮上篇說：「三十曰壯，有室。」可知三十年為一世，本指家族血脈相傳的世代，引申可指歷史上政權更替的朝代。❷因，依照、沿用之意。❸損，刪減之意；益，增訂之意。❹其，假設語氣詞，有如果的意思；或，不定代名詞，意思是有某個政權或朝代；繼，接替之意。改朝換代本屬歷史常態；然而當時周朝還在，所以孔子婉轉地用假設語氣說「其或繼周者」。❺夏、商、周三代都有幾百年的歷史，當初禮儀由聖明的帝王制訂並施行一段時間後，已經形成慣性，大家都漸漸適應了；即使改朝換代，也只需修訂一些不合時宜的部分，以維持政權的穩定；由於大體上仍然沿襲前朝的舊制，所以說「損益可知」、「百世可知」。

24子曰：「非其鬼而祭之❶，諂也❷；見義不為❸，無勇也❹。」

譯先生說：「不是自己的祖先卻去祭祀他，這是諂媚的行為；看見正當的事情卻不去做，這是懦弱的表現。」

解❶其，指自己的。人死後都稱作鬼，這裡指已經去世的先人。❷祭祀祖先，是飲水思源、不忘其本的表現，至於福佑、庇蔭的說法，只是假神道而設教罷了，因此去祭祀別人的祖先，並沒有什麼意義可言。諂，諂媚，用卑屈的言辭或態度討好之意。❸義，原為犧牲之意；展轉引申，可指一切正當的行為（說詳附錄六釋義利）。❹看見正當的事情卻不去做，無非懼怕得罪惡勢力，或顧慮自己在時間、金錢方面有所損失，可說是自私、懦弱的表現。

八佾篇第三

01 孔子謂季氏八佾舞於庭❶：「是可忍也，孰不可忍也❷！」

譯 孔先生批評季孫氏在家廟前廣場演出八佾舞的作法說：「這件事如果可以容忍的話，還有什麼事不能容忍呢！」

解 ❶謂，評論之意。季氏，季孫氏的簡稱（參閱次章「三家者」解說）。佾，音「易」，舞隊的行列——八佾即八行，每行八人，共六十四人，這是天子行禮時的排場；諸侯用六佾三十六人，大夫用四佾十六人，士用二佾四人，各有差等，不得越級。古代建築物的正廳叫堂，堂前階梯下的空地叫庭。「庭」是「廷」的後起字，金文本不從广——例如周代銅器秦公敦的銘文作，象階梯之形，壬（從人、從土，表示人挺身站立地面）為聲符，是個形符不成文的形聲字，指廳堂階前供人群活動的場地。❷是，稱代詞，指「八佾舞於庭」這件事。文言文中，有些假設語意卻用直敘句法來表達的情形，很容易造成誤解——例如中庸說：「誠者自成也，而（則）道自道也。」意謂誠者（指人格完美的統治者）倘若只是盡己之性、完成本身人格修養就算了的話，那麼道（禮樂）就空自為道，而不能發生移風易俗和改變氣質的教化作用。中庸說：「修道之謂教。」可知聖人制訂禮樂的目的，就是為了教化民眾；否則禮樂形同虛設，毫無意義可言。又如孟子・滕文公上篇引用公明儀的話說：「文王我師也，周公豈欺我哉？」意謂假設文王是我老師的話，那麼周公所懂的我也能懂，他哪裡唬得了我呢？「是可忍也，孰不可忍也」的句法近似本篇第廿二章的「管氏而（若）知禮，孰不知禮」，只不過主詞「是」下省略假設語氣詞「而」罷了。孰，疑問代名詞，代不特定的事或人。周成王因周公攝政期間功勞很大，特別賜頒天子的禮樂給他受封的魯國，所以魯君也可在奉祀周公的宗廟演出八佾舞；然而季孫氏的身分為卿大夫，竟在家廟中僭（音「建」），踰越本分之意）用天子的禮樂，崇尚禮教的孔子實在看不過去，因而有這番嚴厲的批評。孰不可忍也，用詰問句表達否定的意思，可見孔子對季氏八佾舞於庭這件事完全無法忍受。

按 史記・孔子世家及十二諸侯年表記載：昭公二十五年，季平子得罪魯昭公，昭公率師擊平子，平子與孟氏、叔孫氏三家共攻昭公，昭公師敗，奔於齊。後來前往晉國，被安置於乾侯（今河北省・成安縣東南），直到三十二年去世。其間七年，魯國朝廷無君，由三桓執政，於是季氏八佾舞於庭，三家者以雍徹，使得孔子不禁嘆道：「夷、狄之有君，不如諸夏之亡也。」（見本篇第五章）

02 三家者❶以雍徹❷，子曰：「『相維辟公，天子穆穆❸。』奚取於三家之堂❹！」

譯 魯國三大家族在祭祀完畢後，濫用雍詩來撤除祭品，先生說：「『在諸侯和夏、商二王後裔的助祭下，天子表現出莊嚴肅穆的樣子。』這兩句詩所呈現的氣象，在三大家族的廟堂上哪能找到噢！」

解 ❶三家者，指魯國當政的三卿——孟孫（原稱仲孫）氏、叔孫氏、季孫氏。因為他們是魯桓公三個兒子的後代，所以稱為三桓。在孔子當時，三桓掌握了魯國的政權，都起用家臣，以致魯君大權旁落，所以三家時常妄敢僭用天子禮樂。❷雍為詩經・周頌篇名，又作雝。徹，同「撤」，甲骨文作，從又、從鬲，鬲（金文作）為銅製食器或祭器；許慎說文收錄戰國末期的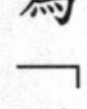，列為「徹」的重文（指不計入小篆字數的別種寫法），從行省、從攴、從鬲，行、攴和甲骨文構體的又，都代表動作，可知「徹」的本義為用餐完畢或祭祀禮成後撤除剩餘食物或祭品。秦、漢之間，有人把「徹」或「撤」字篆體（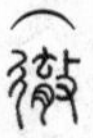）中間的「鬲」錯寫成「育」，隸、楷相沿錯到現在，已經積非成是而看不出當初造字的原意了。以雍撤，本來應是天子祭祖禮畢之後，在歌唱雍詩的樂聲中撤除祭品的場景，如今出現在三桓的家廟中，顯得十分荒謬，孔子感觸很深，所以說了這一番話。❸「相維辟

公，天子穆穆」為雍詩中的句子——相，讀去聲，助祭之意；維，語助詞；辟，和君同意，指諸侯；公，指夏、商二王的後代，也就是杞、宋兩國的君主。凡天子舉行大祭時，助祭的同姓和異姓諸侯，統稱辟公。穆穆，意思是莊嚴而安祥，形容祭祀時心意虔誠的樣子。❹奚，用法同「何」，相當於白話的「哪裡」；取，求得、找到之意。

03子曰：「人而不仁❶，如禮何❷？人而不仁，如樂何❸？」

譯先生說：「一個人如果品德不好，就算行了禮又怎樣？一個人如果品德不好，就算奏了樂又怎樣？」

解❶本章兩個「而」字和為政篇22「人而無信，不知其可也」的「而」字，都是假設語氣詞。❷「如……何」，相當於白話說「能拿……怎麼樣」，也就是沒有任何意義和作用。❸陽貨篇11記孔子的話說：「禮云禮云，玉帛云乎哉？樂云樂云，鐘鼓云乎哉？」可知禮樂的施行，是用財物、言辭、動作等外在形式，來表達尊敬、愛慕、哀戚等內在的心意，所以說「誠於中，形於外」、「禮者，所以貌情也」（見大學、韓非子‧解老篇）。行禮必須表裡如一才有意義，音樂的道理也是相同的。一個人倘若品德不好、內心欠缺誠意，而只講究形式、做表面工夫，即使行禮奏樂，在他人看來，也是附庸風雅，無異於「東施效顰」、「沐猴而冠」，自欺欺人，毫無意義。

04林放問禮之本❶。子曰：「大哉問❷！禮，與其奢也，寧儉❸；喪，與其易也，寧戚❹。」

譯林放請教禮的根本，先生說：「你所問的事情太重要了！舉行禮儀，倘若排場奢侈，寧可儉樸一些；辦理喪事，倘若態度輕忽，寧可哀傷一些。」

解❶林放，鄭玄只說是魯國人，生平事蹟不詳。本，根本、基礎。❷「大哉問」為「爾所問者大哉」的省言與倒裝。❸「與」、「其」在文言文中都可用作假設語氣詞，「寧」是表示意願的用詞，「與其」和「寧」合起來構成比較補詞的關係詞，有「兩相比較，如果是那樣，寧願這樣」的語意。奢，太過鋪張、浪費之意。寧，表示認可、願意之詞；儉，過於節約、省略之意。奢與儉是就舉行禮儀的費用而言，禮記‧檀弓上篇記載：「子游問喪具，夫子曰：『稱家之有無。』」意謂喪禮的排場大小，應當衡量家庭經濟狀況的好壞而定。雖然太過和不及都不符合中道，但是兩者利害仍有輕重之差。孔子說：「奢則不孫，儉則固；與其不孫也，寧固。」（見述而篇35）奢侈的害處大於儉約，所以說「與其奢也，寧儉」。❹易，和學而篇07「賢賢易色」的「易」字，都是「傷」的初文，意思是輕慢、漠視。戚，哀傷之意。易與戚是就家屬處理親人喪葬事宜時的情感而言。行禮講究誠於中而形於外，前一章記載子曰：「人而不仁，如禮何！人而不仁，如樂何！」可知內在的誠意比外在的形式重要，所以是「禮之本」。禮記‧檀弓上篇記子路轉述孔子的話說：「喪禮，與其哀不足而禮有餘也，不若禮不足而哀有餘也。」「哀不足而禮有餘」正是捨本逐末的作法。再進一步說，禮樂的功能在於導引人心，使喜怒哀樂的抒發都能合乎節度。子游說：「喪致乎哀而止。」（見子張篇14）親人去世，家屬過度悲哀，以致傷身，並不可取；然而人情澆薄，麻木不仁，為害更甚，所以說「喪，與其易也，寧戚」。

05子曰：「夷、狄之有君❶不如諸夏之亡也❷。」

譯 先生說：「夷、狄這些民族都有君主在統治，不像華夏諸國的君主那樣名存實亡。」

解 ❶古代華夏民族對四周未開化的民族，東方的叫夷、西方的叫戎、南方的叫蠻、北方的叫狄；這裡借夷、狄代表一切野蠻民族。「夷、狄有君」本為有無句，加上「之」字後，變成組合式詞結（參閱學而篇16附註），指夷、狄有君這件事實，用作「夷、狄之有君，不如諸夏之亡也」這個準判斷句（參閱為政篇01附註）的主語。❷不如，準判斷句的繫詞，意思是不似、不像。諸夏，指中原地區華夏民族所建立的那些邦國。亡，通「無」，後面承上省略了「君」字。「諸夏亡君」本來也是有無句，加上「之」字後，變成組合式詞結，指諸夏亡君的事實，用作整個準判斷句的謂語。孔子見當時號稱禮儀之邦的中原各國，大多君不君、臣不臣，有君等於無君；而被視為蠻貊之邦的夷、狄，上下之間的分際卻非常嚴明，不禁發出「禮失而求諸野」般的感嘆。

06季氏旅於泰山❶，子謂冉有❷曰：「女弗能救與❸？」對曰：「不能。」子曰：「嗚呼！曾謂泰山不如林放乎❹？」

譯季孫氏在泰山舉行旅祭，先生對冉求說：「你不能阻止嗎？」冉求回答說：「不能。」先生說：「哎呀！難道你認為泰山的神明會比不上一個林放嗎？」

解❶旅，祭名；泰山，五嶽之一，在魯國北部、今山東省・泰安縣境。古代只有天子才能祭祀天下的名山大川，諸侯則祭祀境內的山川。季氏旅祭泰山，顯然又是僭越禮制的行為。❷冉有，孔子學生，姓冉，名求，字子有，魯國人，小孔子二十九歲，長於政事，當時擔任季氏的家宰，所以孔子希望他能加以勸阻。❸女，「汝」的初文；和「爾」、「而」、「若」、「乃」等字古音相近，在文言文中都可用作第二人稱；白話的「你」字就是用「爾」的簡寫加上「人」旁所構成。救，挽回、勸阻之意。❹曾，音「增」，用法同「乃」，相當於白話的難道、竟然（參閱為政篇08）。禮記・曲禮下篇說：「非其所祭而祭之，名曰淫祀（濫行祭祀），淫祀無福。」本篇第四章記林放請教禮的根本，孔子深為讚許，這裡用反問的語氣，相信泰山的神明應比林放知禮，不會享用季氏的祭品而降福給他，以否定季氏旅於泰山的正當性。

07子曰：「君子無所爭❶，必也射乎❷！揖讓而升，下而飲❸——其爭也君子❹！」

譯先生說：「君子沒有任何跟人家爭強鬥勝的行為，除非在射箭比賽的場合吧！縱使在比賽的時候，選手也會彼此拱手作揖、互相禮讓，然後上場競技。賽完下來，得勝者請落敗者喝罰酒——這樣的競爭方式也還保持著君子的風度呢！」

解❶所，不定代名詞，通常放在動詞前面，這裡指爭鬥的行為；無所爭，意謂在任何情況下，都不會跟人家發生爭鬥、搶奪的行為。「爭」字在甲骨文中作；金文未見「爭」字，不過有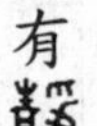（靜）字用它作偏旁，和甲骨文的構形都象兩人出手爭奪器物，可知本義為爭奪物品的所有權，引申為對是非的爭論、名利的爭取、優勢的競爭等。君子受到禮樂的教化，處處表現謙讓的風度，所以說「君子無所爭」。❷射，甲文作、或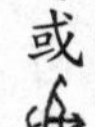，金文作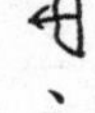、或，從弓、從矢，或再從又（象人手之形），以示搭矢於弓，準備放射之義。隸、楷書左邊從身，是沿襲篆文的錯誤寫法。必也射乎，本來是假設關係複句的後果小句；由於語意「跳脫」（參閱自序註一九），省略了假設小句——「苟（若）有所爭」後，便直接和「君子無所爭」構成排除關係複句，「必也」因而有「除非」或「除了……之外」的意思，用來強調「因射而有所爭」的可以通融，因而將它排除於「無所爭」的命題之外（參閱述而篇10、顏淵篇13、子張篇17）。射，指射箭比賽，為古代用來評比士人技藝和德性優劣的方式之一。❸「必也射乎」下面又省略了和「揖讓而升，下而飲——其爭也君子」構成轉折關係複句（註）的容認小句——「雖因射而爭」；若將省略的部份還源，那麼說「君子無所爭；若有所爭，則必也射乎！雖射而爭，然其爭也君子」，語脈和意思就很清楚了。揖，兩手於胸前抱拳為禮。飲，讀去聲，這裡作使役動詞用。❹古代舉行大射禮時，每兩人一組；比賽雙方互相作揖謙讓一番，然後上場各自就位，進行比賽。賽完再互相揖讓，走下臺階。等眾人都射完之後，勝者便揖請負者喝下罰酒。雖是競技活動，但在爭勝過程中，再三揖讓行禮，仍然不失君子風度。

註上下兩句所敘述的事情不和諧，或兩小句的意思相違背，多半由於甲事到乙事的發展不一貫，中間經過轉折，違離了聽者心中對甲事的預期結果。從上句看下句，是軼出了預期的結果；就下句來說，往往有一種修正、保留的作用。這類句法，近人許世瑛稱之為「轉折關係複句」。第一小句的關係詞（或不用）通常用「雖然」，第二小句的關係詞多用「但是」、「不過」、「反倒」、「偏偏」等（參閱中國文法講話・第十章・第六節）。

08 子夏問曰：「『巧笑倩兮，美目盼兮，素以為絢兮❶。』何謂也？」子曰：「繪事後素❷。」曰：「禮後乎❸？」子曰：「起予者商也❹，始可與言詩已矣！」

譯 子夏問說：「『她巧妙的笑容多麼嬌媚啊！她明亮的眼睛在展現魅力啊！白皙的皮膚使她看起來更為艷麗了啊！』這幾句詩有什麼特別的意義嗎？」先生說：「要先準備好白色絹布，然後才可以著手繪畫。」子夏又問：「那麼禮樂教化是人們在具有純樸本性的前提下才接受的嗎？」先生說：「商能引發我的思緒，這樣才可以和你談論詩經了哩！」

解 ❶「巧笑倩兮，美目盼兮」兩句，見詩經・衛風・碩人篇；不過子夏在這裡所引的三句意思相連，而且「倩」、「盼」、「絢」諧韻，句末又都有「兮」字，可能出於另一首逸詩，和碩人篇雷同兩句，應屬巧合，這在現存詩經三百篇和其他古籍中並不少見。倩，音「欠」，形容女子容貌姣好。盼，眼睛明亮，好像會放出電波那般撩人。素，本義為白色絹帛，可供書、畫之用，在這裡用來形容女子的膚色白皙。以，用法同「使」——例如孟子・公孫丑上篇說：「管仲以其君霸，晏子以其君顯。」意謂管仲使他的君主稱霸、晏子使他的君主成名，「以為」就是「使之成為」的意思；絢，有文彩的絹帛，這裡用來形容女子容貌艷麗。❷後，意思是「在……之後」。繪事後素，在潔白的絹帛上才能畫出優美的作品，就像天生麗質，加上適度的裝扮，兩者才能相得益彰。❸禮後，「禮後於質」的省言。憲問篇13記載孔子答覆子路問成人時說：「若臧武仲之知、公綽之不欲、卞莊子之勇、冉求之藝，文之以禮樂，亦可以為成人矣！」說明一個人必須先具備良好的本質，然後接受禮樂的陶冶，才能成為文質彬彬、人格健全的君子。禮記・禮器篇說：「甘受和（調味），白受采（調色），忠信之人可以學禮。」「白受采」就是「繪事後素」、「忠信之人可以學禮」就是「禮後」最適切的解釋。❹起，和述而篇08「不憤不啟」的「啟」同音通用，有開導、引發之意。孔子循循善誘，先由詩句所描述美人的容貌，作「繪事後素」的比喻，讓子夏聯想到「禮後」的道理。他嘉許子夏能舉一反三，說「起予者商也」，其實是自謙的話，對聽者卻有莫大的鼓舞力量。

09 子曰：「夏禮，吾能言之，杞不足徵也❶；殷禮，吾能言之，宋不足徵也❷——文獻不足故也；足，則吾能徵之矣❸！」

譯 先生說：「夏朝的禮制，我能談一談，可惜杞國不足以驗證；商朝的禮制，我能談一談，可惜宋國不足以驗證——這是由於兩國所保存的文物資料和熟悉掌故的前輩都不充分的緣故；要是充分的話，我便能加以驗證啦！」

解 ❶杞，音「起」，國名。周武王滅殷，封夏王後裔於杞，故城在現今河南・杞縣，傳到春秋時，被楚國滅亡。徵，檢驗、查證之意。❷宋，國名。周武王封殷紂王的兒子武庚於宋，故城在現今河南省・商邱縣；後來武庚叛亂被誅，周公又封紂的庶兄微子啟為宋君，傳到戰國時，被齊、魏、楚三國所滅。❸文獻，文字記載和耆老口頭傳述的資料。為政篇23記孔子答覆子張的問題時說：「殷因於夏禮，所損益可知也；周因於殷禮，所損益可知也。」杞、宋是夏、殷後裔所建立的國家，要驗證夏、殷兩朝的禮制，杞、宋無疑是最理想的對象；可惜兩國所保存的文獻也不太充分，使孔子覺得有些遺憾。

10子曰：「禘自既灌而往者❶，吾不欲觀之矣❷！」

譯　先生說：「禘祭從用酒澆地以後的程序，我就不想再看下去了！」

解　❶禘，周天子在太廟舉行的大規模祭典。禮記・大傳篇說：「不王不禘。王者禘其祖之所自出，以其祖配之。」由於魯君是周公的後裔，周公對周朝貢獻很大，成王特許魯君舉行禘祭，祭祀始祖周公所自出的文王，而以周公配祀。既，甲骨文作、，金文作、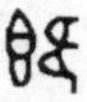，從皂、從旡。「皂」是「簋」的初文，代表食器；「旡」象吃飽張口打嗝、調頭準備離去之形——因此「既」字的本義為用餐完畢，引申為一切事情完了；放在文言句子的動詞前面時，有「在……之後」的意思。灌，本作「祼」。古代祭祀時，用童男童女代表受祭的祖先，稱之為「尸」。祭典開始，獻酒給尸，尸把酒澆灌在地面，以迎接神靈下降，這樣的儀式叫做「灌」。❷根據左傳的記載，魯國從閔公二年禘祭莊公起，昭公先後在十五年、二十五年禘祭武公、襄公；甚至亂臣陽貨等在定公八年禘祭僖公。禮記・禮運篇說：「魯之郊（冬至天子在城郊祭天的禮儀）、禘，非禮也。」可說其來已久，這叫崇尚禮教的孔子怎麼看得下去？

11或問禘之說，子曰：「不知也；知其說者之於天下也❶，其如示諸斯乎❷！」指其掌。

譯　有人請教禘祭的意義，先生說：「我不瞭解；瞭解它意義的人對於天下，大概就像把它放在這裡一樣囉！」同時指著自己的手掌。

解　❶「知其說」的「其」為指稱詞，指禘祭。❷「其如」的「其」為揣測語氣詞，有或許、大概之意。示，學者們大多解作視；不過，中庸說：「郊社之禮，所以事上帝也；宗廟之禮，所以祀乎其先也。明乎郊社之禮、禘嘗之義，治國其如示諸掌乎！」鄭玄注：「示，讀如『寘諸河干（岸）』之

『寘』；寘，置也。物而在掌中，易為知力者也。」按「諸」為「之於」二字的合音，「之」指前面的天下而言，「斯」為處所補詞，指手掌，因此「示諸掌」等於說「置之於掌」，意思是把它放在手掌上，形容治理天下就非常容易了。這樣解釋比「視之於掌」可取。

12「祭如在，祭神如神在❶。」子曰：「吾不與祭，如不祭❷。」

譯「祭祀祖先，就像祖先在眼前一樣；祭祀神明，就像神明在眼前一樣。」先生說：「我若不親自參與祭祀，就等於不祭祀。」

解❶祭，從又（代表手）、從肉（代表供品）、從示（代表鬼神），以示祭祀之意。比照「祭神如神在」的句法，「祭如在」當為「祭祖如祖在」的省言。這兩句意思和「吾不與祭，如不祭」連貫，應該也是孔子說的。祭祀時，祭祀的對象好像出現在自己的面前，顯示祭祀者的虔誠。❷與，讀去聲，參加之意；如果不親自參加祭典，而請人代表，那是沒有意義的，所以說「如不祭」。

13王孫賈問曰❶：「『與其媚於奧❷，寧媚於竈❸。』何謂也？」子曰：「不然❹！獲罪於天，無所禱也❺！」

譯王孫賈問道：「『假使要討好房屋西南角的神明，寧可討好廚房的竈神。』這是什麼意思啊？」先生說：「話不可以這麼說！假使得罪上天的話，便沒有什麼神明可以祈求了！」

解❶王孫賈，衛國大夫，幫靈公治理軍事，見憲問篇20。❷奧，房屋的西南角（見爾雅·釋宮），幽深而隱密性高，通常是家中尊者的房間，若非至親，一般人不得隨便闖入。❸竈，從前廚房裡炊爨的設備，為僕役早晚工作和出入的地方。❹然，如此、這般，指「與其媚於奧，寧媚於竈」的說法；不然，表示不認同的態度。孔子向來不迷信鬼神，而致力於進德修業，以充實自我，然後「用之則行，舍之則藏」（語見述而篇10）。❺「獲罪於天，無所禱也」為假設關係複句，說明不認同上述說法的理由。這話和子罕篇11的「吾誰欺？欺天乎」，都是象徵性的說法，孔子心目中的「天」其實是指人們與生俱有的正直本性，孟子稱為「良知」。一個人只要真誠處世，不忮不求，就可以心安理得、享受活出自我的人生樂趣，所以說「不義而富且貴，於我如浮雲」、「富而可求也，雖執鞭之士，吾亦為之；如不可求，從吾所好」（見述而篇15、11）；否則違背了良知，於心不安，無論媚於奧或媚於竈，都得不到神明的歡心和庇佑。

14子曰：「周監於二代❶，郁郁乎文哉❷！吾從周❸。」

譯先生說：「周朝的禮制，參考了夏、商兩代，它的文采真是燦然大備啊！我願意遵行周朝的禮制。」

解❶監，「鑑」的初文，在卜辭中作，從皿、見聲；金文作，從皿、從不成文的水，見聲——兩者的構形都象人在盆裝水面照察容貌，可知本義為鏡子；當動詞用，則有參考、取法之意。二代，指夏、商兩個朝代。❷郁郁乎，濃烈、豐盛的樣子；文，文彩之意。❸從，遵行之意。為政篇23記孔子的話說：「殷因於夏禮，所損益可知也；周因於殷禮，所損益可知也。」周公協助武王取得天下後，就前朝典章制度，加以修訂、改進，所謂「後來者居上」、「青出於藍而勝於藍」，讓孔子讚嘆不已，乃至時常夢見周公，他要遵行周禮，可說是很自然的事情。

15子入大廟❶，每事問，或曰：「孰謂鄹人之子知禮乎❷？入太廟，每事問！」子聞之曰：「是禮也❸！」

譯先生進到太廟，每件事情都要詢問清楚，有人說：「誰說鄹邑大夫的兒子知禮呢？進到太廟，每件事情都要問人家！」先生聽人轉述這樣的批評後說：「我這麼做正符合禮教的精神呢！」

解❶大，「太」的初文；天子、諸侯始祖之廟稱太廟。武王滅殷，封周公於魯，周公留下來輔佐武王，而派他的兒子伯禽前往魯國就位，所以魯國太廟祭祀的始祖是周公，他是孔子心目中的偶像。❷孰，誰。鄹，音「鄒」，魯國邑名，在今山東．曲阜東南。孔子父親叔梁紇曾做過鄹邑大夫，因此鄹人之子指的就是孔子。孔子早年便以知禮聞名於世，除本章外，他如左傳．昭公七年記載孟僖子臨終時特別囑咐孟懿子和南宮敬叔兩個兒子師事孔子而向他學禮。同書定公十年記載：夾谷之會，犂彌言於齊侯曰：「孔丘知禮。」❸「仁」的涵義為良好的人際關係，維繫良好人際關係的媒介是禮儀，而禮教的核心價值在敬，禮記．曲禮上篇說：「入境而問禁（禁忌），入國而問俗（習俗），入門而問諱（主人家中長輩的名字）。」太廟是多麼神聖的場所，裡面的規矩繁多，為了避免有所違犯而詢問每項細節，正是賓客尊重主人的表現。由此可見孔子不但勤學好問，而且具有實踐精神，並非浪得「知禮」的虛名而已。

16子曰：「射不主皮❶，為力不同科❷，古之道也❸。」

譯先生說：「射箭比賽並不著重貫穿皮靶——因為選手的筋力強弱不等，這是古人訂定比賽規則的意義所在。」

解❶射不主皮，這句話又見儀禮．鄉射禮篇。古代的禮射（和軍中的武射不同）有大射、鄉射、賓射、燕射等。皮為箭靶的材質，借來代替箭靶，如同借干戈代戰爭、借絲竹代音樂等，都屬修辭學裡的借代格。❷為，讀去聲，意思是因為、由於。科，等級之意。由於參賽者的筋力有強弱的差異，所以只求射中便可；至於能否貫穿箭靶，則在所不計，藉以彰顯射禮的主要意義，在觀摩參賽者的教養和風度，而非勝負的結果。❸道，指古代射禮的意義所在。

17子貢欲去告朔之餼羊❶，子曰：「賜也，爾愛其羊，我愛其禮❷。」

譯子貢想要廢除行告朔禮時供奉牲羊的規定，先生說：「賜啊！你吝惜那頭羊，我卻愛惜那禮制。」

解❶去，撤掉、廢除之意。朔，本義為每月的初一，借以代表全年的行事曆。餼羊，指全羊的生肉。古代以農立國，農民在什麼時候該做什麼田事，一切聽從政府官員指導。天子每到歲末，都會派遣使者將來年的行事曆頒發給諸侯，這就是周禮・春官・太史說的「頒告朔於邦國」；諸侯接受之後，藏置太廟，每月初一，用一隻牲羊為供品，祭告於祖廟，然後依曆行事，稱為「告朔」。「告」字從牛代表祭品，從口代表向祭祀對象說話或祈禱。❷爾，你；愛，惜。魯國從文公以後，漸漸曠廢告朔的禮儀；然而每月初一，太廟仍舊供奉一隻牲羊，徒具形式而無實質意義。務實的子貢曾經擔任魯國宰相（見史記・仲尼弟子列傳），有意廢除原本為告朔禮而準備牲羊的規定。孔子認為告朔之禮雖已久未舉行，但太廟按時供奉餼羊，具有象徵性的意義，保留餼羊，還能讓後人得知告朔這回事；若連餼羊也廢除，那麼告朔之禮也就隨之完全失傳了。衡量輕重得失，孔子並不贊成子貢那麼做。

18子曰：「事君盡禮❶，人以為諂也❷。」

譯先生說：「我服事君上完全按照禮節來做，人家卻認定我是在討好君上。」

解❶相對於下句的「人」，可知本句的主詞「我」省略了。盡，完全；盡禮，意思是完全遵照禮教的規範，並未逾越臣屬的分際。❷諂，昧著良心，說一些迎合他人心意的話，來取得對方的好感，現在叫作「巴結」、「討好」。先進篇23記載孔子說：「所謂大臣者，以道事君，不可則止。」可見君子出仕，原本是為了運用所學來報效國家，而非熱衷於榮華富貴。事君盡禮，這是部屬的本分，何況為君者也當使臣以禮（見下章），然而世人總愛以小人之心度君子之腹，認為那是在諂媚君主。孟子說：「君子之所為，眾人固（本來就）不識也。」（見孟子・告子下篇）孔子常嘆無人瞭解自己，他說這句話，也不免流露出心中的無奈。

19定公問：「君使臣，臣事君❶，如之何？」孔子對曰：「君使臣以禮，臣事君以忠❷。」

譯 定公問：「君主指使臣屬，臣屬服事君主，應該怎麼樣呢？」孔先生回答說：「君主指使臣屬，要秉持尊重的態度；臣屬服事君主，要為他的利益著想。」

解 ❶使，令他人做事之意；事，為他人效勞之意。❷曾子說：「夫子之道，忠恕而已矣！」（見里仁篇15）「忠恕」是聯合式合義複詞，兩字的本義都是設身處地、將心比心。凡人大都懷有私心，幫人做事，總想著自己的利益——例如孔子說：「鄙夫可與事君也與哉？其未得之也，患得之；既得之，患失之。」（見陽貨篇15）所以曾子每天都要反省：「為人謀而不忠乎？」（見學而篇04）意謂幫人家謀劃事情，能不站在他的立場、考慮他的利益嗎？所謂「臣事君以忠」，就是要站在君主的立場，為他的利益作打算，因此孔子說：「事君，敬其事而後其食。」（見衛靈公篇37）答覆子路問事君時則說：「勿欺也，而犯之。」（見憲問篇23）犯顏直諫，無非為了君主的利益著想。（說詳附錄九釋忠恕）人際關係是相對的，君主對於臣屬，也應給予相當的尊重，才能留住忠良之士；倘若自以為高高在上，而對他們頤指氣使，凡是有風骨的賢臣，都會不惜掛冠求去，以致留在身邊的都是佞幸小人，朝政勢必日益腐敗，國家也就陷於衰亂之中了。

20子曰：「關雎❶樂而不淫，哀而不傷❷。」

譯 先生說：「關雎這首詩的情感，喜樂卻不過度，哀愁卻不至於傷害身心。」

解❶關雎，詩經・周南的第一篇，內容敘述一位貴族男子在黃河邊上邂逅一位門當戶對的窈窕淑女，產生了愛慕之情，卻得不到對方的青睞。回去之後念念不忘，甚至夜裡展轉牀榻，難以成眠；於是想像自己彈奏琴瑟來傳達情意，最後打動芳心，締結良緣，又用鐘鼓來娛樂對方。❷「淫」的本義是水分太多，引申為凡事過度之意。全詩無論描寫萍水相逢的喜悅、追求被拒的惆悵，或想像交往時的親密、結婚後的歡樂，情感的表現始終合乎禮的節度，「樂而不淫，哀而不傷」可說是非常中肯的評語。

21 哀公問社於宰我❶，宰我對曰：「夏后氏以松❷；殷人以柏❸；周人以栗──曰使民戰栗❹。」子聞之，曰：「成事不說❺，遂事不諫❻，既往不咎❼。」

譯哀公向宰我詢問土地公神主牌的材質。宰我回答說：「夏朝的統治者規定使用松木；商朝的統治者規定使用柏木；周朝的統治者規定使用栗木──用意是要使人民駭怕。」先生聽人轉述後，說：「對已經完成的事情，不要再提意見了；對已經造成的事實，不要再行勸阻了；對已經犯下的過錯，不要再去怪罪了。」

解❶社，本義為土地的神明，在這裡指社主，也就是代表土地神明的木牌。宰我，孔子門下擅長言語的學生之一，姓宰，名予，字子我，魯國人。❷夏時，諸侯以上稱「后」；夏后氏，意思是夏朝的君主。以，使用之意。❸殷人，指殷商的統治者。❹周人，指周朝的統治者。古人大都就地取材，用來製作社主，並沒有特別的意義；由於「栗」和「戰慄」的「慄」同音，宰我於是自作聰明，妄稱周人使用栗木製作社主，是因為統治者要表現威嚴，使民眾嚇得發抖，因而服從統治者的命令。❺說，音「睡」，意思是陳述自己的主張，希望他人採納。❻遂，意思是計畫或心願實現了；諫，勸阻。❼咎，罪過，在這裡用作動詞，有責怪、追究過失之意。宰我對哀公信口胡說，孔子已來不及制止，責罵也沒用了；這幾句話其實是說給轉述者聽的，讓他不要犯同樣的錯誤。

22 子曰：「管仲之器小哉❶！」或曰❷：「管仲儉乎？」曰：「管氏有三歸❸，官事不攝❹，焉得儉？」「然則管仲知禮乎❺？」曰：「邦君樹塞門❻，管氏亦樹塞門；邦君為兩君之好，有反坫❼，管氏亦有反坫——管氏而知禮❽，孰不知禮❾？」

譯 先生說：「管仲的胸襟真狹窄啊！」有人問道：「管仲生活節儉嗎？」先生說：「姓管的有三所公館，為他管理家務的人員都是專職，哪裡算得上節儉？」那人又問：「既然每項職務都有專人負責，那麼管仲懂得禮數嗎？」先生說：「國君在靠近房間門口的地方設置屏風，姓管的也設有這樣的屏風；國君為了敦睦兩國君主的情誼，在宴客大廳設有放置酒杯的吧臺，姓管的也有這樣的吧臺——姓管的若懂得禮數，還有誰不懂得禮數呢？」

解 ❶管仲，春秋時代齊國人，名夷吾，輔佐齊桓公尊王攘夷，稱霸諸侯。器，本義為中空的用具，引申可指一個人的胸襟、度量。孔子批評管仲器量狹小，卻沒有說明理由。按孟子‧公孫丑上篇記載曾西不屑於別人拿他來和管仲相比，他說：「爾（你）何曾（為何居然）比予於管仲？管仲得君如彼其專也（得到國君信任像他那麼獨一無二），行乎國政如彼其久也，功烈（功業）如彼其卑也，爾何曾比予於是（拿我來和這個人相比）？」漢代儒者大多用這一觀點來解讀孔子的評語——例如司馬遷在史記‧管晏列傳中說：「管仲世所謂賢臣，而孔子小之，豈以為周道衰微，桓公既賢，而不勉之至王，乃稱伯哉？」可說相當適切。❷或，不定代名詞，這裡用來指人。❸管氏，相當於白話說「姓管的」，有不屑的語氣。三歸，俞樾群經平議說：「家有三處。」❹攝，兼代之意；「官事不攝，焉得儉」的意思是說：每處館舍都有專人負責管理，彼此不相代理，開銷勢必增多，怎可能節儉？❺然則，承上啟下的關係詞，有「既然……那麼」的意思。❻塞門，放在房間門口、不讓外人窺見室內動靜的裝置，現在叫作屏風。❼反，「返」的初文；坫，音「店」，土築的吧臺，在饗宴大廳兩柱之間，用來放置酒器。古代舉行國宴時，主君先向國賓敬酒叫作獻，然後國賓回敬主君叫作酢，主君再敬國賓叫作酬，獻酒和酢酬完畢，都會暫時將酒杯放回吧臺，因此名為反坫。❽而，假設語氣詞，用法同「如」、「若」。❾孰，疑問代名詞，意思是誰、哪一個人。禮，意思是禮數、禮節。孔子主張為國以禮，人人都須遵守禮的分際；管仲身為人臣，卻不懂得節制而僭用國君的禮數，所以孔子用反問的語氣，說明管仲的不知禮。

23 子語魯大師樂曰❶：「樂其可知也❷——始作❸，翕如也❹；從之❺，純如也❻、皦如也❼、繹如也❽，以成❾。」

譯 先生對魯國樂官長談論音樂說：「音樂演奏的要領似乎是可以領會的——開始演奏時，就像鳥類收攏翅膀、蓄勢待飛的樣子；當樂曲的旋律開展以後，雜音漸漸消失，各種樂器的音色、音調和節拍都清楚地呈現，這樣連續不斷，一直到演奏結束為止。」

解 ❶語，當動詞用，有告訴、談論之意。大師，讀「太師」，指樂官的首長。❷其，揣測語氣詞，語帶保留，不願武斷，顯示說話人的謙虛。❸作，演奏之意。❹翕，音「細」，從羽、從合，以示鳥類翅膀合攏之意；如，用法跟「然」、「焉」、「乎」等相同，都是形容詞的詞尾——翕如，形容交響樂開始演奏時，各種樂器仍在調和階段，有如鳥類翅膀合攏而蓄勢待飛的樣子。❺從，「縱」的初文；從之，指樂曲旋律的開展。❻純，純粹、沒有雜音之意。當音樂旋律開展以後，鐘、鼓、管、絃等同時鳴奏，呈現書經・堯典所謂「八音克諧」的狀態。❼皦，本義為清晰、潔白，在這裡形容樂器的音色、音調的高低、節拍的快慢都清晰可辨。❽繹，連續不斷之意。❾以，用法同「及」；成，完畢、終了之意——以成，意思是一直到演奏結束為止。

24儀封人請見❶，曰：「君子之至於斯也❷，吾未嘗不得見也❸。」從者見之❹。出曰：「二三子何患於喪乎❺？天下之無道也久矣❻，天將以夫子為木鐸❼。」

譯 衛國鎮守儀這個邊地的官員請求跟孔子見面，他說：「凡是來到本地的賢達人士，我照例都要親自拜訪的。」隨行的學生於是引他進見。他出來之後說：「各位先生何必憂愁失落了什麼呢？全天下的人迷路已經很久了，老天將拿先生作為帶領世人前進的鈴鐺。」

解 ❶儀，衛國的地名，在今河南省．蘭封縣。封，意思是疆界；封人，指鎮守邊疆的官員。❷君子，指學識淵博、道德高尚的賢者。斯，本地——指儀邑。❸嘗，意思是曾經；未嘗不，有依照慣例、向來如此的意思。❹從者，指跟隨孔子的學生。見，讀「現」，這裡用作使役動詞；之，代名詞，指儀封人。❺二三子，相當於白話說「諸君」、「各位先生」。喪，失落，指孔子辭官去周遊列國而言。❻天下，「天下之人」的省言；無道，找不到路，相當於現在說「迷路」。「天下無道」本屬有無句，加上「之」後，變成組合式詞結，指天下無道的時間，作為「天下之無道也久矣」這個表態句的主語；「久」是謂語，形容天下無道的時間很長；「矣」是句末語氣詞，相當於白話的「了」。❼鐸，銅身木舌的大鈴；古代公職人員下鄉宣達政令時，用它來召集民眾。儀封人將孔子比喻成上天派來為世人指引迷津的先知，特別用這番話來安慰跟隨他東奔西跑的群弟子。

25子謂韶：「盡美矣，又盡善也❶。」謂武：「盡美矣，未盡善也❷。」

譯 先生評論韶樂說：「旋律極盡完美了，意境也極盡完善。」評論武樂說：「旋律極盡完美了，但是意境還沒達到極盡完善的地步。」

解 ❶韶，音「勺」，虞舜時的樂曲名。禮記．禮器篇說：「禮也者，反其所自生（回溯生命的起源）；

樂也者，樂其所自成（歡慶成功的過程）。是故先王之制禮也以節事（節制行為），修樂以道志（疏導情緒），故觀其禮樂，而治亂可知也。」虞舜繼承唐堯的志業，恭己正南面而天下治，又禪讓帝位給禹，大公無私，因此流傳下來的韶樂，洋溢著一片祥和之氣，孔子聽得三月不知肉味（見述而篇13）。孔子家語記載：「舜彈五絃之琴，歌南風之詩，其詩曰：『南風之薰兮（南風真是暖和啊）！可以解吾民之慍兮（可以消除我們的煩悶啊）！南風之時兮（南風真得時宜啊）！可以阜吾民之財兮（可以豐厚我們的財富啊）！』」尚書大傳也載有虞舜禪位前所唱的卿雲歌：「卿雲（慶雲、祥雲）爛（光明燦爛）兮！糺（捲成一朵朵）縵縵（緩緩地飄著）兮！日月光華（光輝），旦復旦（天天照耀著大地）兮！」雖未必可信，但可參考。❷武，周武王時的樂曲名。周武王伐紂，固然消滅了天下的亂源，畢竟動用的是武力，所以流傳下來的武樂，不免有一股殺伐之氣，可說是美中不足。

26子曰：「居上不寬❶，為禮不敬❷臨喪不哀❸，吾何以觀之哉❹？」

譯 先生說：「坐在高位而胸襟狹窄，行禮的態度隨便，面對喪家時沒有悲哀的心情——對這樣的人，我從哪裡看得出他有什麼可取的地方呢？」

解 ❶不寬，形容胸襟狹小，不能包容他人的過失。❷不敬，意謂行禮時態度輕率而不慎重。❸臨喪，意思是蒞臨喪禮的場合。❹何以觀之，意謂一無是處。泰伯篇11記孔子的話說：「如有周公之才之美，使驕且吝，其餘不足觀也已。」在上位的統治者如果存有驕、吝的心態，刻薄寡恩，表裡不一，那麼和部屬、民眾的距離一定會漸行漸遠，這是可以預見的結果。

里仁篇第四

01子曰：「里仁為美❶；擇不處仁❷，焉得知❸？」

譯先生說：「群眾聚集的村落，人們能夠和睦相處，才是最美好的住家環境；如果不選擇這種人情味濃厚的地方來定居，怎麼稱得上明智呢？」

解❶里，從田、從土會意——田為農地，土為「社」的初文，所以「里」字是指民眾聚居、有農田和社神（如今民間稱為「土地公」）的村落（參閱魯公文字析義・釋里）。仁，原為二人（人與人）之間關係和諧、感情融洽之意，在這裡形容整個村落居民之間互動情形良好。❷擇不處仁，這句不合文法，因此其他版本多將「擇」字改作「宅」（參閱陳舜政論語異文集釋），頗嫌牽強；殊不知「擇不處仁」承接上句，為「擇里而不處仁里」的省言，也就是「不擇仁里而處」的意思，在這裡和「焉得知」構成假設關係的複句，關係詞「若」、「則」都省略了。❸焉，用法同「何」，相當於白話說「怎麼」、「哪裡」。知，「智」的初文。風水之說由來已久，即使到了現代，仍有不少人購置房屋要參考風水師的說法。孔子是非常理智的人，住所選在仁里，而不迷信風水。

02子曰：「不仁者❶不可以久處約，不可以長處樂❷。仁者安仁，知者利仁❸。」

譯先生說：「品德不好的小人無法長久待在困苦的環境，也無法長久待在安樂的環境。品德良好的君子懷抱平常心來經營人際關係，聰明人卻著眼於經營人際關係對本身有好處。」

解❶從文字構體，可知「仁」的本義為和諧的人際關係，引申可指一切有助於維繫和諧人際關係的觀念、態度與言行、舉止，從而具備優良品德的君子也可稱為「仁者」；反之，任何可能損及和諧人際關係的非道德行為便是不仁，而「不仁者」也就是指品德不好的小人了（參閱附錄七釋仁）。❷約，儉約、窮困之意。不仁的小人自私自利，未得患得（語見陽貨篇15），所以不可以久處約；既得患失（同前），所以又不可以長處樂。❸安，穩定之意，這裡用作動詞。仁者安仁，意謂仁者具有明確的人生目標，無私無求，知足知命，因而能以平常心面對生活中所遭遇的人、事、物。人們對於熟悉的事物，大都習以為常而不會特別去注意——例如有羞恥心的人，一旦說謊，於心不安，很容易被人察覺；而那些經常說謊的人，把說謊當作家常便飯，所以能夠「安」於說謊，甚至對他們測謊都可能失準。仁者忠恕為懷，與人相處，凡事都會替對方著想，甚至必要時不惜「殺身以成仁」（語見衛靈公篇08），因此心胸坦蕩，自然能夠為所當為，而不計較對本身的利害與得失，這是「仁者安仁」的意思。智者腦筋靈活，懂得怎麼做對自己有利，他經營人際關係也是著眼於此，所以說「知者利仁」。雖然中庸說：「或安而行之，或利而行之，或勉強而行之，及其行之，一也。」用意在勉勵人們去做對的事；但從人格修養的境界來看，仁者與智者畢竟還是有高低之別的。

03子曰：「唯仁者❶能好人，能惡人❷。」

譯 先生說：「唯獨品德良好的君子才能愛好一個人，也才能厭惡一個人。」

解 ❶仁者，參閱前章解說。❷好，讀去聲，喜愛之意；惡，音「物」，嫌棄之意。本章「能」字包含兩重意義——一指意願，也就是有勇氣把心中真正的好惡表達出來；一指能力，也就是能夠分辨真正的好人或壞人。凡人都有所好惡，但往往不敢誠實表達自己的想法，甚至會說一些違背心意的話，「匿怨而友其人」（語見公冶長篇25）；或可能蔽於自己的成見與偏見，「愛之欲其生，惡之欲其死」（語見顏淵篇10）。孔子說：「仁者不憂。」又說：「君子不憂不懼。」又說：「仁者必有勇。」（各見子罕篇28、顏淵篇04、憲問篇05）這是因為仁者真誠無私，具有正義感，不齒鄉愿的作風，所以能發揮道德勇氣，誠實表達自己的好惡，而不擔憂他人誤會自己的動機，更不怕得罪小人。同時，他也能保持理性，立場客觀而公正，不至於像大學說的「心有所忿懥則不得其正，有所恐懼則不得其正，有所好樂則不得其正，有所憂患則不得其正……人之（對於）其所親愛而辟（「僻」的初文，偏私之意）焉，之其所賤惡而辟焉，之其所畏敬而辟焉，之其所哀矜而辟焉」，能夠做到「好而知其惡，惡而知其美」（見同篇）、「不以言舉人，不以人廢言」、「眾惡之，必察焉；眾好之，必察焉」（見衛靈公篇22、27），因此，唯獨仁者的好惡才具有公信力。

04 子曰：「苟志於仁矣❶，無惡也❷。」

譯 先生說：「一個人若肯把心思用在修養品德上面，就不會有惡劣的行為了。」

解 ❶苟，假使；志，解說見為政篇04；仁，指良好的品德。❷君子既然有心修養品德，自然不會表現出惡劣的行為了。至於憲問篇07所記子曰：「君子而不仁者有矣夫！」指的是人際關係，而不是本身所犯的惡行，不能混為一談。

05 子曰：「富與貴，是人之所欲也；不以其道得之❶，不處也❷。貧與賤，是人之所惡也；不以其道得之，不去也❸。君子去仁，惡乎成名❹？君子無終食之間違仁❺——造次必於是❻，顛沛必於是❼。」

譯 先生說：「富裕和尊貴，這是人人都想要的；倘若依理不該得到卻得到了，不要據有。貧窮和卑賤，這是人人都嫌惡的；倘若依理不該得到卻得到了，不要逃避。君子若背離了待人接物的法則，哪裡還有資格被稱為君子呢？君子在吃完一頓飯那麼短暫的時間內，也不至於違背待人接物的法則——即使在緊急倉卒的關頭也一定如此，即使在潦倒流浪的時候也一定如此。」

解❶本章兩個「不以其道得之」的「其」字和「之」字，都各指前面的「富與貴」和「貧與賤」。因此，「不以其道得之」的「道」，和子路篇25「說之不以道」的「道」，意思是不相同的。「道」的本義為道路，引申可指為人處事所應遵循的途徑或法則，屬於價值判斷，「說之不以道」的意思是不用正當的方式取悅君子；而這裡的「道」字則引申為事情發生的緣由（說詳附錄二釋道），屬於事實的陳述。「其道」的「其」字，用法和公冶長篇25「匿怨而友其人」、中庸「禮經三百、威儀三千，待其人然後行」、莊子・養生主篇「始也吾以為其人也」、史記・項羽本紀「將非其人不可」的「其」相同，「其人」都是指非特定的「那個（些）人」（參閱本書自序註一八）；「其道」的意思，是指導致富貴或貧賤的「那些緣故」，也就是一般人主觀認知「善有善報、惡有惡報」的正常因果關係。❷不處，就是禮記・曲禮上篇「臨財毋苟得」之意。孔子說：「富而可求也，雖執鞭之士，吾亦為之；如不可求，從吾所好。」（見述而篇11）可見孔子並不排斥財富；然而君子愛財，取之有道，所以他說：「見得思義。」（見季氏篇10）又說：「不義而富且貴，於我如浮雲。」（見述而篇15）❸去，本義是離開，引申為脫離、逃避、排除、違背；不去，就是禮記・曲禮上篇「臨難毋苟免」的意思。對於人生的逆境，孔子總能以平常心處之，而不刻意逃避，所以說：「人不知而不慍，不亦君子乎？」（見學而篇01）「君子固窮，小人窮斯濫矣！」（見衛靈公篇01）並連聲稱讚顏淵說：「賢哉回也！一簞食、一瓢飲，在陋巷，人不堪其憂，回也不改其樂，賢哉回也！」（見雍也篇09）伯牛有疾，孔子前往慰問，他說：「亡之！命矣夫！斯人也而有斯疾也！斯人也而有斯疾也！」（見雍也篇08）顏淵和伯牛都是孔門中德行出類拔萃的弟子；然而前者既貧且賤，後者罹患惡疾，正所謂「不以其道得之」，縱使難以置信，事實卻在眼前，所以只有諉之於天命而逆來順受了。（參閱附錄十一釋知命）❹去仁，意思是違背仁道，也就是做人失敗，人際關係一團糟。惡乎成名，用詰問句表示否定的意思。惡，音「烏」，用法同「何」，相當於白話說「怎麼」、「哪裡」。君子以仁存心，而且隨時隨地努力實行；倘若背離了待人接物的正軌，以致無法與他人和睦相處，就不夠資格被稱為君子了。❺終食，吃完一頓飯，形容時間很短暫。❻造次，指情況緊急、倉卒之際；於是，如此——指「無終食之間違仁」。❼顛沛，意思是潦倒困頓，四處流浪。

06子曰：「我未見好仁者、惡不仁者❶。好仁者，無以尚之❷；惡不仁者，其為仁矣，不使不仁者加乎其身❸。有能一日用其力於仁矣乎❹？我未見力不足者；蓋有之矣，我未之見也❺！」

譯 先生說：「我沒見過愛好經營人際關係、厭惡不良關係的人。一個愛好經營人際關係的人，會認為世上沒有比它更可貴的事物；厭惡不良關係的人，他在和別人相處或交往時，會用心防止一切可能損害感情的因素介入彼此的關係中。有誰能夠在一天當中，時時刻刻都把自己的心力用在好好經營人際關係上面的嗎？我沒見過能力不夠的人；就算有這樣的人好了，我還沒見過呢！」

解 ❶從下文「好仁者，無以尚之」，可知孔子所謂「好仁者」，是指對行仁有誠心的人而言。中庸說：「至誠無息，不息則久。」並引述子曰：「力行近乎仁。」因此下文質問：「有能一日用其力於仁矣乎？」行仁是一輩子的事，由於無以尚之，才會「造次必於是，顛沛必於是」（語見前章）。一般人或因有所戒懼而不願主動釋出善意，或因怕難而缺乏恆心，以致「回也其心三月不違仁，其餘則日月至焉而已矣」（見雍也篇05），孔子才會感嘆「未見好仁者、惡不仁者」。❷無，不定代名詞；以，相當於白話的「用」、「拿」；尚，高也，當動詞用，有放在上面、崇尚之意；之，代名詞，指仁——無以尚之，意謂沒有什麼東西可拿來放在比仁更高的位置，也就是不認為有什麼事物比仁的價值更高貴的意思。❸「惡不仁者」的「者」代表憎惡不仁的人；「不使不仁者加乎其身」的「者」代表不利於仁的因素。❹一日，一整天，指睡覺以外的任何時間。❺蓋，揣測語氣詞，有大概、即使之意。孟子・梁惠王上篇說：「不為也，非不能也。」因此，當冉求表示「非不說子之道也，力不足也」時，孔子便告戒他：「力不足者，中道而廢；今女畫！」（見雍也篇10）

07子曰：「人之過也，各於其黨❶；觀過，斯知仁矣❷！」

譯先生說：「一般人的過錯分別和他們人格特質的類型相關；只要看某人所犯過錯的實際情形，便曉得他的人際關係如何啦！」

解❶於，和「造次必於是、顛沛必於是」的「於」，都與「如」字相通；黨，意思是群組、類別。孔子說：「君子而不仁者有矣夫，未有小人而仁者也。」（見憲問篇07）可見君子雖難免有得罪人而與對方合不來的時候，但不能因此而否定他對經營人際關係的用心和努力。小人巧言令色，縱使能獲得他人一時的好感，但因唯利是圖，終究無法與人長久和睦相處。❷「仁」字本指和諧的人際關係，在這裡和公冶長篇05「不知其仁也，焉用佞」的「仁」，則屬中性用詞（參閱該章「不知其仁」句解說），而不涉價值判斷。（好比「德」字，原指端正的品行，有時也純指一個人的性情、意志或行為，而不做價值判斷——例如顏淵篇19：「君子之德風，小人之德草。」「道」字也有類似的情形——例如易經・否卦・彖辭：「小人道長，君子道消。」）本章的主旨說明：是什麼樣的人，才會犯什麼樣的過錯，因此不能從單一事件的表相來論斷一個人待人接物的成敗；必須探求他的行為動機以及所犯過錯的性質，才比較客觀而公正。

08子曰：「朝聞道❶，夕死可矣❷！」

譯先生說：「如果早晨聽說了正確的人生道路該怎麼走，即使當天夜晚就死亡，也可以安心地瞑目啦！」

解❶「道」字的本義為人所行走的途徑，引申可指為人處事所遵循的法則，和「仁」字的引申義相通，所以孟子・離婁上篇引述孔子的話說：「道二：仁與不仁而已矣！」（說詳附錄二釋道）❷「可」字意謂沒有遺憾；「夕死可矣」並不是說聞道之後就應該死亡，而是在說明「聞道」的難能可貴。人生在世幾十年，隨時隨地都會和各種不同關係的人相處或交往，也隨時隨地可能遇到不如意的事情，因此，如何修養品德，以經營和諧的人際關係，必須終身學習。一旦修養到相當的境界，就會知足知命，「樂以忘憂，不知老之將至」（語見述而篇18），自然也就不怕死；即使走到人生的盡頭，也沒有什麼遺憾了。

09子曰：「士志於道❶，而恥惡衣惡食者❷，未足與議也❸。」

譯先生說：「知識分子既然嚮往人生的理想目標，卻對自己穿不好的衣服、吃不好的食物感覺羞恥，那麼他的所作所為就不值得去評論了。」

解❶志，心中有所嚮往之意；道，指人生的正確途徑和理想目標（參閱附錄二釋道）。❷恥，這裡用作動詞，意思是為某件事物而感覺羞恥。❸與，和陽貨篇15「鄙夫可與事君也與哉」的第一個「與」用法相同，「未足與」的意思就是不足以——也就是不值得。議，和季氏篇02「天下有道，則庶人不議」的「議」字，都是評論之意。常言道：「人到無求品自高。」君子「憂道不憂貧」（語見衛靈公篇31）、「食無求飽、居無求安」（語見學而篇14），所以能夠專心一致地研究學問，同時培養獨立自主的高尚人格；若貪慕錦衣玉食，便很容易受到外物的誘惑和支配，甚至喪失自己的人格，背離當初求道的志向，也就沒什麼可取的地方了。

10子曰：「君子之於天下也，無適也❶，無莫也❷；義之與比❸。」

譯　先生說：「君子對於天下的事物，不會一味地遷就，也不會刻意地排斥；總是按照合宜的方式來處理。」

解　❶適，本義為前往，在這裡有趨附、遷就之意。❷莫，否定詞，在這裡有排斥、拒絕之意。❸義，通「宜」；比，讀去聲，依從之意；「之」為語助詞。義之與比，等於說「與義相比」，意思是說：考量事情怎樣處理比較恰當，便按照那樣的方式來處理。天下的事物，只有妥當與否的相對性，而無應然與否的絕對性，因此孔子自稱處世的態度是「無可、無不可」（見微子篇08），說明他對任何人、事都沒有成見或預設立場，而保持相當的彈性——例如孟子說他「可以速而速，可以久而久，可以處而處，可以仕而仕」，並推崇為「聖之時者」（見孟子・萬章下篇）。這是孔子中道的精義，也是他待人接物的最高智慧。秉持這一原則因材施教，更贏得「至聖先師」、「萬世師表」的稱譽。

11 子曰：「君子懷德，小人懷土❶；君子懷刑，小人懷惠❷。」

譯　先生說：「君子一心只想著品行的修養，小人一心只想著田產的經營；君子一心只想著模範的效法，小人一心只想著好處的獲得。」

解　❶本章指出士君子和一般民眾由於身分、地位不同，價值觀也因之而異。君子，指士大夫階層；小人，指一般平民。懷，意思是心裡想著。德，意思是品行；易・大畜卦・象傳說：「君子以多識（記）前言往行，以畜（蓄積、培養）其德。」所以孔子說：「德之不修，學之不講，聞義不能徙，不善不能改，是吾憂也。」（見述而篇03）。土，意思是田地；大學說：「有土此有財。」孟子・梁惠王上篇說：「無恆產而有恆心者，惟士為能；若民，則無恆產，因無恆心。」古代以農立國，民以食為天，自然心裡總是想著和田地有關的事。❷刑，「型」的初文，典型、模範之意。孟子說：「君子有終身之憂，無一朝之患也。乃若所憂則有之——舜人也，我亦人也；舜為法於天下，可傳於後世，我由（猶、仍）未免為鄉人也，是則（此乃、這是）可憂也，憂之如何？如舜而已矣！」（見孟子‧離婁下篇）君子向慕古聖先賢，希望能及時立身行道，揚名於後世，所以懷想典型人物。惠，意思是恩惠、利益。由於小人懷惠，所以孔子說：「惠則足以使人。」（見陽貨篇06）

12子曰：「放於利而行❶，多怨❷。」

譯先生說：「如果凡事都以利益為導向而跟著走，就會經常與人結怨。」

解❶放，讀上聲，「倣」的初文，倣照、依據之意。❷多，指次數的頻繁，相當於白話說「常常」、「往往」。「多怨」可從兩方面來解讀——一是本身求利心切，過分貪婪，而所求總是無法滿足，就會抱怨連連；不像君子「正己而不求於人則無怨」（語見中庸）。二是唯利是圖，甚且不惜損人利己，以致時常與人發生衝突，結下仇怨，這就是孔子說「未有小人而仁者」（語見憲問篇07）的根本原因所在；不像君子「見利思義」，且懂得禮讓，因而到處受人敬愛。

13子曰：「能以禮讓為國乎，何有❶？不能以禮讓為國，如禮何❷？」

譯先生說：「能用禮讓精神來治國的話，哪有什麼問題？倘若不能用禮讓精神治國，空有法規制度又能怎麼樣？」

解❶何有，哪有什麼問題，不難之意。孔子說：「君子之德風，小人之德草；草上之風，必偃。」（見顏淵篇19）君上以禮讓治國，所謂「上有好者，下必有甚焉者矣」（見孟子‧滕文公上篇），上行下效，形成風氣，社會自然趨於安定，所以說「何有」。❷如禮何，意謂就算有禮制，又能如何？先進篇25記載孔子授意幾位學生閒談個人的志趣，當子路率先發言之後，不禁對他笑笑，事後告訴曾皙說：「為國以禮，其言不讓，故哂之。」因為禮是人所制訂的，也得由人來執行；禮的核心價值為謙讓，若缺少了謙讓的精神，君臣或同僚之間互不尊重，人人逾越本分，就算有再好的制度，也會滯礙難行，所以說「如禮何」。

14子曰：「不患無位❶，患所以立❷；不患莫己知❸，求為可知也❹。」

譯先生說：「不擔心沒有職位，而要擔心站在那個位子上必須具備的才能；不擔心沒人賞識自己，而要講求可讓人家賞識的條件。」

解❶患，擔心、憂愁之意。❷「立」於卜辭、金文各作、，象一個人站在地面之形，本義為站立，當名詞用時，則指所站的位置，引申有職位之意。「所」為不定代名詞，「以」有用的意思，兩字合為憑藉補詞的關係詞；所以立，意謂藉以擔任某項職務的才具。❸「莫己知」是「莫知己」的倒裝句，「莫」為不定代名詞，意謂沒有哪一個人。❹為，使也，後面省略了自己、本身，求為可知，意謂講求使自己具備值得人家賞識的條件。孔子說：「君子求諸己。」「君子病無能焉，不病人之不己知也。」（見衛靈公篇20、18）「不患人之不己知，患其不能也。」（見憲問篇32）意思大致相同。

15子曰：「參乎！吾道❶一以貫之❷。」曾子曰：「唯❸！」子出，門人問曰：「何謂也？」曾子曰：「夫子之道，忠恕而已矣❹！」

譯先生說：「參啊！我講那麼多做人的道理，其實用一項基本原則便可以把它們貫通了。」曾先生說：「是的！」先生出去之後，有同學問道：「什麼意思啊？」曾先生說：「先生的道理，只是將心比心罷了！」

解❶「道」的本義為人所行走的路徑，引申為人與人交往時所遵循的法則。孔子說：「道不遠人。」

又說：「忠恕違道不遠。」（並見中庸）孟子・離婁上篇也引孔子曰：「道二：仁與不仁而已矣。」可知孔子之道就是仁道，而「仁」的涵義為和諧的人際關係，以及一切經營和諧人際關係的觀念、態度、言行、舉止等，現代統稱為「倫理道德」。古人把人際關係歸納為五種——父子、君臣、兄弟、夫婦、朋友，叫做「五倫」；由於身分、關係的差異，個別的倫理道德也就有不同的名目（說詳附錄七釋仁），「忠恕」則為經營所有人際關係的通用法則。❷「貫」的初文作毌，小篆的字形（毌）由甲骨文的毌、毌、毌橫寫變來，而為隸、楷所沿襲，字形象用線縷貫穿打有小洞的貝殼，以供串聯作為貨幣，引申而有貫通、串聯之意。「一以貫之」是「以一貫之」的倒裝句，「之」為止詞（受詞），代「吾道」——「吾道一以貫之」整句的意思，是用一項簡單扼要的基本原則貫通我所說的全部做人道理，就像用一條繩子串聯多枚貨幣一樣；至於這項基本原則，就是下文曾子所領悟的「忠恕」。❸唯，用法同「唯唯諾諾」的「唯」，是古人表示沒有異議的恭敬用詞，相當於白話說「是的」（參閱子路篇15「唯其言而莫之違」句解說）。❹「忠」、「恕」二字的本義相同，都是將心比心，因此可以構成一個合義複詞（說詳附錄九釋忠恕），相當於現行白話的「同情心」和「同理心」，這是人與人溝通和相處時最基本、也是效果最好的法則。雍也篇28記載孔子告訴子貢說：「夫仁者，己欲立而立人，己欲達而達人——能近取譬，可謂仁之方也已。」衛靈公篇23也記載子貢問：「有一言而可以終身行之者乎？」孔子的答覆是：「其恕乎！己所不欲，勿施於人。」十八世紀末，法國第一共和憲法以「己所不欲，勿施於人」作為黃金法則；現代企業管理學者也多強調同情心、同理心在人際溝通上的重要性，可見孔子之道是超越時空，永遠適用於人類社會的。

16子曰：「君子喻於義❶，小人喻於利❷。」

譯先生說：「君子凡事都為別人打算，小人凡事只想到自己的利益。」

解❶喻，知曉、明瞭之意。「義」字從羊、我聲，為「犧」的初文，本指祭牲而言。祭牲喪失生命而換來人群的福祉，於是人們若有這種捨己為人的行為，也叫作犧牲（請參閱附錄六釋義利）。❷「利」字從刀、從禾，以示用刀割取稻、麥等作物而有所得，引申則指一切利益——如金錢、貨物、名位、權勢等。小人心智不夠成熟，做任何事，都要考慮是否對自己有利；甚至損害他人利益也在所不顧。由此可知君子和小人的根本差異，就在價值觀相反，所以孟子說：「士尚志。」意謂讀書人必須先立定高尚的志向。

17子曰：「見賢思齊焉❶，見不賢而內自省也❷。」

譯先生說：「看見好人，就要發願跟他一樣；看見壞人，就要捫心問問自己是不是也像他那麼不好。」

解❶齊，甲文作，金文作、，象禾穗上平之形（甲、金文有的顯示參差不平，是因近距離觀者從上往下看的緣故；為彰顯齊平之意，金文也有加指事符號作的，為隸、楷所本）；「思齊」就是想要達到同樣高度的意思。所謂賢與不賢，並不限於當代，也包括古人，歷史人物是很好的借鑑，所以易經・大畜卦・象傳說：「君子以多識前言往行，以畜其德。」❷省，檢視之意；自省，檢討本身日常的行為，看看是否犯了和不賢者相同的過失。述而篇21記孔子的話說：「三人行，必有我師焉——擇其善者而從之，其不善者而改之。」前者有助於讓自己向上提升，後者可避免使自己向下沉淪。

18子曰：「事父母幾諫❶；見志不從❷，又敬不違，勞而不怨❸。」

譯先生說：「服事父母，應該態度溫柔、輕聲細語地勸導他們；看他們沒有聽從的意願，依舊尊敬而不要違抗他們，雖然為他們擔憂，但是不要懷有怨氣。」

解❶幾，微小之意，在這裡形容說話的聲音輕微；幾諫，意謂小聲地勸諫。❷志，指父母的意願。❸勞，憂也（說詳王引之經義述聞・通說）。禮記・內則篇說：「父母有過，（子女）下氣（氣息低沉）怡色（面帶微笑），柔聲以諫（用柔和的聲調勸諫）；諫若不入（不被接納），起（更加）敬起孝，悅則復諫（等父母心情愉快時再勸）。」意思大致相同，可相參照。

19子曰：「父母在，不遠遊❶，遊必有方❷。」

譯先生說：「父母在世期間，子女不要到遠地去走動；即使不得不遠遊，也一定有明確的位置。」

解❶孔子這番話有兩重含意：一是提醒世人不要忽略對年老父母的照顧，一是告誡子女不要讓父母為自己的安危操心。❷方，意思是方位、處所。從「遊必有方」句，可知前面說「不遠遊」只是原則，並非絕對不可；必要時，若能妥善規劃、安排，依然是可以遠遊的，不宜太過拘泥。

20子曰：「三年無改於父之道，可謂孝矣！」

按本章又見學而篇11，只是比較簡略，可能當初有兩位學生或詳或略都記錄了孔子的話，後來編纂成書時，沒有察覺，以致重複出現；其他如「巧言令色鮮矣仁」並見學而篇03和陽貨篇17、「入大廟每事問」並見八佾篇15和鄉黨篇14等例，也是類似的情形。

21子曰：「父母之年，不可不知也❶——一則以喜，一則以懼❷。」

譯先生說：「父母親的年齡，子女不可以不記得——一方面因此而喜悅，一方面因此而畏懼。」

解❶「父母之年，不可不知」為「不可不知父母之年」的倒裝句，主詞為子女，省略了。❷「一則以喜，一則以懼」說明「不可不知父母之年」的理由。以，用法同「因」，有「因此而……」的意思。則，相當於白話的「就」。文言句法用「一則以……一則以……」的意思是說：一方面就會因此而如何，另方面就會因此又如何。隨時記得父母的年齡，於是一方面為他們愈來愈高壽而喜悅，一方面為他們愈來愈接近死亡而畏懼，這是孝子微妙而矛盾的心情；正因為有這樣的心情，才會更加珍惜能和父母在一起的時光，恪盡為人子女的孝道。

22子曰：「古者言之不出❶，恥躬之不逮也❷。」

譯 先生說：「古人話不隨便說出口的緣故，是對自己做不到而覺得慚愧。」

解 ❶「古者言之不出，恥躬之不逮也」是個省略了繫詞的判斷繁句。「言不出」原為敘事句，加了「之」字後就成為組合式詞結，不是在敘述「言不出」這件事情，而是指「言不出」的原因，作為整個判斷繁句的主語。❷「恥躬之不逮」是整個判斷繁句的謂語。恥，羞惡、慚愧之意；「躬之不逮」也是組合式詞結，用作動詞「恥」的受詞——躬，意思是自己、本身；逮，及也，做到之意。古人思慮單純、性情樸實，明知做不到的事情，若輕易說出，自己認為不應該，內心就會不安，這就是孟子認定「羞惡之心人皆有之」的理由。

23子曰：「以約失之者❶鮮矣❷！」

譯 先生說：「由於節約而造成過失的情形是很少的呀！」

解 ❶約，約束、節制、儉樸之意。失，過失、偏差之意。❷鮮，已見學而篇02。節約的反面是奢侈、放縱，雖然兩者都不符合中道；但是古人根據經驗，得知節約的負面影響較少，因此諄諄告誡世人要慎言語、節飲食。述而篇35記孔子的話說：「奢則不孫，儉則固；與其不孫也，寧固。」禮記•

曲禮上篇說：「敖（傲）不可長（音「掌」），欲（慾）不可從（縱），志不可滿，樂不可極（盡）。」都是值得省思的嘉言。

24子曰：「君子欲訥於言❶而敏於行❷。」

譯 先生說：「君子要在言語上收斂，而在行動上勤快。」

解 ❶訥，從言、內聲，形聲而兼會意，指收斂、抑制說話的衝動，也就是說話謹慎之意。❷敏，做事積極、勤快。

25子曰：「德不孤❶，必有鄰❷。」

譯 先生說：「修養良好的人不會孤單，一定會有志同道合的人作伴。」

解 ❶德，品行端正之意。從心、從行省，直聲，表示心性和行為都正直，這裡指有德之人。❷鄰，靠近之意，這裡指相伴的人。由於「物以類聚」，志同道合的人自然會聚在一起。

26子游曰：「事君數，斯辱矣❶！朋友數，斯疏矣❷！」

譯 先生說：「倘若服事過的上司太多，就會受到羞辱喔！假使交往的朋友太多，關係就會疏離喔！」

解 ❶數，音「朔」，意思是多。斯，用法同「則」，相當於白話的「就」。史記・管晏列傳記越石父的話說：「君子詘（通「屈」）於不知己，而信（通「伸」）於知己者。」在一個不知己的人手下任職，尚且不免於受屈辱，何況服事多個上司？因此，除非上司無道，有不得不離職的理由——例如陳文子「良禽擇木而棲」的作法（見公冶長篇19）；否則服事過的上司若太多，忠誠度難免被懷疑，也就不容易受到尊重，甚至會受到鄙視和羞辱，畢竟像漢光武、唐太宗那樣能推心置腹的君主，實在可遇而不可求。即使在今天的工商業社會，經常跳槽的員工，也不容易給人良好觀感的。❷疏，疏離、疏遠之意。人際關係必須用心好好經營；朋友若太多，沒有足夠的時間、精神跟他們交往，感情自然愈來愈淡薄，關係也就愈來愈疏離。因此，王品集團董事長戴勝益由衷地勸告時下年輕人：「『臉書』的朋友，六十個就夠了。」（見「奇摩」網「給年輕人的信」）

公冶長篇第五

01 子謂公冶長❶：「可妻也❷，雖在縲絏之中❸，非其罪也！」以其子妻之❹。

譯 先生評論公冶長：「這個人可以嫁，雖然在服刑當中，但那不是他的罪過啊！」於是將自己的女兒許配給她。

解 ❶公冶長，孔子學生，複姓公冶，名長，魯國人，相傳他能懂鳥語。❷妻，動詞，許配，許配於人之意。❸縲，音「雷」，指綑綁犯人的繩索；絏，音「洩」，牽引之意；在纍紲之中，意謂在獄中服刑。❹子，這裡指女兒。公冶長為什麼服刑？孔子沒有說明；從「非其罪也」這句話，可知不是被冤枉，就是受到連累。知徒莫若師，孔子願意將女兒許配給他，可見一定是位才德兼備的君子。

02 子謂南容❶：「邦有道，不廢❷；邦無道，免於刑戮❸。」以其兄之子妻之❹。

譯 先生評論南容：「當國家政治上軌道時，他能學以致用，報效國家；當國家政治不上軌道時，他能避免受到肉刑、甚至死刑的災禍。」於是將自己的姪女許配給他。

解 ❶南容，孔子學生，姓南宮，名縚，字子容，所以簡稱為南容。❷有道，在位者治理有方，國家體制能正常運作之意。廢，才學棄置不用。❸刑戮，古代殘害肉體的重刑——有墨刑（又稱「黥刑」，在臉上刺字）、劓刑（割掉鼻子）、剕刑（又稱「臏刑」、「刖刑」，剔除膝蓋骨或斷腳）、宮刑（又稱「腐刑」，摧殘生殖器官）、大辟（死刑，砍頭或腰斬）等。❹兄之子，指孔子兄長孟皮的女兒。孔子說：「邦有道，危言危行；邦無道，危行言孫。」（見憲問篇04）又說：「君子哉蘧伯玉！邦有道則仕，邦無道則可卷而懷之。」（見衛靈公篇06）南容當邦有道時，能夠不被埋沒，可見他具備可用的才學，而且為所當為；邦無道時，能夠免於刑戮，可見他懂得明哲保身之道，不失為一位能屈能伸的君子，因而受到孔子的賞識。

03 子謂子賤❶：「君子哉若人❷！魯無君子者❸，斯焉取斯❹？」

譯 先生評論處子賤：「這個人真是個君子啊！假使魯國沒有君子的話，那麼他從哪裡取得這樣的榜樣呢？」

解 ❶子賤，孔子學生，姓宓（音「服」），名不齊，字子賤，性仁愛而有才智，曾為單父宰，政績卓越，孔子對他大才小用而深表惋惜。清代學者馬國翰輯有宓子一卷。❷君子哉若人，「若人君子哉」的倒裝句。若人，此人，指宓子賤。❸「魯無君子者」為假設關係複句的假設小句，關係詞「如、若」省略了。❹「斯焉取斯」為假設關係複句的後果小句——前一個「斯」字用法同「則」，相當於白話的「那麼」；後一個「斯」字為稱代詞，用法同「此」，指君子的形象、榜樣；焉，用法同「何」；取，得到、學會之意。

04 子貢問曰：「賜也何如？」子曰：「女器也❶。」曰：「何器也？」曰：「瑚璉也❷。」

譯 子貢問道：「先生認為賜的表現怎麼樣？」先生說：「你可比一件器皿。」子貢又問：「什麼器皿？」先生說：「宗廟裡常用來盛黍稷的簠簋。」

解 ❶女器也，省略了繫詞「乃」或「為」的判斷句——主語「女」是「汝」的初文，為第二人稱；謂語「器」已見為政篇12。❷瑚璉，古代在宗廟祭祀時用來盛黍稷的器皿，夏朝稱為瑚，商朝稱為璉，周朝稱為簠簋（音「斧軌」）。雍也篇06記孔子回答季康子的問題說：「賜也達，於從政乎何有？」所以在這裏把子貢比喻為宗廟裏祭祀常用的瑚璉，可說相當肯定子貢的從政能力。

05 或曰：「雍也仁而不佞❶。」子曰：「焉用佞？禦人以口給❷，屢憎於人❸；不知其仁也，焉用佞❹？」

譯 有人說：「冉雍很懂得做人，只可惜口才不好。」先生說：「做人哪裡用得著好口才呢？憑藉一張利嘴去對付人家，往往會被人家厭惡——我不清楚他的為人怎麼樣，但是做人哪裡用得著好口才呢？」

解 ❶雍，姓冉，名雍，字仲弓，為孔子門下德行優良的弟子之一（見先進篇02）。魯國人，小孔子二十九歲。他曾向孔子問仁，孔子告訴他要「出門如見大賓，使民如承大祭；己所不欲，勿施於人；在邦無怨，在家無怨」（見顏淵篇02）。仁，本義為和諧的人際關係，在「雍也仁」的句中，用來稱讚仲弓品行優良、十分懂得待人接物的禮節，因而人緣很好。而，作轉折詞用，有「卻」、「只不過」、「只可惜」的語氣。佞，音「濘」，能言善道之意。❷「禦人以口給」為「以口給禦人」的倒裝句。禦，抵抗、對付之意。以，憑藉補詞的關係詞，相當於白話的「用」、「拿」。口給，口才伶俐之意。❸憎，音「增」，厭惡之意，這裡用作被動式。於，處所補詞的關係詞。❹「不知其仁」為「不知其仁或不仁」的省言，因此「不知其仁」的「仁」字就變成中性用詞，相當於現在說「為人」、「做人」，而不涉價值判斷（參閱本篇第八章）。孔子說：「剛、毅、木、訥，近仁。」（見子路篇27）又說：「巧言令色，鮮矣仁。」（見學而篇03）本章也說：「禦人以口給，屢憎於人。」宰我擅長言語，然而孔子曾說他不仁（見陽貨篇21）；當司馬牛問「仁」時，孔子教他在言語上要知所節制（見顏淵篇03）——可見言語雖然是人與人之間溝通情意的媒介，但是彼此關係好壞的關鍵，主要在於說話者的心意和態度，何況做人必須終身學習，因此孔子姑且不談仲弓是否真的很懂得做人，而只針對有人說他「不佞」這一點，強調維持良好人際關係是用不著伶俐口才的。

06 子使漆雕開仕❶，對曰：「吾斯之未能信❷！」子說❸。

譯 先生授意漆雕開出任官職，漆雕開回答說：「啟對做官這樁事還不太有把握呢！」先生聽了很高興。

解 ❶使，指使、授意。漆雕開，孔子學生，複姓漆雕，名啟，字子開，魯國人，小孔子十一歲。仕，意思是做官。❷「吾斯之未能信」為「吾未能信斯」的變換句法，「之」為語助詞，把受詞「斯」提到前面去了。論語記學生對孔子說話，都自稱其名，這是禮貌，只有本章例外，清代學者宋翔鳳過庭錄說：「疑『吾』為『启』字之訛，『启』即『啟』字。」頗有見地。按：「启」、「吾」二字的隸書作**启**、**吾**，形體近似，很容易抄寫錯誤，因此宋氏的說法可取。斯，指做官這件事；之，語助詞；信，確認自己能夠勝任之意。❸說，讀作「喜悅」的「悅」，已見學而篇首章。「修己以安人」是君子的抱負和責任（見憲問篇45），所以子路說：「君子之仕也，行其義也。」（見微子篇07）子夏也說：「學而優則仕。」（見子張篇13）不過，孔子說：「不患無位，患所以立。」（見里仁篇14），意謂做官必須具備足以勝任職務的才學，否則誤己又害人。因此，子路做季氏家臣時，曾有意指派年輕識淺的同學高柴擔任費宰，就受到孔子的斥責（見先進篇24）。如今漆雕開自認還沒做好出仕的準備，實為負責任的說法，因此孔子聽了十分欣慰。

07 子曰：「道不行❶，乘桴浮于海❷，從我者其由與❸！」子路聞之喜。子曰：「由也好勇過我，無所取材❹。」

譯 先生說：「我的政治理念無法實行，打算乘坐木筏航行到海外去，願意跟隨我的，大概只有仲由吧！」子路聽到這番話，覺得很高興。先生說：「仲由就是好勇勝過我，可惜我沒有地方可以取得造筏的材料。」

解 ❶道，本義為路徑，引申為方法，在這裡指政治的理念或治國的主張。桴，意思是木筏。❷浮，漂流、航行之意。❸其，揣測語氣詞。❹所，指尋取造筏所需木材的處所。孔子的施政理想是「道之以德，齊之以禮，有禮且格」（見為政篇03）；可惜當春秋亂世，包括魯君在內的諸侯，儘管都非常敬重孔子，卻無意或無能採納他的主張，以致他周遊列國多年，徒勞無功。其間他不只一次興起避居夷狄之地的念頭（參閱子罕篇13），最後還是決定返回本國，致力於教育事業，希望播下的種子終有發芽、成長、開花、結果的一天。本章記孔子說「乘桴浮于海」，主要在表達自己內心對「道不行」的遺憾，原本只是隨口說說，並非真的決定那麼做，所以當子路信以為真時，便以「無所取材」作為託辭。由於「好勇過我」之後，孔子省略了「只惜我雖有此心」（在修辭學中稱為「跳脫」），致使後世許多注家把「無所取材」的主詞誤認為子路，而將「材」字解作「裁量」的「裁」；殊不知本章的重點不在評論子路，而在孔子所透露的心情。鄭玄注：「無所取材者，無所取桴材；以子路不解微言，故戲之耳。」可說深得孔子話中隱微的意旨。

08 孟武伯問：「子路仁乎？」子曰：「不知也❶。」又問，子曰：「由也，千乘之國，可使治其賦也❷，不知其仁也。」「求也何如？」子曰：「求也，千室之邑、百乘之家，可使為之宰也❸，不知其仁也。」「赤也何如❹？」子曰：「赤也，束帶立於朝，可使與賓客言也❺，不知其仁也。」

譯 孟武伯問：「子路品德良好嗎？」先生說：「我不曉得。」武伯又問一次，先生說：「仲由啊，擁有千輛戰車的諸侯國，可指派他處理該國的軍備事務；至於他品德好不好，我就不曉得了。」武伯接著問：「冉求怎麼樣？」先生說：「冉求啊，有千戶人口采邑和百輛戰車兵力的卿大夫家，可指派他擔任首長；至於他品德好不好，我就不曉得了。」武伯接著又問：「公西赤怎麼樣？」先生說：

「公西赤啊，穿上繫著寬大腰帶的禮服在朝廷任職，可指派他跟外國的使者們對話；至於他品德好不好，我就不曉得了。」

解❶「仁」的本義為和諧的人際關係，引申為一切能維繫良好人際關係的思想、觀念、態度、言行等，統稱為「品德」。這是孔子心目中君子的必備條件，而經營人際關係是一輩子的事，品德也就有待終身修養，所以孔子絕不自認或輕易稱許某人是位仁者。本章記孟武伯問子路等三人品德好不好，由於品德好壞是程度的問題，很難回答是或不是，所以孔子說不曉得，而只就三位弟子的能力加以推薦，希望他們都有一展長才的機會。❷賦，從貝、武聲，本指農民繳納給統治者以供建軍備戰的租稅，引申而有軍備、軍事之意。按邢昺論語注疏提到周朝的賦稅制度是：「九夫（九位成年的農民）為井，四井為邑，四邑為丘——（每）丘十六井，出戎馬（戰馬）一匹、牛三頭。四丘為甸——（每）甸六十四井，出長轂（戰車）一乘、戎馬四匹、牛十三頭、甲士三人、步卒七十二人。」❸千室之邑、百乘之家，指卿大夫受封於國君的領域，採世襲制；就當時的一般情形而言，大約有一千戶民家的人口、一百輛戰車的武力。卿大夫統治的「家」，異於後世家庭的概念；它和天子統治的「天下」、諸侯統治的「國」，分屬三個不同層級，相當於現代的總統府、省政府、縣（市）政府，各有朝廷和文、武官員。宰，分家宰和邑宰兩種，卿大夫若有采邑（由國君分封的土地），那麼在他的朝廷領導僚屬總管家中庶務的叫家宰；邑宰則專管采邑的政、教事宜——例如季孫氏的封地在費，子路當他的家宰時，曾指派同學子羔去做費宰（見先進篇24）。卿大夫若沒有采邑，便只有家宰，屬臨時的編制，與卿大夫同進同退——例如孔子擔任魯國司空、司寇期間，曾先後讓冉求、原思做他的家宰（見雍也篇03）。❹赤，姓公西，名赤，字子華，小孔子三十二歲。孔子當政時，曾派他出使齊國，又曾讚他可以勝任輔佐國君的職務。（參閱雍也篇03、先進篇25）。❺束帶，繫緊腰帶，意思是穿上禮服。賓客，指來訪的他國諸侯或卿大夫。

09子謂子貢曰：「女與回也孰愈❶？」對曰：「賜也何敢望回❷？回也聞一以知十❸，賜也聞一以知二。」子曰：「弗如也！吾與女弗如也❹！」

譯 先生對子貢說：「你和顏回相比，誰的資質高些？」子貢回答說：「賜哪敢跟顏回相比啊？顏回聽了一件道理，便能聯想而懂得十件；賜聽了一件道理，只能聯想而懂得兩件。」先生說：「的確不如，我和你都不如他啊！」

解 ❶愈，意思是優、勝、強。❷望，本義為仰視月亮（參閱子張篇09「望之儼然」句解說），引申可指某種企圖心——例如「得隴望蜀」、「坐二望一」。❸以，用法同「而」。❹與，連接詞。王充論衡・問孔篇引用本章，最後一句作「吾與汝俱不如也。」多一個「俱」字，意思更清楚。常言道：「知徒莫若師。」論語書中每見孔子稱讚顏淵，而且自己也做過比較——例如他說：「回也其心三月不違仁，其餘則日月至焉而已矣！」（見雍也篇05）又曾告訴哀公：弟子當中只有顏淵最好學；自從顏淵不幸短命死後，就再也沒有真正好學的了。這裡明知而故問子貢，只是想看看子貢有無自知之明；因此在聽過子貢的回答後，立刻說：「弗如也，吾與女弗如也！」一則為顏淵出藍勝藍而高興，再則對子貢也有安慰的意思。儘管孔子那麼謙卑，卻絲毫無損他在學生們心目中的崇高地位。後代許多學者將「與」字解作「稱許」的「許」，大概認為孔子那麼偉大，不可能承認自己不如學生，這是對孔子沒有深入的瞭解所致。

10宰予晝寢❶，子曰❷：「朽木不可雕也❸，糞土之牆不可杇也❹——於予與何誅❺？」子曰：「始吾於人也，聽其言而信其行；今吾於人也，聽其言而觀其行——於予與改是❻。」

譯 宰我在大白天睡覺，先生說：「腐朽的木料是無法雕刻的，用牛糞攙和泥土做成的牆壁是不能粉刷的——對於宰我這樣的人，還有什麼好責難的呢？」先生說：「起初我對於一個人，總是聽了他的話，便信任他的行為；現在我對於一個人，聽了他的話後，還要觀察他的行為——由於宰我的緣故，我才變成這樣。」

解 ❶寢，本義是睡覺的房間，這裡用作動詞，意思是睡覺。❷本章記孔子針對宰予晝寢這件事所表達失望的情緒，卻分成兩節，用了兩次「子曰」，應是由於前後話語的重點不同使然——先斥責宰予晝寢的過錯，然後說明自己因此而改變了聽人說話的態度。憲問篇13、微子篇03也有類似的情形（參閱俞樾古書疑義舉例·一人之辭而加「曰」字例）。❸朽木，腐朽的木料。雕，本義為老鷹之類的猛禽，這裡通「彫」或「琱」，在木頭或玉、石等材質上刻出圖樣之意。❹糞土，牛糞與泥土（註）。自古農民生活大多困苦，由於牛糞易於取得，既無穢惡之氣，其中又多纖維質，曬乾後可用作燃料；當建造茅屋時，也可拿來摻和泥土，敷在竹木所編骨架上，做成簡陋的牆壁，就是糞土之牆。杇，音「烏」，本義為木匠粉刷牆壁用的工具，這裡用作動詞，意思是粉刷。❺於，相當於白話的「對於」；予，宰我的本名；與，用法同「也」，句中語氣詞；誅，用言語責罵之意。❻改是，改變成這樣；是，指前面說的「聽其言而觀其行」。孔子說：「有言者不必有德。」（見憲問篇05）宰我雖以言語見長，但論語對他的記載大多是負面的——例如他曾在回答哀公問社時自作聰明，說了毫無根據的話，孔子得知後，很不以為然（見八佾篇21）。又如他認為三年之喪太久，而且居喪期間照常講究生活上的享受，因而被孔子指為不仁（見陽貨篇21）；本章則用「朽木不可雕也，糞土之牆不可杇也」比喻宰我不堪造就。不過，在孔子去世後，宰我曾說：「以予觀於夫子，賢於堯、舜遠矣！」（見孟子·公孫丑上篇）或許他曉得老師平日對他是愛之深而責之切，所以對老師仍然心悅誠服吧！

註 孔子家語·致思篇：「棄之糞壤，不如獻之君子。」句中的「糞壤」是個組合式合義複詞（「糞」

形容「壤」），用作動詞「棄」的處所補詞，意謂到處都是牲禽糞便的土地。而本章的「糞土」，則為聯合式合義複詞（「糞」和「土」相加來形容「牆」），「糞土之牆」是動詞「杇」的外位止詞，意謂用牛糞和上泥土敷成的牆壁。雖然「土」和「壤」的意思相通；但是「糞土之牆」的「糞土」和「棄之糞壤」的「糞壤」，兩者文法結構稍微不同，意思也就不太一樣。

11子曰：「吾未見剛者❶。」或對曰：「申棖❷！」子曰：「棖也慾，焉得剛❸？」

譯 先生說：「我沒見過剛強的人。」有人回答說：「申棖就是！」先生說：「申棖慾念太多，怎麼能夠剛強？」

解 ❶剛，意思是強。❷申棖（音「澄」），孔子學生，字子周，魯國人。❸「無欲則剛」的成語當出自本章，而將這番道理發揮得最透徹的，莫過於自稱善於培養浩然之氣、「四十不動心」的孟子，他說：「其為氣也，至大至剛，以直養而無害，則塞於天地之間。其為氣也，配義與道……行有不慊於心（心虛之意。慊音「欠」，足也），則餒（消失）矣！」（見孟子‧公孫丑上篇）又說：「養心莫善於寡欲——其為人也寡欲，雖有不存焉者寡矣；其為人也多欲，雖有存焉者寡矣！」（見同書盡心下篇）由於寡欲，就能不受制於人，而保持獨立自主的人格，因此他說：「說大人則藐之，勿視其巍巍然。堂高數仞（音「刃」，八尺），榱題數尺（形容住宅建築宏偉。榱音「催」，榱題是屋椽前段突出的部份），我得志弗為也；食前方丈（餐桌面積方丈，形容菜餚豐盛），侍妾數百人，我得志弗為也；般（音「盤」，享樂之意）樂飲酒，馳騁田（「畋」的初文，獵也）獵，後車千乘，我得志弗為也——在彼者皆我所不為，在我者皆古之制也，吾何畏彼哉？」（見同上）只有這樣，才能成為「富貴不能淫、貧賤不能移、威武不能屈」的「大丈夫」（見同書滕文公下篇）。反之，躭於物慾的人往往身不由己，卻好表現強勢的作風，來掩飾空虛的心靈和脆弱的意志，正是

「色厲內荏」而被孔子比喻為「穿窬之盜」的小人（見陽貨篇12）。因此，要瞭解一個人，必須長期如孔子說的「視其所以，觀其所由，察其所安」（見為政篇10），才不會被他的表面功夫所矇蔽。

12子貢曰：「我不欲人之加諸我也❶，吾亦欲無加諸人❷。」子曰：「賜也，非爾所及也❸！」

譯 子貢說：「我不希望別人對待我的態度，我也希望不拿它來對待別人。」先生說：「賜啊！這不是你做得到的喔！」

解 ❶「人之加諸我」為組合式詞結，用作動詞「欲」的受詞。欲，想要、希望之意。諸，「之乎」、「之於」的合音；加諸我，照字面上解釋——加在我身上的事物，也就是指對我做的事情或對待我的態度。❷無，通「毋」、「勿」，否定詞。❸爾，第二人稱，相當於白話的「你」。孔子對學生循循善誘，最能因材施教。人之常情，大都不喜歡被人批評；而憲問篇31記載子貢有一次批評別人，孔子當面告誡他說：「賜也賢乎哉？夫我則不暇！」所以當子貢請教「有一言而可以終身行之者乎」時，孔子的答覆是：「其恕乎！己所不欲，勿施於人。」（見衛靈公篇23）由本章可知子貢似乎也曉得自己的毛病，而想加以改正，只是做的跟說的仍有一段距離；孔子的回應並不是故意要澆他冷水，或許是要他做個「先行其言，而後從之」的君子吧（參閱為政篇13）！

13子貢曰：「夫子之文章，可得而聞也❶；夫子之言性與天道，不可得而聞也❷。」

譯 子貢說：「先生對詩、書、禮、樂的闡釋，我們都可以聽到；至於先生對人性和天道方面的說法，我們就無從聽到了。」

解 ❶文章，指詩、書、禮、樂等用文字記載而經孔子整理過的古代典籍。述而篇24記載：「子以四教：文、行、忠、信。」其中的「文」就是史記・孔子世家所稱孔子用來教育弟子的詩、書、禮、樂。

泰伯篇19記載孔子推崇帝堯說：「巍巍乎其有成功也，煥乎其有文章。」中庸說：「文、武之政布在方（通「版」）策（簡冊）。」子貢所謂「夫子之文章」，指的就是孔子對古聖先王流傳下來典章制度的介紹和評論。❷由於自古相傳那些典籍的內容都屬人事範疇，具體而切實，所以可得而聞；至於人性與天道，由於太過複雜、隱微和抽象，難以深究，孔子都只點到為止——例如僅見於陽貨篇02的「性相近也，習相遠也」，所以不可得而聞。至於像子路篇22所載孔子談論易經中的道理，當屬他晚年喜讀易經時的心得，而且和「天行健，君子以自強不息」（語見乾卦．文言）之類的說法一樣，仍屬平易可行的人生哲理範疇，毫無迷信與玄虛的成分。

14子路有聞，未之能行❶，唯恐有聞❷。

譯子路聽過的道理，在還沒實踐以前，唯恐又聽說新的道理。

解❶未之能行，「未能行之」的倒裝句，「之」指稍早聽過的道理。❷第一個「有」是「無」的相反詞；第二個「有」讀去聲，通「又」。子路富有積極進取、認真負責的精神，做事乾脆俐落，不喜歡拖泥帶水，所以「無宿諾」，孔子也稱讚他「片言可以折獄」（見顏淵篇12）；然而相對也有思慮欠周、操之過急的缺點，因此當他請教「聞斯行諸」時，孔子特別告誡他：「有父兄在，如之何其聞斯行之？」（見先進篇21）

15子貢問曰：「孔文子何以謂之『文』也❶？」子曰：「敏而好學❷，不恥下問❸，是以謂之『文』也。」

譯子貢問道：「孔文子為什麼謚號叫做『文』呢？」先生說：「因為他反應敏捷，而且愛好讀書，又不覺得向屬下請教是可恥的，因此謚號就叫做『文』了。」

解❶孔文子，衛國大夫孔圉（音「雨」），又叫仲叔圉，文是他的諡號。古代知名人士死後，官方或親友就生前的言行、事功等表現，特別為他取個稱號，叫作諡號。諡法：「勤學好問曰文。」除勤學好問外，孔圉也長於接待賓客（見憲問篇20），所以很受衛靈公器重。❷敏，耳聰目明、反應迅速之意。❸不恥下問，「不以下問為可恥」的精簡句法——下，指請教的對象位階低於自己；因放在動詞「問」的前面，而變成了副詞（限制詞），所構成「下問」這一詞結，則用作動詞「恥」的受詞。孔文子是衛國的權貴，所以說「下問」，「不恥下問」整句的意思是：不把向位階低於自己的人請教看作可恥的事。

16子謂子產有君子之道四焉❶：其行己也恭❷，其事上也敬❸，其養民也惠❹，其使民也義❺。

譯先生評論子產有四項君子的作風：他表現自我的形象是謙恭的，他服事君上的態度是謹慎的，他照顧人民的心意是慈愛的，他動用群眾的理由是正當的。

解❶子產，鄭國賢相公孫僑的字，執政二十二年，深受國君信任和人民愛戴，無論內政、外交，都有卓越的成就。❷「行」字在甲骨文中作[illegible]、金文作[illegible]，象十字路之形，本義為道路，名詞；引申作動詞用，而有行走、行動之意；再轉為名詞，則又有行為、德行之意。述而篇10「子行三軍則誰與」的「行」為使役動詞，使三軍行動，也就是率領三軍之意。子路篇20的「行己有恥」和這裡的「行己也恭」，意謂使自己為人有羞恥心、使自己為人謙恭，因此「行己」兩字和述而篇07「自行束修以上」的「自行」、憲問篇45「修己以敬」的「修己」，都有自己做主決定怎麼行動的意思——那麼「自行束修以上」便是述而篇28所記孔子讚許互鄉童子自動潔己以進之意；而「行己有恥」和本章「行己也恭」的意思，便是自我表現知恥、自我表現謙恭的形象。❸敬，謹慎之意。❹養，照顧之義；惠，慈愛之意。❺義，宜也——包括使民的適當時機和正當事由。孔子說：「使民以時。」

（見學而篇05）又說：「擇可勞而勞之。」（見堯曰篇02）都可參閱。

17子曰：「晏平仲善與人交❶，久而敬之❷。」

譯 先生說：「晏平仲很會跟人家做朋友，儘管時間隔了很久，卻依舊敬重對方。」

解 ❶晏平仲，齊國賢相晏嬰，平為謚號，仲為字。先後事奉靈公、莊公、景公，合計約四十年，一向節儉力行，忠於君主，又善於諫說；後人將他許多膾炙人口的小故事輯錄而成晏子春秋一書。交，意思是結交、做朋友。❷中庸說：「至誠無息，不息則久。」大凡長期握有權勢的人，不知不覺中很容易養成傲慢的習性；而晏子始終謙沖自抑，禮遇賢士，可見他是用真心誠意跟朋友交往，確實難能可貴，所以受到孔子稱讚。

18子曰：「臧文仲居蔡❶，山節藻梲❷，何如其知也❸！」

譯 先生說：「臧文仲為了修飾占卜用大龜板的貯藏室，而將柱頭斗拱雕刻成山岳的形狀，又在樑上短柱繪畫水草的圖案，哪裡符合他所給人那種明智的形象噢！」

解 ❶臧文仲，魯國大夫臧孫辰，文為謚號，仲為字；先後在莊公、閔公、僖公、文公四朝任職。居，留存、貯藏之意。蔡，供占卜之用的大龜，古人以為龜身愈大愈靈驗。清代學者俞樾群經平議說：「疑蔡當讀為⿰祟又。說文：『⿰祟又，楚人謂卜問吉凶曰⿰祟又，讀若贅。』龜者所以卜問吉凶也，因即名之曰⿰祟又，蓋楚語也。龜本荊州所貢，故沿襲其語耳。」❷節，通「楶」，指柱頭斗拱（註）——山楶，意謂將柱頭斗拱雕刻成山岳的形狀。藻，意思是水草；梲，音「拙」，指樑上短柱——藻梲，意謂在樑上短柱繪畫水草的圖案。❸如，依照、符合之意。知，「智」的初文。大龜是天子占卜所用，山節藻梲也是天子宗廟的裝飾；臧文仲不僅家廟藏有大龜，而且將大龜所在的家廟貯藏室裝飾得非常華麗，為了諂媚神明，不惜逾越本分，孔子認為神明未必就會領情，真是枉費自己被公認為「明智」的聲譽了。

註斗栱是一種木料建築上的重要結構——位在立柱與橫樑交接處，讓立柱頂端有較大面積承受屋宇重量，以增加建築物穩定度，兼具裝飾作用的，稱為栱；墊在栱與栱間的斗形木塊，稱為斗（或作「枓」）。

19 子張問曰：「令尹子文三仕為令尹，無喜色❶；三已之，無慍色❷。舊令尹之政，必以告新令尹——何如？」子曰：「忠矣❸！」曰：「仁矣乎？」曰：「未知，焉得仁？」「崔子弒齊君❹，陳文子有馬十乘❺，棄而違之❻。至於他邦，則曰：『猶吾大夫崔子也❼。』違之。之一邦❽，則又曰：『猶吾大夫崔子也。』違之——何如？」子曰：「清矣❾！」曰：「仁矣乎？」曰「未知，焉得仁❿？」

譯子張問道：「令尹子文三次擔任令尹的官職，卻沒有喜悅的表情；三次被免除職務，卻沒有怨恨的臉色；卸任的時候，一定會把自己令尹任內的政策告知接任的令尹——這個人怎麼樣？」先生說：「稱得上體貼別人了！」子張又問：「他的人格完美了嗎？」先生說：「不曉得，光是這樣怎麼稱得上人格完美呢？」子張接著問道：「崔先生殺害齊國君主，陳文子有馬四十匹，寧願捨棄而離開。到了他國，就說：『跟我們的大夫崔先生同一個樣子。』然後又離開了。到達另一邦國，就又說：『跟我們的大夫崔先生同一個樣子。』然後又離開了——這個人怎麼樣？」先生說：「稱得上潔身自愛了！」子張又問：「他的人格完美了嗎？」先生說：「不曉得，光是這樣怎麼稱得上人格完美呢？」

解❶令尹，楚國執政者的名稱，相當於他國的宰相。子文，姓鬭，名穀於菟（音「垢烏徒」）。楚人稱餵奶為「穀」、老虎為「於菟」。相傳子文為私生子，一生下來就被拋棄雲夢澤中，後被老虎餵養長大，所以取名為穀於菟，事見左傳・宣公四年）。三仕，三度做官之意。根據左傳的記載，子文初任令尹，在魯莊公三十年（楚成王八年），到魯僖公二十三年（楚成王三十五年），讓位給子玉，前後相距二十八年。國語・楚語下：「昔鬬子文三舍（捨）令尹，無一日之積（存糧）。」可供參照。❷已，停職、免職之意。慍，怨恨之意，已見學而篇01。❸忠，和「恕」都是設身處地、將心比心、替他人著想而不為自己打算之意（說詳附錄九釋忠恕）。❹崔子，齊國大夫崔杼；齊君，指齊莊公。凡身分低的殺死身分高的叫「弒」，崔杼殺死齊莊公這件事見於左傳・襄公二十五年。❺陳文子，齊國大夫，名須無，文為諡號。乘，音「勝」，馬車一輛叫作「一乘」；古代一輛兵車或大夫以上的座車通常由四匹馬來拉，因此「乘」也被用作數量單位，而為「四」的代稱，十乘等於四十匹馬。當時以馬的數量代表一個人的財富，所以禮記・曲禮下篇說：「問士之富，以車數對；問庶人之富，數畜以對。」❻違，離去之意。「棄而違之」的「之」為代名詞，指齊國。❼猶，意思是如同。❽「之一邦」的「之」為動詞，前往之意。❾清，潔身自愛、不與人同流合污之意。❿「仁」的本義為和諧的人際關係，引申可指一切能夠維繫和諧人際關係的優良德行；既然令尹子文不見容於國君，陳文子也不屑與亂臣為伍，人際關係就不免有缺憾，但又不能歸咎於他們個人的品德，孔子因而就事論事，不說他們到底仁或不仁，而僅稱許子文的體貼他人和陳文子的潔身自愛。

20 季文子三思而後行❶，子聞之，曰：「再斯可矣❷！」

譯　季文子凡事總要考慮多次以後才著手去做，先生聽人說起之後，認為：「只要考慮兩次就可以啦！」

解　❶季文子，魯國大夫季孫氏，名行父（音「甫」），文為諡號。三思，考慮多次之意，「三」為虛數。❷「再」下省略了「思」字。斯，用法同「則」，相當於白話的「就」。做事固然不宜輕忽、草率，但是孔子說：「慎而無禮則葸。」（見泰伯篇02）可知過度謹慎也未必妥當，所以說「再斯可矣」。

21子曰：「甯武子❶邦有道則知，邦無道則『愚』——其知可及也，其『愚』不可及也❷。」

譯先生說：「甯武子在國政上軌道時，就顯得很明智；當國政不上軌道時，就顯得很愚笨——他的明智還可以趕上，他的愚笨就無法趕上了。」

解❶甯武子，衛國大夫，名俞，武為謚號。❷愚不可及，後人往往斷章取義，用這句話來作為愚昧無比的負面評語；其實孔子原來是稱讚甯武子在邦無道時懂得明哲保身，「其愚不可及」並非真愚，而正是老子說的「大智若愚」。孔子自己立身處世，也有「用之則行，舍之則藏」（見述而篇10）、「可以處而處，可以仕而仕」（見孟子・萬章下篇）的彈性，所以能夠欣賞甯武子適時收斂的作法，並且和衛國另位能屈能伸的賢大夫蘧伯玉（見衛靈公篇06）結為莫逆之交。

22子在陳❶，曰：「歸與！歸與❷！吾黨之小子狂簡❸，斐然成章❹，不知所以裁之❺。」

譯先生在陳國停留期間，曾經感嘆道：「回去吧！回去吧！我家鄉的孩子們志向遠大而頭腦簡單，好比織成了漂亮的布匹，卻不曉得用什麼方法來剪裁它。」

解❶陳，國名。周武王滅殷後，封舜的後代嬀（音「圭」）滿於陳，都城在宛丘（今河南・淮陽縣）。孔子周遊列國，在陳國大約待了三年。當時陳國飽受外患之苦，終於被楚國滅亡。❷與，「歟」的初文，語氣詞，相當於白話的「吧」。❸黨，古代的地方行政區域，五百家為一黨，這裡泛指鄉里而言，「吾黨」的意思就是我的家鄉（按：孔子出生於鄹邑，成長於闕黨）。狂，志氣豪壯、企圖心旺盛之意；簡，頭腦簡單、考慮欠周之意。按孟子・盡心下篇記載萬章問曰：「孔子在陳，曰：『盍（何不）歸乎來（哉、呢）？吾黨之士狂簡進取，不忘其初。』孔子在陳，何思魯之狂士？」

不忘其初，意謂不失原來模樣，仍保有單純的本質。對於萬章的疑問，孟子答道：「孔子『不得中道而與之，必也狂獧乎！狂者進取，獧者有所不為也』。孔子豈不欲中道哉？不可必得，故思其次也。」對於萬章進一步追問「何如斯可謂狂矣」，孟子續答道：「其志嘐嘐然曰古之人、古之人（他們志氣豪壯，總是大聲嚷嚷古人怎樣、古人怎樣），夷考其行而不掩焉者也（可是綜觀他們平日的行為，卻不符合古人的標準）。」可知孔子家鄉的狂簡小子雖然理想崇高、志向遠大，卻因少不經事，心智不夠成熟，往往成事不足，敗事有餘。不過由於本質還不錯，具有可塑性，所以孔子在遊說諸侯不成之後，油然興起返鄉作育英才的念頭。❹斐然，花紋美好、色彩豔麗的樣子。章，意思和詩經・小雅・大東篇「跂（通「企」，仰望之意）彼織女（星名）……不成報章（織不成布匹）」的「章」字相同，本義為樂曲結束，這裡指布匹而言。❺「所以裁之」是動詞「知」的受詞。「所」為不定代名詞，「以」有用的意思；在文言文中，兩者構成一個憑藉補詞的關係詞，通常放在動詞前面，表示採用某種方法或物品來做某件事情。裁，意思是剪布製衣。「斐然成章，不知所以裁之」，比喻徒具美好資質，卻不知如何加以利用，就好像織成漂亮的絹帛，卻不知用什麼方法把它裁製成衣。

23子曰：「伯夷、叔齊不念舊惡❶，怨是用希❷。」

譯 先生說：「伯夷、叔齊不把別人過去的惡劣行為放在心上，因此很少跟別人結下仇怨。」

解 ❶伯夷、叔齊，商朝末年孤竹國（在今河北省・唐山市附近）君的兩個兒子。孤竹君死了，兄弟互相讓位，同時離去，打算投靠西伯（武王之父，被追尊為文王）；後來遇見武王伐紂，他們攔路勸阻，武王不聽；到了武王滅殷，他們不屑於吃周朝糧食，於是隱居首陽山（在今河南省・偃師縣境），採食野菜維生，結果雙雙餓死山區。孔子說他們是求仁得仁的賢者（見述而篇14），司馬遷寫史記，把他們的生平放在列傳的第一篇，以表達崇高的敬意。舊惡，指別人昔日曾犯的劣行。❷怨，仇恨的心結。是用，跟「是以」同為「由於這個緣故」的簡化語法，也就是「因此」的意思。❸希，「稀」的初文，意思是罕見、少有。

24 子曰：「孰謂微生高直❶？或乞醯焉❷，乞諸其鄰而與之❸。」

譯 先生說：「誰說微生高為人條直呢？有人向他討醋，他轉向自己的鄰居討來之後再給予對方。」

解 ❶孰，疑問代名詞，相當於白話的「誰」。微生高，複姓微生，名高，魯國人。相傳他為人條直，孔子卻不以為然。❷或，不定代名詞，指某一個人；乞，意思是討；醯，音「西」，就是調味用的醋；焉，有向他的意思。❸諸，「之乎」、「之於」兩字的合音——「之」為稱代詞，指醋；「於」為處所補詞「其鄰」的關係詞，有向的意思。與，通「予」，意思是給。之，指討醋的人。「直」的本義為曲的相反；如今閩南語還有「條直」一詞，意思是為人處事不拐彎抹角，一就是一、二就是二、黑就是黑、白就是白，心口如一、表裡一致。微生高明明自己家裡沒有醋，本來直言相告便可；但是他可能顧忌對方誤認他吝嗇，或為了討好對方，於是轉向鄰居乞討，然後再交給對方。這樣的作法，說他熱心有餘還可以；說是條直，恐怕就有所不足了。（參閱附錄四釋直）

25 子曰：「巧言、令色、足恭❶，左丘明恥之，丘亦恥之。匿怨而友其人❷，左丘明恥之，丘亦恥之❸。」

譯 先生說：「巧妙的謊言、討好的笑臉、表面的恭敬，左丘明對這些表現感覺羞恥，我孔丘也對這些表現感覺羞恥；隱藏怨恨卻跟心所怨恨的那個人交往，左丘明對這種作法感覺羞恥，我孔丘也對這種作法感覺羞恥。」

解 ❶巧言、令色，已見學而篇03。足恭，當作「皃恭」，意思是表面上對人恭敬。由於「皃」的隸書作皃，「足」的隸書作足，字形近似，以致漢代傳習今文經（參閱附註）的儒者在傳抄的過程中，有人不小心認錯了。禮記．表記篇引孔子的話說：「君子不失足於人，不失色於人，不失口於人；是故君子貌足畏也，色足憚也，言足信也。」其中的「貌足畏也」的「貌」是傳抄者用來取代初文的後起字，本當作「皃」；對照前後文，可知「不失足於人」為「不失皃於人」的錯誤。❷匿，音「膩」，隱藏之意。友，動詞，意思是交往、親近。其人，指自己心中所怨恨的特定對象（參閱里仁篇05解說❶）。❸君子天性條直，待人真誠，表裡如一，不屑於用虛偽的言語、臉色和態度去討好別人，因此讓人覺得「不矜而莊、不厲而威、不言而信」（見禮記．表記篇）。巧言、令色、皃恭、匿怨而友其人，都是沒有誠意而刻意表現出來的假相，只為騙取別人的好感，所謂「禮多必詐」，這是君子引以為恥的事，所以孔子才會那麼說。

按 左丘明，相傳為魯國的太史，也是左傳（春秋左氏傳的簡稱，又名左氏春秋）的作者。書中常見「君子曰」的話，都是作者對相關人、事的評論，可知這位太史道德、文章都有值得敬佩的地方。仔細玩味本章孔子的語氣，似乎對左丘明相當尊敬，很可能就是左傳的作者。至於太史公司馬遷報任安書說：「左丘失明，厥有國語。」國語因而有「春秋外傳」之稱；不過，國語和左傳兩者體例差異很大，是否也出於左丘明之手，由於文獻不足以考證，無妨存疑。

註 漢代經學有古文經和今文經兩派——原因為秦始皇採行李斯建議，厲行法家之治，於是焚燒並禁止民間私藏儒家經書；到了漢朝，愛好黃、老之術的竇太后死後，武帝大力提倡儒學，於是由老經師口誦，而生徒用隸書（就漢人來說，是當「今」通行的「文」字）記錄的經書，稱為今文經。武帝末年，魯恭王為擴建庭園，在拆除孔子故居時，從牆壁夾層中發現一批用戰國晚期字體書寫的經書，相對於今文經，便稱為古文經。

26顏淵、季路侍❶，子曰：「盍各言爾志❷？」子路曰：「願車馬、衣裘與朋友共，敝之而無憾❸。」顏淵曰：「願無伐善、無施勞❹。」子路曰：「願聞子之志。」子曰：「老者，安之；朋友，信之；少者，懷之❺。」

譯　顏淵、季路在身邊陪侍，先生說：「何不各自談談你們的志願？」子路說：「我願意把自己的車馬、皮衣和朋友共同使用，就算用壞了，也不會懊惱。」顏淵說：「我希望能做到不炫耀自己的優點、不誇大自己的功勞。」子路說：「我也想聽聽先生的志願。」先生說：「我希望使老人們都能獲得安養，使朋友之間都能講究誠信，使兒童們都能受到關照。」

解　❶季路，就是子路。他姓仲名由，「季」是他在家中的排行。先進篇21記孔子答覆他的問題時說：「有父兄在，如之何其聞斯行之？」可見他上有兄長而排行在後，所以這裡連同字號來稱呼他。❷盍，何不之意。爾，第二人稱，指顏淵、子路兩人。❸裘，音「求」，意思是皮衣。「共」下省略了動詞「用」字。敝，本義為衣物破損，引申可指一切東西損壞了。憾，音「汗」，怨恨、懊惱之意。❹無，否定詞，用法同「不」。伐，意思是誇，「伐善」就是誇耀自己的長處。施，通「弛」，有鬆弛、擴張、膨脹之意；施勞，意思是擴大自己的功勞。❺「安」、「信」、「懷」都是使役動詞；「老者」、「朋友」、「少者」都是「之」的外位止詞（參閱為政篇06附註），而且都是泛稱，並不專指某些特定對象；學者大多將三者視為跟孔子本身有關係的對象來解讀，似嫌狹隘。「老者」、「少者」都屬弱勢，所以「安」、「懷」都是被動式，前者意謂獲得安置、供養，後者意謂受到關懷、照顧，不宜解讀為孔子親自去安養老者、關照少者——因為個人的能力畢竟有限；他的願望是有機會從政，制訂完善的福利政策，讓所有弱勢民眾都能得到良好的安養和照護（參閱禮記・禮運篇「使老有所終、壯有所用、幼有所長」句）。至於講究誠信，這是朋友之間互相應盡的本分，而且是主動的——因為「人而無信，不知其可也」（見為政篇22）、「民無信不立」（見顏淵篇07），所以在位者的職責之一就是「民信之」（同前），也就是使人民都能以誠信相待。要做到這一點，在位者除了應當以身作則外，還得重視人格教育，使大家共同來講信修睦，形成風氣後，人人以失信為可恥，於是反覆無常的小人都被親友唾棄。這樣的理念和效果，遠遠超過個人以誠信對待自己的朋友。禮記・禮運篇記孔子為子游描述大同世界的情況說：「選賢與能，講信修睦，故人不獨親其親、不獨子其子，使老有所終、壯有所用、幼有所長、鰥寡孤獨廢疾者皆有所養。」和本章所言雖有詳略的不同，但崇高的理想則無二致。

27 子曰：「已矣乎❶！吾未見能見其過而內自訟者也❷。」

譯 先生說：「罷了！我不曾看見能發現本身過錯而在心中自我譴責的人呢！」

解 ❶已，意思是止，和語氣詞「矣」、「乎」合用，有「罷了」、「算了吧」的意思。❷內，指心中。訟，控訴、譴責之意。人之常情，總是對別人的過失看得很清楚，甚至會加以批評、責備；可是對自己的過失，卻往往輕忽，或找一些理由來掩飾、辯解——這是動物自我保護的本能；但就人類而言，則顯示心理不太成熟，有礙人格的正常發展，所以孔子時常叮嚀學生要反省、改過。在學生當中，表現最好的，應數「不貳過」的顏淵（見雍也篇02）和「人告之以有過則喜」的子路（見孟子・公孫丑上篇）。因此，孔子說「未見能見其過而內自訟者」這句話的時間，大概在兩人去世之後——就像他在好學的顏淵死後說「未聞好學者」一樣。

28 子曰：「十室之邑，必有忠信如丘者焉❶，不如丘之好學也❷。」

譯 先生說：「即使只有十戶人家的小地方，也一定有像我孔丘這麼能替別人著想和說話算話的人，然而都不像我孔丘那麼愛好讀書。」

解❶十室之邑，形容地方之小。忠信，已見學而篇08。❷忠信屬於天生的本質，有這種本質的人到處可見，而好學之士卻不可多得。對於人們的讚譽，孔子總是以謙虛的態度回應，他說：「我非生而知之者，好古敏以求之者也。」又說：「若聖與仁，則吾豈敢？抑為之不厭，誨人不倦，則可謂云爾已矣！」（見述而篇19、33）他自述好學到了廢寢忘食的地步，甚至不知老之將至（見述而篇18）。孔子說這番話以及多次聲明的用意，在於強調自己的成就其實得自好學，希望弟子們也能腳踏實地，循序漸進，下學上達。

雍也篇第六

01 子曰：「雍也，可使南面❶。」仲弓問子桑伯子❷，子曰：「可也簡❸。」仲弓曰：「居敬而行簡❹，以臨其民❺，不亦可乎？居簡而行簡，無乃大簡乎❻！」子曰：「雍之言然❼！」

譯 先生說：「仲弓呀，可以讓他當個領導者。」仲弓問子桑伯子怎麼樣，先生說：「應該還能當個稱職的領導者，他處理事情相當簡單明快。」仲弓說：「倘若存心慎重而做事乾脆俐落，用這樣的態度來面對人民，不也值得肯定嗎？假使存心簡慢，做事也馬馬虎虎，豈不是太簡慢了嗎！」先生說：「雍的話很對！」

解 ❶南面，面向南方，有擔任領導者、統治人民之意。古人以為南方代表光明，上自天子，下至邑宰，在居位聽政時，都坐北朝南，以示面向光明來處理公務。按：周易・說卦：「聖人南面而聽天下，嚮（向）明而治。」孔子也說：「無為而治者，其舜也與！夫何為哉？恭己正南面而已矣！」（見衛靈公篇04）似乎「南面」指的是帝王；其實「君」、「臣」相對而言，好比現代上司與部屬的關係，因此孔子說：「君子之道四，丘未能一焉……所求乎臣以事君，未能也。」孔子曾任中都宰，對下而言是君，對上而言又變作臣了。為政篇20記載孔子答覆季康子「使民敬、忠以勸，如之何」的問題時說：「臨之以莊，則敬。」可見只要是領導所屬以臨其民的統治者，都可稱之為「君」；「南面」未必專指天子或諸侯，卿大夫也是可以的，無須過於拘泥。孔子以「君子」、「成人」之道授徒，使他們具備「安人」、「安百姓」的從政能力，其中有的適合擔任臣屬、以道事君，有的適合南面為君、以臨其民。為政以德，而仲弓德行優良，足以勝任領導人，因此孔子認為「可使南面」。❷子桑伯子，身分不詳。❸可也簡，意謂子桑伯子處事明快，應能勝任領導人的職務。「可」

字承上文，為「可使南面」的省言；同樣的，下文「不亦可乎」的「可」，也指「臨其民」而言。「簡」的含意可以是乾脆俐落、處事明快，也可以是輕忽草率、敷衍了事，差異在態度是否敬慎。孔子認為子桑伯子處理事情能當機立斷、直接了當，不囉囉嗦嗦、拖泥帶水，也足以勝任領導人的職務，應屬前者。❹孟子・離婁下篇說：「君子以仁存心。」同書盡心上篇說：「居仁由義，大人之事備矣！」可知「居」有存心之意。荀子・議兵篇說：「凡百事之成也必在敬之，其敗也必在慢之。」拿「敬」和「慢」相對而言，「慢」為輕忽、怠惰之意，可知「敬」是指慎重、認真的態度——那麼，「居敬」就是心存慎重、以慎重為念之意。❺臨，本義是從高處往下看，引申為面對、統治之意。❻「居簡」和「居敬」對言，可知是認定事情簡單、因而掉以輕心之意。無乃，詰問語氣詞，用來表示不以為然的語意，相當於白話說「豈不是」。❼然，表示肯定、認同之意。仲弓並非對孔子的話有什麼異議，只是表達他個人對「簡」的看法——在居心敬慎的前提下，行事簡單明快固然值得肯定；但是若不肯多費心思，做事又馬馬虎虎，那就未免太過簡慢了，所以孔子也同意他的補充意見。

02 哀公問：「弟子孰為好學❶？」孔子對曰：「有顏回者好學——不遷怒，不貳過❷；不幸短命死矣❸！今也則亡❹，未聞好學者也。」

譯 哀公問：「你的弟子當中，誰是愛好讀書的呢？」孔先生回答說：「過去有個叫顏回的愛好讀書——他還有更難能可貴的美德，就是不會把怒氣發洩在不相干的人身上，也不會再犯相同的錯誤；然而不幸短命死掉啦！目前倒是沒有，我不曾聽說誰是愛好讀書的人了。」

解 ❶好學，學習的方法很多，這裡所謂「好學」，主要是指閱讀而言。多方閱讀，可以吸收各種知識和作者處理事情的經驗，增進本身的智慧，所以說「好學近乎知」（語見中庸）。子路不喜歡讀書，所以曾經頂撞老師說：「何必讀書然後為學？」（見先進篇24）孔子則針對子路這一缺點，特別訓示他「好仁不好學，其蔽也愚」等「六言六蔽」（見陽貨篇08）。❷遷怒，對不相干的人發怒之意。通常由於自己心情不好，或為了推卸責任，或對某人有所不滿卻無從發洩，便將怒氣轉移到無辜的弱勢者身上。孔子在回答哀公說顏淵好學的同時，順便提到他有兩項比好學更難能可貴的修養——不遷怒、不貳過，可說是品學兼優的人才；因此，他短命而死，不僅是個人的不幸，也是國家的一大損失，話中實蘊含無限惋惜之意。❸根據史記・孔子世家，孔子的兒子孔鯉約在他七十歲時去世，得年五十。顏淵比孔子小三十歲（見史記・仲尼弟子列傳），死亡時間略晚於孔鯉（見先進篇07），可知顏淵卒年約四十左右；以我國民間習俗，不得稱壽，所以說「不幸短命死矣」。❹亡，讀音、意思都和「無」相同。

03 子華使於齊❶，冉子為其母請粟❷，子曰：「與之釜❸。」請益❹，曰：「與之庾❺。」冉子與之粟五秉❻，子曰：「赤之適齊也❼，乘肥馬，衣輕裘❽；吾聞之也：『君子周急不繼富❾。』」原思為之宰❿，與之粟九百⓫，辭⓬，子曰：「毋以⓭，與爾鄰里鄉黨乎⓮！」

譯 子華奉派到齊國辦事，冉先生為他母親請領米糧，先生說：「給他六斗四升。」冉先生請求再多給一些，先生說：「再給他二斗四升。」結果冉先生給了他粟米八百斗，先生說：「赤這一趟前往齊國，騎著肥壯的馬，穿著輕薄的皮衣——我聽過這樣的說法：『君子救濟貧窮人的急需，而不增添有錢人的財富。』」當原思做他的家宰時，先生卻給他九百斗粟米的俸祿，原思推辭不受，先生說：「你若非推辭不可的話，那麼就分給你的鄰居和鄉親們吧！」

解 ❶子華，公西赤的字，孔子說他「束帶立於朝，可使與賓客言也」（見公冶長篇08），可知他長於交際應酬，所以孔子當政時，派他出使齊國。使，動詞，奉命代表主人出外辦事之意。❷本章可能是冉求學生記錄他和原思先後擔任孔子家宰時發生的兩件事，所以對他稱「子」以示尊敬。孟子・離婁下篇說：「可以與（予），可以無與；與，傷惠。」給不給或給多少，完全看情理而定，由這兩件事可見孔子處理事情的彈性。粟，小米，北方人主食之一。❸釜，古代量名，容六斗四升。❹益，增加之意。❺庾，古代量名，容二斗四升。❻秉，古代量名；一斛等於十斗，一秉為十六斛，五秉就有八百斗之多。❼適，意思是前往。❽衣，讀去聲，動詞，意思是穿。❾周，「賙」的初文，救濟之意。繼富，使富人更加有錢之意。周急不繼富，意思和現代人常說的「應該雪中送炭而不要錦上添花」相同。❿原思，孔子學生，姓原，名憲，字子思。為之宰，由下文「子曰」，可知「之」為指稱詞，用法同「其」，指孔子而言。孔子曾在定公十年以後擔任魯國的司空、大司寇（參閱錢穆孔子傳，臺北綜合月刊社出版），屬沒有封地的大夫，原憲做他家的總管，大概在這時候。⓫九百，九百斗小米。⓬辭，推辭之意。孔子體恤原憲家境清寒而給他優厚的待遇；原思覺得九百斗粟米的俸祿太多，所以不敢接受。⓭「毋以」和「與爾鄰里鄉黨乎」構成假設關係複句，假設小句和後果小句的關係詞「若」、「則」都省略了，因而容易造成後人的錯誤解讀。「以」和「已」同音，都可用作稱代詞，有「此」的意思（參閱陽貨篇22）；毋以，意謂姑且排除這樣的情況而不論，通常用來表示假設的語氣，作為假設小句，有「如果非這樣不可」的意思，古籍中或作「無已」、「勿已」——前者例如孟子・梁惠王下篇記載滕文公向孟子徵詢小小的滕國究竟該服事齊國或楚國，孟子回答說：「是謀非吾所能及也；無已，則有一焉。」意思是說：做這種決策不是我的能力所及；如果您非要我表示意見不可的話，那麼倒有一個辦法。後者例如呂氏春秋・貴公篇敘述管仲臨終時，齊桓公一再懇切地請他推薦宰相的繼任人選，管仲推辭不掉，便說：「勿已，則隰朋其可乎！」意思是說：任用宰相是國君的權責；如果您非要我推薦不可的話，那麼隰朋或許還可以吧！⓮與爾鄰里鄉黨乎，前面省略了關係詞「則」，作為後果小句，和「毋以」構成假設關係複句，意思是說：

你如果覺得九百斗太多而非推辭不可的話，那麼就分給你的鄰居和鄉親們吧！

04子謂仲弓曰：「犁牛之子騂且角❶，雖欲勿用，山川其舍諸❷？」

譯 先生對仲弓評論道：「耕牛生的小牛若毛色純赤，而且頭角勻稱，即使主人沒有意願用它來祭祀，山川的神明難道會放過它嗎？」

解 ❶犁牛，耕田的牛。騂，音「星」，純赤色。禮記・檀弓上篇說：「周人尚赤，牲用騂。」角，形容兩角長得極為對稱。❷「雖欲勿用」的主詞（指飼主）省略了。山川，指山川的神明。其，用法同「豈」，相當於白話的「難道會」、「哪裡會」。舍，「捨」的初文。孔子用比喻的方式，說明仲弓雖然出身寒微，但是品學兼優，屬於國家不可多得的人才，相信一定會受到重用。

05子曰「回也，其心三月不違仁❶，其餘則日月至焉而已矣❷！」

譯 先生說：「回啊，他的意念連續幾個月都不至於違背倫理道德，其餘的就只有一天或一月的時間做到罷了！」

解 ❶中庸和孟子・離婁上篇都說：「仁者，人也。」可知「仁」的涵義概括了一切倫理道德。孔子說：「君子無終食之間違仁，造次必於是，顛沛必於是。」（見里仁篇05）意謂君子重視人際關係，隨時隨地都得講究待人接物的方法，而跟他人和睦相處。三月，代表一段長久的時間。中庸記載孔子說：「回之為人也，擇乎中庸，得一善，則拳拳服膺而弗失之矣！」所謂「三月不違仁」，表明顏淵擇善固執，念茲在茲，經常都能拳拳服膺孔子教他要「克己復禮」的道理（見顏淵篇01），以保持良好的人際關係，實屬難能可貴；何況顏淵「不貳過」，即使偶而在待人接物方面有所違失，也會立即改過，比起孔子其他學生，確實好得太多了！❷日月，一天或一個月，和三月對比，表示時間短暫；焉，有「於此」的語氣——日月至焉而已，指其他弟子心有旁騖，而不在行仁，所以缺乏恆心，就像三天捕魚、兩天曬網一樣。

06 季康子問：「仲由可使從政也與？」子曰：「由也果❶，於從政乎何有❷！」曰：「賜也可使從政也與？」曰：「賜也達❸，於從政乎何有！」曰：「求也可使從政也與？」曰：「求也藝❹，於從政乎何有！」

譯 季康子問：「仲由這個人可以讓他從事政治嗎？」先生說：「仲由做事果斷，對於從事政治哪有什麼問題！」季康子接著問：「端木賜這個人可以讓他從事政治嗎？」先生說：「端木賜通達事理，對於從事政治哪有什麼問題！」季康子接著又問：「冉求這個人可以讓他從事政治嗎？」先生說：「冉求具備多項才能，對於從事政治哪有什麼問題！」

解 ❶果，形容一個人處理事情很有決斷力，不會三心兩意、猶豫不決。子路「兼人」、「無宿諾」、「片言折獄」（分見先進篇21、顏淵篇12），處處表現出他勇敢果決的個性和行事風格。❷何有，「何難之有」的省言，哪有什麼困難或哪有什麼問題之意。❸達，意思是通達事理。子貢通達事理，跟他的聰明智慧有關——例如他曾說自己能「聞一以知二」，這或許還是謙虛的說法；學而篇15也記載孔子稱許他說：「賜也始可與言詩已矣！告諸往而知來者。」此外，子貢長於「言語」，又會貿易，對商品行情以及買賣的時機掌握得很準確（見先進篇02、18），這些都足以讓他勝任行政工作。❹藝，初文「埶」的甲骨文作[illegible]、[illegible]，金文作[illegible]、[illegible]，象人（或女）培植草木之形，本義為種植果菜、花卉。周禮・大司徒：「教稼穡、樹藝。」「樹」為動詞，和「藝」構成聯合式合義複詞。「藝」字由園藝工作引申為一切謀生、應用的技能——例如子罕篇06所記琴牢引述孔子的話說：「吾不試，故藝。」後來人們發覺這些技能除實用價值外，還具有優美與靈巧的性質，可以賞心悅目，於是經過不斷的探討、演練和傳習，而漸漸形成後世所謂的技藝、才藝或藝術。冉求多才多藝，又見憲問篇13，孔子因此認定他從政不成問題，那麼他的「藝」顯然有別於今人所認知的「藝術」或「才藝」，而當指孔子用來教學的「六藝」。至於冉求才能的實際表現，根據左傳和史記・孔子世家的記載，魯哀公十一年春季，齊國出兵攻打魯國，冉求當時擔任季氏家宰，不但獻策，而且親自領兵擊退齊軍。他在回答季氏詢問時，提到自己的軍事才能是從孔子那裡學來的，因而促成季氏徵召孔子返回魯國的決定。子路和冉求都擅長「政事」（見先進篇02），雖然孔子認為他們還不符合「大臣」的標準（見先進篇23），但是憑他們的長處做個「具臣」，應當是綽綽有餘的——例如孔子曾告訴孟武伯：「由也，千乘之國，可使治其賦也……求也，千室之邑、百乘之家，可使為之宰也。」（見公冶長篇08）

07 季氏使閔子騫為費宰❶，閔子騫曰：「善為我辭焉❷；如有復我者❸，則吾必在汶上矣❹！」

譯 季孫氏要派令閔子騫做費邑的首長，閔子騫對使者說：「請好好代我辭謝這項任命；若有人回頭再來找我的話，那麼我一定會躲到汶水北岸去了！」

解 ❶閔子騫，名損，字子騫，魯國人，小孔子十五歲；為孔子門下德行優良的學生之一，以孝順著稱（見先進篇02、04）。費，音「必」，季氏的封地，在今山東省・費縣附近。❷辭，推辭之意。焉，用法同「之」，在這裡代「為費宰」的事，作「辭」的受詞。❸復，回報——也就是使者再度奉季氏之命前來徵召之意。❹汶，音「問」，魯國水名，靠近齊、魯邊境。必在汶上，暗示將避居齊國，藉此婉轉表達謝絕之意。

08 伯牛有疾❶，子問之❷，自牖執其手❸，曰：「亡之！命矣夫❹！斯人也而有斯疾也❺！斯人也而

有斯疾也❻！」

譯　伯牛病得很重，先生到他家去慰問，從窗口握著他的手，激動地說：「沒有這樣的事！真是天意啊！這麼好的人竟然會有這麼壞的病唷！這麼好的人竟然會有這麼壞的病唷！」

解　❶伯牛，孔子學生冉耕的字，魯國人，以德行優良著稱（見先進篇02）。❷問，探望、慰問之意。❸牖，音「友」，意思是窗戶。❹亡，通「無」；之，代「伯牛有疾」這件事。何焯義門讀書記：「言無可以致此疾之道。」意謂像伯牛這麼好的人，沒有生這種病的理由，在情感上也無法接受；然而事實擺在眼前，所以只能歸之於天命了。❺斯人，像他這麼好的人，指伯牛。由於天命非人力所能操控，所以連續說兩次「斯人也而有斯疾也」——由此可見孔子愛徒情深，很難接受伯牛罹患惡疾的事實。❻斯疾，這種難治的重病。史記・仲尼弟子列傳引用本章，而解讀為「伯牛有惡疾」，可能伯牛患的是某種如肺結核之類的傳染病，因此孔子不宜到牀前探望，只能從窗口拉著他的手，而發出深沉的哀嘆。

09 子曰：「賢哉回也！一簞食❶，一瓢飲❷，在陋巷❸——人不堪其憂❹，回也不改其樂，賢哉回也！」

譯　先生說：「顏回的修養真是太好了！吃一竹碗飯、喝一瓠瓢水，住在簡陋的巷子裡——別人受不了這種窮愁困苦的生活，顏回卻不至於改變自己快樂的心境，顏回的修養真是太好了！」

解　❶簞，音「丹」，古代盛飯的竹器。食，音「寺」，名詞，指飯。❷瓢，用葫蘆瓜做的舀水器。飲，名詞，指水。❸陋巷，意思是簡陋的住處。❹不堪，承受不了之意。快樂是一種感覺，心靈若充實，自然會有滿足感、安定感，對外物就不會有非分的欲求，也就不會患得患失、怨天尤人，無論處在任何環境，都能怡然自得。顏淵能安貧樂道，應是好學、努力充實自我所致。

10 冉求曰：「非不說子之道也❶，力不足也。」子曰：「力不足者，中道而廢❷；今女畫❸！」

譯 冉求說「我不是不喜歡先生的道理，只是能力不夠啊！」先生說：「若真是能力不夠的話，起碼也會跑到半路才停止；現在你只是在面前畫一條線，根本就沒有跨出一步！」

解 ❶說，跟「學而時習之不亦說乎」的「說」相同，都是喜悅之意。❷中道，半路之意。廢，意思是放棄、停頓。❸女，「汝」的初文，作第二人稱用，這裡指冉求。畫，就是在面前畫一條橫線，不願跨越過去，有自我設限之意。孔子說：「求也退。」（見先進篇21）意思是說冉求個性保守，遇事容易退縮，從本章便可證實。孔子針對冉求「力不足」的藉口加以教訓，讓他明白：一個人必須著手去做了，才真正曉得自己的能力夠不夠；假使還沒嘗試便說自己能力不夠，那叫做自暴自棄。孔子之道都是一些待人接物的法則，生而為人，不能離群獨居，因此隨時隨地必須講究與人和睦相處的方法，這和天天要吃飯、喝水、睡眠、工作、休閒一樣，都是生活的內涵，十分平常，所以說「仁遠乎哉？我欲仁，斯仁至矣」、「有能一日用其力於仁矣乎？我未見力不足者」（見述而篇29、里仁篇06）。冉求藉口做不到，其實就像孟子說的「不為也，非不能也」。

11 子謂子夏曰：「女為君子儒❶，無為小人儒❷。」

譯 先生對子夏說：「你要做個胸襟開闊、見識深遠、懂得變通、有守有為的讀書人，不要成為心胸狹隘、眼光短淺、墨守成規、不知變通的讀書人。」

解 ❶君子，原本指的是統治者，當初統治者都是受過文武合一、術德兼修學校教育的貴族；到了春秋時代，許多貴族流落民間，稱為「游士」或「處士」，和平民的身分已經沒有兩樣，都是「四民」

之一，有的依靠傳授知識、技能來自謀生計，不一定有機會在位從政。儒，指受過教育，具備禮、樂、射、御、書、數等專業素養的人士。君子儒，指品學兼優、器識宏遠、通權達變、有守有為、堪當大任的知識份子。❷小人，原本指的是一般沒受過教育，像孩童那樣愚昧無知的民眾；他們分別從事農、工、商業，後來也有人從前者那裡學得一些儒者的專業知識、技能，具備了擔任公職的條件。小人儒，指徒具專業知能而缺乏宏遠器識、拘守小節、難成大事的讀書人。參照子夏為莒父宰時，孔子曾答覆他問政說：「無欲速，無見小利——欲速則不達，見小利則大事不成。」（見子路篇17）以及他說的：「君子喻於義，小人喻於利。」（見里仁篇16）「君子之於天下也，無適也、無莫也，義之與比。」（見里仁篇10）還有他在答覆子貢問「士」的等級時認為：「言必信，行必果」的士猶如「硜硜然」的小人，遠遠比不上「行己有恥，使於四方，不辱君命」和「宗族稱孝焉、鄉黨稱弟焉」的士（見子路篇20）——可見同樣是受過教育，具備專業知識、技能的儒者，有的眼光遠大、心智成熟，凡事深謀遠慮，能夠守經達變，成就豐功偉業；有的卻像愚夫愚婦那樣眼光短淺，總愛追求急功近利，而且墨守成規，不知變通，因此難成大器。在孔子門下，子夏是非常年輕的一位，雖然循規蹈矩，潔身自愛，但也難免拘謹的毛病，可說守成有餘而開創不足，相對於子張的太「過」，子夏則顯得「不及」（參閱先進篇15）。常言道：「知徒莫若師。」因此孔子特別針對他的缺點，期許他做個「君子儒」，而不要淪為「小人儒」。

12 子游為武城宰❶，子曰：「女得人焉爾乎❷？」曰：「有澹臺滅明者❸，行不由徑❹；非公事，未嘗至於偃之室也❺。」

譯 子游做武城的地方首長，先生問：「你在本地得到人才了嗎？」子游說：「有個叫澹臺滅明的人，做事不會投機取巧；若不是為了公務，從來沒有到過偃的房間來。」

解❶武城，魯國的城邑，在今山東省・費縣西南。❷焉，有「於此（在武城這裡）」的意思。爾乎，語氣詞，相當於白話的「了嗎」。❸澹臺滅明，孔子學生，小孔子三十九歲；複姓澹臺，名滅明，字子羽。從孔子「以貌取人，失之子羽」的感嘆（見史記・仲尼弟子列傳），可知他相貌醜惡，卻有才德。❹行不由徑，意思是行走時不抄小路，比喻做事循規蹈矩而不會投機取巧。❺偃，子游的本名（按：古人名、字意思相關，孔子這位弟子的名、字原本各當寫作「㫃」、「斿」，同指旌旗尾部隨風飄颺的條幅；典籍傳鈔成「偃」、「游」，是同音通假所致。參閱說文「㫃」字下解說及段玉裁注語），姓言。對長輩自稱本名，是應對的禮節。

13子曰：「孟之反不伐❶——奔而殿❷，將入門，策其馬❸，曰：『非敢後也，馬不進也❹！』」

譯先生說：「孟之反不誇耀自己的功勞——有一次，當士兵們戰敗而紛紛跑回來，他在後面掩護，直到快進城門時，才鞭策他騎的馬兒，宣稱：『不是我敢落後，而是馬兒不肯前進呀！』」

解❶孟之反，魯國大夫，名側，字子反。不伐，意思是不誇耀自己的功勞。❷奔，意謂士兵因戰敗而跑回城堡；殿，「殿」的初文，殿底、落後之意，指孟之反在部隊後方掩護士兵撤退。❸策，趕馬的用具，這裡當動詞用。左傳・哀公十一年說孟之反是抽出箭來策馬。❹他不僅不居功，還開玩笑說自己其實也怕死，怎奈馬兒跑不動，才會落後，所以孔子特別加以稱讚。

14子曰：「不有祝鮀之佞❶而有宋朝之美❷，難乎免於今之世矣❸！」

譯先生說：「倘若沒有祝鮀那麼好的口才或宋朝那麼美的容貌，恐怕很難安全脫離當今的官場了！」

解❶簡朝亮論語集注補正述疏：「『不』字貫兩『有』字而言。」孔廣森經學卮言：「而亦或也，言有祝鮀之佞或有宋朝之美，乃免於今之世，不然則難矣！」祝，主管宗廟的官員，古代往往以官職作為姓氏；鮀，音「駝」，左傳作佗，衛國大夫，字子魚。祝鮀口才極佳，憲問篇20記載：衛靈公無道，卻還能保住君位，孔子認為是他用對了三位人才，其中之一就是主管宗廟事務的祝鮀。根據左傳・定公四年的記載：衛靈公在大夫子行敬子的建議下，命祝鮀隨行去參加人多嘴雜的諸侯會盟，祝鮀當時憑他的滔滔辯才，幫衛國爭取到歃血的優先順位，可見口才本身無可厚非，孔子說「有言者不必有德」，並未否定有言者，就如他說「勇者不必有仁」，也沒有否定勇者（參閱憲問篇05）；甚至他在栖栖遑遑、東奔西走、遊說諸侯時，還曾被微生畝誤會是「無乃為佞乎」，他答覆說自己是「非敢為佞也，疾固也」（見憲問篇34）。孟子說：「予豈好辯哉？予不得已也！」（見孟子・滕文公下篇）自古人們也大都肯定「辯才無礙」；只因口才好的人話比較多，往往自恃其才而流於強詞奪理、混淆視聽，或說三道四、搬弄是非，孔子才會說「禦人以口給，屢憎於人」、「是故惡乎佞者」、「遠佞人」（見公冶長篇05、先進篇24、衛靈公篇10），於是「佞」字給人的觀感幾乎都是負面的。❷宋朝，宋國公子，容貌俊美，因而十分得寵，曾先後跟衛靈公的嫡母宣姜和夫人南子私通；魯定公十四年，衛靈公居然為了南子，還特地召見他。❸免，和本篇第十七章「罔之生也幸而免」的「免」字相同，有脫離禍患、全身而退之意。世，三十年為一世，原本用於表示時間意義的世代或年代，後來也可用於表示空間意義的社會，在這理指當時的官場、政壇、政治圈。孔子感嘆世衰道微，正人君子動輒得咎；只有具備像祝鮀那樣的口才或宋朝那樣的美貌，才得以幸免於難，簡直沒有是非公理可言。

15子曰：「誰能出不由戶❶？何莫由斯道也❷？」

譯 先生說：「誰能不經由門戶外出呢？為什麼大家都不願遵循禮教這條無形的道路來跟別人交往呢？」

解 ❶誰，無特定對象的疑問代名詞，指任何人。❷孟子・離婁上篇引孔子曰：「道二：仁與不仁而已矣！」可知孔子之道就是仁道。「道」字的本義為人所行走的路徑，引申可指人倫交接所遵循的規範，將這些規範儀式化，便成為禮；以禮待人，強恕而行，人際關係便容易趨於和諧，這就是仁了。人們在日常生活中，幾乎天天都要進出家門，也天天都要跟別人交往；孔子拿門戶來比喻禮教，說明禮教的尋常性和重要性。有時拿水火、飲食作為比喻，意思是一樣的。

16子曰：「質勝文則野❶，文勝質則史❷；文質彬彬，然後君子❸。」

譯先生說：「質樸多過修飾，就會顯得粗俗；修飾多過質樸，就會顯得虛浮；只有文質各半，互相調和，這樣才配稱為君子。」

解❶質，樸實之意；文，修飾之意。憲問篇13說：「文之以禮樂。」可見研習禮樂是君子修飾自我的功夫。野，本字當作「埜」，從林、從土會意（參閱魯公文字析義・釋野），指郊外的農田和林地。由於在田野工作的農夫或樵夫，大都性情樸實，又沒受過教育，不懂得修飾，言行難免直率而粗鄙，因此「野」字可引申作形容詞用——例如孔子就曾罵過子路說：「野哉由也！」（見子路篇03）❷史，「使」的初文，這裡也用作形容詞。使者代表主人出外拜訪或辦事，一切言談、舉止，都經刻意修飾，現在叫做「外交辭令」，往往難免浮誇，因此儀禮・聘禮・記說：「辭多則史（話多就會像使者那樣矯飾），少則不達（話少就不能清楚表達意思）。」言談得體而不失真實的並不多見，這就顯得格外難能可貴——例如憲問篇26記載蘧伯玉的使者答覆孔子問「夫子何為」時說：「夫子欲寡其過而未能也。」當使者告退後，孔子不禁連聲讚歎道：「使乎！使乎！」一個人若過度包裝自己，便不容易呈現原來真實的自我，所以說「文勝質則史」。❸彬彬，文質各半、均衡相配之意。君子保持純樸的本性，再接受禮樂的薰陶，這才具備完美的人格，所以說：「文質彬彬，然後君子。」

17子曰：「人之生也直❶，罔之生也幸而免❷。」

譯先生說：「人的本性條直；扭曲本性卻能夠生存，是因為一時幸運才避免受害的。」

解❶前一個「生」為「性」的初文，中庸說：「天命之謂性。」指的是人們與生俱來的本質——既然稱為「人性」，當然有別於「獸性」。人之生也直，意謂人的本性是條直的，順著本性，便能正常地成長——如同喜、怒、哀、樂是人類與生俱來的情感，勉強壓抑，就容易致病；然而發洩太過的話，也有礙健康，儒家主張用禮節來導正人們的行為，用音樂來調和人們的情感，是符合自然法則的養生之道。❷後一個「生」為生存之意。罔，通「枉」，意思是曲，也就是不直。萬物的生成與發展，都各有最適合的狀態與環境；若破壞這種狀態與環境，就違反了自然之理，會造成異常的現象，而不利生物體的成長與生存。八佾篇17記載孔子說：「獲罪於天，無所禱也。」子罕篇11也記載他的話說：「吾誰欺？欺天乎？」都在說明率性而行，堂堂正正地做人，才能坦坦蕩蕩、真正活出自我；否則一味地自欺欺人，扭曲與生俱來的正直本性，不啻喪失了自我，即使能避免災禍，也是僥幸的結果。

18子曰：「知之者不如好之者❶，好之者不如樂之者❷。」

譯先生說：「認識一項事物，不如愛好它；愛好它，不如領略其中的樂趣。」

解❶知，認識之意。好，喜愛之意。在認識一項事物之後，若沒有愛好的心理，就不會主動而積極地去追求；甚至在迫不得已的情形下，勉強去做，還會覺得十分痛苦。反過來說，以讀書為例：只有喜愛，才會廣泛、深入地去閱讀與鑽研而有所成就，所以說「知之者不如好之者」。❷樂，意思是歡愉，這裡用作動詞。愛好一項事物，再以讀書為例——如果只是為了追求名利，那麼書本不過是身外之物，在閱讀的時候，心中掛念著名利，就難免患得患失而造成精神負擔；倘若心靈充實，能充分領略讀書的樂趣，就會忘懷得失、隨心所欲、輕鬆自在地悠遊其中，這是人生莫大的享受，所以說「好之者不如樂之者」。

19子曰：「中人以上❶，可以語上也❷；中人以下❸，不可以語上也。」

譯先生說：「資質優越的人，可以對他談論層次較高的道理；資質低劣的人，不適合對他談論層次較高的道理。」

解❶中人，意思是中等資質的人。中人以上，指資質優於中等的人，也就是陽貨篇03所謂的「上知（智）」。❷語，動詞，告訴之意。❸中人以下，指資質低於中等的人，也就是陽貨篇03所謂的「下愚」。本章記孔子能就學生資質的高低、領悟力的強弱，給予適當的教導，這是因材施教的具體作法。

20樊遲問知❶，子曰：「務民之義❷，敬鬼神而遠之❸，可謂知矣❹！」問仁，曰：「先難而後獲，可謂仁矣❺！」

譯樊遲請教怎樣才算明智，先生說：「致力於做人的本分，尊敬鬼神而保持距離，便稱得上明智了喔！」樊遲接著請教怎樣經營人際關係，先生說：「遇到艱難的事情，比人家早一步去做，而把利益的獲得放在後面，可說是經營人際關係的方法了喔！」

解❶知，「智」的初文。❷義，意思和微子篇07「君子之仕也，行其義也」的「義」字相同，指有正當性、有意義的事務，相當於現在說「義務」、「本分」。孔子平日教導學生的，大都是有關待人接物的道理。禮記・禮運篇說：「何謂人義？父慈、子孝、兄良、弟弟、夫義、婦聽、長惠、幼順、君仁、臣忠，十者謂之人義。」近人梁漱溟先生說：「倫理關係即表示一種義務關係。」又說：「個人盡自己義務為先，權利則待對方賦予，莫自己主張。」（見中國文化要義第九〇頁，臺北正中書局發行）試看上述十種「人義」，無非人際關係相對雙方各自的本分，也就是應盡的義務。❸遠，用作動詞，靠近的相反，有保持距離之意；之，指鬼神。❹孔子是位非常理性而務實的人，既不談怪、力、亂、神的事（見述而篇20），也不論人性與天道（見公冶長篇13），談的都是為人處事、修己安人的道理；這裡則說不要迷信鬼神，因為那對人民並沒有實質的益處。先進篇11記載孔子答覆子路問事鬼神時說：「未能事人，焉能事鬼？」接著答覆子路問死說：「未知生，焉知死？」學而篇02記有子的話說：「君子務本，本立而道生——孝弟也者，其為仁之本與？」孟子‧滕文公上篇說：「人倫明於上，小民親於下。」可見「務民之義」就是為政者務本的工作；能夠知本、務本，才稱得上是有智慧的人。❺「先」、「後」都作動詞用；「難」指困難的事情，「獲」指報酬或利益。「仁」的本義為和諧的人際關係，仁者心存忠恕，所以善於替他人著想，而拙於為自己打算。與人交往，如果喜歡斤斤計較，爭名奪利，一定會落得關係惡劣、不歡而散，所以說「放於利而行，多怨」（見里仁篇12）；反之，若能勇於任事、講究禮讓，自然會受人歡迎與敬重，而建立起良好的關係，所以說「先難而後獲，可謂仁矣」。

21子曰：「知者樂水❶，仁者樂山❷；知者動，仁者靜；知者樂，仁者壽。」

譯 先生說：「有智慧的人喜歡玩水，慈愛的人喜歡遊山；有智慧的人比較靈活，慈愛的人比較沉靜；有智慧的人活得快樂，慈愛的人活得長久。」

解 ❶樂，音「藥」，動詞，愛好之意。❷智者博學而有智慧，做事懂得變通，所以喜愛動態的流水；由於個性爽朗，生活中充滿了歡樂。仁者真誠無私，為人忠厚穩重，所以喜愛靜態的高山；由於心情平和，身體健康，自然容易長壽。話雖如此，但事實如何，也無須追究或爭辯——因為仁者和智者並非可以、也沒有必要截然劃分的；況且遺傳因素、生活環境、教育訓練等等，對一個人性格、志趣、際遇的影響，都是無形而深遠的，所以很難用二分法來描述智者和仁者的不同。經常抽空遊山玩水，接近大自然，以求得身心的健康、快樂，或許才是孔子說這一番話的深層意義吧！

22子曰：「齊一變至於魯❶，魯一變至於道❷。」

譯先生說：「齊國如果改革一下，就能達到魯國的水準；魯國如果再改革一下，就能達到禮樂風行的理想目標。」

解❶變，改革之意。齊國是姜太公的封地，由於立國精神在講究刑名法術，所以一直國富兵強。管子・牧民篇說：「倉廩實則知禮節，衣食足則知榮辱。」在「富之」之後，繼而「教之」，一定能夠事半而功倍，所以說「齊一變至於魯」。❷「道」的本義為道路；道路有起點和終點，由起點的概念引申，可指行為的動機；或由終點的概念引申，也可指行為的目標。（參閱附錄二釋道）孔子畢生以施行周公制定的禮樂為職志，所以說：「如有用我者，吾其為東周乎！」（見陽貨篇05）他說「道不行」，就是感嘆沒有哪位國君真正願意用他來施行禮樂，以達到他心目中的理想目標。魯國為周公的封地，享有跟天子規格相同的禮樂制度，雖然到了春秋時代，部分禮樂──如告朔之禮，有廢弛的情形（參閱八佾篇17）；但是「文、武之政布在方策」（語見中庸），若能稍事整頓，便不難恢復舊觀──例如孔子說：「吾自衛反魯，然後樂正，雅、頌各得其所。」（見子罕篇14）對於三代禮制的因革損益，他更有充分的瞭解，所以深信「魯一變至於道」。

23子曰：「觚不觚，觚哉！觚哉！」

譯先生說：「如今觚的形制已經不像觚了，還能叫做觚麼！還能叫做觚麼！」

解　觚，一種用青銅製造的酒器，容二升。上方口部外翻像喇叭；中間腰部細長，有一截凸起和四道稜線，以便握持；下方圈足外撇（見附圖）。宴會時，主人先持爵（容一升，見附圖）向賓客敬酒叫「獻」，接著賓客回敬主人叫「酢」，然後主人再用觚敬賓客叫「酬」。原本爵和觚的容量都有限，為的是讓人有所節制而避免醉酒失態。到了後來，觚的下腰部凸起處稜角改成圓形，容量也增多了，失去節制的作用。既然形制、容量都已改變，卻依舊稱為觚，就像當時許多國君和卿大夫不守本分，使得禮制變質，形成君不君、臣不臣、父不父、子不子的現象，因此孔子深表感嘆，並力主正名，以挽頹風。

爵與觚

24　宰我問曰：「仁者，雖告之曰『井有仁焉』❶，其從之也❷？」子曰：「何為其然也❸？君子可逝也，不可陷也❹；可欺也，不可罔也❺。」

譯　宰我問道：「對一個慈愛的人，雖然騙他說『井裡有人掉下井去了』，他是否會跳下井去救人呢？」先生說：「為什麼他要這樣呢？君子聽了之後，可以前往井邊察看究竟，但不會糊裡糊塗地就掉進去；君子有可能被欺騙，但還不至於被迷惑的。」

解　❶「仁者」是動詞「告」的外位止詞（參閱為政篇06附註），和「告」字後面的「之」為同一個人。由於「井有仁焉」是宰我設想用來戲弄仁者的謊話，所以前面加「雖」字，表示那是虛擬情境；句中的「仁」字，當從別的版本作「人」（參閱陳舜政論語異文集釋）。❷其從之也，「其」字表不確定的語氣，有是否的意思；從，「縱」的初文——從之，意謂縱身跳下井去。❸何為其然也，「其」指仁者，「然」相當於白話的「這樣（指跳入井中救人的行為）」。❹逝，前往現場之意；陷，掉落之意。因為有人不小心掉入井裏是可能發生的事情，所以君子聽到時會信以為真，而前往察看；若真有其事，也會用正確的方法救人，而不會立即冒然跳下井去。❺罔，「惘」的初文，迷惑之意。君子確實會被可能發生的事情所欺騙，但不至於笨到被子虛烏有的事情所迷惑。宰我問的是仁者，而孔子答覆時說的是君子，用意在教導宰我應做既仁且智的君子，不要「好仁不好學」而淪為頭腦簡單的愚者。

25 子曰：「君子博學於文❶，約之以禮❷，亦可以弗畔矣夫❸！」

譯 先生說：「君子廣泛地閱讀典籍，再用禮節來約束自己，或許可以不至於背離正軌了吧！」

解 ❶文，指詩、書、禮、樂等典籍。❷約，約束、規範之意。❸亦，用法同「抑」，有不太確定的語氣，相當於白話說「或許」（參閱述而篇15「樂亦在其中矣」句解說）。不說一定可以，而說或許可以，足以印證子罕篇04所記孔子「毋必」的處事態度。畔，通「叛」，意思是背離、違反做人的道理。易經・大畜卦・象辭：「君子多識前言往行，以畜其德。」人格修養，須由內、外兩方面齊下功夫——一方面廣泛閱讀古聖先賢流傳下來的典籍，以修養自己的品德；一方面學習各種禮儀，以規範自己的行為，這樣至少可以成為溫文儒雅、安分守己的知識份子了。

26 子見南子❶，子路不說❷，夫子矢之曰❸：「予所否者❹，天厭之❺！天厭之！」

譯 先生進見南子，子路不高興，先生發誓說：「我若有什麼不好的念頭或行動，上天會嫌棄我的！上天會嫌棄我的！」

解 ❶南子，衛靈公夫人，干預國政，行為淫亂，為子路所不齒。❷說，通「悅」。❸矢，通「誓」。❹予，孔子自稱。所，假設語氣詞，用法同「若」（參閱王引之經傳釋詞・通說）。否，「痞」的初文，指不好的想法或作法。❺厭，憎惡、嫌棄之意（參閱述而篇02「學而不厭」句解說）。孟子說：「仲尼不為已甚者。」（見孟子・離婁下篇）意謂孔子不做太過分的事，總會給人家留些餘地。

他以知禮聞名，一向依禮行事，對於陽貨的禮遇，曾經依禮回謝，事見陽貨篇01。據史記・孔子世家的敘述，孔子在衛國時，由於南子派人召見，孔子推辭不掉，只好勉為其難，進宮依禮隔著帷幕相見。這是顧及地主國君夫人的情面，並不是為了討好南子而有任何非分之想。子路因誤會而表示不滿，孔子則指天發誓以自清——由此可見孔子對於子路來說，除了師徒關係外，似乎也兼具朋友的情誼。

27子曰：「中庸之為德也，其至矣乎❶！民鮮久矣❷！」

譯 先生說：「中庸這種德行，大概是最崇高的了吧！可惜人們長久以來都很少做到囉！」

解 ❶中庸，指既美好、且平常的德行，也就是仁——就人與人的關係而言，名為「仁」；因它既美好而又平常，所以孔子特別稱之為「中庸」，以勉勵弟子努力實踐。（參閱附錄八釋中庸）至，甲骨文作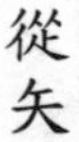、金文作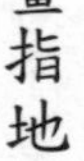，從矢，橫畫指地面，表示箭桿由空中落到地面，所以有到達之意，為部分形符不成文的會意字。本為動詞，這裡用作形容詞，意思是極致、崇高到極點。❷鮮，意思是少。中庸引述孔子的話，在感嘆「道之不明」、「道之不行」後，接著用比喻的方式，說明原因是：「人莫不飲食也，鮮能知味也。」由於吃飯、喝水是人們天天都在做的事，難免像孟子說的：「行之而不著焉，習矣而不察焉，終身由之而不知其道。」（見孟子・盡心上篇）待人接物也是人們隨時隨地都在做的事，和飲食一樣，很容易被輕忽，所以才會「民鮮久矣」。

按 中庸所錄孔子的話作：「中庸其至矣乎！民鮮能久矣！」和本章文字略有出入，應是另一位學生所記；有一「能」字，語意較足。

28子貢曰：「如有博施於民而能濟眾，何如？可謂仁乎❶？」子曰：「何事於仁❷？必也聖乎❸！堯、舜其猶病諸❹！夫仁者，己欲立而立人，己欲達而達人❺——能近取譬❻，可謂仁之方也已❼。」

譯 子貢問道：「如果有人普遍施捨恩惠給人民，而能救濟社會大眾，怎麼樣？可以稱得上仁者嗎？」先生說：「何只是仁者？簡直就是聖人了啊！在這方面，連堯、舜恐怕都還做得不是很圓滿呢！至於你提到的仁者，因為自己想站起來，於是當站起來後，就去幫助別人站起來；因為自己想發展事業，於是當事業發展起來後，就去幫助別人發展事業——能就近從自己身上得知別人類似的想法，可以說是行仁的方法了。」

解 ❶博，廣泛、普遍之意。施，施捨、發放、給予之意。博施於民，意謂普遍地給予人民恩惠、好處。仁者處處替別人著想，也時時在幫助別人；子貢見孔子雖勉勵他們行仁，卻不曾稱許當時的任何人為仁者，他想要瞭解孔子心目中仁者的標準究竟在哪裏，於是自己先設定「博施於民而能濟眾」的條件，以就教於孔子。❷事，通「祇」、「只」；於，用法同「為」，相當於白話的「是」，作判斷句的繫詞用。❸必也聖乎，本來和假設小句——「如有博施於民而能濟眾」構成假設關係複句，「必」有強調的語氣，相當於白話說「一定」、「簡直」；由於假設小句省略，而直接和「何事於仁」構成加合關係複句（參閱附註），說明「博施於民而能濟眾」的人，不但可稱為仁者，更可稱為聖者了。❹堯、舜，五帝中的最後兩位，為唐、虞兩代的帝王，相傳將帝位傳賢不傳子，舉善懲惡，大公無私，興利除害，天下太平，為儒家理想政治的典範。其，揣測語氣詞。病，本義為身體不適，比喻事情做得不是很圓滿，仍有缺失。諸，「之乎」二字的合音，「之」字稱代「博施於民而能濟眾」。從孔子的答覆可知：原來在仁之上，還有更崇高的境界，叫做「聖」——它不但是爐火純青般的道德修養，而且是最圓滿的政治成就，堯、舜既未必能做得盡善盡美，孔子也自道不敢當之（見述而篇33）。行仁就像飲食那麼平常，是匹夫匹婦都「可以與知」、「可以能行」的（語見中庸）。孔子說：「仁遠乎哉？我欲仁，斯仁至矣！」（見述而篇29）又說：「有能一日用其力於仁矣乎？我未見力不足者。」（見里仁篇06）行仁與否，完全在於自己的意願；而仁的實踐，也在人倫日用之間，不像聖的標準那麼高不可即。禮記・表記篇說：「聖人之制行（設定行為的標準）也，不制以己（不拿自己作標準），使民有所勸勉愧恥（受到鼓勵；若未達標準，會感覺慚愧），以行其言。」孔子之所以不標榜聖去強人所難，而提倡仁來勉人力行，原因大概在此。至於孔子不輕易稱許當時的人為仁者，則因行仁是一輩子的事，必須蓋棺之後才能定論，所以凡被孔子稱為仁者的，幾乎都是古人——例如微子、箕子、比干、伯夷、叔齊、管仲等。❺夫，音「扶」，指稱詞，有「談到這個」的語意。立，意思和中庸「凡事豫則立」的「立」相同，本義是站起來，引申有成功之意。達，發達、事業亨通之意。❻能近取譬，意謂能就近從自己身上得知別人的類似想法，也就是設身處地、將心比心之意。近，指本身；取，得到之意；譬，可用來比擬的類似事物。❼方，意思是方法、途徑、要領。「仁」的本義為和諧的人際關係，而經營和諧人際關係的要領為忠恕，所以說：「能近取譬，可謂仁之方也已。」

註 加合關係複句，指用「不但……而且」、「既……又」、「何只……連……也」等關係詞連結兩個以上獨立句子所構成的複句。

述而篇第七

01子曰：「述而不作❶，信而好古❷，竊比於我老彭❸。」

譯先生說：「傳述而不創作，認同而愛好古道，私自向我心目中的偶像——老彭看齊。」

解❶述，遵循、傳述之意。作，意思是創造、發明。❷信，由於認同而願意依從，相當於現在說「信仰」。「述」與「信」的後面都省略了「古」字——指古代流傳下來的典籍和文物，從裡面可以瞭解先朝的典章制度和哲人的嘉言懿行。❸竊，意思是私自、暗地裡；比，依照、仿效之意。老彭究竟指的是哪位古人，學者們說法不一，且都出於臆測，不足以採信，姑且視為古代的某位賢者，仍稱為老彭；前面加個「我」字，和加「吾」字一樣，都是為了表示親切；說「竊比」，則為謙卑的表現。孔子生於兩千五百多年前，終其一生，好學敏求，曾刪詩、書，訂禮、樂，贊周易，修春秋，並且用來傳授學生，孟子推崇他是「集大成」的聖人；在今天看來，實居於五千年歷史長流中承先啟後的關鍵地位。雖然孔子自稱述而不作，但是他在傳述古道時，往往賦予新的意義，可說是以述為作——例如他的天命觀，已經從以神為本蛻變到以人為本了。現代學者大多拘泥於字面的意義，來談論孔子的宗教思想，這是有待商榷的（參閱附錄十一釋知命）。

02子曰：「默而識之❶、學而不厭❷、誨人不倦，何有於我哉❸？」

譯先生說：「默默地記住、不厭煩地學習、不倦怠地教誨別人，這些對於我來說，哪有什麼困難呢？」

解❶本章「識」、「學」、「誨」為動詞，「默」、「不厭」、「不倦」為限制詞（副詞）。識，通「誌」，記憶之意。❷厭，從厂（取象於磬石，參閱憲問篇42）、猒聲，本為「壓」的初文，但在這裡通「猒」，而為「饜」的初文。「猒」的金文作□，從犬、從口（小篆□從甘，象口含食物）、從肉，以示狗嘴叼了一塊肉，本義為滿足或飽足，引申為厭惡、厭煩之意（因為吃飽就不想再進食了）。❸何有於我，為「於我何難之有」的省言與倒裝，句法和雍也篇06記載孔子說三位學生「於從政乎何有」相同，意思是那算不了什麼、沒有問題、很容易做到的。

03子曰：「德之不修❶、學之不講❷、聞義不能徙❸、不善不能改，是吾憂也❹。」

譯先生說：「德行沒好好修養、學識沒認真講求、聽到正當的事情而不能馬上著手去做、有不好的行為而不能改進，這些都是我所憂慮的事情。」

解❶本章「修」、「講」、「徙」、「改」為動詞，「德」、「學」、「義」、「不善」依次各為它們的受詞。德，包括性情、態度、言行、舉止等。修，美化、培養之意。❷講，從言、冓聲——「冓」的甲文作□、金文作□，本義為交集、結構，引申為敵對雙方交兵之意；「講」字從言，以示停戰和談；再由談判和解的條件，引申為一切商談、研討之意。❸義，與「不善」相對，指正當的、美好的事情；徙，意思是遷移、趨近，照著去做。❹孔子說：「仁者不憂。」（見子罕篇28、憲問篇30）這是就一時得失而說的——因為仁者真心愛人，為所當為，而不計較一時之得失；至於心靈成長，那是一輩子的事，必須不斷地一方面充實自己，一方面改正過錯，才會進步。人生幾何？稍縱即逝，「君子疾沒世而名不稱焉」（語見衛靈公篇19），孟子・離婁下篇說：「君子有終身之憂，無一朝之患也。乃若所憂則有之——舜人也，我亦人也，舜為法於天下，可傳於後世，我由（猶、仍）未免為鄉人也，是則可憂也。憂之如何？如舜而已矣！若夫君子所患則亡矣——非仁無為也，非禮無行也；如有一朝之患，則君子不患矣！」應可說明孔子進德修業的急切心情。

04子之燕居❶，申申如也❷，夭夭如也❸。

譯先生在家休閒的時候，總是表現出一副心情輕鬆、精神飽滿的模樣。

解❶燕，通「宴」，意思是安，相當於現在說「休閒」；之，語助詞，放在句中，可將一個句子變成組合式詞結（說見學而篇16附註），於是「燕居」在這裡只用作時間副詞，指平常在家沒事的時候。❷申，「伸」的初文，有伸展、舒暢之意；如，形容詞尾──申申如，形容輕鬆自在的樣子。❸夭，「沃」的初文，有肥美、飽足、旺盛之意──夭夭如，形容精神飽滿的樣子。君子天天進德修業，心靈充實，樂天知命，所以閒居在家時，能夠完全放鬆心情，同時保持良好的精神狀態──因為休息不是無所事事，而是要為往後行動蓄積更多的能量。

05子曰：「甚矣吾衰也❶！久矣吾不復夢見周公❷！」

譯先生說：「我衰老得好厲害呀！我好久沒再夢見周公啦！」

解❶甚矣吾衰也，「吾衰也甚矣」的倒裝句。❷久矣吾不復夢見周公，「吾不復夢見周公久矣」的倒裝句。周公，姓姬，名旦，周文王的兒子、武王的弟弟。武王去世時，成王年幼，由周公代理政務，制禮作樂，天下大治。當成王長大後，周公把政權交還給他。孔子研究三代禮制，認為周朝後來居上，最為完備，所以對周公非常景仰，而把實行周禮作為自己的終極理想。常言道：「日有所思，夜有所夢。」孔子當盛年時，常常夢見周公；可是他從五十五歲起，東奔西走，遊說諸侯，前後十四年，提倡禮教和德治的主張始終沒有被採納，只好決定返回魯國，致力作育英才。他這兩句話除了感嘆年老體衰外，也寓含幾許「遭時不遇，有志未伸」的遺憾與無奈。

06子曰：「志於道❶，據於德❷，依於仁❸，游於藝❹。」

譯 先生說：「嚮往人生的理想目標，把握人性的核心價值，依循人際的相處法則，悠游六藝的學習園地。」

解 ❶志，心中有所嚮往叫做志（參閱為政篇04「吾十有五而志於學」句解說）。「道」的本義為人所行走的路途；人在道路行走，總有個目的地——也就是行程的終點，所以「道」字由此引申而有目的、目標、宗旨之意。（說詳附錄二釋道）「志於道」的意思是嚮往人生的理想目標。❷據，初文作「豦」——金文作，從虎省、從豕，以示猛虎抓住野豬，而有攫取、掌握、佔領之意。德，正直的心性和行為。孔子說：「人之生也直，罔（通『枉』）之生也幸而免。」（見雍也篇17）可知正直為判斷是非善惡的標準；「據於德」的意思是把握這一點人性的核心價值。（參閱附錄五釋德）❸依，依循、遵照之意；仁，指和諧的人際關係。人生在世，不能離群獨居，必須維持和諧的人際關係，事業才容易成就，生活才會快樂，生命也才會圓滿。「仁」、「道」、「中庸」三者異名而同實（參閱附錄二釋道、附錄八釋中庸），「依於仁」和中庸所謂君子「遵道而行」、「依乎中庸」的意思，同為遵循和諧人際關係的經營法則，那就是曾子所領悟的夫子一貫之道——忠恕而已矣（參閱里仁篇15）。❹游，當從另一版本作「遊」，和「遊山玩水」的「遊」，都有輕鬆自在地做某件賞心樂事之意。禮記·學記篇說：「不興（嬹、喜歡）其藝，不能樂學，故君子之於學也，藏（潛心）焉、修（研究）焉、息（休閒）焉、遊（娛樂）焉。」「遊焉」意謂遊於學，也就是上文說的「樂學」。藝，指孔子用來教學的禮、樂、射、御、書、數（參閱雍也篇06及子罕篇02「博學而無所成名」句解說）；「游於藝」的意思是像遊山玩水那樣，用悠閒、輕鬆的心情來學習六藝。

07子曰：「自行束脩以上❶，吾未嘗無誨焉❷。」

譯 先生說：「能主動約束自我、修養品德而有心上進的人，我從來沒有不教誨他的。」

解 ❶自行，意思是自己做主決定怎麼行動（參閱公冶長篇16「行己也恭」句解說）。束，從木，象用繩索捆綁之形，屬於部份形符不成文的會意字；本義為束縛，引申有約束之意。脩，本義為肉乾，在這裡是「修」的同音假借，意思是美化、修飾。漢人常用「束脩（修）」一詞表示自我約束以美化形象之意——例如後漢書・鄧后紀：「故能束修，不傷羅網（法紀）。」同書馮衍傳：「圭潔其行，束脩其心。」以，連接詞，用法同「而」；上，上進之意。自行束修以上，本篇廿八章所記互鄉童子自動潔己以進，就是很好的例子。❷孔子有教無類，只要能主動表現求學的誠意，無論是空空如也的鄙夫（見子罕篇07）或出身互鄉的童子，他都樂予指導，因而被後人譽為「萬世師表」。

08 子曰：「不憤❶，不啟❷；不悱❸，不發❹；舉一隅，不以三隅反❺，則不復也❻。」

譯 先生說：「一個人如果遇到學習瓶頸而不覺氣惱，我不會去引導他尋求問題的答案；一個人如果不能痛恨自己的無知，我不會去代替他揭開知識的寶盒；我提示房屋的一個牆角，他若不能用其他三個牆角回頭來印證，我就不再一一為他說明了。」

解 ❶憤，說文：「懣也。」懣，音「悶」，意思是煩悶、氣惱。❷啟，本義為開門，引申為開路、前導之意。左傳・隱公元年：「夫人將啟之。」意謂鄭莊公夫人將打開城門，引導共叔段的軍隊進城。「不憤，不啟」是假設關係構成的複句，前後兩個小句的主詞和關係詞都省略了，整句的意思是說：一個人在學習時遭遇困難，若先自行思考，卻始終找不出解決的方法，內心充滿著煩悶和惱怒之氣，我才會適時地指導他找出問題的癥結，並設法解決。孟子・離婁下篇說：「君子深造之以道，欲其自得之也——自得之則居之安，居之安則資之深，資之深則取之左右逢其原（源）。」意謂君子應當自行設法深入研究學問，才會有真正的心得；經過自己鑽研所得到的東西，印象才會深刻而可靠；

運用起來，才能旁徵博引，得心應手。因此，孔子有教無類，同時也重視自動學習，講究因材施教，他說：「不曰『如之何、如之何』者，吾末如之何也已矣！」（見衛靈公篇15）這樣的思想奠定了儒家的教育理論基礎，所以禮記・學記篇說：「善待問者如撞鐘：叩之以小者則小鳴，叩之以大者則大鳴，待其從容，然後盡其聲……為人師，必也聽語乎！力不能問，然後語之；語之而不知，雖舍之可也。」意謂教師一定要由學生主動提問，然後告知答案；倘若學生表達能力不夠，才需要提示；如果提示之後還是不懂，表示程度不夠，那就算了。這確實值得現代的師生、家長和教育官員們好好省思。❸悱，音「匪」，從心、非聲；「非」有違背之意，所以「悱」字的本義為事與願違，因而覺得悵恨、痛苦。❹發，出動、打開之意，相當於現代教育實務中引起學習動機的作法。禮記・學記篇說：「學然後知不足……知不足然後能自反也。」俗話說：「書到用時方恨少。」如果沒有這樣的覺悟和體會，表示缺乏求知的慾望；對於不肯長進的人，無論怎麼教導，都必定事倍功半，甚至白費心力，所以禮記・學記篇說：「君子之教喻也，道（導）而弗牽……開（啟發）而弗達（送到終點，也就是直接告知答案之意）；道而弗牽則和（和諧）……開而弗達則思。」意謂教師應當循循善誘，讓學生自己思考；不要強迫或代替他們學習。❺舉，提示之意；隅，指牆角；以，用法同「用」，相當於白話的「拿」；反，逆推、印證之意。❻復，意思是再；不復，意思是不再一一告知。一般房屋都有四個角落，每個牆角都是九十度；若教師提示一個牆角是九十度，而學生不能聯想其他三個牆角也是九十度，可見學生若不是程度太差，就是不肯用心思考。對於不肯用心的人，孔子是不願耗費太多時間和精神去教導的——因為他說過：「困而不學，民斯為下矣！」（見季氏篇09）「飽食終日，無所用心，難矣哉！」（見陽貨篇22）。

09子食於有喪者之側，未嘗飽也❶。子於是日哭，則不歌❷。

譯 先生若在有喪事的人家旁邊進食，從來沒有吃飽過。先生若在這一天哭過之後，便不唱歌了。

解 ❶嘗，曾經之意；未嘗，意思是從來沒有過。「子食於有喪者之側，未嘗飽也」為假設關係構成的複句，假設小句的關係詞「若」和結果小句的關係詞「則」都省略了。置身有喪者旁邊，孔子同感哀戚，自然沒有很好的食慾。❷是，指稱詞；是日，就是這一天的意思。「子於是日哭，則不歌」也是假設關係構成的複句，同樣省略了假設小句的關係詞「若」。唱歌是抒發情緒最好的方法，孔子平日很喜歡唱歌；歌曲有許多種類，因為哭的原因大都是難過、悲傷，所以這裡的不歌是說不唱歡樂的歌曲。

10 子謂顏淵曰：「用之則行、舍之則藏❶，唯我與爾有是夫❷！」子路曰：「子行三軍則誰與❸？」子曰：「暴虎馮河❹，死而無悔者，吾不與也！必也臨事而懼、好謀而成者也❺。」

譯 先生對顏淵說：「受到任用的話就積極行動、好好表現一番，被捨棄不用的話就把才學收藏起來，僅僅我和你具有這樣的彈性吧！」子路問：「先生對於領軍作戰的人才，將會推舉誰呢？」先生說：「空手就敢搏鬥老虎、沒船還要橫渡黃河，白白送命卻不後悔的人，我可不要推舉他呢！除非是遇到事情而能心懷戒懼、好好謀劃而能成功的人才行。」

解 ❶「用之則行」和「舍之則藏」都是省略了主詞的假設關係複句，用和舍都是被動的意思。行，子路說：「君子之仕也，行其義也；道之不行，已知之矣！」（見微子篇07）可知「行」有行義、行道的意思，在這裡相對於下文的「藏」字，可以解釋為積極行動、展現才學。「舍」為「捨」的初文，「藏」有收藏才學、隱居在家的意思。孔子立身處世，有守有為，無可無不可，十分具有彈性，所以孟子推崇他是「聖之時者」（參閱附錄十釋中行）。雖然任用或捨棄的決定權掌握於他人，但是行動或潛藏卻是自己可以作主的。孔子頗能堅持自己的原則——即使有機會出仕，也是為了實現理想；如果自己主張的政策無法推行，就絕不戀棧而自動離職，展現出「以道事君，不可則止」（語見先進篇23）的大臣風範。❷唯，意思是單單、僅僅；是，這——指「用之則行，舍之則藏」的彈性；夫，音「扶」，句末語氣詞，相當於白話的「吧」。❸周初天子有六軍，大國可有三軍，一軍有一萬二千五百人。到了春秋時代，天子地位沒落，體制逐漸崩壞，諸侯紛紛擴張軍力；魯為中等國家，原有上、下二軍，襄公十一年又建置中軍。孔子生於襄公二十二年，這時魯國已有三軍。子行三軍則誰與，「子」下省略了「之於」二字。行，這裡用作使役動詞；行三軍，意謂使三軍行進，也就是指揮、率領三軍的意思（參閱附註說明）。與，學者們大都解作相偕同行，似嫌牽強；殊不知「與」為「舉」的初文，有舉用、推薦的意思——例如禮記．禮運篇記載孔子談大同世界時提到的「選賢與能」，就是「選賢舉能」之意。又如呂氏春秋．貴直篇記載有位名叫能意的，因直言不諱而激怒了齊宣王，被斥為野士，且將受刑，於是質問說：「王胡（何）不能與野士乎？」高誘注：「與，猶用也。」子路見孔子稱讚顏淵，自負有軍事長才（參閱先進篇25），希望也能受到肯定，於是提出這個假設性問題，一心認定孔子會選擇由他來行軍作戰。❹詩經．小雅．小旻篇：「不敢暴虎，不敢馮河。」毛傳：「徒涉曰馮河，徒搏曰暴虎。」暴，通「搏」，空手搏鬥之意；馮，音「平」，為「淜」的同音通假字，無舟渡河之意（見說文．水部）。古書中的「河」字通常都指黃河；黃河水勢洶湧，不乘船而靠游泳橫渡，和空手搏鬥老虎都是非常危險的事。❺「必也……者也」本為假設關係複句的後果小句，在假設小句——「吾所與者（我若要用人的話）」省略之後，直接與「暴虎馮河……吾不與也」構成排除關係複句，「必也」因而有「除非」或「除了……之外」的意思（類似的句法，見八佾篇07、顏淵篇13、子張篇17等，可以參閱）。臨，面對、遭遇之意；懼，戒慎之意。俗話說：「知徒莫若師。」子路好勇卻不好學，個性衝動，行事往往欠缺考慮，孔子曾經預言他「不得其死然」（見先進篇12），所以這時對他施行機會教育，讓子路明白：有勇無謀的人成事不足，敗事有餘，他是不用這種人帶兵打仗的。雖然平日孔子常常叮嚀子路不能太逞強好勇，可惜他本性難改，最後果然慘死於衛國的一場軍事政變中。

按實際上，用誰來「行三軍」，權在執政的國卿——例如哀公十一年，冉求為季氏統率魯軍，與齊軍交戰，並獲得勝利（事見史記・孔子世家），可知子路問話中真正「行三軍」的並非孔子本身，而是指孔子推薦給國卿的那個人，由他全權指揮作戰，才會有「暴虎馮河，死而無悔」的表現。在「子行三軍則誰與」這個敘事句中，「子」是起詞（主詞），「與」是述詞（動詞），「誰」是止詞（受詞）——因為用詰問的方式，所以把止詞提到述詞之前，這是文言文的慣例；「行三軍」是個詞結（相當於英文裡的子句），意謂「對於行三軍的人才」。從以上的分析，可知「子行三軍則誰與」應為「子之於行三軍則誰與」的省言，和衛靈公篇24「吾之於人也，誰毀？誰譽」的句法相同：只因「行三軍」是個詞結，前面省略了「之於」二字，才造成孔子是「行三軍」者的誤解。

11子曰：「富而可求也❶，雖執鞭之士，吾亦為之❷；如不可求，從吾所好❸。」

譯先生說：「財富如果確定追求得到，即便是手拿皮鞭執勤的差役，我也願意擔任；如果不能確定追求得到，那就按照我自己的喜好去做。」

解❶而，和下文的「如」都是假設語氣詞。可，在這裡有肯定之意；「可求」的意思是說：只要追求，便一定能夠如願。❷執鞭之士，指職位卑微的差役。據周禮・秋官・條狼氏的說法：古代天子、諸侯出入時，有下士若干人在前面拿著皮鞭開路。又據同書地官・司市：當市場營業時間，也有小吏在場拿著皮鞭維持交易秩序——兩者都是位階卑下的差役。財富是人人都希望得到的，若具有正當性，而且保證一定可以得到，那麼即使擔任卑微的職務，孔子並不排斥，所以說：「富而可求也，雖執鞭之士，吾亦為之。」（參閱子罕篇02「吾執御矣」句解說）❸從，依照、順應之意。所，不定代名詞，在文言文中，通常放在動詞前面，這裡指自己愛好的事物。孟子・盡心上篇說：「求則得之，舍(捨)則失之，是求有益於得也，求在我者也。求之有道，得之有命，是求無益於得也，求在外者也。」同書告子上篇說：「趙孟之所貴，趙孟能賤之。」荀子・非十二子篇也說：「君子能為可用，不能使人必用己。」既然富貴不一定追求得到，君子又有更崇高的人生目標，與其捨本逐末、迷失自我，還不如依照本身的志趣，好好地充實心靈，然後等待學以致用的機會。這樣，無論人生的際遇或處境如何，都能夠怡然自得——這是孔子的人生觀，看似保守，卻有積極的意義。今人提倡「活出自我」、「活在當下」，以度過快樂人生，其實孔子老早就在身體力行了。

12 子之所慎❶：齊❷、戰❸、疾❹。

譯 先生慎重的事項：齋戒、戰爭、疾病。

解 ❶所慎，跟前章「所好」的文法結構相同。❷齊，「齋」的初文；古人在祭祀之前，為了表示對神明的誠敬，都要齋戒、沐浴一番，以潔淨身心。孔子一向重視祭祀，對齋戒的事情十分慎重，因此鄉黨篇07記載他：「齊必有明衣，布。齊必變食，居必遷坐。」❸孫子兵法・計篇：「兵者，國之大事，死生之地、存亡之道，不可不察也。」意謂戰爭是決定人民生死以及國家存亡的重大事故，應該特別謹慎才對。因此孔子願意推舉的對象，必須是「臨事而懼，好謀而成」(語見本篇第十章)的人。❹生病表示身體出現了警訊，若不好好調養，或吃錯藥物，可能使病情加重，因此孔子不敢輕忽生病這件事。鄉黨篇11記載：「康子饋藥，拜而受之，曰：『丘未達，不敢嘗。』」可以為證。

13 子在齊聞韶❶，三月不知肉味❷，曰：「不圖為樂之至於斯也❸！」

譯 先生在齊國聆賞韶樂之後，連續幾個月都忘了肉類的滋味，他說：「沒想到演奏音樂能到達這麼完美的境界呀！」

解 ❶韶，音「ㄅ」，虞舜時的樂曲名。❷三月，形容一段長久的時間。❸不圖，意思是不料、想不到；為樂，意思是演奏音樂；至於斯，意思是到達這樣的境界。大學說：「心不在焉，視而不見，聽而不聞，食而不知其味。」孔子欣賞到盡善盡美的韶樂，以致吃飯時腦子裡還想著它，即使肉類的美味都無心品嚐了。

14 冉有曰：「夫子為衛君乎❶？」子貢曰：「諾！吾將問之❷。」入曰：「伯夷、叔齊何人也❸？」曰：「古之賢人也❹。」曰：「怨乎❺？」曰：「求仁而得仁，又何怨❻？」出曰：「夫子不為也❼。」

譯 冉有問：「先生會幫衛國君主嗎？」子貢說：「好！我這就去問問看。」於是進去問道：「伯夷、叔齊是怎樣的人呢？」先生說：「是古代的賢人。」子貢又問：「他們心中有什麼悔恨嗎？」先生說：「他們所作所為都是為了維護親情，結果親情得以維護，又有什麼好悔恨的呢？」子貢出來告訴冉求說：「先生不會幫助衛國君主的。」

解 ❶為，讀去聲，幫助之意。衛君，指出公輒。輒是靈公太子蒯聵的兒子。蒯聵厭惡並預謀殺害靈公夫人南子不成，逃亡宋、晉。魯哀公二年，靈公死，輒被立為國君。晉卿趙簡子率軍送蒯聵回國，遭到衛國的抗拒而作罷。哀公六年（西元前四八九年），孔子從楚國折回衛國，受到出公輒的禮遇，冉有懷疑孔子會幫助出公輒，又恐自己說話不得體，不敢直接詢問老師，於是想透過子貢來瞭解他的心意。❷諾，相當於白話的「好吧」，表示認可冉求的疑問，自己也想知道答案。子貢長於言語，所以自告奮勇，願出面婉轉問清楚。❸伯夷、叔齊，商朝末年孤竹君的長子和三子。君父有意傳位給叔齊，死後，叔齊為尊重兄長，不願繼承；伯夷為順從父命，也不肯接任；兄弟互相讓位，結果雙雙出走。❹賢人，德行優良的人。公冶長篇23記載孔子說他們「不念舊惡」，這裡更說他們「求仁得仁」，所以稱得上賢人。❺怨，抱怨、悔恨之意。伯夷、叔齊後來隱居且餓死於首陽山，因此子貢會這樣發問。❻中庸說：「仁者，人也，親親為大。」「仁」的本義為和諧的人際關係，而最密切的關係莫過於家人之間。兄遵父命是孝，弟敬兄長是悌，而孝悌的家庭倫理是仁道的根本，伯夷、叔齊互相讓位，兩人追求的都是親情，結果親情得以維護；成仁取義對賢人來說，甘之如飴，雖死無悔，所以說：「求仁得仁，又何怨？」（本余師培林教授說）❼衛國的蒯聵和出公輒父子爭位，和伯夷、叔齊兄弟讓位，成了非常鮮明的對比，子貢技巧性地藉此發問，以試探孔子對出公輒的態度。子貢從孔子肯定伯夷、叔齊的讓位，得知他必定不會幫助與父親爭位的出公輒，由此可證他「聞一以知二」、「告諸往而知來者」的智慧。

15子曰：「飯疏食❶、飲水、曲肱而枕之❷，樂亦在其中矣❸！不義而富且貴，於我如浮雲❹。」

譯 先生說：「吃糙米飯，喝白開水，彎著胳臂當枕頭用，生活樂趣或許就在這裡面呢！用不正當的方式而得到富貴，對我來說，就像天空的浮雲那麼不實在。」

解 ❶飯，動詞，意思是吃。疏，粗糙之意；食，音「四」，當名詞用，指米糧——疏食，相當於白話說「糙米」。鄉黨篇08：「食不厭精。」意謂不講求非把米舂得很白不可。❷肱，音「工」，指胳臂。枕，這裡用作動詞，頭靠在上面睡覺的意思；之，代名詞，指肱。❸亦，用法同「抑」，有或許之意。人生以快樂為目的，呂氏春秋·慎人篇說：「古之得道者，窮亦樂，達亦樂——所樂非窮、達也；道得於此（倘若自己能夠悟道），則窮、達一也。」生活中的樂趣固然很多，可是「飯疏食、飲水、曲肱而枕之」並非使人快樂的因素；如果能努力進德修業，讓操之在我的心靈充實、自由，為人處事光明正大，俯仰無愧，即使物質生活條件不好，照樣可以感覺到快樂，所以說「樂亦在其中」。❹浮雲聚散不定，比喻不實在的事物。本篇第十一章記載子曰：「富而可求也，雖執鞭之士，吾亦為之。」可見孔子並不排斥富貴，但無意追求不可必得又缺乏正當性的富貴而已。

16子曰：「加我數年❶，五十以學易❷，可以無大過矣❸！」

【譯】先生說：「倘若老天爺多給我幾年壽命，讓我能在五十歲以後研讀周易，就可以不犯重大過失了。」

【解】❶本章為假設關係構成的複句——「加我數年，五十以學易」為省略了關係詞「若」的假設小句，「可以無大過矣」為省略了關係詞「則」的後果小句。加，增多之意；主詞為老天爺，省略了。❷易，指周易（參閱本章附註），相傳上古帝王伏羲氏首先畫了八卦，用八種象徵陰陽消長變化的符號概括天地間一切事物的現象；後來周文王演繹為六十四卦，並且作了卦辭和爻辭。史記·孔子世家說：「孔子晚而喜易，序彖、繫、象、說卦、文言。讀易，韋編三絕。」近代從長沙近郊馬王堆的漢墓中挖出的帛書易傳·二三子問篇也說：「夫子老而好易，居則在席，行則在囊。」❸周易原為統治階層占卜吉凶，以供決疑定計的資料，孔子從其中教人如何趨吉避凶的說法，引申出一些立身處世、待人接物的道理——例如子路篇22記載孔子在稱讚南方的諺語「人而無恆，不可以作巫醫」之後，接著引述周易·恆卦·九三爻辭說的「不恆其德，或承之羞」，並且表示：缺乏恆心的人不用去占卜，就可知不會有好結果的。孔子到了晚年，拿自己對人生豐富而深刻的體驗，來闡釋易理，經學生筆記、整理而成彖、繫、象、說卦、文言等所謂「十翼」（又稱易傳），使周易從占卜的參考資料變成講究人生哲理的儒家重要典籍（後人合周易和易傳兩部分而並稱為易經），這也是他所稱「述而不作」卻又具有創意的例子。

【註】「易」有簡單及變化雙重涵義。古人運用陰、陽一元而互相感應、互相影響的簡單概念，解釋天地

間一切現象發生和演變的原理，進而拿來預測人事的吉凶禍福，於是產生占卜的辦法。周禮・春官宗伯有名為「太卜」的屬官，掌管「三易之法」——連山、歸藏、周易。三者都是占卜用書，其中較早的連山和歸藏已無從考證，文王所作周易，應當是根據它們加以改進而成，就像周禮是由夏禮、殷禮變革而來的一樣。

17 子所雅言❶：詩、書、執禮，皆雅言也❷。

譯 先生說王朝官話的時機：當他講述詩經、書經和在典禮中執行任務時，都使用王朝的官話。

解 ❶雅，通「夏」，指周天子所統治的地區；雅言，相當於後世的官話，指流行於王畿一帶的語言，猶如流行於王畿一帶的詩歌叫做雅。❷執禮，執行禮儀，也就是在典禮中擔任職務之意——例如禮記・禮運篇所記孔子「與於蜡（音「乍」，祭典名）賓」，就是指他有一次參與蜡祭，擔任儐相的職務。語言是人際溝通的主要媒介，孔子在國內，平日與人交談，大都使用家鄉的方言，以維繫和宗族、鄉黨之間的情誼；而當傳授詩、書以及執行禮儀時，則使用王朝的官話，以示尊重聽不懂他家鄉方言的人士。

18 葉公問孔子於子路❶，子路不對❷。子曰：「女奚不曰❸『其為人也，發憤忘食❹，樂以忘憂，不知老之將至』云爾❺？」

譯 葉公向子路打聽孔先生的為人，子路默而不答。事後先生提示子路：「你為什麼不說『他這個人呀，一發起狠來讀書便忘了吃飯，心情快樂到忘了憂愁的地步，甚至不曉得老年就要來到了』呢？」

解 ❶葉，音「設」，楚國地名，在今河南省・葉縣南方三十里。春秋時，楚國的地方首長稱「公」，相當於魯國的邑宰。向子路打聽孔子為人的這位葉公姓沈，名諸梁，字子高，左傳・定公五年、哀公四年載有關於他的事蹟。❷對，回答，通常用在位卑者回應位尊者的問題時。由於孔子的學問淵博、修養深厚，連顏淵都感覺摸不著邊際（參閱子罕篇10），因此當葉公問起時，子路不知如何形容老師的偉大，只好默而不答。❸女，「汝」的初文，第二人稱，這裡指子路。奚，用法同「何」，相當於白話的「為什麼」。❹發憤，意思是激發潛在的強大精神力量，務求實現某種願望或脫離某種困境。「發憤忘食」和「樂以忘憂」的句法相同——「發憤」為因，「忘食」為果；兩個小句中間省略了「以」或「而」。❺云爾，句末語氣詞，有如此、這般的意思。孔子事後秉持一貫的謙虛態度，讓子路明白他「從吾所好」、活在當下的人生樂趣，正所謂「平凡中的偉大」，豈是常人所能企及的？

19子曰：「我非生而知之者❶，好古、敏以求之者也❷。」

譯 先生說：「我不是生下來便懂得一切的；而是愛好古代事物，然後努力去追求，才得到那些知識的。」

解 ❶「好古敏以求之者」為「好古敏求以知之者」的省言。生而知之者，未經學習便知曉者，指絕頂聰明的人。孔子把人的資質分成「生而知之」、「學而知之」、「困而學之」、「困而不學」四等（見季氏篇09）。當時人們見孔子博學多能，有的好奇、有的羨慕、有的推崇備至，子貢甚至認為他是天生的大聖人（見子罕篇06）；然而孔子始終不肯承認是生而知之的第一等人，而再三聲明自己只是肯主動學習的第二等人。❷敏，勤勉之意。孔子好古敏求，除了時常夢見制禮作樂的周公（見本篇第五章）外，從以下言談、事例也可以得到證明——本篇首章記載子曰：「述而不作，信而好古，竊比於我老彭。」子張篇第22記子貢答覆衛國大夫公孫朝的問題時說：「夫子焉不學？而亦何常師之有？」根據左傳・昭公十七年的記載，孔子曾向前來魯國訪問的郯子請教官制。史記・孔子世家記載他曾向師襄學琴、向萇弘習樂、向老聃問禮。

20子不語❶怪❷、力❸、亂❹、神❺。

譯先生絕口不談情節怪異、強逞勇力、悖亂倫常、鬼神靈異的事件。

解❶語，動詞，談論之意。孔子是位務實的人，他認為君子進德修業、改過遷善都唯恐不及了，實無必要耗費時間、精力去注意一些無益世道人心、有害社會和諧的事物。❷怪，指不合常理、違反經驗法則的事情。中庸引述孔子的話說：「素（一本作「索」，探求之意）隱行怪，後世有述焉，吾弗為之矣！」可知違反常理的事件，不值得談論，以免助長世人喜愛標新立異、不循正道的風氣。❸力，活動筋骨所發出的能量，這裡指強逞勇力的行為。八佾篇16記孔子的話說：「射不主皮，為力不同科，古之道也。」憲問篇35記孔子的話說：「驥不稱其力，稱其德也。」同篇第六章又記載孔子相當肯定南宮适貶抑「羿善射、奡盪舟，俱不得其死然」，而褒揚「禹、稷躬稼而有天下」的觀點，一再地讚嘆他是位尚德的君子。人人崇尚德行、唾棄暴力，社會自然充滿祥和的氣氛。❹亂，公共秩序和善良風俗受到干擾所呈現的社會動盪現象，這裡指弒君、弒父等駭人聽聞的逆倫事件。中庸記載孔子推崇虞舜有大智慧的理由之一，是他能「隱惡而揚善」，因此，孔子不談論那些悖亂倫常的惡行，以免引起負面效應。宣揚人性和社會的光明面，使民眾知所遵循，這才是從政者和施教者的務本作為。❺神，鬼神的省略，自古相傳人死之後，靈魂脫離肉體，仍不時出沒世間，以保佑或危害特定對象，造成人們高度崇拜或恐懼鬼神的心理；這裡指人們言之鑿鑿的靈異事件。雍也篇20記樊遲問知，孔子的答覆是：「務民之義，敬鬼神而遠之。」先進篇11記子路問事鬼神，孔子並未正面答覆，而只說：「未能事人，焉能事鬼？」可知他是富於理性而務實的，絕不迷信像鬼神這種虛幻的無稽之談。

21子曰：「三人行，必有我師焉❶——擇其善者而從之、其不善者而改之❷。」

譯先生說：「三個人在一起的場合，一定有我借鏡的對象——分辨出那些好的而跟著學習、那些不好的而加以改正。」

解❶行，音「航」，行列、隊伍之意。本章的意思是：在一群人當中，一定有值得自己效法或警惕的對象。這裡的「三」只是個虛數，可以粗略地分成自己、有好榜樣的人、有壞榜樣的人三者。效法好榜樣，固可增進自己的道德修養；而避免學習壞榜樣，也有助於自己的人格發展。因此，就廣義而言，兩者都可視為促成自己進步的師長。❷擇，本義為挑選，引申有分別的意思；其，指稱詞，相當於白話的「那些」。須先分出好、壞，然後才得以效法好的、改正壞的。

22子曰：「天生德於予❶，桓魋其如予何❷？」

譯先生說：「上天賦給我道德勇氣，桓魋難道能拿我怎麼樣嗎？」

解❶德，正直的心性，也就是孟子・公孫丑上篇所謂「至大至剛，以直養而無害，則塞於天地之間」、「自反而縮（直），雖千萬人，吾往矣」的「浩然之氣」。孔子說：「君子不憂不懼。」（見顏淵篇04）品德優良、為人正直的君子，心存浩然之氣，堪稱威武不屈的大丈夫。❷桓魋（音「頹」），就是宋國的司馬向魋，因為是宋桓公的後代，所以又叫桓魋。其，通「豈」；如予何，等於說「奈我何」、「能拿我怎麼辦」。魯哀公三年，當孔子離開曹國到了宋國時，和學生們在大樹下演習禮儀，桓魋擔心孔子受到重用而對自己不利，於是派人砍樹示警。學生勸他趕快走避，孔子無所畏懼，於是說了這一番話；後來換穿便服，暗地裡離開宋國，轉往陳國（事見史記・孔子世家及孟子・萬章上篇）。

23子曰：「二三子以我為隱乎❶？吾無隱乎爾❷。吾無行而不與二三子者，是丘也❸！」

譯先生說：「諸位賢弟以為我有什麼事情瞞著你們嗎？其實我並沒有隱瞞你們。我沒有什麼做了卻不能告訴諸位賢弟的事情，這就是我孔丘的為人呀！」

解❶二三子，孔子對幾位學生在一起時的客氣稱呼，又見子罕篇11、先進篇10、陽貨篇04。隱，藏在心裡，不說出來。❷爾，第二人稱，意思是你們。❸「吾無行而不與二三子者」為有無句，「行而不與二三子者」是動詞「無」的止詞（受詞）；與，通「語」，王引之經傳釋詞：「與，猶謂也。」在這裡當作動詞，有告訴之意。孔子時常隨機對特定學生透露自己的心事或想法，致使其餘學生不明所以而互相探聽，為釋群疑，因此特別表明自己坦蕩的心胸。

24子以四教：文❶、行❷、忠❸、信❹。

譯先生拿下列四個項目來施教：文學、禮行、忠恕、誠信。

解❶孔子說：「文王既沒，文不在茲乎？」（見子罕篇05）又說：「弟子入則孝，出則弟，謹而信，汎愛眾，而親仁——行有餘力，則以學文。」（見學而篇06）參照不好讀書的子路辯稱：「何必讀書然後為學？」（見先進篇24）可知「文」是指古聖先王記載於書冊而流傳下來的典章制度，「學文」就是指「讀書」而言。由於「文」是孔子廢寢忘食、勤於學習，也是他教人學習的內容，因此而有「文學」一詞（見先進篇02）；「文」既然指典章制度，所以又可稱為「文章」（見泰伯篇19）。❷行，指符合禮教的行為，又稱「禮行」或「德行」（參閱附錄五釋德）。孔子說：「君子博學於文，約之以禮，亦可以弗畔矣夫！」（見雍也篇25）可知「文」、「行」兩者為君子修業進德、充實自我的功課。❸忠，和「恕」都是設身處地、將心比心、為他人著想的意思（參閱附錄九釋忠恕）。❹信，意思是誠實、說話算話。曾子說：「夫子之道，忠恕而已矣！」（見里仁篇15）孔子說：「人而無信，不知其可也。」（見為政篇22）「忠」、「信」可說是待人接物、立足社會的基本法則，因此孔子常把兩者相提並論而構成一個複詞（見學而篇08、公冶長篇28、顏淵篇10、衛靈公篇05）。

25子曰：「聖人，吾不得而見之矣❶！得見君子者斯可矣❷！」子曰：「善人，吾不得而見之矣！得見有恆者斯可矣❸！亡而為有❹，虛而為盈，約而為泰❺，難乎有恆矣❻！」

譯 先生說：「聖人，我是沒有機會見到他囉！若有機會見到君子就行囉！」先生又說：「好人，我是沒有機會見到他囉！若有機會見到有恆心的人就行囉！明明沒有卻自認為有，明明空虛卻自認為充實，明明窘困卻自認為寬裕，這樣的人做事很難有恆心囉！」

解 ❶「聖人」、「善人」都是動詞「見」的外位止詞（參閱為政篇06註語），「之」是它們的稱代詞；不得，得不到機會，也就是無從、無法之意。❷斯，用法同「則」，相當於白話的「就」。❸恆，經常、持久之意。❹亡，通「無」。而，轉折詞，相當於白話的「卻」。❺約，緊縮、拘束、窘困之意；泰，寬鬆、富裕之意。❻中庸說：「誠者，物之終始，不誠無物……至誠無息，不息則久。」意謂真誠的事物才會持久不變而有始有終；否則經不起考驗，一定無法持久。「亡而為有，虛而為盈，約而為泰」就是不誠，所以說「難乎有恆」。

26子釣而不綱❶，弋不射宿❷。

譯 先生用釣竿釣魚，卻不用魚網撈捕；用尾部繫有生絲的箭來射取空中的飛鳥，卻不射取棲息在巢中的鳥兒。

解❶綱，魚網周邊的大繩，借以代表整張漁網，屬修辭格中的「借代」，這裡用作動詞，意思是用網捕魚。❷弋，用尾部繫有生絲的箭來射鳥，射中後，可以順利找到獵物。「弋」後省略了「而」字。宿，指棲息巢中的鳥類。大學引述孟獻子的話說：「畜馬乘，不察於雞豚；伐冰之家不畜牛羊，百乘之家不畜聚斂之臣。」可說是儒家體恤民命的政治、經濟理念。因為魚和鳥是漁民和獵人賴以維生的物資，君子不與民爭利，只把釣魚和射鳥當作一種技巧來練習，而不在意獲得數量的多寡，所以孔子才會「釣而不綱、弋不射宿」。

27子曰：「蓋有不知而作之者❶，我無是也❷。多聞擇其善者而從之，多見而識之——知之次也❸。」

譯先生說：「或許真有不懂卻能創作的人，我可沒有這項本領。能夠多多聽取別人的經驗，然後選擇那好的部份來仿效；多多觀察別人的作為，然後記下來——這是第二等的認知方式。」

解❶蓋，不確定的語氣詞，有大概、或許之意。不知而作之者，表面上好像說的是能憑空發明的天才，實則暗指那些冒充內行的人。❷我無是也，表面上是自謙的話，實則對「不知而作」表達了不以為然的態度。❸季氏篇09記孔子的話說：「生而知之者，上也；學而知之者，次也；困而知之，又其次也；困而不學，民斯為下矣！」見多識廣、擇善而從，也就是「學而知之」的意思。孔子謙稱自己是第二等人，用意在告誡學生不要好高騖遠，而應腳踏實地、努力求學。

28互鄉難與言❶，童子見❷，門人惑❸，子曰：「與其進也，不與其退也，唯何甚❻？人潔己以進❹，與其潔也，不保其往也❺。」

譯互鄉的人難以溝通，有位少年前來求見，門人不懂先生為什麼願意接見他，先生說：「人家是抱持著一顆真誠的心前來求教的，我肯定他今天所表現的誠意，而不為他過去的行為背書；我只讚許他自動前來求教的態度，而不是肯定他回去之後的作為。你們對人家的成見為什麼那麼深呢？」

解 ❶互鄉，地名，這裡是「互鄉之人」的省稱，指當地的居民。難與言，意謂互鄉的人不可理喻，很難和他們交談、溝通。❷見，音「現」，求見之意。❸門人惑，看下文可知是在童子離去之後，門人不瞭解孔子為什麼願意接見他，而提出質疑。❹本章所記孔子的話，順序顛亂。朱熹集注說：「疑此章有錯簡。『人潔』至『往也』十四字當在『與其進也』之前。」頗有見地，因此根據他的說法來譯解。潔己，意思是洗淨身體，形容態度真誠——就像祭祀前先齋戒沐浴那樣；以，用法同「而」；進，前來求教。❺與，「譽」的初文，稱許、肯定之意。「與其潔也」和「與其進也」互文，都是「與其潔己以進也」的省言。保，在卜辭中作，從人、從子，象成人背負幼子之形（或作，象大人的手往背後托住幼子之形，更彰顯了造字的本意）；金文作，多了右下那一筆，代表包巾，可知「保」是「褓」的初文；小篆作，又多一冗筆，以求對稱，卻使造字的本意全失；隸、楷一直沿襲了篆字錯誤的寫法。「保」的本義為保護、護衛，引申為保證之意。往，指昔日的行為——不保其往，意謂接見童子，並不表示自己就保證他過去的行為是對的。禮記．曲禮上篇說：「禮聞來學，不聞往教。」既然童子願意來學，孔子當然樂予指導。❻唯，動詞，意謂心存成見，認定對方就是怎樣的人。甚，過分之意。

29 子曰：「仁遠乎哉❶？我欲仁，斯仁至矣❷！」

譯 先生說：「和諧的人際關係離我遙遠嗎？只要我願意跟人家和諧相處，那麼關係和諧的目標便達到囉！」

解 ❶「仁遠乎哉」句用修辭學裡的「設問格」來表達否定的意思，由於答案很清楚，所以省略了。❷「我欲仁，斯仁至矣」為假設關係構成的複句，用來補充說明「仁」離自己不遠的理由。仁至，從字面上看，意思是說「仁」便來到「我」的眼前，把「仁」擬人化了；其實就是「我」達到「仁」這個目標（指人際關係和諧），也就是「欲仁而得仁」之意。或許因為孔子不敢自當仁者，也不輕易稱許當時的人是仁者，所以使得人們誤以為「仁」是多麼遙不可及和高不可攀的目標；其實，只要明白「仁」的涵義為和諧的人際關係，便可瞭解「我欲仁，斯仁至矣」的意思了。常聽人說：「捨得、捨得，有捨才有得。」就拿伯夷、叔齊的故事來說，他們兄弟兩人在父親孤竹君死後，一個順從父命，一個尊敬兄長，都不願繼承君位，無非為了維護親情，結果雙雙去國，彼此同心同德，互不離棄，一直到死為止，留下了孝悌的典範，所以孔子說他們「求仁得仁」（參閱本篇第十四章）。孔子的仁道，不過「忠恕」而已（參閱里仁篇15），為人處事，若能心存忠恕，多為別人著想，利之所在，讓而不爭，彼此之間自然能夠維持良好的關係，這就是「仁」了；至於能不能做到，關鍵只在自己有沒有意願。孔子說：「有能一日用其力於仁矣乎？吾未見力不足者。」（見里仁篇06）孟子說：「不為也，非不能也。」（見孟子‧梁惠王上篇）都是同樣的意思。

30 陳司敗問❶：「昭公知禮乎❷？」孔子曰：「知禮❸。」孔子退，揖巫馬期而進之❹，曰：「吾聞君子不黨，君子亦黨乎❺？君取於吳為同姓，謂之吳孟子❻——君而知禮，孰不知禮❼？」巫馬期以告❽，子曰：「丘也幸，苟有過，人必知之❾。」

譯 陳國主管治安的首長問道：「昭公懂得禮數嗎？」孔先生說：「懂得禮數。」孔先生告退後，這位首長抱拳作揖，請巫馬期來到面前，對他說：「我聽說君子不偏袒自家人，難道孔先生這位君子也會偏袒自家人嗎？昭公從吳國娶親，他和夫人是同姓，只好稱她為吳孟子——昭公如果懂得禮數的話，誰不懂得禮數呀？」巫馬期把他的話轉述給孔先生聽，先生說：「我孔丘真是幸運，假使有了過錯，人家一定會曉得。」

解❶陳，國名。司敗，官名，相當於魯國的司寇，主管刑罰，以維護社會治安。❷昭公，魯國國君，名裯，在位三十二年，昭為諡號。魯國是周公的後裔，吳國是太王——文王祖父長子泰伯的後裔，都姓姬。依照當時的禮法，「取妻不取同姓」（見禮記・曲禮上篇、坊記篇），而孔子當時以知禮聞名，陳司敗對昭公取同姓的事有所疑惑，因此特別就這件事情向他請教。❸左傳・僖公元年說：「諱國惡，禮也。」禮記・坊記篇也說：「善則稱君，過則稱己，則民作忠；善則稱親，過則稱己，則民作孝——是君、親之惡，務於欲掩之，是故聖賢作法，通有諱例。」因此孔子回答陳司敗說昭公知禮，是做臣子的道義。❹揖，雙手抱拳舉在胸前，是古人行禮時常用的手勢——又見八佾篇07、鄉黨篇03。巫馬期，孔子的學生，複姓巫馬，名施，字子期；魯國人，小孔子三十歲。進，使役動詞；之，指巫馬期。❺黨，和立場或利害相同的人結合在一起，引申有偏袒之意。孔子說：「君子矜而不爭，群而不黨。」（見衛靈公篇21）陳司敗質疑的話中，第一個「君子」為泛稱，第二個「君子」暗指孔子。❻取，「娶」的初文。吳孟子，指昭公夫人。春秋時代，國君夫人的稱號，通常以她所嫁國君的稱號冠上她娘家的姓氏——例如鄭武公的夫人來自姜姓的申國，所以叫武姜（見左傳・隱公元年）；晉文公的夫人為秦穆公之女，所以叫文嬴（見左傳・僖公三十三年）。因此，昭公夫人本來應稱作昭姬的；但是為了避「取妻不取同姓」之諱，而改稱吳孟子，好比現在稱吳家大小姐，以掩人耳目。❼「君而知禮」的「而」字，和為政篇22「人而無信」、述而篇11「富而可求也」的「而」字用法相同，意思是如果。❽以告，「以此告之」的省言。❾苟，假設語氣詞，相當於白話的「假使」、「如果」。子貢說：「君子之過也，如日月之食焉——過也，人皆見之；更也，人皆仰之。」（見子張篇21）當孔子聽了巫馬期轉告陳司敗的話後，坦然承認自己的過錯，不僅是「善則稱君，過則稱己」的表現；而且慶幸人家曉得自己的過失，更是君子心胸坦蕩的典範。

31子與人歌而善❶，必使反之❷，而後和之❸。

譯　先生稱讚人家歌唱得好，一定會促請他從頭再唱，然後一句一句跟著學唱。

解　❶與，「譽」的初文，讚許之意。❷使，授意、促請之意；下面省略了作稱代詞用的「其」字。反，「返」的初文，回到歌曲的開頭，也就是從頭再唱之意。❸和，音「賀」，應聲之意，在這裡是指別人唱一句，自己跟著唱一句，為學唱的方式。樂為六藝之一，孔子說：「移風易俗，莫善於樂。」（見孝經）因此，他在音樂方面也有很深的造詣，不但用來傳授學生，自己平日也時常以此自娛——例如憲問篇42記他「擊磬於衛」，陽貨篇20記他「取瑟而歌」，本篇第九章記他「於是日哭則不歌」。本章記他聽人唱歌，覺得不錯，一定會請對方再唱一遍，自己也跟著學唱，除了表現平易近人、和藹可親的長者風範外，也有「與（助）人為善」的用意，使人在無形中受到莫大的鼓舞，真不愧是春風化雨的良師和經營人際關係的高手！

32子曰：「文莫❶，吾猶人也❷；躬行君子，則吾未之有得❸。」

譯　先生說：「做事盡心盡力，我還比得上別人；至於親身實踐君子的道理，那我可就沒能做到了。」

解　❶文莫，「忞慔（音「民墨」）」的初文。說文：「忞，彊也。」又：「慔，勉也。」可知「文莫」有勉強、努力之意。（說本劉寶楠論語正義）其他古籍與後世大都通作「黽勉」——例如詩經・邶風・谷風篇：「黽勉求之。」同書小雅・十月之交篇：「黽勉從事。」❷世上勤勉的人很多，所以說：「文莫，吾猶人也。」❸躬行，意思是親身體驗並且實地去做。有的人勤勉，是為了追求名利，孔子則致力修養品德；有的人容易驕矜自滿，孔子則自強不息。他說：「君子道者三，我無能焉：仁者不憂、知者不惑、勇者不懼。」（見憲問篇30）又說：「君子之道四，丘未能一焉：所求乎子以事父，未能也；所求乎臣以事君，未能也；所求乎弟以事兄，未能也；所求乎朋友先施之，未能也。」（見中庸）其實孔子三歲時父親便去世了，根本沒有機會盡孝；他這麼說的用意，或許是為了讓學生明白：「聖」、「仁」、「君子」這些都是虛名，無妨視為畢生努力以赴的目標，躬行實踐，持之以恆；否則容易沽名釣譽，成為「色取仁而行違，居之不疑」的偽君子。老子說：「天下皆知美之為美，斯惡也；皆知善之為善，斯不善也。」何況做人是一輩子的事，君子著重的是過程，而非結果，因此能以平常心為所當為，並且不斷地反省、改過。在孔子的學生當中，要數大智若愚、擇善固執、不貳過的顏淵最能領略及效法他的精神了。

33 子曰：「若聖與仁❶，則吾豈敢❷？抑為之不厭，誨人不倦❸，則可謂云爾已矣❹！」公西華曰：「正唯弟子不能學也❺！」

譯 先生說：「若是聖人和仁者，那我怎麼敢當？我只不過照著他們的榜樣去做而不自滿，並且拿來教誨別人而不倦怠，就只能說是這樣罷了！」公西華說：「這正是弟子們學不來的啊！」

解 ❶聖，指學識淵博、智慧高超、一言一行都可做天下表率的人（參閱中庸）。仁，指品德優良、善於經營人際關係的君子（參閱附錄七釋仁）。❷「豈敢」後面省略了「當」字。孔子生前，已有人推崇他是聖人；不過，以他的標準，只有人格完美無瑕、澤及天下民眾的帝王，才夠資格被稱為聖人（參閱雍也篇28）；他又自謙未能善盡「所求乎子以事父」、「所求乎臣以事君」、「所求乎弟以事兄」、「所求乎朋友先施之」等四項「君子之道」（見中庸），所以不敢承當聖人和仁者的讚譽。❸抑，轉折詞，相當於白話說「只不過」。之，代「聖與仁」，指他們的榜樣；為之，意思是照著榜樣去做。厭，參閱本篇第二章「學而不厭」句解說。❹云，語助詞；爾，如此；已矣，句末語氣詞，相當於白話的「罷了」。❺孟子．公孫丑上篇記載：「子貢問於孔子曰：『夫子聖矣乎？』

孔子曰：『聖則吾不能，我學不厭而教不倦也。』子貢曰：『學不厭，智也；教不倦，仁也——仁且智，夫子既聖矣！』」

34子疾病❶，子路請禱❷。子曰：「有諸❸？」子路對曰：「有之！誄曰：『禱爾於上下神祇❹。』」子曰：「丘之禱久矣❺！」

譯 先生病情嚴重，子路請求代向神明祈禱，先生說：「有這樣的事嗎？」子路回答說：「有的！祈禱文中說：『為你向天地神明祈禱。』」先生說：「我孔丘祈禱的時間很久了！」

解 ❶「疾」、「病」合用，可見病勢嚴重。❷禱，祈求神明庇佑病人早日康復之意。❸「諸」為「之乎」兩字的合音，「之」代向鬼神祈禱這件事，「乎」為句末疑問詞。❹誄，讀「累」的上聲，向鬼神祈禱之意；「禱爾於上下神祇」應為當時祈禱文中的常用語句。爾，你；上下，指天地；神祇，分開來說，天上的叫「神」，地下的叫「祇」，「神祇」可視為統稱。❺孔子是一位務實的智者，他說：「務民之義，敬鬼神而遠之，可謂知矣！」（見雍也篇20）因此從不迷信鬼神；至於說「丘之禱久矣」，只是他阻止子路代禱的託辭，未必真有自己禱告已久的事實。八佾篇13記他回應王孫賈詢問「與其媚於奧，寧媚於竈，何謂也」時說：「獲罪於天，無所禱也。」也是同樣的態度。

35子曰：「奢則不孫❶，儉則固❷；與其不孫也，寧固❸。」

譯 先生說：「奢侈就會不謙卑而流於高傲，節儉就會覺得綁手綁腳、揮撒不開；如果是不謙卑而流於高傲，寧可覺得綁手綁腳、揮撒不開還好些。」

解 ❶奢，鋪張、浪費之意。孫，「遜」的初文，謙卑之意。❷儉，節省、吝嗇之意。固，意思是閉塞、緊繃、揮撒不開。❸與其……寧……，比較補詞的關係詞，參閱八佾篇04解說，該章記孔子的話說：

「禮，與其奢也，寧儉。」本章則進一步說明奢侈和節儉的壞處分別是不遜和緊繃。緊繃的感覺雖然不舒服，但是人的慾望無窮，若不懂得節制，揮霍無度的結果，將會使人變得愈來愈高傲、愈來愈孤獨；兩害相權取其輕，所以說：「與其不孫也，寧固。」

36 子曰：「君子坦蕩蕩❶，小人長戚戚❷。」

譯 先生說：「君子的心地總是平坦開闊，小人的內心永遠都充滿著憂慮。」

解 ❶坦，地勢平坦，形容心氣平和的樣子；蕩蕩，水域寬廣，比喻心胸開闊的樣子。❷長，長久；戚戚，憂愁的樣子。君子無我無求，所以能夠知足知命，不怨天，不尤人，始終心廣體胖；小人自私自利，所以容易患得患失，提不起，放不下，總是愁眉苦臉。

37 子溫而厲❶，威而不猛❷，恭而安❸。

譯 先生給人的印象是溫和卻又嚴肅，令人敬畏卻不兇暴，謙恭卻又穩重。

解 ❶溫，性情溫和的樣子；厲，態度嚴肅的樣子——溫而厲，相當於現在形容一個人「柔中帶剛」、「外圓內方」。❷威，令人敬畏、不可冒犯的樣子；猛，強而有力之意，形容個性情強悍、脾氣兇暴。孔子說：「君子正其衣冠，尊其瞻視，儼然人望而畏之，斯不亦威而不猛乎？」（見堯曰篇02）❸安，平靜、穩定之意。恭而安，意謂雖然待人謙恭，但是立場堅定——謙恭是因懂得尊重而非巧言令色、刻意討好，堅定是因持守原則而非立場游移、見風轉舵。君子平日勤於充實自我，心智十分成熟，能夠自愛、自重與自信，也懂得包容、尊重和信任；與人無所爭，但也有自己堅守的立場和原則。因此，人格高尚，不隨流俗，自然表現出陰陽調和、剛柔相濟的雍容氣質。子夏說：「君子有三變：望之儼然，即之也溫，聽其言也厲。」（見子張篇09）可與本章互相參閱。

泰伯篇第八

01 子曰：「泰伯其可謂至德也已矣❶！三以天下讓❷，民無得而稱焉❸。」

譯 先生說：「泰伯或許可以說修養到最高境界了吧！三次把天下讓出，民眾卻無從稱讚他。」

解 ❶泰伯，古書中也有稱「太伯」的，是周太王（名古公亶父──亶父音「談甫」），商朝諸侯，成王時追諡太王）的長子。太王有三個兒子──泰伯、仲雍、季歷。相傳太王見季歷的兒子──文王姬昌賢能，曾預言：「我世當有興者，其在昌乎！」泰伯明白父親的心意，於是偕同仲雍一起出走到現在的江蘇省‧吳縣，並且學當地人斷髮紋身，以示不再回去的決心。泰伯自號「句吳（句音「鉤」）」，成為吳的開國者。後來太王傳位給季歷，再傳姬昌，昌致力收攬人心，逐漸擴張勢力，三分天下而有其二；到兒子姬發時，果然消滅殷紂王而建立了周朝。其，揣測語氣詞；用揣測而不是武斷的語氣發表評論，顯示孔子謙虛的態度。至德，意思是道德修養好到了極點。❷三以天下讓，邢昺論語疏引鄭玄注：「太王疾，太伯因（於是）適（前往）吳、越採藥，太王歿而不返，季歷為喪主，一讓也；季歷赴（通「訃」）之，不來奔喪，二讓也；免喪之後，遂斷髮文身，三讓也。」按太伯讓位時，天下並不屬於周，文王是武王滅殷做了天子以後才追尊的名號，生前叫西伯，還是隸屬於殷王的諸侯；孔子說他以「天下」讓，是用後人追述歷史的方式。❸無得而稱，若按鄭玄所言，泰伯本可名正言順地繼承君位，他三讓的作法，完全是為了讓父親的願望得以實現；然而他對父喪始終不聞不問，似乎又違背了倫理道德，以致世人不知該如何稱讚他。求仁得仁卻不在乎世俗的毀譽，更顯示人格的偉大，因此孔子才會對他推崇備至。焉，代名詞，用法同「之」。

02子曰：「恭而無禮則勞❶，慎而無禮則葸❷，勇而無禮則亂，直而無禮則絞❸。君子篤於親❹，則民興於仁❺；故舊不遺❻，則民不偷❼。」

譯先生說：「謙恭卻沒有禮的節制，就會流於勞累；謹慎卻沒有禮的節制，就會變成怯懦；勇敢卻沒有禮的節制，就會擾亂秩序；直率卻沒有禮的節制，就會使人我關係緊繃。統治者好好地對待親人，那麼民眾就會喜歡倫理道德；統治者不遺棄老朋友，那麼民眾就不會待人刻薄。」

解❶本章的四個「禮」字，和學而篇12「知和而和，不以禮節之，亦不可行也」的「禮」字相同，指的是禮教中的理性。禮教的精神，不外乎情、理，除了規範、指導的作用外，還有節制、調和的作用。謙恭若太過度而不加節制，就會使人感覺疲憊。同樣的，謹慎、勇敢、直率的表現，假使沒有理性的節制，也會造成一些負面的結果，所以說：「過猶不及。」（語見先進篇15）❷葸，怯懦之意。❸絞，從糸、交聲，形聲而兼會意——兩繩相交，愈扭愈緊，因此有急切、緊迫之意。❹君子，指在位者。篤，意思是厚重；在這裡當動詞用，有好好對待之意。中庸說：「仁者，人也，親親為大。」上一個「親」為動詞，下一個「親」為名詞，「親親」也就是「篤於親」的意思。❺興，和禮記・學記篇「不興其藝，不能樂學」的「興」字，都是「嬹」（音「幸」）的初文，喜悅之意（參閱說文・女部、廣雅・釋詁一）。現行白話「興奮」一詞，形容高興得情緒亢奮，可知「興」字應是「嬹」的初文。今閩南語也仍有「嬹」字的音、義——例如說「足嬹」，就是極為喜愛的意思。興於仁，意謂樂於擁有和諧的人際關係而喜歡倫理道德。❻故、舊意思相同，兩字構成聯合式合義複詞，指交往多年的老朋友。遺，離棄之意。❼偷，刻薄之意。「君子篤於親」以下說的是統治者以身作則在政治上的效應。由於在位者是眾所矚目的對象，他的言行舉止對民眾往往會造成很大的影響，孔子說：「君子之德風，小人之德草；草，上之風，必偃。」（見顏淵篇19）孟子也說：「上有好者，下必有甚焉者矣！」（見孟子‧滕文公上篇）因此儒家特別重視從政者的品德修養。

03 曾子有疾❶，召門弟子❷，曰：「啟予足，啟予手❸。詩云❹：『戰戰兢兢❺，如臨深淵❻、如履薄冰❼。』而今而後❽，吾知免夫❾！小子！」

譯 曾先生患了重病，於是把幾個親密的弟子召喚到面前，對他們說：「你們看看我的腳，看看我的手。詩經說：『內心恐懼戒慎，就好像走近深水岸邊，也好像踩在薄冰層上一樣。』從今以後，我曉得總算可以解脫了吧！孩子們！」

解 ❶疾，病情危急之意。❷門弟子，又叫「門人」、「門生」、「及門弟子」、「入室弟子」，指關係密切、隨侍左右的優秀學生。❸啟，通「䁅」，省視也（見說文‧目部）。雙足和雙手其實代表的是全身。孝經說：「身體髮膚，受之父母，不敢毀傷，孝之始也。」曾子要門下的學生看看自己的身體毫髮無傷，一方面覺得很欣慰，一方面藉此提醒學生們要愛惜身體，以盡孝道。❹所引詩句見詩經‧小雅‧小旻篇。❺戰戰，通「顫顫」，恐懼發抖的樣子；兢兢，小心謹慎的樣子。❻「臨」是從上往下看的意思，岸邊高於水面，所以走近岸邊也可說「臨」。淵，意思是深水。❼履，意思是鞋子，當動詞用，有踐踏之意。❽而今而後，簡單地說就是今後，兩個「而」都是襯字。❾免，指免除上述那種戰戰兢兢的感覺；夫，音「扶」，句末語氣詞，相當於白話的「吧」。

按 本章和下章記載曾子臨終時的遺言，另外收錄了三章他的談話，也都稱「曾子曰」，可知論語在孔門弟子編纂成書之後，還有後人加入的篇幅，其中一部份當出於曾子學生之手。

04 曾子有疾，孟敬子問之❶，曾子言曰：「鳥之將死，其鳴也哀；人之將死，其言也善❷。君子所貴乎道者三❸——動容貌，斯遠暴慢矣❹！正顏色，斯近信矣❺！出辭氣，斯遠鄙倍矣❻！籩豆之事，則有司存❼。」

譯曾先生患了重病，孟敬子前去慰問他，曾先生說道：「鳥在快死的時候，它的叫聲是哀悽的；人在快死的時候，他的語意是善良的。執政者看重禮教的地方，在它的三點功能——舉手投足之間，就會避免粗暴、傲慢的不良習慣啦！表情、態度端莊，就會大致給人真誠可靠的觀感啦！言辭談吐方面，就不至於顯得粗俗、不堪入耳啦！至於準備行禮所用籩豆等器物的事，自然就有主管單位的人員在負責安排。」

解❶孟敬子，魯國大夫仲孫捷，敬為諡號。問，意思是探視、慰問病患。❷「鳥將死」和「人將死」本來都是敘事句，加上「之」字後就變成組合式詞結，當時間副詞用。❸君子，指在位的統治者；所，代名詞，通常放在動詞前面，在這裡代表「道」的功能、價值；貴，動詞，有珍視、看重之意；道，指禮儀、禮教（參閱附錄二釋道）。中庸說：「率性之謂道，修道之謂教。」孟敬子為家族之長，位高權重，所以曾子趁他來探病時，誠懇地提出建言，首先拿「鳥之將死，其鳴也哀；人之將死，其言也善」來比喻自己臨終之言的真誠、可貴，懇切希望孟敬子今後執政，務必著重禮教的無形功能；至於行禮時所用的有形器物，不妨授權給主管官員去負責處理就行了。禮記・冠義篇說：「禮義之始，在於正容體、齊（齋、誠敬）顏色、順辭令；容體正，顏色齊，辭令順，而後禮義備。」可知禮的精神，表現在動作、態度、言語三方面，和曾子說的大略相當。❹動容貌，指肢體動作的表現。斯，用法同「則」，相當於白話的「就」；遠，和學而篇13「恭近於禮，遠恥辱也」的「遠」字一樣，都是動詞，有脫離、避免之意；「暴」的意思是粗暴、兇惡，「慢」的意思是不屑於理睬別人。❺正，端莊、優雅之意；顏色，指表情、態度。近，和學而篇13「信近於義」、「恭近於禮」的「近」字用法相同，有差不多、大致如此的意思；信，真誠之意。❻出辭氣，意思是說話、談吐。鄙，內容粗俗、下流之意；倍，通「悖」，意思是違背情理、不堪入耳。❼籩豆之事，指行禮時所用的有形器物。籩，音「邊」，竹編器皿，形狀像豆，用來裝果實之類的乾燥祭品。豆，本為木製器皿，祭祀時通常用來盛裝流體的食物。由於被借用為古音相同的「菽」，後來才又造了「梪」字，作為區別。甲骨文作，金文作、，上象器蓋，中象容體，下象腳、座之形。有司，指掌管某些特定事務的官吏——如「出納之吝，謂之有司」（見堯曰篇02），指的是管理財務的官吏，在本章則指主管禮儀的官吏。存，與「在」同意；「籩豆之事則有司存」的意思是說：行禮時所用籩豆這些器物，自有主管官員在負責打理，執政者大可不用操心。

05 曾子曰：「以能問於不能❶，以多問於寡❷，有若無，實若虛❸，犯而不校❹——昔者吾友嘗從事於斯矣❺！」

譯 曾先生說：「由能力強的一方去向能力弱的他方請教，由見識多的一方去向見識少的他方請教，真有卻表現得好像沒有，充實卻表現得好像空虛，受到欺侮卻不對抗——從前我的一位同學早就在這些方面下過功夫啦！」

解 ❶「以能問於不能」以下五句的主詞都省略了。「以」字有用的意思——例如「以寡擊眾」就是用較少的兵力去攻擊較多的兵力。左傳・僖公二十六年說：「凡師能左右之曰以。」因此「以」字也可引申為指使的意思，自己指使自己去做某件事，當然是出於本身的意願。「於」為處所補詞的關係詞，相當於白話的「向」。「不能」和「能」的後面都省略了「者」字，「不能」是問的對象；不能不是不會，而是能力不強，所以「問於不能」就是向能力較弱的人請教之意。❷多、寡，指知識、經驗、見聞而言。❸若，意思是好像、如同。❹犯，在這裡是被動式，意思是受到侵犯或欺侮；校，讀為「較」，史記・春申君列傳「足以校於秦」的「校」字用法相同，有對抗之意。孟子著重自省，視妄人的橫逆對待為沒有理性的獸行，而不加責難（見孟子‧離婁下篇），也屬相同的涵養。

❺吾友，我的同學——指顏淵；曾子說話時，顏淵已死，所以說「昔者吾友」。嘗，意思是曾經。從事，在某項事物上出力之意。斯，這些——指「以能問於不能」等五件事。論語記載孔子對顏淵的稱讚，主要為安貧樂道、好學篤行、擇善固執、知過能改、用行捨藏等；至於同學對他的讚語，除了子貢的「聞一以知十」（見公冶長篇10）外，還有本章所記曾子指出的謙虛、寬容等美德。孟子認為顏淵具備了孔子所有的長處，只是格局較小而已（參閱孟子‧公孫丑上篇），應是非常中肯的評論。

06 曾子曰：「可以託六尺之孤❶，可以寄百里之命❷，臨大節而不可奪也❸——君子人與？君子人也❹！」

譯 曾先生說：「可以接受先君囑託輔佐年幼的太子，可以承擔先君所交付治理領地的任務，即使遇到重大關頭，也不肯遺棄先君所交代的事情——這樣的人是個君子嗎？的確是個君子啊！」

解 ❶託，誠懇地請求別人代為處理事情之意；就本章的君子來說，託為被動式。六尺，大約相當於後代的四尺多（一百四、五十公分），這裡指身高而言；孤，指喪父之人——六尺之孤，意思是君父去世的幼主。❷寄，意思和「託」相同。百里之命，指先君所交付代為治理領地的任務。孟子說：「公侯皆方百里。」（見孟子‧萬章下篇）命，命令，這裡做名詞用，指先君的遺囑。❸臨，面對、遭遇之意。大節，指情勢可能發生重大變化的關鍵時刻。可，意思是肯、願意；奪，失去之意，指放棄先君生前所託付的任務。❹與，「歟」的初文，句末疑問詞，相當於白話的「嗎」。「君子人與？君子人也！」係自問自答，意謂能做到上述事項的人，可說是位有為有守的君子了。

07曾子曰：「士不可以不弘毅❶，任重而道遠❷——仁以為己任，不亦重乎❸？死而後已，不亦遠乎❹？」

譯 曾先生說：「身為知識分子，不可以不心胸開闊、意志堅定，因為他肩挑重擔，而且必須行走漫長的路程——把建立倫理社會看作自己該挑的擔子，這副擔子不是相當沉重嗎？重擔一直要挑到死亡為止，這條道路不是相當長遠嗎？」

解 ❶士，指有學問、有操守、有才能、有抱負的知識份子。弘，心胸開闊之意；毅，意志堅定之意。❷任，「壬」的後起字，初文在卜辭作工；為別於工匠的工（見衛靈公篇09），金文在直劃中間加圓點作工，篆體圓點照例變成橫劃而作壬（參閱附錄四釋直第二段）。「壬」在六書中屬指事，上、下兩橫劃為指事符號，表示截取一段竹、木以供肩挑重物之用；本義為扁擔，也可指所擔之物，或表示承擔之意。由於被借為天干之名，因此後來加上形符——人，以保留本義，且與假借義區隔。❸仁以為己任，「以仁為己任」的倒裝句。❹已，停止，卸下重擔之意。孔子的中心思想是「仁」，而「仁」的本義為和諧的人際關係。他畢生努力的目標，就是用政治的力量推行禮教，以建立「君君、臣臣、父父、子子」（答齊景公問政語，見顏淵篇11）的倫理社會；晚年全心致力於教育工作，也是為了薪傳這一理念。因此，他曾經回應勸他為政的人說：「書云孝乎！惟孝友于兄弟，施於有政，是亦為政——奚其為為政？」（見為政篇21）可知他說：「如有王者，必世而後仁。」（見子路篇12）其中的「仁」和本章「仁以為己任」的「仁」，都是指營造人際關係和諧的社會風氣，也就是建立講究倫理的社會。孔子認為：即使賢明的帝王在位，也需三十年才能見效——可見這一項任務多麼艱鉅，所以曾子才會說有志之士「任重道遠」而「不可以不弘毅」。

08子曰：「興於詩❶，立於禮❷，成於樂❸。」

譯先生說：「人的情思由於詩歌的感動而激發，人的性格由於禮教的陶冶而穩定，人的氣質由於音樂的培養而形成。」

解❶興，引發、激起之意。孔子說：「詩，可以興。」（見陽貨篇09）又說：「詩三百，一言以蔽之，曰『思無邪』。」（見為政篇02）詩歌為作者心有所感、真情流露的篇章，因此最能打動人心，引起共鳴。❷立，本義為站立，引申有成就、確定之意——例如中庸說：「凡事豫（預、準備）則立（成功），不豫則廢（失敗）。」禮教有規範的作用，可將人們的視、聽、言、動導入正途。常言道：「習慣成自然。」長期受禮教的薰陶，人們的觀念、態度、言行、舉止、性格等，都會趨於成熟而穩定。❸成，意思是完成、形成。音樂可以淨化心靈、培養優雅的氣質。藉由詩、禮、樂教的潛移默化，一個人具備真、善、美的內涵，感性和理性調和，才能成為文質彬彬的君子。

09子曰：「民可使由之❶，不可使知之❷。」

譯先生說：「對一般民眾，可使他們照著規定去做，卻無法使他們明白其中的道理。」

解❶民，金文作〔金文字形〕，從毋（通「無」）、從氏省會意，以示古代被統治者都是沒有姓氏的人（說詳先師魯公文字析義・釋民）。在西周以前，僅諸侯或王朝官員才有姓氏，一般農、工、商賈都沒有姓氏，也無從接受學校教育。因此，論語裡的「民」、「民人」或「庶人」，大都指身分卑微、愚昧無知的社會大眾。在文法上，「民」是動詞「使」的外位止詞（參閱為政篇06附註），「使」字後面省略了稱代「民」的「其」或「之」。「可」的用法和公冶長篇08「由也，千乘之國，可使治其賦也」的「可」相同，有做得到之意。由，遵循之意。句末的「之」為語助詞，用來補足說話的語氣。由於民眾的卑微與馴良，統治者只要為政以德，就可輕易指使他們按照規定去做，所以說「可使由之」。❷不可，用法和微子篇05「往者不可諫」的「不可」相同，有行不通之意。由於民眾大多愚昧無知，在位者往往無法讓他們明白為什麼要那樣做的道理，所以說「不可使知之」。本章的「可」、「不可」，都只用來表明事實，而沒有是否應該或許可的意思。

10子曰：「好勇疾貧，亂也❶；人而不仁，疾之已甚，亂也❷。」

【譯】先生說：「喜好逞強而厭惡貧窮，會出亂子的；別人若品行不好，對他痛恨得太過分，也會出亂子的。」

【解】❶疾，痛恨、嫌惡之意。人之常情，大多嫌貧愛富；貧窮的人若沒膽量，頂多怨天尤人而已，還不至於作奸犯科；怕的是既不安於貧苦的生活，又好逞血氣之勇，那就很可能胡作非為了，所以孔子說：「小人窮斯濫矣！」（見衛靈公篇01）又說：「小人有勇而無義為盜。」（見陽貨篇23）❷「人而不仁」的「而」，用法和「人而無信」、「富而可求也」的「而」相同，都是假設的語氣詞。「疾之已甚」的「之」，指不仁的人；「已」也有甚的意思，「已甚」就是太過分。除非是喪心病狂、十惡不赦的人，否則一般人多少都有羞恥心。品行不好的小人習於掩飾自己的過錯，可見他們其實也曉得自己不該那樣的，只是缺乏認錯、改過的勇氣而已。如果有人嫉惡如仇，絲毫不留情面給他們，他們就有可能老羞成怒、失去理性，而鑄成更大的錯誤。孟子・離婁下篇說：「仲尼不為已甚者。」俗話也說：「得饒人處且饒人。」都是相當明智的經驗之談。

11子曰：「如有周公之才之美❶，使驕且吝❷，其餘不足觀也已❸。」

【譯】先生說：「如果擁有像周公那麼美好的才華，又假使他卻驕傲或吝嗇，那麼其他方面也就不值一看了。」

解❶「才」為名詞，「美」為形容詞；周公之才之美，等於說周公之美才。❷使，假設。且，或也（見王引之經傳釋詞）。❸一個政治人物的教養比才能重要，孟子說：「不仁而在高位，是播其惡於眾也。」（見孟子・離婁上篇）驕矜和鄙吝之間其實有很密切的關聯，無非是器量狹小的兩種表現，不只在金錢上跟人家斤斤計較，也不願意稱讚別人的長處或寬容別人的過錯，除了會妨礙自己的成長外，也容易造成人際關係的疏離；即使這個人有再美好的才華，也難以贏得他人的好感。荀子・不苟篇說：「君子能亦好，不能亦好；小人能亦醜，不能亦醜。君子能則寬容易（平易、溫和）直以開道人，不能則恭敬繜絀（謙卑）以畏事人。小人能則倨傲（高傲）僻違（反常）以驕溢人，不能則妬嫉怨誹以傾覆人。故曰：君子能則人榮學焉，不能則人樂告之；小人能則人賤學焉（以向他請教為下賤），不能則人羞告之（以教他為可恥）。」可見器量狹小的害處十分嚴重，然而人們往往不易察覺，所以孔子特別加以強調，並且經常教導學生要懂得謙卑、禮讓。

12子曰：「三年學，不至於穀❶，不易得也❷。」

譯先生說：「讀了三年書，心念卻不在俸祿，這樣的人是不容易找到的。」

解❶「三年學，不至於穀」下面省略了「之人」兩字，作為動詞「得」的外位止詞。「至」字費解，朱熹集注說：「至，疑當作『志』。」極有見地，值得信從。志，心所嚮往之意；穀，指官員的薪俸。❷得，和雍也篇12「女得人焉爾乎」的「得」，都是尋找而有所獲的意思。孔子說：「古之學者為己，今之學者為人。」（見憲問篇25）荀子・勸學篇引述了這兩句話後，又說：「君子之學，以美其身；小人之學，以為禽犢（求見尊貴者的禮物）。」說明讀書的主要目的，在充實自我，並非為了向人炫耀或取悅於人；而俗話說的「書中自有黃金屋」、「書中自有千鍾粟」，都是偏差的讀書心態。因此，「三年學，不志於穀」的人，更顯得難能而可貴。至於孔子說：「學也，祿在其中矣！耕也，餒在其中矣！」那是說明「君子謀道不謀食、憂道不憂貧」的理由（見衛靈公篇31）；參照他答覆樊遲請學稼時說的：「上好禮，則民莫敢不敬；上好義，則民莫敢不服；上好信，則民莫敢不用情──夫如是，則四方之民襁負其子而至矣，焉用稼？」（見子路篇04）可知君子求學的目的，除了充實自我之外，也希望有報效國家的致用機會，所以說「學而優則仕」、「君子之仕也，行其義也」（見子張篇13、微子篇07）。

13 子曰：「篤信❶，好學❷，守死❸，善道❹。危邦不入，亂邦不居。天下有道則見，無道則隱❺。邦有道，貧且賤焉，恥也；邦無道，富且貴焉，恥也❻。」

譯 先生說：「堅持誠信原則，愛好閱讀典籍，維護生命價值，讚美禮樂教化。不進入危險的邦國，不居住動亂的邦國。天下若政治體制能夠正常運作，就出來從政；若政治體制不能正常運作，便退隱在家。若邦國政治體制能夠正常運作，卻貧窮而且微賤，這是可恥的；若邦國政治體制不能正常運作，卻富裕而且顯貴，這也是可恥的。」

解 ❶篤，厚重、堅實之意，在這裡當動詞用，意思是固執、堅持；「篤信」的意思就是堅持誠信原則。因為誠信是做人的核心價值；言而無信，人格便有重大瑕疵，所以孔子說：「信則人任焉。」（見陽貨篇06）又說：「人而無信，不知其可也。」（見為政篇22）❷博學多聞，眼界開闊，智慧在無形中得以增進，心靈才會不斷地成長，所以孔子說：「好學近乎知」、「知者不惑」（見中庸、子罕篇28）。❸守死，把守死亡的關卡，也就是愛惜生命之意。孟子・離婁下篇說：「可以死，可以無死；死，傷勇。」同書盡心上篇說：「知命者（對生命意義有深刻認知的人）不立乎巖牆之下（不會讓自己處在危險的境地）。盡其道而死（走完人生道路而自然死亡）者，正命也（這是生命的正確取向）；桎梏死（在身心不由自主的情況下死亡）者，非正命也。」俗話也說：「死有重於泰山，有輕於鴻毛。」身為知識份子，應當明白生命的意義，認清生死的分際，避免死於非命，期能在有生之年，立身行道，揚名於後世；否則「若匹夫匹婦之為諒也，自經於溝瀆而莫之知」（見憲問篇18），除了使親痛仇快之外，毫無意義，實不可取。❹善，這裡用作動詞——認為很好，有肯定、讚美之意。道，指禮樂的教化（參閱附錄二釋道）。八佾篇17記載：「子貢欲去告朔之餼羊，子曰：『賜也，爾愛其羊，我愛其禮。』」陽貨篇04記載：「子之武城，聞弦歌之聲，夫子莞爾而笑曰：『割雞焉用牛刀？』子游對曰：『昔者偃也聞諸夫子曰：「君子學道則愛人，小人學道則易使也。」』」就是孔子師徒善道的表現。❺天下和邦在這裡屬修辭格裡的「互言」——也就是說：「見」或「隱」的前提可以是「邦有道」或「邦無道」，而「天下有道，貧且賤焉」和「天下無道，富且貴焉」也同樣是可恥的。至於「有道」、「無道」的意思，則指政治體制能否正常運作、社會安定或動亂而言（參閱附錄二釋道）。見，「現」的初文，意思是出來從政、做官；隱，退出政壇之意。衛靈公篇06記孔子稱讚蘧伯玉「邦有道則仕，邦無道則可卷而懷之」，「見」和「仕」、「隱」和「卷而懷之」的意思相當。❻邦有道時，只要有才能，就可以出人頭地；若還過著貧賤的生活，顯示本身不學無術，可說是讀書人的恥辱。邦無道時，正人君子總是受到壓制與排斥；若反而既富且貴，一定是逢迎、諂媚所致，人格卑鄙，當然也很可恥。

14子曰：「不在其位❶，不謀其政❷。」

譯 先生說：「既然不在那個職位上，就不要謀慮那個職位所主管的事務。」

解 ❶位，指官職。國家設立種種官職，都各有它的權限和職責，理當由擔任那個官職的人在職權範圍內，思考處理問題的辦法。❷謀，意思是籌劃、想辦法。政，指處理事務的方案。凡是不在那個職位的人，若去侵犯在位者的職權，將造成對方的困擾；萬一出了什麼差錯，責任也不容易釐清，所以「不在其位，不謀其政」是符合政治學原理的說法。

15子曰：「師摯之始❶，關雎之亂❷，洋洋乎盈耳哉❸！」

譯　先生說：「從太師摯率團登堂歌唱開始，到最後和眾樂師聯合唱、奏關雎組曲為止，整場音樂會的演出，可說聲情洋溢，真是令人大飽耳福啊！」

解　❶師，「太師」的簡稱，為魯國樂官長；摯，人名；始，指音樂會的開場。古代官方舉行宴會時，都有音樂（包括聲樂和器樂）助興，所有樂章的曲目都從詩經裡面選取、組合。大凡一場音樂表演，通常先由太師率團登堂歌唱拉開序幕，最後由所有歌者與樂師聯合演出，以結束盛會（說詳按語）。❷亂，和「予有亂臣十人」（語見本篇20）的「亂」字，意思都是治理、整理；由此引申，樂章的結尾也稱為「亂」（例如屈原離騷篇尾的「亂曰」），好比議論文的結語。關雎之亂，由所有樂官聯合表演詩經‧周南的關雎、葛覃、卷耳及詩經‧召南的鵲巢、采蘩、采蘋等六篇收場。由於關雎是第一篇，所以拿它做代表。❸洋洋乎，同「洋洋然」，形容音樂聲情洋溢的樣子；盈耳，充滿耳中、大飽耳福的意思；哉，感歎詞，相當於白話的「啊」、「呀」。

按　詩經三百十一篇作品中，三百零五篇有文字，另外的南陔、白華、華黍、由庚、崇丘、由儀六篇，或許由於它們僅供笙師吹奏，所以沒有文字流傳下來。根據儀禮的鄉飲酒禮、鄉射禮、燕禮等篇，可知在饗宴中演出的樂章，分成四個節段——首先由瑟師在堂下伴奏，太師率領團員登堂合唱鹿鳴、四牡、皇皇者華三首詩篇；其次由笙師接替瑟師，吹奏南陔、白華、華黍三首笙曲；再其次為歌曲和笙曲，依歌曲魚麗、笙曲由庚、歌曲南有嘉魚、笙曲崇丘、歌曲南山有臺、笙曲由儀的次序，交替演唱或演奏；最後由堂上的合唱團與堂下的瑟師、笙師聯合唱、奏詩經‧周南的關雎、葛覃、卷耳及詩經・召南的鵲巢、采蘩、采蘋六首，以結束整場盛會。另由詩經・小雅・鹿鳴：「……我有嘉賓，鼓瑟吹笙；吹笙鼓簧（笙管中發聲的銅片），承（捧著）筐（內裝致贈嘉賓的禮物）是將（致贈）……我有嘉賓，鼓瑟鼓琴；鼓瑟鼓琴，和樂且湛（和樂到了極點）。我有旨酒（美酒），以燕（宴）樂嘉賓之心。」可以想見當時宴會中賓主盡歡的場面。

16子曰：「狂而不直❶，侗而不愿❷，悾悾而不信❸，吾不知之矣❹！」

譯先生說：「性格狂放卻心術不正，知識貧乏卻不守本分，思慮單純卻言行反覆，我實在不瞭解這樣的人啊！」

解❶孔子說：「狂者進取。」（見子路篇21）可知狂為進取心強烈、企圖心旺盛之意。積極進取的人若心性正直，成就必然可觀；但若心術不正，那麼可能造成的危害就令人擔憂了。（參閱陽貨篇08、16）❷侗，音「同」，從人、同聲，聲符「同」是「童」的假借，所以「侗」字當如莊子・山木篇「侗乎其無識」的「侗」，有幼稚、無知之意。愿，恭謹、順服的樣子。左傳・襄公三十一年記載：「子皮欲使尹何為邑，子產曰：『少，未知可否。』子皮曰：『愿，吾愛之，不吾叛也。』」大意是說：尹何雖然年輕，但是為人忠厚老實，不至於背叛主人，子皮非常喜歡，於是打算用他擔任邑宰。無知無識的幼兒是天真無邪、十分惹人憐愛的；可是成年人如果思想幼稚卻又不能謹守本分，便可能做出一些令人遺憾的傻事來。❸悾，從心、空聲；悾悾，意謂思慮單純、沒有心機。這樣的人理應是很好相處的朋友；但若言行反覆無常，便又另當別論。❹以上三種人都缺乏穩定性而令人無法預測，孔子說「不知之」，頗有無奈和不齒的語氣。

17子曰：「學如不及❶，猶恐失之❷。」

譯先生說：「讀書要像追趕不上前方人的腳步，還恐怕失落對方蹤跡似的。」

解❶學如不及，意謂學習新的知能，好像跟不上前人的腳步，應該奮力追趕。由於知識的領域太廣，新的事物又不斷發明出來，所以禮記‧學記篇說：「學然後知不足……知不足然後能自反也。」否則驕矜自滿，將妨礙自己的進步和成長。❷失，丟掉、遺忘之意。猶恐失之，意謂在努力學習新知的同時，還要不斷溫習、熟練已經具備的知能；否則過一段時間後，恐怕原本已經學會的，也將漸漸生疏、遺忘。孔子說：「溫故而知新。」（見為政篇11）子夏說：「日知其所亡，月無忘其所能。」（見子張篇05）都是相同的意思。

18子曰：「巍巍乎舜、禹之有天下也❶而不與焉❷！」

譯先生說：「舜、禹即使做了天子，卻不認為那是多麼快樂的事，人格真是太崇高了！」

解❶「巍巍乎舜、禹之有天下也而不與焉」為主語和謂語倒裝的表態繁句。巍巍乎，山勢高大的樣子，比喻人格的崇高、偉大；乎，參閱本篇第十五章「洋洋乎盈耳」句的解說。舜、禹，上古虞、夏兩代的帝王。舜本姓姚，名重華，為五帝之一。當初從事農耕，極為孝順，列民間流傳二十四孝的第一位。帝堯因兒子丹朱不肖，聽說舜很賢能，於是舉用他代理政務，天下果然太平，最後決定將帝位禪讓給他。舜建都蒲阪（今山西省‧永濟縣東南），國號有虞氏，在位四十八年，南巡時死在蒼梧。他因兒子商均不肖，便效法帝堯，將帝位禪讓給治水有功的大禹，傳為千古佳話。禹，本姓姒，名文命。堯時，各地常有水災，他父親鯀用堵塞法防治無效；舜時，他受命繼承父業，改用疏導法，歷時十三年，終於平定水患，受虞舜禪讓而擁有天下，建都於安邑（今山西省‧夏縣北方），史稱夏禹，在位八年，南巡時死在會稽。❷與，音「豫」，兩字都可通「悅」——後者如孟子‧公孫丑下篇：「夫子若有不豫色然。」意謂老師好像不太高興的樣子。本章記孔子推崇虞舜和夏禹志在為民興利除害，而不覺得做帝王是一件值得慶幸的事，顯示出大公無私的高尚人格。

19 子曰：「大哉堯之為君也❶！巍巍乎唯天為大，唯堯則之❷。蕩蕩乎民無能名焉❸，巍巍乎其有成功也❹，煥乎其有文章❺。」

譯 先生說：「帝堯這位統治者真是偉大啊！天的崇高是獨一無二的，世上只有帝堯比得上它。他的功德廣大到人民無法形容的地步，他成就的事業多麼偉大啊！他創造的典章制度多麼光明燦爛呀！」

解 ❶「大哉堯之為君也」，「堯之為君也大哉」的倒裝句。❷則，意思是法則、準則，這裡用作動詞，有比擬、效法之意；之，代表天。❸蕩蕩乎，水勢浩大的樣子，比喻功德之廣大。名，動詞，描述、形容之意。焉，用法同「之」，代表堯。❹成功，意思是成就的事業。❺煥乎，光明的樣子，形容文章的燦然可觀。文章，指禮、樂等典章制度。

20 舜有臣五人而天下治❶。武王曰❷：「予有亂臣十人❸。」子曰：「才難❹，不其然乎❺？唐、虞之際，於斯為盛❻；有婦人焉，九人而已❼。三分天下有其二，以服事殷❽——周之德其可謂至德也已矣❾！」

譯 舜有臣子五人就把天下治理得很好。武王說：「我有處理政治事務的臣子十人。」先生說：「人才難得，難道不是這樣嗎？堯、舜那時候，在這方面的人數算很多了；輔佐武王的人才當中還包括一位婦人，實際上只有九人而已。文王擁有天下三分之二人心的支持，拿這樣的實力來效勞殷紂王——周文王的德行或許可說修養到最完美的境界了！」

解 ❶舜有臣五人，孔安國指為禹、稷、契、皋陶、伯益。❷武王，周文王的兒子姬發。殷紂王荒淫無道，他率領諸侯去討伐，在牧野（今河南省．淇縣南方）一戰而勝，紂自焚而死，他終於取得天下，建都於鎬（今陝西省．長安縣西方），在位十九年。❸予，武王自稱；亂，治也（見爾雅．釋詁）、理也（見廣雅．釋詁二）；十人，馬融指為周公旦、召公奭、太公望、畢公、榮公、大顛、閎夭、散宜生、南宮适、文母。❹才難，人才難得之意。❺不其然乎，為「其不然乎」的倒裝句。其，通「豈」，相當於白話的「難道」；然，相當於白話的「如此」。❻唐、虞之際，指堯、舜在位期間。斯，稱代詞，相當於白話的「這」，指人才方面。❼「有婦人焉」的主詞——「亂臣十人」省略了。婦人，依照馬融的說法，指文母，也就是文王的妃子太姒；但朱熹集注根據劉敞的說法：「子無臣母之義，蓋邑姜（武王之后、太公望之女）也。九人治外，邑姜治內。」恐怕都是臆測的話，姑且存疑。❽「三分天下有其二」的主詞就是下文的周——指周文王。以，相當於白話的「用」、「拿」；後面省略了「此」——指「三分天下有其二」這樣的實力。殷，指殷紂王。左傳．襄公四年：「文王帥商之叛國以事紂。」❾其，有大概、或許的語氣。至德，意思是最完美的修養。禮記．表記篇引孔子的話說：「下之事上也，雖有庇民之大德，不敢有君民之心，仁之厚也。」可以作為註腳。

21 子曰：「禹，吾無閒然矣❶——菲飲食，而致孝乎鬼神❷；惡衣服，而致美乎黻冕❸；卑宮室，而盡力乎溝洫❹——禹，吾無閒然矣！」

譯 先生說：「對於大禹，我沒什麼可挑剔的了——他自己粗茶淡飯，卻竭盡所能來孝敬鬼神；他自己穿質料不好的衣服，卻在禮服、禮帽上力求美好；他自己住矮小的房子，卻盡力做好水利工程——對於大禹，我沒什麼可挑剔的了。」

解 ❶閒，通「間」，讀去聲，原指門戶的縫隙，光線可由此透進屋內；這裡用作動詞，意思是挑出毛病；然，用法同「焉」，有於此（在他身上）的語意。❷菲，音「匪」，微薄、粗劣之意。三個

「乎」字用法同「於」，都是處所補詞的關係詞。致，竭盡所能之意。致孝乎鬼神，指祭祀鬼神時所準備的食物極為豐盛，以表達崇高的孝敬心意。❸惡，意思是質料不好。黻冕，音「服免」，意思是禮服、禮帽。❹卑，矮小之意。宮、室同義，「宮室」就是住家的意思。洫，音「續」，意思是蓄水池；溝洫，指灌溉用的水利工程。

子罕篇第九

01 子罕言利❶；與命❷，與仁❸。

譯 先生平日很少提起利益方面的事；倒是常常談論立身處世應當認清現實、隨遇而安的道理，也常談論經營和諧人際關係的方法。

解 ❶罕，意思是少。孔子說：「放於利而行，多怨。」又說：「君子喻於義，小人喻於利。」（見里仁篇12、16）一般人因而誤以為他對財利相當不屑；其實他曾自述：「富而可求也，雖執鞭之士吾亦為之；如不可求，從吾所好。」（見述而篇11）也曾答覆子路的問題說：「見利思義，見危授命，久要不忘平生之言，亦可以為成人矣！」（見憲問篇13），可知孔子並不排斥財富、利益；只是他認為君子不該唯利是圖、取得不義之財；何況人生另有更高尚的目標——仁，等著君子盡心盡力去追求。金錢是身外之物，既無法、也沒必要強求。如果凡事都以獲利為前提，不但自己容易患得患失，而且難免因利害衝突而與人結怨，這與行仁、求仁的初衷是背道而馳的。❷「與命，與仁」的前面省略了轉折詞「唯」。相對於「罕言利」，可知「命」和「仁」是孔子經常談到的話題。與，和述而篇23「吾無行而不與二三子者，是丘也」的「與」字用法一樣，都通作「語」，意謂對人談起。命，「天命」的省言，指影響人事成敗得失、吉凶禍福的外在因素（參閱附錄十一釋知命）。孔子說：「不知命，無以為君子也。」（見堯曰篇03）因為「人生不如意事，常十之八九」，許多情況往往不是人力所能預料及掌握的；如果沒有這樣的認知和心理準備，當遇到挫折或陷入困境時，便不知如何自處，而難免怨天尤人，甚至自暴自棄。因此，君子為人處事必須知命，才能忘懷得失，為所當為。❸仁，意思是和諧的人際關係，以及經營和諧關係的方法（參閱附錄七釋仁）。孔子說：

「民之於仁也，甚於水、火。」（見衛靈公篇34）可知經營人際關係和飲水、用火都是人們日常生活當中不可缺少的事物。行仁和知命在孔子心目中同等重要，因此記錄本章的弟子將兩者相提並論。他又說：「君子去仁，惡乎成名？」「好仁者，無以尚之。」（見里仁篇05、06）說明經營人際關係，進而建立倫理社會，是君子應當畢生努力以赴的目標。

02 達巷黨人曰❶：「大哉孔子❷！博學而無所成名❸。」子聞之，謂門弟子曰：「吾何執❹？執御乎？執射乎❺？吾執御矣❻！」

譯 有位達巷黨的居民說：「孔先生好偉大呀！可惜他學問淵博卻沒有甚麼特別成名的專業。」先生聽到了之後，就對門下的學生說：「我該抓住哪一項專業來成名呢？抓駕車技術嗎？抓射箭本領嗎？我還是抓駕車技術這一項吧！」

解 ❶達巷黨，古代地方行政區域，五百戶為一黨。達巷，某黨的名稱。❷大哉孔子，「孔子大哉」的倒裝句。❸孔子拿六藝教學，所謂「六藝」，指的是六種儒士應用的才能——禮（各種儀節和辭令）、樂（作曲、演奏）、射（彎弓射箭）、御（騎馬、駕車）、書（識字、書寫）、數（統計、算術）等。他說：「君子不器。」（見為政篇12）因而本身無所不學，也想造就弟子們成為通才。當時孔子以知禮聞名於世；但因他在各方面的造詣也都很高，以致博學的名聲掩蓋過知禮，而給達巷黨人「博學而無所成名」的印象，只能讚嘆「大哉」來表示欽仰之意。❹執，抓緊、掌握之意。❺御，通「馭」——從又（象手之形）、從馬，以示操控馬匹之意，這裡指駕車的技術；射，指射箭的本領。後者經由比賽勝出，容易成就個人的名聲；前者純為服事權貴，從晏嬰御者的事蹟（見史記・管晏列傳），可知在一般人心目中，那是一項卑賤的職務。❻孔子選擇前者，可見他並不介意「無所成名」的評語，而是有感於世人不瞭解自己；同時讓學生明白職業沒有尊卑之分，替人駕車是無損於高尚人格的。俗話說：「大丈夫能屈能伸。」若具備真才實學，便可以自我肯定，無須在意世俗的眼光。

03子曰：「麻冕，禮也❶；今也純，儉❷，吾從眾❸。拜下，禮也❹；今拜乎上，泰也❺；雖違眾，吾從下❻。」

譯 先生說：「卿大夫所戴黑色細麻布製成的禮帽，本來是符合禮制的；如今禮帽改用純絲製作，比較節省，因此我願意跟著大家改變。臣屬在堂下拜見國君，這是禮的規定；如今大家直接就在堂上拜見，那就太過分了；即使跟大家不一樣，我依舊遵守在堂下行拜禮的規定。」

解 ❶麻冕，古代卿大夫的禮帽，本來規定用黑色細麻布製作。❷純，意思是全絲、不摻其他質料。根據朱熹集注的說法，麻的纖維粗大，要織得細密，極為費工；絲的質地細緻而易織，所以比較節儉。❸從，跟隨、遵照之意。孝經說：「禮者，敬而已矣！」孔子的禮教著重內在的敬意，禮帽的材質屬於外在的形式，用麻或絲對敬意並無影響；既然眾人改用絲質比較儉省，他也就樂於跟進。❹拜下，「拜於堂下」的省言。「於」為處所補詞的關係辭，相當於白話的「在」。古代臣屬進見君主，按照禮數，本應先在堂下行拜禮，等君主辭拜之後，才登階升堂。❺拜乎上，「拜乎堂上」的省言。「乎」的用法同「於」。泰，過分之意。❻違，意思是反向而行；違眾，與眾不同之意。臣屬在堂下或堂上行拜禮，意義大不相同。孔子見當時朝臣大都直接在堂上行拜禮，他認為太過分了，為了嚴守君臣的分際，他寧願與眾不同，仍然遵守在堂下行拜禮的規定。孔子說：「君子之於天下也，無適也，無莫也，義之與比。」（見里仁篇10）所謂「義」，指事情的正當性或妥適性，這是孔子為人處事在「無可」與「無不可」的彈性中所堅持的原則。

04子絕四❶：毋意❷、毋必❸、毋固❹、毋我❺。

譯　先生戒絕四種處事態度：不臆測、不武斷、不執著、不主觀。

解　❶絕，戒絕、一定不會之意。四，指「意」、「必」、「固」、「我」四項處理事情的大忌。孔子戒絕四者，都是由於好學所致。❷毋，否定詞，用法同「不」。意，「億」的初文，憑空猜測之意。孤陋寡聞的人缺乏推理的能力，常犯這種毛病。孔子博學多聞，而且為人處事，講究實事求是，他曾告誡子路：「知之為知之，不知為不知，是知也。」（見為政篇17）又說：「君子於其所不知，蓋闕如也。」（見子路篇03）因此，為政篇18記他答覆子張的問題時說：「多聞闕疑，慎言其餘，則寡尤。」憲問篇33也有他說的「不億不信」；至於為學須能舉一反三，那是根據事實、理則去聯想或推求，和憑空臆測並不相同。❸必，武斷之意。「學然後知不足」（語見禮記・學記篇），才疏學淺的人不知天高地厚，容易驕矜自滿、自以為是。孔子雖然博學多聞，但是為人謙卑，不會把話說得太滿，以減少犯錯的可能。❹固，意思是執著、拘泥、腦筋僵化而不知變通。不學無術的人，往往墨守成規、故步自封，因此難以溝通，而容易流於剛愎自用、一意孤行。孔子說：「學則不固。」（見學而篇08）因為天下事物沒有應然與否的絕對性，只有適當與否的相對性，好學的人總是能吸收別人的經驗，增進自己的智慧，凡事都預留迴旋的空間，所以孔子說君子「無適、無莫」（見里仁篇10），而讓自己保持「無可、無不可」的彈性（見微子篇08）。❺我，意思是過度主觀、堅持本位。小人自大的表現，實為自卑心理的反映，既不懂得尊重，更不願意信任別人，寧願憑本身主觀的認定來處理事情。好學的人曉得站在不同的立場或角度看，凡事都會有不同的面貌和處理方式，因此能尊重別人的不同意見，而不至於過度主觀、一味地否定他人。

05子畏於匡❶，曰：「文王既沒❷，文不在茲乎❸？天之將喪斯文也❹，後死者不得與於斯文也❺；天之未喪斯文也，匡人其如予何❻？」

譯 先生在匡邑受到威脅，他說：「文王去世以後，文化傳統不就在我這裡嗎？假使上天真要滅絕這套文化傳統的話，那麼後代子孫將沒有機會接觸到這套文化傳統了；假使上天還不想滅絕這套文化傳統的話，那麼匡人難道能拿我怎麼辦嗎？」

解 ❶畏，威脅之意，被動式。匡，衛國地名，在今河北省‧長垣縣西南，曾被鄭國佔領。魯定公六年，魯國出兵攻取匡邑，名義上由季桓子、孟懿子領軍，實際上卻聽命於陽貨（參閱左傳‧定公六年）。當時孔子的學生顏尅隨季孫氏家臣陽貨從匡城的缺口進入，而陽貨曾施暴於匡人。定公十四年，孔子離開衛國，將前往陳國，經過匡邑。由於孔子的相貌很像陽貨，駕車的又是顏尅，以致被匡人誤認而包圍，並扣留了五天，後來透過衛國大夫甯武子的關係，才得以脫險。（參閱史記‧孔子世家）。❷既，意思是在……之後（參閱八佾篇10解說）。沒，通「歿」，去世之意。❸文，指自古相傳的民族文化。茲，意思是此，孔子指自己身上。公明儀說：「文王我師也，周公豈欺我哉？」（見孟子‧滕文公上篇）意謂：假設文王是我老師的話，我也可以像周公那麼賢能，他又哪騙得了我呢？可見周公制訂的禮樂原來師承自文王，孔子固然崇拜周公，同時也認定文王實際上是周代文明的創始者。他既然熟悉三代的典章制度，於是以民族文化的繼承者自許，才會發出「如有用我者，吾其為東周乎」的豪語（見陽貨篇05）。❹「天之將喪斯文也」和下文「天之未喪斯文也」，都屬假設關係複句的假設小句，關係詞「若」或「苟」省略了，「之」有強調的語氣，請參閱學而篇10、顏淵篇18、子張篇03解說。喪，亡失、滅絕之意。斯，和「此」同意；「斯文」的意思是這套文化傳統。❺「後死者不得與於斯文也」和下文的「匡人其如予何」都屬假設關係複句的後果小句，關係詞「則」省略了。與，音「預」，參與、接觸之意。❻其，用法同「豈」。予，孔子自稱；如予何，也可說「奈我何」，有「拿我怎麼辦」的意思。

06 大宰問於子貢曰❶：「夫子聖者與？何其多能也！」子貢曰：「固天縱之將聖❷，又多能也！」子聞之，曰：「大宰知我乎❸？吾少也賤❹，故多能鄙事❺；君子多乎哉？不多也❻。」牢曰❼：「子云：『吾不試，故藝❽。』」

譯 太宰向子貢詢問說：「先生難道是聖人嗎？怎會有那麼多才能呀！」子貢說：「他原本就是上天下放到凡間來的大聖人，而且讓他具備那麼多才能的呀！」先生聽到之後，便說：「太宰瞭解我嗎？我小時候家境貧賤，所以才學會不少粗俗的事務；君子必須具備很多才能嗎？其實用不著太多的。」琴牢說：「先生說過：『我沒機會受到任用，因此學會了一些謀生的技能。』」

解 ❶大，音「太」；太宰，官名，又稱冢宰，為百官之長。據史記‧魯世家記載：子貢曾在哀公七年出使吳國，當時吳國的太宰為伯嚭（音「痞」）。❷固，有確信的語氣，相當於白話說「本來就是」；縱，釋放、解除限制之意。將，意思是大。太宰讚嘆孔子博學多能，不敢置信，所以趁子貢來訪的機會，想問清楚孔子多能的緣故。❸太宰知我乎，用疑問的語氣表達否定的意思。孔子從來不敢承認自己是聖者，何況太宰說他多能，也是只知其一而不知其二，所以他認為太宰並不瞭解自己。❹少，指小時候。賤，家境貧窮、身分卑微之意。❺鄙事，意思是粗俗的事務。孔子幼年喪父，家道中落；成年後，曾做過委吏和乘（音「盛」）田，十分稱職（見孟子‧萬章下篇）。委吏，相當於糧倉管理員，必須懂得出納、會計、管理等方法；乘田，相當於牧場管理員，必須懂得養殖、獸醫等畜牧知識和技術——這些都是迫於生活，不得已而去學習的。❻子夏說：「雖小道，必有可觀者焉；致遠恐泥，是以君子不為也。」（見子張篇04）因此，當樊遲請學稼和請學為圃時，他都不正面答覆，事後還嘆惜樊遲胸無大志，像個小老百姓（見子路篇04）——可知「君子多乎哉？不多也」的意思，是君子用不著多能鄙事。❼牢，孔子早期學生之一，姓琴，名牢，字子開，一字張，衛國人。❽試，任用之意。藝，指謀生的技能（參閱孔子生平簡介）。

07子曰：「吾有知乎哉？無知也❶。有鄙夫問於我❷，空空如也❸，我叩其兩端而竭焉❹。」

譯 先生說：「我什麼都懂嗎？其實我並不是什麼都懂的。有位鄉巴佬來向我求教，問題空空洞洞的；我從事情的正反兩面，一步步旁敲側擊，最後才讓他完全把意思表達清楚。」

解 ❶孔子博學多能，經常有人讚歎、羨慕不已，甚至說他是聖人，學生們更對他佩服得五體投地；然而他總是保持謙虛的態度，再三告訴學生：他並非生而知之者，一切都是靠好學敏求得來的。本章用意在說明自己也不是無所不知、無所不能，只不過有一股追根究柢的熱忱而已。❷鄙夫，指沒受過教育、知識貧乏的鄉下人。❸空空如，同「空空然」，空洞的樣子，相當於白話的「含糊攏統」。❹叩，敲擊、詢問之意；兩端，指事情的正反兩面；竭，意思是窮盡、完全。孔子這番話的意思是說：鄙夫的問題空空洞洞的，自己一時也無從給予答覆；但是對方既然有所疑惑而前來求教，他還是願意耐心地設法逐步理出頭緒，然後加以指點——這正是他誨人不倦、循循善誘的實例。

08子曰：「鳳鳥不至❶，河不出圖❷，吾已矣夫❸！」

譯 先生說：「鳳鳥一直不來，黃河也沒再出現圖像，我這輩子大概完了吧！」

解 ❶鳳鳥，就是鳳凰，據說是一種靈異的神鳥。尚書・皋陶謨記載：舜做天子時，樂官的一場演奏，曾使「鳳凰來儀」。左傳・昭公十七年記郯子的話說：「我高祖少皞摯之立也，鳳鳥適至。」國語・周語上卷記內史過的話說：「周之興也，有鸑鷟（音「越卓」，鳳的別名）鳴於岐山」。❷河，指黃河。相傳伏羲氏在黃河遇見一匹龍馬，背毛的紋理有如八卦的圖形，於是觸發了靈感，仿照那個圖形而畫成八卦，所以易經・繫辭上傳說：「河出圖，洛出書，聖人則之。」古人認為：只有聖王在位、天下太平時，鳳鳥才會出現；黃河出現八卦圖形，則是聖人承受天命而統治天下的象徵。孔子一生以恢復周公禮樂、再造太平盛世為己任；到了晚年，有鑑於天下紛紛擾擾，深知在自己有生之年，大概無能為力了，於是根據鳳鳥、河圖的傳說來表達心中深沉的無奈與遺憾。❸已，停止，有絕望之意；已矣夫，相當於白話說「完了吧」。

09子見齊衰者❶、冕衣裳者❷與瞽者❸，見之雖少必作❹，過之必趨❺。

譯 先生看見穿喪服的人、穿戴禮服禮帽的人和瞎了眼睛的人，對方看起來雖然很年輕，他一定起身致意；經過他們身旁時，一定加快步伐。

解 ❶衰，音「催」，「縗」的初文，用粗麻布做成的喪服；齊，音「資」，粗麻布喪服的左右及下端縫邊的叫「齊衰」，不縫邊的叫「斬衰」。斬衰最重，為期三年，通常用於父母之喪；齊衰次之，為期一年，通常用於二等親之喪。齊衰者在這裡泛指穿喪服的人。❷冕，古代大夫以上官員戴的禮帽；禮服上身為衣，下身為裳；冕衣裳者，泛指在位的官員。❸瞽者，意思是盲人。❹少，年輕之意；作，意思是站起來，表示敬意。❺趨，意思是快步向前，表示不敢怠慢之意。服喪的人和瞎眼的人都值得悲憫；政府官員為國為民服務，也值得尊敬。

10顏淵喟然歎曰❶：「仰之彌高❷，鑽之彌堅❸；瞻之在前，忽焉在後❹。夫子循循然善誘人❺，博我以文，約我以禮❻。欲罷不能❼，既竭吾才❽，如有所立卓爾❾，雖欲從之，末由也已❿！」

譯 顏淵深深地嘆了一口氣說：「我愈仰望，愈覺得他的人格崇高；我愈研究，愈覺得他的學問紮實。

剛剛還看見他出現在我眼前的，稍一恍神，就轉到我背後去了。先生教學時不厭其詳地說明，很能引起人們學習的興趣。他用典籍增廣我的見識，用禮教約束我的行為，我想停住學習的腳步都做不到。當我用盡自己全部的能力後，好像有什麼影像高高地矗立在前方，雖然想要跟上去，卻始終沒有法子呢！」

解❶喟，音「愧」，從口、胃聲，由胃中發出的深長嘆氣聲；記錄者說「喟然歎」，可見顏淵對孔子是由衷的讚歎。❷仰，本義為抬頭，這裡是「仰望」的省言；彌，用法同「愈」，相當於白話的「更加」；高，形容孔子的人格偉大。❸鑽，用尖銳的鐵器穿孔，在這裡表示研究之意；堅，形容孔子的學識紮實、深厚。❹「瞻之在前，忽焉在後」，形容孔子因材施教，方法極為靈活。忽焉，和昭明文選所錄曹植洛神賦「忽焉思散」的「忽焉」、李陵答蘇武書「忽然忘生」的「忽然」，都形容精神恍忽的樣子。❺循，通「諄」。說文：「諄，告曉之孰（熟）也。」詩經・大雅・抑篇：「誨爾（你）諄諄，聽我藐藐。」諄諄，說話態度慇勤懇切的樣子。孟子・萬章上篇記萬章問：「天與（給予）之者，諄諄然命之乎？」意思是說：倘若是上天把天下交給舜的話，那麼上天有沒有對舜般般交代什麼呢？❻「博我以文」和「約我以禮」各為「以文博我」、「以禮約我」的倒裝句。文，指古代流傳下來的典籍。❼「欲罷不能」以下各句的主詞為我——也就是顏淵自己。罷，停止學習之意。❽竭，意思是窮盡，在這裡作動詞用。❾所，不定代名詞，這裡代矗立於眼前的某樣物件——從下文「雖欲從之，末由也已」看來，應指孔子的影像。卓爾，同「卓然」，高大的樣子，在這裡形容動詞「立」。❿從，跟隨之意。末由，沒有路徑可循，相當於今人說「無從」、「無法」。

11 子疾病，子路使門人為臣❶。病間❷，曰：「久矣哉由之行詐也❸！無臣而為有臣❹，吾誰欺？欺天乎❺？且予與其死於臣之手也，無寧死於二三子之手乎❻？且予縱不得大葬，予死於道路乎❼？」

譯 先生病得很重，子路指派同學充當家臣，以便籌備治喪事宜。當病情好轉些時，先生說：「仲由愛耍一些騙人的把戲已經很久了！明明沒有家臣，卻假裝有家臣，我騙誰呀？難道要騙老天爺嗎？再說我若死在家臣的手裡，還寧願死在諸君的手裡呢！再說我縱使不能隆重地安葬，我難道會死在馬路邊嗎？」

解 ❶臣，家臣。古代大夫有家臣，死時便由家臣負責處理治喪事宜。孔子雖曾擔任魯國的大司寇，但這時已經離職而沒有家臣；子路有意讓其他門人充當家臣，準備在孔子去世後，用大夫之禮來為他治喪，以示尊榮。❷病間，指病情好轉之際。❸久矣哉由之行詐也，為表態句「由之行詐也久矣哉」的倒裝——「由行詐」本來是個敘事句，加了「之」字後，就變成詞結，作為表態句的主語，指仲由行詐的時間；「久矣哉」為表態句的謂語，意謂時間很久了。行詐，使用詐騙的方式。❹而，轉折詞，相當於白話的「卻」。為，「偽」的初文，假裝、冒充之意。❺吾誰欺，「吾欺誰」的倒裝句。「欺天乎」和八佾篇13「獲罪於天」，都只是象徵性的說法。在孔子心目中，所謂「天」，指的其實就是人的良知。「欺天」猶如現代人說「騙鬼」；既然無法自欺欺人，就妄想欺騙虛幻的天、鬼，充分顯示當事人逃避現實的心理。❻無寧……乎，用詰問句表達肯定的意思，相當於白話說「不是寧願……嗎」——也就是寧願。因此，「與其……無寧……乎」等於說「與其……寧……」，用作比較補詞的關係詞，整句的意思是說「假使那樣，還不如這樣」。二三子，參閱述而篇23「二三子以我為隱乎」句解說。❼大葬，意謂舉辦盛大、隆重的喪禮。予死於道路乎，用疑問句表達否定的意思，暗指學生到時候一定會出面料理後事，應不至於讓自己死在道路旁的。孔子認為君子應當面對現實——自己如今已不具大夫身分，沒有家臣了，那麼寧願由弟子們為他處理後事，以求心安；而不願違背良知，硬要打種臉充胖子，這才是理性的為人處事態度。

12子貢曰：「有美玉於斯，韞櫝而藏諸❶？求善賈而沽諸❷？」子曰：「沽之哉！沽之哉！我待賈者也❸！」

譯子貢說：「假設這裏有一塊精美的玉飾，該把它收在木櫃裡珍藏呢？還是找個好商人而把它賣掉呢？」先生說：「賣了它吧！賣了它吧！我在等好商人呢！」

解❶韞櫝，收藏在木櫃裡。❷沽，賣也。賈，音「古」，意思是商人。按：魯定公十三年，孔子五十五歲，辭官離開魯國，初抵兄弟之邦的衛國，還沒機會見到地主國君靈公。子貢是衛國人（參閱學而篇10解說❶），可能在這時拜孔子為師。他擅長說話技巧，因而用比喻的方式，試探老師對未來的意向。❸「待賈」承上文，為「待善賈」的省言。另有一說將「賈」解作「價」的初文，這是成語「待價而沽」的由來，雖也講得通，但不如說「找個識貨的好商人」那麼適切——因為說尋求好價錢而出售，容易孳生誤會。孔子曾因齊景公說「若季氏則吾不能，以季、孟之間待之」、「吾老矣，不能用也」而離開齊國（見微子篇03），為的並非待遇問題，而是齊景公沒有誠意任用他。孔子說：「所謂大臣者，以道事君，不可則止。」（見先進篇23）可知他尋求的是一個能讓自己實現理想的明君，所以說：「如有用我者，吾其為東周乎！」（見陽貨篇05）如果在意待遇，憑他向來所受國君的尊敬，當過魯國的大司寇，並代理宰相職務，根本不用辭官去遊說諸侯，留在父母之邦就行了。

13子欲居九夷❶，或曰❷：「陋❸，如之何❹？」子曰：「君子居之，何陋之有❺？」

譯先生有意住到九夷地區。有人說：「那些地方太落後了，怎麼能住呢？」先生說：「君子居住，哪有落後的問題呢？」

解❶古代華夏民族居住的中原地區稱為中國，四周異族的名稱，大致上分別為東夷、西戎、南蠻、北狄；東方的夷人又有許多分支，統稱九夷。❷或，不定代名詞，這裡代的是人。❸陋，文化水準低落，物質生活條件也不好。❹如之何，有怎麼辦才好的意思；說話的人憂慮孔子不能適應九夷那裡簡陋的生活品質，所以有意勸他打消前往的念頭。❺何陋之有，「之」為語助，把動詞「有」移到止詞「陋」的後面，意思是說：哪有什麼簡陋的問題？中庸說：「君子素其位（依照平素的處境）而行，不願（羨慕）乎其外（身外的事物）——素富貴行乎富貴，素貧賤行乎貧賤，素夷狄行乎夷狄，素患難行乎患難，君子無入而不自得焉（沒有什麼遭遇是不能活出自我的）。」孔子博學多能，一心一意想要出仕致用，再創周初的盛世；怎奈未遇明君，有志難伸，他曾感嘆：「夷狄之有君，不如諸夏之亡也。」（見八佾篇05）而且認為：「言忠信，行篤敬，雖蠻貊之邦，行矣！」（見衛靈公篇05）所以不只一次表示「道不行，乘桴浮于海」（見公冶長篇07）和「欲居九夷」的意願；不過，經過審慎思考，終究沒有成行——大蓋因為他年事已長，唯恐時不我與，而把理想寄託在學生們的身上，所以最後還是決定回到父母之邦，從事作育英才的工作，直到去世為止。

14子曰：「吾自衛反魯❶，然後樂正❷，雅、頌各得其所❸。」

譯先生說：「我從衛國回到魯國，然後音樂才有機會由我加以整理，雅、頌分別得到它們適當的位置。」

解❶反，「返」的初文。據左傳記載，孔子在哀公十一年冬接受徵召而回到魯國。❷正，「整」的初文，整理之意。孝經引孔子的話說：「移風易俗，莫善於樂。」所以他對音樂非常重視，本身也有很高的造詣。衛靈公篇10記載子曰：「樂則韶舞……鄭聲淫。」陽貨篇18也記載子曰：「惡鄭聲之亂雅樂也。」史記‧孔子世家說：「三百五篇，孔子皆弦歌之，以求合韶、武、雅、頌之音。」可知詩經的篇章可以演奏和歌唱，頌詩還可配以舞蹈。左傳‧襄公二十九年記載吳國賢公子季札到魯國訪問時，請求欣賞魯國所保存的王朝音樂，執政的叔孫氏命樂師為他演唱的周樂，內容便是詩經，依次為周南、召南、邶、鄘、衛、王、鄭、齊、豳、秦、魏、唐、陳、鄶（檜）、小雅、大雅、頌等等——其中從周南到鄶，都屬國風。流傳至今的詩經，十五國風的順序則為周南、召南、邶、鄘、衛、王、鄭、齊、魏、唐、秦、陳、檜、曹、豳，和前者略有出入；頌詩方面，又分為周頌、魯頌和商頌三部份，也和季札當時所見不同。三頌中的魯頌和商頌，鄭玄詩譜認為是孔子整理詩經時編進去的，說法可信——因為商頌其實是春秋時代宋人的作品，而孔子的先祖為商代的王室；周成王封微子啟於宋，傳到孔子的曾祖父孔防叔，才逃亡到魯國，孔子因此而成為魯國人。在整理詩經時，孔子把宋國和魯國的詩歌編成商頌和魯頌，而跟周頌並列，實屬人情之常。❸說「雅、頌各得其所」，可想而知十五國風也是各得其所的。

15子曰：「出則事公卿❶，入則事父兄❷，喪事不敢不勉❸，不為酒困❹——何有於我哉❺？」

譯 先生說：「出外做官就服事長官，回到家裡便服事父兄，喪事不敢不盡力辦理，不受制於酒癮——這些在我來說，哪有什麼問題呢？」

解 ❶出，出門在外，指上班時間。公卿，古代天子有三公、九卿，在這裡通稱朝廷中的大官。孔子說：「君子有三畏——畏天命、畏大人、畏聖人之言。」（見季氏篇08）本篇第九章記載：「子見齊衰者、冕衣裳者與瞽者，見之雖少必作，過之必趨。」所謂「大人」、「冕衣裳者」，相當於公卿，這些人身負國家重任，孔子對他們都很敬畏，所以一旦出任官職，便敬謹服事。❷入，進門，意思是回到家裡，指下班時間。孝悌是所有倫理道德的根本，身為子弟的人，在家中理當好好服事父兄。❸勉，盡心盡力之意。死與生是人生最重大的事情，八佾篇26記載孔子的話說：「居上不寬，為禮不敬，臨喪不哀，吾何以觀之哉？」述而篇09記載：「子食於有喪者之側，未嘗飽也。」可見孔子非常重視喪事，所以在辦理喪事的時候，總是勉力而為，絕不敢掉以輕心。❹困，指嗜酒上癮後，欲罷不能，好像被酒困住了，身不由己。俗話說：「酒不醉人人自醉。」自制力不夠的人見到了酒，幾乎每喝必醉，甚至發起酒瘋，醜態畢露。鄉黨篇08記載孔子「唯酒無量，不及亂」，可見他酒品好，這是因為心智成熟，懂得適可而止所致。❺何有，哪有什麼問題，也就是不難的意思。中庸說：「庸德之行，庸言之謹，有所不足，不敢不勉。」君子日常待人接物，謹言慎行，久而久之，成為習慣後，就表現得很自然，絲毫不覺得自己是在勉為其難，所以說「何有於我」。

16子在川上❶，曰：「逝者如斯夫❷！不舍晝夜❸。」

譯 先生在溪邊，感嘆地說：「光陰的推移就像這溪水的流動吧！無論白天或晚上，片刻都不曾停止。」

解 ❶川上，指溪流的岸邊。❷逝者，指光陰的推移。斯，相當於白話的「這」，指溪水的流動。夫，表示感嘆的句末語氣詞，相當於白話的「吧」。❸不舍晝夜，「晝夜不舍」的倒裝句。舍，「捨」的初文，有放棄、停止之意。光陰和溪流兩者都有不停止、不回頭的共同點，所以孔子在岸邊看見溪水不停地流去，心有所感，而說了這番話，來勉勵學生好好把握時間，不斷地進德修業，以充實自我。

17子曰：「吾未見好德如好色者也。」

按 衛靈公篇12也有本句，而且前面多一句「已矣乎」的感嘆。

18子曰：「譬如為山❶，未成一簣❷——止，吾止也。譬如平地❸，雖覆一簣❹——進，吾往也❺。」

譯　先生說：「拿堆造假山來比喻，只差一筐土而沒能完成——工程停止，這是我自己決定停下來的。拿填平凹地來比喻，雖只傾倒一筐土——工程繼續，這是我自己願意向前的。」

解　❶為山，意思是積土造山。❷簣，音「愧」，盛土的竹器，如同現代的畚箕、竹筐之類。未成一簣，意思是說：只差最後一筐土，以致假山沒有造成。求學必須主動，而且要持之以恆，不能半途而廢。孟子・盡心上篇說：「有為者，辟若（譬如）掘井，掘井九軔（仞、八尺）而不及泉，猶為棄（廢）井也。」❸平地，意思是填平凹地，「平」作動詞用。❹覆，指將竹筐翻轉的倒土動作，意思是傾倒。❺進，繼續之意。孟子・盡心上篇說：「求則得之，舍則失之，是求有益於得也，求在我者也。」荀子・勸學篇也說：「騏驥一躍，不能十步；駑馬十駕，功在不舍（捨、止）。鍥（雕刻）而舍之，朽木不折；鍥而不舍，金石可鏤（刻穿）。」可知君子進德修業是否有所成就，完全操之在我，自當力爭上游；至於財富名位，都屬身外之物，既然成之於人，那就不去煩憂了。

19子曰：「語之而不惰者❶，其回也與❷！」

譯　先生說：「聽我講話而不會感到厭倦的那個人，大概就是顏回吧！」

解　❶「語之而不惰者，其回也與」是一個判斷繁句——「語之而不惰者」為主語，「其回也與」是謂語，繫詞「乃」（相當於白話的「是」）省略了。在主語部分，「語之而不惰」本來是用「而」字連接的敘事句和表態句——前句的主詞「我」省略，「語」為動詞，說話的對象「之」為止詞（受詞）；後句的主語「他」也省略，「不惰」是謂語。「語之而不惰」在全句中只是作形容詞用的詞結，附加於端詞「者」之後，便成為整個判斷句的主語了。❷在謂語部份，「其」為揣測語氣詞，由於繫辭省略，因此「其」就相當於白話說「大概是」；回為顏淵之名；「也」為語氣詞，「與」是「歟」的初文，相當於白話的「吧」。先進篇03記載子曰：「回也非助我者也，於吾言無所不說。」似乎孔子對顏淵不能讓自己獲得教學相長之效，難免有些遺憾；不過，從本章以及為政篇09所記孔子說的：「吾與回言終日，不違如愚；退而省其私，亦足以發，回也不愚。」可知他還是深深喜愛顏淵而讚不絕口的。老子說：「上士聞道勤行之，中士聞道若存若亡，下士聞道大笑之。」中庸記孔子的話說：「回之為人也，擇乎中庸，得一善，則拳拳服膺（牢記在心）而弗失（遺忘）之矣！」顏淵畢竟是位「上士」和「中行之士」，所以不幸短命而死時，孔子才會哭得那麼悲慟。

20子謂顏淵❶，曰：「惜乎！吾見其進也，未見其止也❷。」

譯先生談到顏淵時說：「真可惜啊！我只見他一直前進，不曾見他停下腳步。」

解❶謂，意思是對他人談論，而不是當面對談論的對象說話（參閱八佾篇01、公冶長篇01等）。❷惜乎，顏淵不幸短命而死，孔子起初不勝悲慟，後來又惋惜不已。易經・乾卦・文言說：「天行健，君子以自強不息。」孔子和顏淵師徒兩人可以當之無愧。

21子曰：「苗而不秀者，有矣夫❶！秀而不實者，有矣夫❷！」

譯先生說：「種籽長成秧苗後卻不吐穗的情形，是有可能發生的吧！吐了穗卻不結穀粒的情形，也是有可能發生的吧！」

解❶苗，指秧苗。秀，開花、吐穗之意。夫，句末語氣詞，相當於白話的「吧」。❷實，意思是結成穀粒。苗而不秀、秀而不實，比喻顏淵雖然具備了非常優異的品德和才學，卻來不及出仕致用，便不幸短命而死。

22子曰：「後生可畏❶，焉知來者之不如今也❷？四十、五十而無聞焉，斯亦不足畏也已❸。」

譯先生說：「下一代是值得敬畏的，怎知他們未來的成就會不如當今的成人呢？不過，一個人到了四、五十歲若還默默無聞的話，那也就不值得敬畏了。」

解❶後生，出生時間在後的人，指晚輩、年輕人；可畏，意思是可怕。「後生可畏」在這裡有雙重涵義——一則警惕自己要繼續保持成長，以免被後來者超越、甚至淘汰；一則期許晚輩在前人奠定的基礎上發展，理當有更高的成就。常言道：「長江後浪推前浪」、「江山代有才人出」，就是這意思。❷焉，疑問詞，用法同「安」、「豈」、「何以」，相當於白話的「怎麼」、「難道」、「從哪裡」。來者，指晚輩未來的成就。今，指當今的成人、長輩。焉知來者之不如今也，意謂一旦年輕人活到和現今長輩相同的歲數時，成就便極有可能超越他們。❸不過，孔子也提醒學生：後生之所以可畏，是因為他們掌握了先天上的優勢，再利用前人締造的成果，很容易「後來居上」、「青出於藍而勝於藍」；但若不能趁著人生的黃金歲月及時努力，那麼原來擁有的優勢不再，甚至到了四、五十歲還庸庸碌碌、無所成就，也就不可怕了。斯，用法同「則」，為假設關係複句中後果小句的關係詞。

23子曰：「法語之言❶，能無從乎❷？改之為貴❸。巽與之言❹，能無說乎❺？繹之為貴❻。說而不繹，從而不改，吾末如之何也已矣❼！」

譯先生說：「嚴正告誡的話，能不聽從嗎？但要確實改過才好。委婉恭維的話，會不喜悅嗎？但要仔細思索才好。如果只是喜悅而不思索、聽從而不改過，對這種人，我實在拿他沒有辦法啊！」

解❶法，本義為刑罰，作用在糾正邪惡的行為，引申有嚴厲、嚴正之意；語，當動詞用，有告訴之意——法語之言，指嚴正告誡的話。❷從，聽從、接受之意。❸荀子．修身篇說：「非我而當者，吾師也。」人之常情，大多不喜歡受到別人的教訓或指摘；然而「忠言逆耳利於行」，荀子又說：「好善無厭，受諫而能誡，雖欲無進，得乎哉？」所以君子聽到別人對自己的負面言語時，應該理性地反省，無則嘉勉，有則改之，這也就是為政篇04所謂「耳順」的意思。唯有這樣，心靈才會不斷地成長。❹巽，恭順之意；與，讚許之意——巽與之言，指委婉恭維的話。❺說，讀為「悅」。❻繹，本義為抽絲（見說文・糸部），引申為疏理、思索之意。孟子・離婁下篇說：「聲聞過情，君子恥之。」荀子又說：「是我而當者，吾友也；諂諛我者，吾賊也。」因此，君子須有自知之明，聽到有關自己的正面言語時，最好能夠仔細思考稱譽的真實性，探求讚美者的動機，而不應沾沾自喜，陶醉其中，以致妨礙了自己的成長。❼「末如之何」的「末」，用法同「莫」，作否定詞用；「之」指上述「說而不繹，從而不改」的人，「末如之何」的意思，是說拿他沒有辦法。

24子曰：「主忠信，毋友不如己者，過則勿憚改。」

按 這幾句又見學而篇08。

25子曰：「三軍可奪帥也❶，匹夫不可奪志也❷。」

譯 先生說：「對一支強大的軍隊，可以拿下它的統帥；對一個卑微的個人，卻無法迫使他改變意志。」

解 ❶周朝的制度：一萬二千五百人為一軍。唯獨天子擁有六軍的兵力，諸侯大國可有三軍，次國二軍，小國一軍。到了春秋時代，王權式微，諸侯紛紛擴軍，於是三軍不再是大國的兵力，而成為軍隊的通稱。孔子這兩句話，也可變換成「三軍之帥可奪也，匹夫之志不可奪也」。奪，強力取得他人財物或使人屈從於己之意；帥，意思是三軍的指揮官，又稱統帥。❷匹夫，指平民、小老百姓。統帥的權威建立在三軍的基礎上，他的職務可能由於君主的命令、部屬的叛變、或戰場的失利而被剝奪。匹夫的意志則操之在我，只要自己堅持，任何威脅、利誘或其餘外在因素，都無法使他改變，所以孟子說：「富貴不能淫，貧賤不能移，威武不能屈，此之謂大丈夫。」（見孟子・滕文公下篇）文天祥在正氣歌中就舉出不少這類可歌可泣的例子。

26子曰：「衣敝縕袍與衣狐貉者立❶，而不恥者❷，其由也與❸！『不忮不求，何用不臧❹？』」子路終身誦之❺，子曰：「是道也❻，何足以臧❼？」

譯先生說：「穿破舊棉袍跟穿狐皮、貉皮大衣的人站在一起，卻不覺羞愧的人，大概就是仲由吧！『一個人如果能做到不嫉妒、不貪婪，還有什麼不好的地方呢？』」子路於是一天到晚都把這兩句詩掛在嘴上，先生說：「這是做人的本分，哪裡值得讚美呢？」

解❶衣，動詞，穿著之意。敝，意思是破損的。舊棉絮叫作「縕（音「孕」）」，衣、裳相連的叫做「袍」──縕袍，指古時窮人到了冬天，在表、裡兩層之間填塞舊棉絮所製成禦寒用的長袍。狐貉（音「核」），用狐皮或貉皮製成的大衣，非常貴重。❷不恥，不覺羞恥、慚愧之意。❸其，揣測語氣詞。由，子路的本名。與，「歟」的初文，句末語氣詞。❹「不忮不求，何用不臧」，詩經・衛風・雄雉篇的句子──忮，音「至」，嫉妒之意；求，貪婪之意。何用，同「何以」。臧，在詩句中當形容詞用，意思是佳善、美好；在「何足以臧」句中則當動詞用，為讚美之意。❺終身，有可能是「終日」的傳抄錯誤，意思是一天到晚。誦，吟誦。❻是道也，為省略了繫詞「乃」的判斷句──是，相當於白話的「這」；乃，相當於白話的「是」；道，指做人所應遵循的法則，也就是做人的本分。❼足以，條件足夠而值得運用之意。讀書人志在求道，能不羨慕別人優越的物質生活享受，固然難能可貴，孔子原來也稱讚子路這一項優點；可是當見到子路沾沾自喜時，又怕他會得意忘形，於是又提醒子路不可就此自滿──因為心靈成長是無止境的。

27子曰：「歲寒❶，然後知松柏之後彫也❷。」

譯 先生說：「到年終氣候寒冷時，人們才發覺松柏在其他樹木都凋零之後，仍然保持青翠的顏色。」

解 ❶衛靈公篇10記載顏淵問為邦，在曆法方面，孔子主張「行夏之時」。爾雅•釋天：「唐、虞曰載，夏曰歲，商曰祀，周曰年。」木星在天體中運行，以十二年為週期，因此自古有「歲星」之稱。「歲」為形聲兼會意字，從步、戌聲——從步以示運行之意；從戌得聲，則因戌為地支的第十一位，我國自古訂農曆十一月為子月、該月冬至日為天文歲首（參閱衛靈公篇）。歲寒，指一年的時序進行到了最寒冷的冬季。❷彫，通「凋」，草木枝葉由於受到寒冷氣候的侵害而終於枯萎之意。松、柏等針葉木，不像其他植物在冬天掉光所有的葉子，第二年才又漸漸長出新葉；它們是一邊掉老葉，一邊長新葉，因此才有「松柏長青」的現象及成語。「歲寒然後知松柏之後彫也」是個敘事繁句——主詞省略了，「歲寒然後」為時間限制詞（副詞），「知」為動詞；「松柏之後彫」中的「之」字使「松柏後彫」這個敘事簡句變成了一個詞結（子句），作為「知」的止詞（受詞），不再是敘述「松柏後彫」這件事情，而是代表「松柏後彫」的可貴處。文法是後人歸納而成的遣詞造句法則；然而人們說話往往有修辭學所謂「跳脫」的語病（請參閱顏淵篇01的解說）。因此，有時必須捨文法而從修辭學、語意學的角度，去探索說話者的本意。後人講文法卻泥於文法，以致誤認「彫」字是指松柏而言的，於是才會解釋為「松柏是最後凋零的植物」；殊不知「松柏後彫」的句法近似八佾篇08的「繪事後素」，「彫」字指的是其他植物，「松柏之後彫」的意思是說：松柏在其他植物都凋零之後，仍然保持青翠的顏色，正好象徵了君子的特立獨行和堅貞志節。中庸記孔子答覆子路問強時說：「君子和而不流，強哉矯！中立而不倚，強哉矯！國有道，不變塞（通「寒」，道德純備之意）焉，強哉矯！國無道，至死不變，強哉矯！」意思是說：君子個性隨和卻不隨波逐流，立場公正而不趨炎附勢；即使在國內政治運作脫離常軌時，仍能保持平日美好的道德形象。「矯」的本義是把竹桿矯直成為箭材，引申有正直之意。衛靈公篇06記衛國賢大夫史魚「邦有道如矢，邦無道如矢」，孔子不禁讚嘆說：「直哉史魚！」文天祥正氣歌說：「時窮節乃見。」俗話也說：「疾風知勁草，板蕩識英雄。」因此，「後彫」只有解釋為「在其他樹木都凋零之後，仍然保持青翠的顏色」，才足以顯示和「雞鳴不已於風雨」（見顧炎武廉恥一文）同樣難能可貴的節操。「雞鳴不已於風雨」的意思是說：公雞在颳風下雨、天色晦暗的早晨，仍然不放棄啼叫的職責，比喻君子雖處亂世仍不改變平生的志節。

28子曰：「知者不惑❶，仁者不憂❷，勇者不懼❸。」

譯先生說：「有智慧的人不會迷惑，有品德的人不會煩惱，有膽識的人不會恐懼。」

解❶知，「智」的初文。智者由於好學，見多識廣，凡事都有自己的見解和作法，不會茫然不知所措，所以說「知者不惑」。❷仁者處處替他人著想，為所當為，而不計較本身的得失，所以說「仁者不憂」。❸勇者意志堅強，愈挫愈奮，所以說「勇者不懼」。

29子曰：「可與共學❶，未可與適道❷；可與適道，未可與立❸；可與立，未可與權❹。」

譯先生說：「可以跟某人共同學習，卻還無法跟他共同朝向一致的人生目標邁進；可以跟某人共同朝向一致的人生目標邁進，卻還無法跟他共同創立事業；可以跟某人共同創立事業，卻還無法跟他共同商量權宜之計。」

解❶本章所述一個人的成長，可以分作四個層次：求學、適道、立業、權宜。兩個人成長的軌跡要完全吻合，是相當不容易的。本章六個「與」字後面都省略了代表非特定對象的某人。共，共同、一起之意。「適道」、「立」、「權」的前面都承續上文而省略了「共」字。❷適，前往之意。道，本義為道路，道路有起點和終點，就終點之意引申，可指目標、宗旨，（說詳附錄二釋道）在這裡指人生這條無形道路的理想目標。適道的意思，和里仁篇09、述而篇06的「志於道」相同，就是嚮往人生的理想目標。「君子以文會友，以友輔仁」（語見顏淵篇24），子張熱衷名利，虛華不實，所以天性忠厚、以仁為己任的曾子說：「堂堂乎張也，難與並為仁矣！」（見子張篇16）又如三國時代，管寧和華歆原本同席讀書，後來管寧發覺華歆功利心太重，所以跟他割席絕交、分道揚鑣（事見世說新語‧德行篇）——可知在一起求學，未必就有相同的人生觀和價值觀，志向也就可能不同，所以說「可與共學，未可與適道」。❸立，和中庸「凡事豫則立」的「立」字用法相同，本義為站立，引申有成就事業的意思。孔子說：「狂者進取，狷者有所不為。」（見子路篇21）可知志向即使相同，但有的人個性保守，顧慮太多，習慣於遵循既有的模式來處理事情；有的人則衝勁十足，積極進取，完全不考慮眼前條件的限制。這樣的兩個人，完成學業後進入社會，恐怕難以攜手合作，共同創立一番事業，所以說：「可與適道，未可與立。」❹權，通「銓」，本義為秤錘，當動詞用時，意思是衡量輕重；與權，意思是共同商量權宜之計。由於人生際遇的變數太多，如何通權達變，涉及每一個人的性格、學識、經驗和智慧等等。因此，除非是極為知己、互相尊重和信任的兩個人；否則很難在一起權衡利弊得失，而獲得彼此都同意的結論。自古人人都想擁有像管仲、鮑叔牙這樣的知己朋友，可是真能如願的並不太多，孔子這番話或許也有幾分知己難求的感慨吧！

30「唐棣之華❶，偏其反而❷；豈不爾思❸？室是遠而❹！」子曰：「未之思也❺，夫何遠之有❻？」

譯「郁李樹的花朵翩然飄動；我怎麼會不想念你呢？只是你家實在遙遠罷了！」先生說：「其實是不曾想念，否則哪有距離遙遠的問題呢？」

解 ❶唐棣，又作棠棣，陸璣毛詩草木鳥獸蟲魚疏說就是郁李，屬薔薇科落葉灌木；李時珍本草綱目則說是扶移，屬薔薇科落葉喬木。華，「花」的古字。❷偏，通「翩」；「其」、「而」都是形容詞詞尾，用法同「然」；反，通「翻」——偏其反而，等於說「翩然翻然」，形容花朵迎風搖曳的樣子。❸豈不爾思，「豈不思爾」的倒裝句；爾，第二人稱，相當於白話的「你」。❹室，指對方的住家；是，「寔」的初文，今作「實」，實在、確實之意；「遠而」的「而」，用法跟「耳」相同，有「而已」、「罷了」的語氣。❺未之思也，「未思之也」的倒裝句。❻夫，發語詞；之，語助詞——何遠之有，句法和「何陋之有」相同，都是拿疑問句表達否定的意思，「何遠之有」的意思就是不遠。孔子批評說這話的人，其實是不曾思念對方，只不過拿距離太遠當藉口而已；若真思念的話，距離根本不成問題。

鄉黨篇第十

01 孔子於鄉黨❶，恂恂如也，似不能言者❷。其在宗廟、朝廷，便便言❸，唯謹爾❹。

譯 孔先生在自己的家鄉，平時表現出一副笨笨的樣子，好像不擅長言語的人。當他在宗廟、朝廷時，就變得口才流利，只是態度謹慎而已。

解 ❶鄉黨，周代以一萬二千五百家為鄉，五百家為黨；這裡指孔子的家鄉——他生於昌平鄉的陬邑，長於曲阜的闕里（又稱闕黨，參閱憲問篇47）。❷恂，音「尋」，愚也（見廣雅‧釋詁）；本章幾個「如」字都是形容詞詞尾，用法同「然」——恂恂如，意思是笨笨的樣子。大凡宅心仁厚的人，言行都比較恭謹而沉默寡言，看起來不像愛耍嘴皮的佞人那麼聰明，所以孔子說：「吾與回言終日，不違如愚。」（見為政篇09）又說：「剛、毅、木、訥近仁。」（見子路篇27）又說：「仁者其言也訒。」（見顏淵篇03）太史公司馬遷在史記‧李將軍列傳最後的贊語中說：「余睹李將軍悛悛（音「圈圈」，漢書作「恂恂」）如鄙人，口不能道辭。」孔子在家鄉平日接觸的對象，大多為自己熟識的親友、鄰居等，只要真誠相待便可，無須逞口舌之能，自然會給人「恂恂如也，似不能言者」的印象。❸便，利也；便便言，口才流利之意。孔子在宗廟、朝廷等場所執行公務，總是竭智盡慮，而知無不言、言無不盡，因此又給人「便便（音「駢駢」）言」的印象。❹唯，相當於白話說「只不過」；爾，相當於白話的「而已」、「罷了」。君子勇於負責，「於其言無所苟而已矣」（見子路篇03）；所以儘管便便言，也能謹守分寸，而不至於肆無忌憚、大放厥詞。

02 朝❶，與下大夫言❷，侃侃如也❸；與上大夫言，誾誾如也❹。君在，踧踖如也❺、與與如也❻。

譯 先生上朝時，跟下大夫交談，神情怡然自得；跟上大夫交談，態度恭恭敬敬的。國君在場時，表現出敬謹、恭順的樣子。

解 ❶朝，指上朝的時候。主詞為孔子，承上文而省略；以下都是這樣，不再一一說明。❷下大夫，據禮記‧王制篇，諸侯大國、次國都有三卿——分別為大司徒、大司馬、大司空，在魯國分別由季孫氏、叔孫氏、孟孫氏擔任。三卿之下又有大夫五人。攏統地說，卿與大夫都稱大夫；分別來說，卿為上大夫，其餘為下大夫。魯定公時，孔子曾由中都宰升遷為司空，為大司空的屬下，所以是下大夫；與下大夫言，也就是跟同僚交談。❸侃，通「衎」，說文：「衎，喜貌。」禮記檀弓上篇：「居處言語，飲食衎爾。」鄭玄注：「衎爾，自得貌。」「爾」為形容詞詞尾，「衎爾」的用法和「衎然」、「衎如」、「衎衎」相同；「侃侃」也就是「衎衎」，形容神情愉悅、怡然自得的樣子。❹誾，音「銀」，廣雅‧釋訓：「誾誾，敬也。」❺踧踖，音「促及」，廣雅‧釋訓所錄「踧踖」的「踧」字省掉了偏旁「又」，而解作畏敬。❻與，「懙」的初文，恭敬之意（見廣韻‧九魚）。孔子說：「君子有三畏——畏天命、畏大人、畏聖人之言。」（見季氏篇08）因為公卿大人肩負治國重任，所以孔子對他們能謹守臣屬的分際，而表現出相當尊敬和恭順的態度，以致不免被人誤會，他才會感慨地說：「事君盡禮，人以為諂也。」（見八佾篇18）

03 君召使擯❶，色勃如也❷，足躩如也❸。揖所與立❹，左右手❺；衣前後襜如也❻。趨進❼，翼如也❽。賓退❾，必復命曰：「賓不顧矣❿！」

譯 國君徵召先生並指派他接待來訪的外賓，他的表情莊重，步履敏捷。跟站在外賓身旁的人一一打招呼，有時向左邊拱手，有時向右邊拱手；衣裳的下襬隨著肢體的動作而前後搖來搖去。快步行進時，兩臂略微張開，好像鳥類翅膀似的。當送走貴賓之後，一定回來向國君報告說：「來賓已經離去，不再回頭了。」

解❶擯，音「鬢」，同「儐」，指陪伴或代表國君接待來訪外賓的官員，這裡當動詞用，意思是擔任儐相。奉命接待外賓是一項重大的任務，孔子博學多聞，嫻習禮儀，很受國君倚重，擔任魯國司寇期間，曾經陪同定公在夾谷和齊景公會盟，表現卓越，因此有外賓來訪時，魯君特別徵召，使他擔任這項職務。❷勃如，和「勃然」、「勃勃」用法相同，有嚴肅、莊重之意。❸躩，音「絕」；足躩如也，意思和莊子‧山木篇「蹇裳躩步」的「躩步」相同——蹇，通「攐（音「千」）」，提起之意。古人穿長袍時，若要快跑，就得提起袍子的下襬，由此可知：「足躩如」的意思，就是形容步伐快速的樣子。接待外賓，責任重大，不容稍有差錯或疏忽，必須態度莊重，而且要能亦步亦趨，劍及履及，才能面面俱到，讓來賓充分感受到主人的熱忱，所以孔子周旋於雙方眾多公卿大夫之間，無論舉手投足，都中規中矩，終能圓滿完成使命。❹揖所與立，意謂向跟貴賓站在一起的隨員拱手打招呼——「與」為關係詞，後面的補詞（貴賓）省略了，「所」為代名詞，指站在貴賓左右兩旁的隨從（古代稱作「介」）。❺左右手，「或向左、或向右拱手作揖」的省言，由此可見孔子接待外賓，沒有冷落任何一位訪問團的成員，可說禮數周到。❻襜，音「攙」，古人衣裳遮蔽膝蓋的部份，方言四：「蔽厀（膝），齊、魯之郊謂之袡（襜）。」襜如，在這裡和「襜然」、「襜襜」同為形容詞，動搖的樣子。楚辭‧九歎‧逢紛：「裳襜襜而含風兮。」意思是衣裳隨風而飄動。這裡的「衣前後襜如」，則是形容衣襬隨著「左右手」而搖來搖去的樣子。❼趨，快步而行之意。❽翼如，形容兩手微張像飛鳥翅膀的樣子。❾賓退，意思是來訪貴賓離去之後。❿復命，意思是回來向君主報告。顧，回頭之意；賓不顧，意謂貴賓回去、自己的任務完成了。

04 入公門❶，鞠躬如也，如不容❷。立不中門，行不履閾❸。過位❹，色勃如也，足躩如也，其言似不足者❺。攝齊升堂❻，鞠躬如也，屏氣似不息者❼。出，降一等，逞顏色，怡怡如也❽。沒階，趨進，翼如也❾。復其位，踧踖如也❿。

譯 先生進入宮廷大門時，總是彎著腰通過，好像門楣太低容納不下他似的。站立時，不會擋在門中央；通過門口時，也不會踐踏門檻。走向自己的朝位時，態度莊重，步伐快速。他在朝位上跟同僚交談的語句，簡略得好像不太完全。當撩起衣襬登堂走向國君時，彎著腰身，憋住氣息，好像不能呼吸一樣。出來時，才走下一級台階，臉部的表情就轉為輕鬆，顯得十分愉快的樣子。下完台階，快步行進，兩臂略微張開，好像鳥類的翅膀。回到自己的位置時，又表現出敬謹的樣子。

解 ❶本章記載孔子上朝時的舉止，可見他兢兢業業的從政態度。公門，君門、宮門。古代進到朝廷，要先後經過三門——庫門、雉門、路門。❷鞠躬，彎腰，形容態度非常恭敬的樣子。容，容納之意；如不容，意思是：好像公門矮小到無法容納身材高大的孔子（根據史記‧孔子世家的記載，他身高九尺六寸，在當時有「長人」的綽號），他必須彎著腰才能通過一樣。❸立不中門，不站在門中央、擋住別人。履，本義為鞋子，當動詞用，有踩、踏之意；閾，音「域」，指門檻。❹過位，參照下文「復其位」那句，可知為「過其位」的省言，意思是走向自己朝班的位置——根據下文的敘述，可知孔子上朝時所站的位置應在堂下；過，音「鍋」，戰國策‧齊策四：「過其友。」意思是造訪友人家，可知「過」有去到之意，「過位」相當於現在說「就位」。❺其言似不足者，由於就位後應該保持安靜，所以偶而有事跟旁邊的同僚交談，說話儘量小聲、扼要，以致語句好像不太完整。❻攝，撩起之意；齊，音「資」，衣裳下部的邊緣；攝齊是為了防範升堂參奏或答詢時踩到衣裳下襬而跌跤。❼屏，「摒」的初文，音「並」，有排除、遮蔽之意；息，呼吸之意——屏氣似不息者，意思是摒住氣息，好像停止呼吸那樣，形容孔子升堂接近國君時的敬畏心情。❽一等，指石階一級。逞顏色，「逞」有暢快之意，在這裡形容臉部表情舒展、放鬆的樣子。怡怡如，愉悅的樣子。❾沒階，意思是下完所有台階。❿復，返回、回到之意；其位，指自己朝班的位置。

05 執圭❶，鞠躬如也，如不勝❷。上如揖❸，下如授❹；勃如戰色❺，足蹜蹜如有循❻。享禮❼，有容色❽。私覿❾，愉愉如也。

譯 先生奉派出國訪問，雙手捧著信圭，彎著腰，好像拿不起的樣子。有時雙手擡高，像作揖的姿勢；有時雙手放低，又像要把它交給別人的樣子。他的態度莊重，表現一副戰慄的模樣；步伐緊湊，好像循著一條特定路線向前行進似的。呈獻禮物時，臉上表現出柔和的樣子。等到私下跟地主國君面談時，就顯得非常愉快了。

解 ❶圭，一種瑞玉，上端呈圓形或尖形，下端為方形。古代臣子奉命出國訪問，手執國君交付的瑞玉，以取信地主國。❷勝，音「升」，堪也，有承受之意；如不勝，意思是好像舉不起來一樣。❸上，捧圭的雙手擡高。❹下，雙手放低。❺戰色，緊張、戰慄的模樣。❻蹜蹜，音「素素」，形容步伐短小而急促的樣子；有循，沿著特定路線前進，形容步履謹慎、中規中矩。❼享禮，將禮物陳列庭中，進獻給地主國君的禮儀。❽有容色，由於心情放鬆，而表現出溫和的臉色。❾覿，音「狄」，意思是見面；私覿，意思是地主國君私下接見，和使者面談。愉愉如，心情愉快的樣子。

06 君子不以紺、緅飾❶，紅、紫不以為褻服❷。當暑，袗絺綌，必表而出之❸。緇衣羔裘，素衣麑裘，黃衣狐裘❹。褻裘長，短右袂❺。必有寢衣，長一身有半❻。狐、貉之厚以居❼。去喪，無所不佩❽。非帷裳，必殺之❾。羔裘、玄冠不以弔❿。吉月，必朝服而朝⓫。

譯 先生不用青赤色或赤黑色為衣服的領口和袖口鑲邊，不用紅色和紫色布帛做貼身衣服。當炎熱的夏季，穿著葛布做的單衣；出門時，一定會再加上一件外衣。黑色外套搭配黑色小羊皮襖，白色外套搭配白色小鹿皮襖，黃色外套搭配黃色狐狸皮襖。居家穿的皮襖比較長些，右邊的袖子比較短。睡覺時一定穿睡衣，長度比軀幹再多一半。狐、貉的厚皮拿來當椅墊坐。除喪以後，沒有什麼飾物不佩帶的。若不是上朝或祭祀用的衣服，一定要裁掉多餘的布料。小羊皮襖、黑色禮帽，不穿戴去弔喪。每逢主管官員告月那天，一定穿正式禮服去上朝。

解 ❶君子，有時學生會稱孔子為君子──例如禮記‧禮運篇記載：「昔者仲尼與於蜡賓，事畢，出遊於觀之上，喟然而嘆。言偃在側，曰：『君子何嘆？』」紺，音「幹」，帛色深青而帶赤；緅，音「鄒」，帛色赤而微黑；飾，指衣裳的領口和袖口鑲邊。❷褻（音「屑」）服，貼身的衣服。據孔安國的說法，紺為齋服，緅為喪服，所以孔子平日的穿著「不以紺、緅飾」，是為了避免混淆。❸袗，音「枕」，單衣，這裡當動詞用，意思是穿著單衣；絺，音「癡」，細葛布；綌，音「係」，粗葛布──絺綌，泛指葛布製成的衣物。詩經‧邶風‧綠衣篇：「綠衣黃裡……絺兮綌兮，淒其（涼爽）以（「似」的初文）風。」可知葛布因吸汗且透氣，適合夏天製作內衣來穿。表，本義為夾衣的外層，這裡當動詞用；表而出之，意思是說：出門時，在葛布內衣外面，再套上一件衣服──因為穿內衣出門很不雅觀；在什麼場合穿什麼衣服，崇尚禮教的孔子非常講究這一點。❹古人冬天穿著皮袍，通常毛向外，外面還要加一層罩衣，叫做「裼」（音「錫」），本章的「緇衣」、「素衣」、「黃衣」，都指裼衣。裼衣和皮衣的顏色相稱，所以孔子「緇衣羔裘，素衣麑裘，黃衣狐裘」是很自然的。緇，音「資」，意思是黑色；羔，音「高」，意思是小羊──羔裘應該是用黑色羊皮做成的。麑，小鹿，毛色白，所以麑裘外罩素色裼衣；狐毛色黃，所以外罩黃衣。❺褻裘，居家穿著的皮衣，做得較長，更能保暖。袂，音「妹」，意思是衣袖；右邊袖子較短，是為了方便做事。

❻寢衣，就是睡衣。身，指軀幹；有，通「又」——長一身有半，長度大約到膝蓋。❼貉，音「何」，獸名；厚，濃厚、稠密之意，這裡用做名詞，指多毛的狐皮和貉皮。以，意思是拿來、用作。居，意思是坐，參閱為政篇01「居其所而眾星共之」句解說。❽去喪，喪期居滿，脫掉喪服之意。無所不佩，「所」為不定代名詞——古代士族認為玉有多種美德，所以特別喜愛玉飾；然而居喪期間不宜佩帶，等到服喪期滿後，就沒有任何顧忌了。❾帷裳，古人上朝和祭祀時穿著的禮服，上半身為衣，較短；下半身為裳，用整幅布料做成，像帷幔一樣，所以稱作帷裳。殺，音「曬」，減少、裁剪之意。做帷裳多餘的布料，不加剪裁，而摺疊成前面三幅、後面四幅，類似現在的百褶裙。除了帷裳之外的服裝，孔子一定要裁掉做裳時多餘的布幅，以求省工省料。子罕篇03記孔子的話說：「麻冕，禮也；今也純，儉，吾從眾。拜下，禮也；今拜乎上，泰也，雖違眾，吾從下。」可見在不違背禮教精神的前提下，孔子處理事物，都力求節儉，而杜絕奢侈、浪費。❿羔裘、玄冠不以弔，是「不以羔裘、玄冠弔」的倒裝句；喪事屬凶禮，而黑色的羔裘、玄冠為吉服，所以孔子不穿戴去弔喪，是合情合理的。⓫吉月，應作「告月」，由於「告」、「吉」兩字的隸書分別作**告**、**吉**，形體近似，以致漢代儒者在傳抄時不小心寫錯了。告月禮不同於告朔禮（見八佾篇17）——前者是主管官員在每個月底將下個月的行事曆向君主提報，後者是國君每月初一在太廟祭告祖先。魯國從文公以後，告朔之禮形同虛設；但有司仍然保持告月的慣例。孔子於哀公十一年奉召返國，雖然沒有再擔任朝廷職務，但以國之大老的身分，一直深受尊重，仍不時上朝建言或備詢——例如哀公十四年，齊國大夫陳成子殺害簡公，他曾沐浴而朝，建議哀公出兵討伐（見憲問篇22）。每當有司告月的日子，他一定會穿著正式禮服上朝，可見他多麼重視這件關係國計民生的政務。

07 齊，必有明衣❶，布❷。齊，必變食❸。居，必遷坐❹。

譯 遇到齋戒的日子，先生沐浴後，一定換穿專用的乾淨衣服，是用麻布製成的。齋戒時，一定改吃清淡的食物。至於生活起居的處所，一定從主臥室遷移到廂房去。

解 ❶齊，「齋」的初文。古人在祭祀之前，必先行齋戒，凡飲食、居住、身體等，都得保持潔淨，而且要清心寡慾，以表示誠敬之意——明衣，就是齋戒期間沐浴後所穿乾淨的內衣。❷布，指明衣的質料。趙翼 陔餘叢考說：「古時未有棉布，凡布皆麻為之。記曰：『治其絲、麻，以為布、帛。』是也。」❸變食，改變日常飲食——不喝酒，不吃含蔥、薑、大蒜、韭菜等氣味濃烈辛臭的菜餚。莊子・人間世篇有一節顏淵和孔子的問答：「顏回曰：『回之家貧，唯不飲酒、不茹葷者數月矣，如此則可謂齋乎？』曰：『是祭祀之齋，非心齋也。』」李時珍 本草綱目說：「五葷即五辛，謂其辛臭昏神伐性也。」至於五辛指的是哪五種食材，說法不一，無非要求飲食須清淡而已。❹坐，「座」的初文，指牀榻。高士傳：「管寧常坐一木榻上。」可知古代的牀榻可供坐、臥兩用。遷坐，意謂遷移坐臥起居的處所。古代從天子到士族，平日都和妻子住在正寢（主臥室）；齋戒和生病時，便轉移到外寢（側室、廂房），不跟妻子同房。

08 食不厭精❶，膾不厭細❷。食饐而餲、魚餒而肉敗不食❸，色惡不食，臭惡不食❹，失飪不食❺，不時不食❻，割不正不食❼，不得其醬不食❽。肉雖多，不使勝食氣❾；唯酒無量，不及亂❿。沽酒、市脯不食⓫。不撤薑食，不多食⓬。祭於公，不宿肉⓭。祭肉不出三日；出三日，不食之矣⓮！食不語，寢不言⓯。雖疏食、菜羹、瓜祭⓰，必齊如也⓱。

譯 先生對於主食，不求把米舂得很白才感到滿足；對於葷菜，不求把肉切得很細才感到滿足。剩飯放久了變得溼黏而且有臭餿味、魚類不新鮮以及肉類腐敗，一概不吃；顏色難看的，不吃；氣味難聞的，不吃；沒熟或太焦的，不吃；不是用餐時間，不吃；切肉刀法不正確的，不吃；用錯醬料的，不吃。肉品雖多，也不讓它超過胃腸的負荷；只有酒量沒有限制，但也不會喝到神志不清、意識錯亂的地步。從外面買來的酒和肉脯，不吃。餐後不撤掉薑料，但也不會多吃。參加公家祭典後，不把胙肉放到第二天。其他的祭肉，存放不超過三天；若超過三天，就不吃了。在吃飯時，不跟人家交談；就寢後，就不說話了。雖用粗糧、菜羹、瓜類祭食，一定懷著虔誠的心意。

解 ❶厭，「饜」的初文，意思是滿足（參閱述而篇02「學而不厭」句解說）；精，米舂得很白之意——食不厭精，意謂對於米糧不會有非把它舂得很白不可的慾望。❷膾，音「快」，說文：「細切肉也。」膾不厭細，意謂對於肉類不會有非把它切得很細不可的慾望。一般富貴人家吃東西講究口感、入味，總是希望米舂得愈精、肉切得愈細愈好；孔子既然甘於「飯疏食、飲水」（見述而篇15），又不恥「惡衣惡食」（見里仁篇09），就不會特別去追求口感及味覺上的滿足，所以說「食不厭精，膾不厭細」。向來學者們用「厭（饜）」的引申義（厭惡）解釋這兩句，結果和原意完全相反。❸對於飲食的衛生品質，孔子倒是相當重視。饐，音「亦」，說文：「飯傷濕也。」意思是米飯因久放而變得濕黏；餲，音「愛」，相當於現在說「餿（音「搜」）掉了」。餒，音「內」的上聲，腐壞之意。爾雅‧釋器：「肉謂之敗，魚謂之餒。」❹惡，意思是不好；臭，音「秀」，意思是氣味——凡食物色相不好、氣味難聞的，大多已不新鮮，所以孔子一概不吃。❺失飪（音「任」），意思是烹調的火候控制不當，以致半生不熟或燒焦了。❻不時，指正常用餐以外的時間。❼割不正，意思是刀法不正確——按肉類的紋理應該橫斷薄切，才有利於咀嚼；若順著紋理直切，或切得太厚，便嚼不爛而肉渣容易夾在齒縫中，所以說「割不正不食」。❽醬，指醋汁、芥末、蒜泥、醬油膏等沾料。某些食品，只適合配用特定的沾料，不得其醬，意思是沒有適合的沾料。❾食氣，或稱胃氣，指胃腸的消化功能。俗話說：「病從口入。」五穀為主食，肉為副食，副食的份量不宜多於主食，否則容易損傷胃氣而妨害身體健康，所以肉品雖多，也得節制。傳統醫學對於身體虛弱的病患，往往用米湯服藥，或用稀粥調養，讓胃氣漸漸恢復。熱病患者初癒，若即刻進食過量，容易復發病症，名為「食復」，可知食氣的重要，古人是很講究的。❿酒能養生，也會傷身；能助興，也會亂性；如何適量飲用，完全得靠飲者視場合、時機而自我節制。孔子心智成熟，酒品良好，才能做到「無量，不及亂」。⓫「沽」、「市」都有購買的意思，脯為肉乾；市面上賣的酒和肉乾，材料、製法、存放時間等都不清楚，品質毫無保證，所以孔子通常都不食用。本篇第十一章記載：「康子饋藥，拜而受之，曰：『丘未達，不敢嘗。』」可見孔子對吃進肚裡的食物、藥物等，都非常謹慎。⓬薑能增進食慾、殺菌消毒，益處多多，所以常置飯桌，餐後不徹；雖然常吃，但也不會多吃。⓭祭於公，意思是參加公家的祭典。宿，隔夜之意。古代君主在祭祀典禮結束之後，循例都會把供奉的肉品（名為「胙」或「膰」，相傳吃了可得神明庇佑）分賜參與的人員，由於距宰殺時間已經一兩天了，所以孔子帶回家後，當天就烹煮來吃，不再放到第二天。⓮自家或親友餽贈的祭肉，雖然比較新鮮，但也不會存放到第四天；否則寧可丟棄不吃，這也是堅持「魚餒而肉敗不食」的原則。⓯進餐時，口中有食物，與人交談，既不雅觀，也不衛生；就寢後，就要好好休息，說話會讓神經興奮而影響睡眠──兩者都不適宜，所以孔子沒有這樣的壞習慣。⓰雖疏食、菜羹、瓜祭，為「雖疏食、菜羹、瓜以祭」或「雖以疏食、菜羹、瓜祭」的省言。羹，音「耕」，食物的湯汁。古人在進餐之前，將席上各種菜餚取出少許，放置飯桌上，以感念最初發明飲食的人，表示不忘本，叫做祭食，不同於祭祖；雖然動作簡單，而且用的是當下現成的廉價食物，但孔子仍表現出虔誠的心意。⓱齊，「齋」的初文，有虔誠之意。

09 席不正❶，不坐❷。

譯 席位若鋪設歪了，先生就不坐下。

解❶席，古代沒有椅子，大多將草席鋪在地面來坐，所以說「席地而坐」。❷本篇另節記載：「君賜食，必正席先嘗之。」禮記・曲禮上篇說：「主人跪正席，客跪撫席而辭。」可見座席鋪設端正，和衣帽穿戴整齊等生活上的儀節，古人都很重視。「不坐」的主詞為孔子，記者省略了。

10鄉人飲酒❶，杖者出，斯出矣❷！鄉人儺❸，朝服而立於阼階❹。

譯和同鄉的人飲酒結束，先生總要等到手拄拐杖的長者都出去了，他才出去耶！同鄉的人為先生舉行驅逐疫鬼的儀式時，先生穿著上朝的制服，以主人的身分站在祠堂東邊的石階上答謝。

解❶古代有鄉飲酒禮，用意在於尊賢和敬老，周禮・酒正稱為「公酒」。據孔穎達禮記・鄉飲酒義・疏的說法，鄉人飲酒有四種情形：一、鄉大夫每三年一次推薦鄉中賢能之士給國君的歡送會。二、鄉大夫招待國中的賢者。三、州長春、秋習射時飲酒。四、黨正於十月農作物收割完畢後，舉行蜡祭而飲酒。本章所記，則為孔子家鄉年節、喜慶等酒會的場合。❷杖者，指手拄拐杖的長者。斯，用法同「則」，相當於白話的「才」；「斯出矣」的主詞省略了。禮記・王制篇說：「五十杖於家，六十杖於鄉，七十杖於國，八十杖於朝。」同書鄉飲酒義篇說：「六十者坐，五十者立侍以聽政役（差遣），所以明（教導）尊長也。」可知本章所謂杖者，當指六十歲以上的人，孔子這時候大約五十歲左右，在遵守禮教的同時，也給學生做了最好的示範。❸儺，音「挪」，古代驅逐瘟疫的民俗活動。❹阼（音「作」）階，指東階，為主人所站的位置。周禮・方相氏：「儺，大夫朝服祭。」孔子朝服而立於阼階，可知是以主人的身份答謝鄉人為他舉行這次儺祭。

11問人於他邦❶，再拜而送之❷。康子饋藥❸，拜而受之❹，曰：「丘未達❺，不敢嘗❻。」

譯先生若託人問候國外的友人，會行再拜禮來送使者上路。季康子派人贈送藥品，先生拜謝之後收下，告訴使者說：「丘不太瞭解這藥的性味，所以不敢輕易試嘗。」

解 ❶問，致送禮物以表達問候之意。❷再拜，行拜兩次的禮儀。對使者禮貌周到，等於向問候的對象表達由衷的敬意；可想而知，使者受到尊重，自然會竭盡智慮，不負所託。❸康子，指魯國執政大夫季孫氏；饋，音「愧」，贈送之意。❹拜，拜一次為禮，表示謝意。古人行拜禮、再拜禮、三拜禮，相當於今人行鞠躬、再鞠躬、三鞠躬禮。禮記・玉藻篇說：「酒、肉之賜，弗再拜。」饋藥和賜酒、肉相似，用不著再拜，所以拜一次就行了——凡經典單用「拜」字，通常都指一拜而言。❺孔子名丘，對尊長稱自己的名字，是一種禮貌；使者代表主人，所以孔子拜謝時也自稱其名。達，意思是通曉、充分瞭解。❻嘗，「嚐」的初文，試吃之意。藥物固然可以治療疾病、補養身體；但若不諳藥性，隨便服用，也有可能造成傷害，甚至送命。身體髮膚受之父母，不敢毀傷，因此孔子對於服藥十分謹慎；但因尊長有所饋贈，卻之不恭，所以在拜謝之後，又據實相告，保護自己而不失禮數，可說完全合乎中道。

12 廄焚❶，子退朝❷，曰：「傷人乎？」不問馬❸。

譯 有一次馬房被火燒毀了，先生下班回到家裡，急切地問道：「有人被火燒傷嗎？」卻沒有問起馬的損傷情形。

解 ❶廄，音「就」，意思是馬房；焚，失火之意。❷退朝，意思是從朝廷下班回到家裡。❸古人家裡豢養的牲畜就是財富，孔子聽到馬房失火的消息時，急切地詢問是否有人傷亡，問人不問馬，顯示他重義輕利的價值觀。

13 君賜食，必正席先嘗之❶；君賜腥，必熟而薦之❷；君賜生，必畜之❸。侍食於君，君祭，先飯❹。

疾，君視之，東首❺，加朝服，拖紳❻。君命召，不俟駕行矣❼。

譯 倘若國君賞賜熟食，先生一定把座席安放端正後，先嘗一嘗；倘若國君賞賜生肉，他一定煮熟了之後才獻給祖先；倘若國君賞賜活的牲口，他一定圈養起來。陪國君用餐時，國君要行祭食禮，他就先嚐一些。先生臥病在床，國君來探望時，他頭在東方，身體蓋著上朝的制服，再把腰帶拉出放在上面。國君有事召喚時，先生不等僕人備妥車輛，便立刻動身趕去覲見了。

解 ❶食，指經過烹調、隨即可吃的菜餚。「正」為動詞；正席，把座席擺正之意。先嘗之，當著使者的面，擺正座席後，就迫不及待地先品嚐一下國君賞賜的食物，以示敬謹領受國君的厚愛。❷腥，指未經烹調、仍帶血腥味的肉品。薦，意思是向祖先進獻國君的賞賜；因為不可讓祖先吃生肉，所以要先煮熟了才獻上。❸生，指活的牲口。畜，音「續」，圈養之意——若無必要，捨不得馬上宰殺，以示珍惜國君的盛情。❹祭，指進食前禮敬神明的儀式。宴客時，主人頻頻向客人勸酒、勸食；祭食的意義，等於敬請神明先行享用。儀禮·士相見禮說：「君賜之食，則君祭，先飯。遍嘗膳，飲而俟；君命之食，然後食。若有將食者，則俟君之食，然後食。」依照古禮，國君進食前，通常先由膳宰（廚師）試吃，看看食物有無毒性或是否腐敗、變味。臣屬陪侍國君用餐，若沒有膳宰嘗食，當國君行祭食禮時，臣屬必須先遍嘗每道菜餚。飯，和述而篇15「飯疏食」的「飯」，都用作動詞，意思是吃。❺東首，頭部朝向東方。古人的牀榻通常設在靠北邊的窗下，孔子臥病期間，若逢國君前來探視，他便將病牀移到靠南邊的窗下，同時頭部朝東，身體向右側臥——這樣，國君探視他時，就剛好處在面向南方的位置，君臣的分際仍然能夠顯示出來。❻拖，意思是引，也就是拉出來；紳，意思是束腰的大帶。因臥病在床，不便穿著上朝的禮服，於是把朝服加蓋身上，再把腰帶拉出來放在朝服上面，以表示對國君的尊重。❼命，意思是派人前來。俟，等候之意；駕，意思是僕人備妥馬車。禮記・玉藻篇說：「凡君召……在官不俟屨（穿好鞋子），在外不俟車。」荀子・大略篇也說：「諸侯召其臣，臣不俟駕，顛倒衣裳（匆忙中甚至連衣服都穿反了）而走（跑步），禮也。」國君臨時派人前來召見，一定有什麼緊急事故，身為臣屬的，為了爭取時間，不等僕人備妥馬車，便立刻動身，這是「臣事君以忠」的具體表現。

14 入太廟，每事問。

按 這件事八佾篇15也有記載，而且比較詳細。

15 朋友死，無所歸❶，曰：「於我殯❷。」朋友之饋，雖車馬，非祭肉不拜❸。

譯 從外地來的朋友死了，一時沒有親人出面料理喪事，先生說：「由我來幫他入斂好了。」朋友贈送的禮物，除了祭肉以外，就算是車馬之類的貴重東西，也不行拜禮來接受。

解 ❶「朋友死，無所歸」的意思是說：友人來自他鄉，不幸客死本地，一時沒有親人將遺體帶回老家安葬。❷殯，從歺、賓聲，以示人死之後，就好像將要離去的賓客一樣；於我殯，「殯於我」的倒裝句——靈柩停放在我家，也就是由我來為他料理後事的意思。依照古禮，平民死後，三天內要舉行殯禮——也就是家屬將死者遺體放在靈柩中，暫時安置一段時間，以等待各地親友前來送葬。禮記・檀弓上篇記載：「賓客至，無所館，夫子曰：『生於我乎館，死於我乎殯。』」館，指供應食宿的場所，當動詞用時，意謂提供食宿所需。「生於我乎館，死於我乎殯」的句法也可換作「生則館於我，死則殯於我」，可見孔子是一位十分重視感情與講究道義的人。❸饋，指贈送的禮物。祭肉，指祭祀時所用的肉品，又稱胙肉，據說吃了可得神明的福佑，因此，古人都樂於將祭肉讓親友們分享。「雖車馬，非祭肉不拜」的意思就是：接受禮物時，只有祭肉才拜；除此之外，即使像車馬那麼貴重的東西，也不行拜禮——由此可見孔子看重的不是禮物的價錢，而是他所代表的意義。

16寢不尸❶，居不容❷。見齊衰者，雖狎，必變❸；見冕者與瞽者，雖褻，必以貌❹。凶服者，式之❺，式負版者❻。有盛饌，必變色而作❼。迅雷風烈，必變❽。

譯 先生睡覺，不採仰臥的姿勢；閒居在家，就不修飾儀容。看見穿孝服的人，雖然彼此的關係非常親近，表情也一定會有所改變；遇到戴禮帽的官員和瞎眼的人，雖然十分熟識，也一定正眼看著他們。如果乘車時遇見穿喪服的人，便手扶座前橫木，身體前傾，向對方致意；他也同樣用這種禮儀向背負模板的工人致意。受邀出席宴會，主人準備的豐盛菜餚送到面前時，他一定變換原來的表情，並且站起身來致謝。聽到暴雷狂風的聲音，臉色也一定會改變。

解 ❶寢，本義是睡覺的房間，當動詞用時，意思是睡覺；尸，「屍」的初文，仰臥之意。述而篇15記孔子的話說：「飯疏食，飲水，曲肱而枕之，樂亦在其中矣！」可知他睡覺喜歡側臥，據現代科學研究報告，向右側臥的姿勢最有利於健康。臥佛雕像的姿勢也是這樣，應該不是巧合。❷居，不工作而留在家裡休息之意；容，這裡用作動詞，和「女為悅己者容」的「容」字，都是修飾儀容的意思。君子出門在外，應當「正其衣冠，尊其瞻視」；既然在家休息，自以輕鬆、舒適為原則，也就無須在服裝、儀容方面去講究了。❸齊衰者，已見子罕篇09。狎，音「狹」，關係親近之意；變，指表情而言。❹褻，本義為貼身的衣物，引申為親密、熟識之意。貌，意思是正面相對，以示尊重。子罕篇09記載：「子見齊衰者、冕衣裳者與瞽者，見之雖少必作，過之必趨。」也是為了表示敬意。❺凶服者，指披麻帶孝的人；式，「軾」的初文，為古代馬車坐位前的橫木，這裡當動詞用，意思是雙手扶軾，身體前傾，向人行禮致意。❻版，指築牆用的模板，孟子・告子下篇說：「傳說舉於版築之間。」「版築」的意思就是用模板來築牆；負版者，指建築工人。禮記・曲禮上篇：「夫禮者，自卑而尊人；雖負販（通「版」）者，必有尊也，而況富貴乎！」負版者雖然貧賤，但能自食其力，身分卑微，人格並不低賤；況且殷高宗的賢相傳說還是建築工人出身的，所以孔子也同樣尊敬他們——可見孔子平易近人，確實做到了君子的「泰而不驕」（語見堯曰篇02）。❼盛饌（音「賺」），意思是豐盛的菜餚；作，起立之意。「有盛饌，必變色而作」的意思是說：接受主人邀宴，當服務人員送來豐盛的菜餚時，孔子即使正在跟其他賓客談笑風生，也一定會停止笑談，並且從座位上起身表示謝意——因為服務人員是代表主人招待賓客的，向他們致意，就等於感謝主人的盛情。❽迅雷風烈，突如其來的雷聲和強烈的風勢。必變，「變」下承上文省略了「色」字。對於自然界氣象的急遽變化，孔子也是審慎以對，絲毫不敢輕忽。

17升車❶，必正立執綏❷。車中不內顧、不疾言、不親指❸。

譯 先生要上車時，一定端正地站立車旁，手裡抓緊牽引身體的繩索。馬車行進中，不回頭看後面，不用激昂的聲調說話，也不會擅自指東指西。

解 ❶升，登上之意。❷綏，牽引身體以便上、下車的繩索，用途相當於把手；正立執綏，顯示孔子行事謹慎、動作確實，絲毫不敢大意。❸顧，回頭觀看之意。疾言，意思是用激昂的聲調說話。親指，意思是自己隨便指東指西。「車中不內顧、不疾言、不親指」，都是為了避免馬匹或駕駛人受到驚嚇、干擾而發生意外，可見孔子能夠尊重和信任駕駛，以維護行車的安全。

18色斯舉矣❶！翔而後集❷。曰：「山梁雌雉❸，時哉！時哉❹！」子路共之❺，三嗅而作❻。

譯 山溝橋樑上的母雉受到驚嚇，就鼓動翅膀飛起來；在空中翱翔幾圈後，又降落到樹上棲息。先生見狀，不禁讚歎說：「好欸！好欸！」子路向它拱手作勢，嚇得它又鼓動幾下翅膀飛了起來。

解❶「色斯舉矣，翔而後集」和「曰」都缺少主詞，頗嫌突兀；尋繹上下文理，前者主詞當為「山雌雉」，後者主詞當為「子」。疑原簡斷爛，以致後人整理時誤倒。色，通「歁」，驚嚇之意（見陳舜政論語異文集釋所引王叔岷說）；斯，用法同「則」，相當於白話的「就」；舉，振翅飛起之意。❷翔、集，鳥類在天空張翅盤旋或在樹上棲息之意。❸梁，「樑」的初文；山梁，山溝上的橋樑。雉，音「至」，俗稱野雞，雄的羽毛很美，尾長；雌的淡黃褐色，尾較短。❹時，善也（見詩經・小雅・頍弁篇毛傳。頍，音「虧」上聲；弁，音「辨」）。重複地說「時哉時哉」，如同說「善哉善哉」，意在稱讚山梁雌雉懂得避凶趨吉，受到驚嚇便飛起，然後換個安全的位置棲息。❺共，「拱」的初文。❻三，虛數，表示多次；嗅，「狊」（音「具」）的錯字，當係後人傳抄時誤寫，張開兩翅之意（見朱熹集注所引劉聘君說）；作，飛起之意。本章記載：有一次，孔子帶領幾位學生走過山區一座橋樑時，原在橋上棲息的母雉受到驚擾，立刻飛到天空，翱翔了一會兒之後，又飛到樹上棲息。孔子見狀，不禁讚嘆雉鳥似乎懂得避凶趨吉，一如他讀到詩經・小雅・緜蠻篇的「緡蠻黃鳥，止於丘隅」時，也曾感嘆：「於（惠棟九經古義以為當作「鳥」）止，知其所止，可以人而不如鳥乎？」（見大學）子路聽到老師稱讚雉鳥，於是向著它拱手致意，可能樹木不高，率真的子路嗓門又大，使得雉鳥再度受到驚嚇而張翅飛起。

先進篇第十一

01子曰：「先進於禮樂，野人也❶；後進於禮樂，君子也❷——如用之，則吾從先進❸。」

譯 先生說：「擔任公職之前就已經先受禮樂薰陶的，大都為出身田野的平民；當任官之後才學習禮樂的，大都為出身世家的子弟——若要用人，我就會傾向於先受過禮樂薰陶的那一類。」

解 ❶對於「先進」與「後進」，學者們的解釋歧異很大，清代劉寶楠的說法似乎比較可取，他說：「古用人之法，皆令先習禮樂而後出仕，子產所云『學而後入政』者也……夫子以先進於禮樂為野人——野人者，凡民未有爵祿之稱也。春秋時，選舉之法廢，卿大夫皆世爵祿，皆未嘗學問；及服官之後，其賢者則思為禮樂之事，故其時後進於禮樂為君子——君子者，卿大夫之稱也。」（見論語正義）據此，則「先進於禮樂」、「後進於禮樂」兩句的意思，是指接受禮樂教化的時間或先、或後於仕官。「進」的意思是入，「於」為關係詞，「禮樂」為處所補詞（註）；「進於禮樂」意謂接受禮樂的薰陶，也就是憲問篇13「文之以禮樂」的意思。「野人」指出身田野的平民，出仕前便學習禮樂，孔子的學生大多屬於這一類。他說：「不患無位，患所以立。」（見里仁篇14）用意就在勉勵學生先好好充實自我。子夏說：「學而優則仕。」（見子張篇13）對於學有所成的——如冉求、公西華、原思、漆雕開、子貢、子路、仲弓等，孔子在位，便親自任用；若不在位，便向當權者推薦。

❷君子，指貴族，因為他們的爵位得自世襲，未必學過禮樂——例如左傳•昭公七年記載：「九月，公至自楚（從楚國訪問回來），孟僖子病（愧疚）不能相禮（輔助國君行禮），乃講學之，苟能禮者，從之。及其將死也，召其大夫曰：『禮，人之幹也；無禮，無以立。吾聞將有達者曰孔丘，聖人之後也……我若獲沒（死得其所），必屬（囑託）說與何忌（孟僖子之二子）於夫子（指孔子），

使事之，而學禮焉。』」這是當時卿大夫「後進於禮樂」的例證。❸從，本義為跟隨，引申有傾向之意。既受過禮樂教化，便都屬可用之才；然而子夏又說：「仕而優則學。」（出處見前）「先進」的「野人」未沾染紈袴子弟的習氣，性情比較質樸，也較有強烈的求知欲望；而「後進」的「君子」則不然（參閱為政篇05、陽貨篇20），或許這就是孔子說「如用之，則吾從先進」的原因吧！

註 處所補詞，說明一項事情或動作發生的所在——也就是對象（包括人、地、事、物），或該動作始於某處、經由某處、止於某處，通常用「於」作關係詞。本章的處所補詞「禮樂」，是指禮樂教化的環境；處在這樣的環境中，久而久之，氣質自然會變得溫文儒雅，像曾子臨終時對孟敬子說的：「動容貌，斯遠暴慢矣！正顏色，斯近信矣！出辭氣，斯遠鄙倍矣！」（見泰伯篇04）

02 子曰：「從我於陳、蔡者❶，皆不及門也❷——德行❸：顏淵、閔子騫、冉伯牛、仲弓，言語❹：宰我、子貢，政事❺：冉有、季路，文學❻：子游、子夏。」

譯 先生說：「當年跟隨我在陳、蔡之間的弟子們，如今都不在我門下了——其中德行優良的是顏淵、閔子騫、冉伯牛、仲弓，擅長辭令的是宰我、子貢，擅長行政的是冉求、子路，熟習文學的是子游、子夏。」

解 ❶陳、蔡，二國名——陳國都城在今河南省．淮陽縣，受楚國保護。蔡國則投靠吳國，都城本在今河南省．新蔡縣，靠近楚國的葉邑；魯哀公二年冬，為遠避楚國而遷到州來（今安徽省．壽縣北）。陳、蔡介於吳、楚兩大國之間，春秋末期，連年遭受兵災。魯哀公六年，吳國伐陳，陳國向楚國告急。危亂之際，在蔡國住了兩三年的孔子便辭官而打算前往楚國，不料受困於陳、蔡之間。衛靈公篇01記載：「在陳絕糧，從者病，莫能興。子路慍見曰：『君子亦有窮乎？』子曰：『君子固窮，小人窮斯濫矣！』」幸逢楚昭王出兵救陳，才得以脫困而到了葉邑。❷不及門，不在門下之意。孔子晚年回到魯國後的某一天，追憶當年跟隨自己共渡患難的學生，有的早死，有的出仕他邦，這時都不在門下了，內心懷有無限的感傷。❸德行，指合乎禮教的行為（說詳附錄五釋德）。❹言語，指口頭表達的能力。❺政事，指施行政務的能力。❻文學，指熟悉典籍的學養。

03子曰：「回也非助我者也❶，於吾言無所不說❷。」

譯先生說：「顏回不是幫助我成長的人，因為他對我說的話，沒哪一句不是欣然接受的。」

解❶助，指學識的增進和人格的提升而言。❷為政篇09記載子曰：「吾與回言終日，不違如愚。」顏淵受教於孔子，聞一以知十，而且得一善則拳拳服膺，對師長的教誨始終樂於接受，使孔子未能獲得教學相長的益處而感到遺憾——不像他在和子夏研討「巧笑倩兮」那幾句詩的含意時，也自認受到子夏的啟示（見八佾篇08）。不過，孔子的話表面上對顏淵似有不滿，其實內心是很欣慰的。

04子曰：「孝哉閔子騫❶！人不閒於其父母昆弟之言❷。」

譯先生說：「閔子騫真是孝順啊！人家對他父母兄弟稱讚他的話都不會加以挑剔。」

解❶孝哉閔子騫，「閔子騫孝哉」的倒裝句。❷閒，音「件」，意思和泰伯篇21「禹，吾無閒然矣」的「閒」字相同，本義為縫隙，這裡當動詞用，有批評、挑剔之意。昆，通「帛」，兄也。言，指稱讚的言辭。由於閔子騫的孝行千真萬確，所以大家對親人稱讚他的每一句話都深信不疑。藝文類聚卷二十引劉向說苑所記閔子騫的孝行說：「閔子騫兄弟二人，母死，其父更娶，復有二子。子騫為其父御車，失轡（手因棟僵而握不住韁繩），父持其手，衣甚單。父歸，呼其後母兒，持其手，衣甚厚溫，即謂其婦曰：『吾所以娶汝，乃為吾子；今汝欺我，去無留！』子騫前曰：『母在，一子單；母去，四子寒。』其父默然。」後來成為民間流傳二十四孝的故事之一。

05南容三復「白圭」❶，孔子以其兄之子妻之❷。

譯南容一天到晚反覆地唸著「白圭之玷」那幾句詩，孔先生於是將自己的姪女許配給他。

解❶南容，孔子的學生。三復，多次反覆地掛在嘴上。白圭，指詩經・大雅・抑篇其中的幾句：「白圭之玷，尚可磨也；斯言之玷，不可為也。」玷，音「店」，玉上的斑點。詩人的意思是說：白色玉圭若有斑點，還可以設法磨掉；可是不妥當的言語說出口之後，就無法修改了。意在勸人言語要謹慎。❷公冶長篇02記孔子說南容：「邦有道，不廢；邦無道，免於刑戮。」可見他是個謹言慎行、潔身自愛的君子，所以孔子願把姪女許配給他。

06季康子問：「弟子孰為好學？」孔子對曰：「有顏回者好學，不幸短命死矣，今也則亡。」

按魯哀公也曾有同樣的問題，那次孔子除了回答顏淵好學外，順便提到顏淵更難能可貴的修養——不遷怒、不貳過，見雍也篇02。

07顏淵死，顏路請子之車以為之椁❶。子曰：「才不才，亦各言其子也❷！鯉也死，有棺而無椁❸。吾不徒行以為之椁❹——以吾從大夫之後，不可徒行也❺。」

譯顏淵死了，顏路請求先生賣掉車子來為他製作外棺。先生說：「不管是不是真有才能，也都容許各人說自己的兒子好吧！鯉兒死的時候，只有內棺而無外棺。我不能只靠兩腳走路來為他製作外棺因為我是在朝大夫後面跟班的，不能只靠兩腳走路啊！」

解❶顏路，顏淵的父親，也是孔子的學生；名無繇（音「由」），字路，比孔子小六歲。椁，音「果」，或作「槨」，指外面那層棺木。顏路家貧，無力為愛子鋪張喪事。他深知孔子一向把顏淵視為自己的衣缽傳人，退休之後，座車閒置不用的時候居多，應該捨得為愛徒而出售，所以提出那樣的請求。❷才不才，「無論才或不才」的省言；各言其子，大學引述當時的諺語說：「人莫知其子之惡。」和現代人說「兒子是自己的好」意思相同。❸當孔鯉亡故時，孔子不曾賣車來為愛子購置外棺，現在自然也不會為顏回而有所改變——這麼說的用意在讓顏路明白：並非他吝嗇，不願賣車厚葬愛徒，實因有不得已的苦衷。❹徒行，只憑兩條腿行走，意謂把車賣掉。❺孔鯉亡故時間稍早於顏淵，享年五十，孔子年已七十，身分是國老（退休卿大夫的尊稱，相當於現在的總統府資政或國策顧問），有時仍須上朝建言或備詢（例如憲問篇22記載：哀公十四年，齊國大夫陳成子殺害簡公，孔子特地在沐浴後上朝請求出兵討伐，當時他說：「以吾從大夫之後，不敢不告也。」），總不能為了購置外棺而賣掉公家配給的座車，今後就徒步跟在其他大夫的馬車後面吧！說「從大夫之後」，相當於今語「隨從」、「跟班的」，這是孔子自謙的話。他婉轉拒絕，或許是因為不願傷害到顏路的情感；真正的理由，應是認為禮的施行必須合乎節度，不能打腫臉充胖子。禮記·檀弓上篇記載：「子游問喪具（喪禮所用器物），夫子曰：『稱（相當）家之有（富有）亡（無、貧窮）。』子游曰：『有亡惡（音「屋」，如何之意）乎齊（齊一標準）？』夫子曰：『有，毋過禮；苟（假使）亡矣，斂首足形（壽衣足以蔽體），還（通「旋」，立刻之意）葬，縣（懸吊）棺而封（將棺放進墓穴），人豈有非之者哉？』」因此，有一次他生了重病，在得知子路指使同學充任家臣，準備為他隆重地辦理後事時，立刻嚴加斥責（見子罕篇11），也是基於同樣的原則。

08 顏淵死，子曰：「噫❶！天喪予！天喪予❷！」

譯 顏淵死了，先生說：「唉！這是天要亡我啊！這是天要亡我啊！」

解 ❶噫，音「衣」，悲歎聲。❷喪，意思是亡，這裡指道統的斷絕而言。子罕篇05記載孔子在匡邑受到威脅時說：「文王既沒，文不在茲乎？」可見他以繼承往聖絕學為己任。為了實現理想，毅然辭官周遊列國，遊說諸侯；可惜始終未獲重用，有志難伸，最後因年老體衰，決定返鄉作育英才，將滿懷希望寄託於學生身上，而顏淵可說是他心目中最能承傳薪火的不二人選，沒想到會不幸短命而死。遭遇這麼殘酷的事實，雖極不願接受，但在百般無奈之下，只有歸之於天意了，所以接連著說「天喪予」，可想而知他內心的悲慟。

09 顏淵死，子哭之慟❶，從者曰：「子慟矣！」曰：「有慟乎？非夫人之為慟而誰為❷！」

譯 顏淵死了，先生哭得非常悲哀，跟隨的弟子說：「先生太悲哀了！」先生說：「我真的有太悲哀嗎？我不為這個人悲哀的話，還會為誰悲哀呢！」

解 ❶慟，音「痛」，悲哀過度之意。子張篇17記曾子引述孔子的話說：「人未有自致者也，必也親喪乎！」顏淵英才早逝，讓孔子哭到渾然不覺自己幾乎情緒失控了，顯見他對顏淵的感情，已經超越了親子關係。❷非夫人之為慟而誰為，「我非為夫人慟而為誰慟」的省言與倒裝。夫，和本篇第十三章「夫人不言」的「夫」都是指稱詞，相當於白話說「這個」或「那個」。之，語助詞。

10 顏淵死，門人欲厚葬之❶，子曰：「不可！」門人厚葬之❷，子曰：「回也視予猶父也，予不得視猶子也❸——非我也，夫二三子也❹。」

譯 顏淵死了，弟子們想要隆重地安葬他，先生說：「不行！」結果弟子們還是隆重地安葬他了，先生說：「顏回看待我像父親一般，我卻不能看待他像兒子一般——厚葬不是我的意思，這是幾位賢弟共同的決定啊！」

解 ❶門人和下文的二三子，都指孔子的學生，也就是顏淵的同學。❷從本篇第七章，可知孔子沒有責掉座車為顏淵購置外棺；然而他的同學不忍見這麼優秀的人才，死後只能草草掩埋了事，於是決定集資厚葬顏淵。❸事後孔子覺得顏淵生前看待自己像父親一般，然而在死後，自己卻不能決定用處理孔鯉後事的方式來安葬他，不免有些遺憾。❹畢竟顏路才是顏淵的親生父親，既然他接受顏淵同學的意見，做了厚葬的決定，孔子就不便再堅持己見；不過細味他話裏的意思，對「打腫臉充胖子」似的厚葬作法，依舊認為不太妥當。

11季路問事鬼神，子曰：「未能事人，焉能事鬼❶？」曰：「敢問死？」曰：「未知生，焉知死❷？」

譯子路請教事奉鬼神的方式，先生說：「你還不能事奉好活人，怎能事奉好鬼神呢？」子路又問：「請問人死後的情形怎麼樣？」先生說：「你連生前的事都還不曉得，哪有必要過問死後的事啊？」

解❶孔子思想體系的中心為「仁」，而「仁」的本義為和諧的人際關係，他教導學生的，大都是日常生活中待人接物的道理，易知易行。雍也篇20記孔子答覆樊遲問知時說：「務民之義，敬鬼神而遠之，可謂知矣！」中庸也引述他的話說：「事死如事生，事亡如事存，孝之至也。」可知他是非常理性而務實的人，雖然很重視祭祀，那也是著眼於禮教不忘本的宗旨，而不是迷信鬼神真能庇佑在世的人，所以說：「非其鬼而祭之，諂也。」（見為政篇24）所謂「資於事生以事死」，只要懂得怎樣事奉在世的親長，便懂得怎樣事奉已經去世的先人；反之，則「未能事人，焉能事鬼」？❷同樣的道理，誠如莊子・大宗師篇所謂「善吾生者乃所以善吾死」，只要生前好好地為人處事，就是對死後最妥善的安排；反之，則「未知生，焉知死」？有子說：「君子務本，本立而道生。」（見學而篇02）孔子的答覆，頗有教訓子路不應捨本逐末的用意。

12閔子侍側誾誾如也❶，子路行行如也❷，冉有、子貢侃侃如也❸，子樂❹。「若由也，不得其死然❺。」

譯 閔先生陪伴在身旁時態度畢恭畢敬的，子路陪伴時表現出剛強的樣子，冉有、子貢陪伴時表現出怡然自得的樣子，先生說：「像仲由那樣的個性，恐怕不能在正常的狀況下死去。」

解 ❶本章「子路」和「冉有、子貢」後面，都承上省略了「侍側」兩字。廣雅‧釋訓：「誾誾，敬也。」❷行，音「航」，讀去聲；行行，鄭玄注：「剛強之貌。」中庸記孔子答覆子路問強時說：「寬柔以教，不報無道，南方之強也，君子居之；衽金革，死而不厭，北方之強也，而強者居之。」從子路的個性看來，當屬後者。❸侃，通「衎」，禮記‧檀弓上篇說：「居處言語，飲食衎爾。」鄭玄注：「衎爾，自得貌。」「爾」為形容詞詞尾，「衎爾」的用法和「衎然」、「衎如」、「衎衎」相同，而「侃侃」也就是「衎衎」，形容怡然自得的樣子。❹「子樂」兩字，當從昭明文選李善注所引論語的版本作「子曰」，因為「若由也，不得其死然」這句話顯然是針對「子路行行如也」而說的。❺得其死，意思是在一般正常的狀況下死去。然，用法同「焉」，為句末語助詞。一個人的命運和他的性格密切相關，孔子從子路好強的個性，預料他不會在平順的狀況下死亡，結果他真的慘死於衛國的政爭中（事見史記‧仲尼弟子列傳）。昭明文選所錄漢代班固幽通賦說：「固行行必凶兮。」崔瑗座右銘也說：「行行鄙夫志。」想必都是以此為戒。

13 魯人為長府❶，閔子騫曰：「仍舊貫❷，如之何❸？何必改作❹？」子曰：「夫人不言，言必有中❺！」

譯 魯國官員要建造貯藏財物的府庫，閔子騫說：「就按照原來的形制整修一下，怎麼樣？為什麼一定要重新改建呢？」先生說：「這個人除非不作聲，只要開口表示意見，就一定切合實際！」

解❶人，指魯國的執政者。府，貯藏貨財的建築物。❷仍，意思是因襲、按照；舊貫，指原來的形制。❸如之何，用質問的語氣表達「仍舊貫就可以了」的肯定意思。❹改作，改變原有建物的形制，另行起造新的長府之意。❺「夫人不言，言必有中」的句法和「三年不鳴，一鳴驚人」的成語相同，「不鳴」、「不言」後面都省略了「則已（就算了）」兩字。「夫」為指稱詞，「夫人」的意思是這個人──指閔子騫。中，讀去聲，有得當、切合事理之意。

14子曰：「由之瑟奚為於丘之門❶？」門人不敬子路❷，子曰：「由也升堂矣❸，未入於室也❹。」

譯先生說：「仲由的瑟樂為什麼要在我孔丘的家裡彈奏啊？」弟子們於是不再尊重子路，先生說：「仲由的成就如同升上了廳堂，只是還沒進入房間罷了。」

解❶瑟，一種絃樂器，和琴類似。奚，疑問詞，相當於「何故」、「為什麼」；為，彈奏之意──奚為於丘之門，意謂子路彈瑟的技藝不夠好，不像是自己調教過的學生。❷或許子路剛學會彈瑟時，喜形於色，孔子不希望他就此自滿，所以拿「由之瑟奚為於丘之門」這句話來激勵他力求進步；其他學生誤以為老師嫌惡子路，而對他表現出冷淡、不尊重的態度。❸堂，古代建築物的正廳，高於前庭，可由石階上下。進入大門後，穿過庭院，必須由石階登上廳堂，才到得了內室。升堂，在這裡比喻彈瑟的技藝達到了相當的水準。❹入室，比喻技藝更為精進，完全學會了彈奏的要領。孔子怕子路因為受到貶抑而沮喪，才又說「由也升堂矣，未入於室也」來安慰他。師生、同學之間互動的情態，描述得十分深刻而細膩，而孔子對教育的用心，也由此可見。

15子貢問：「師與商也孰賢❶？」子曰：「師也過❷，商也不及❸。」曰：「然則師愈與❹？」子曰：「過猶不及❺。」

譯子貢問：「顓孫師和卜商兩人誰比較優秀？」先生說：「顓孫師太愛表現，衝過了頭；卜商未免拘謹，開創性不夠。」子貢又問：「這麼說的意思就是顓孫師勝過卜商囉？」先生說：「超過和不夠同樣不好。」

解❶師，子張的本名；商，子夏的本名。❷孔子心目中的君子，是努力進德修業、文質彬彬、有守有為的中行之士；然而從論語所記子張和孔子的問答，以及同學對子張的評語，可知他是一個熱衷名利、交遊廣闊、積極進取，卻未免浮華不實的人——例如他對於「達」的理解是「在邦必聞，在家必聞」，因而被孔子暗指為「色取仁而行違，居之不疑」的偏差心態（見顏淵篇20）；當他請教「干祿」之道時，孔子告訴他應「多聞闕疑，慎言其餘；多見闕殆，慎行其餘」（見為政篇18）；當他問崇德、問政、問行時，孔子的答覆分別為「主忠信，徙義」、「居之無倦，行之以忠」、「言忠信，行篤敬」（分見顏淵篇10、14、衛靈公篇05）。對於交友，則接受「尊賢而容眾，嘉善而矜不能」的師訓（見子張篇03）。孔子一個「過」字的評語，指的應是他所做的表面功夫，因此子游、曾子才會認為：「吾友張也，為難能也，然而未仁。」「堂堂乎張也，難與並為仁矣！」（見子張篇15、16）❸至於子夏，則是一個好學深思、處事嚴謹、守成有餘而開創不足的人——例如他說：「日知其所亡，月無忘其所能，可謂好學也已矣！」「博學而篤志，切問而近思，仁在其中矣。」「百工居肆以成其事，君子學以致其道。」「仕而優則學，學而優則仕。」（見子張篇05、06、07、13）所以能成為孔門「文學」科的高材生。此外，他說：「小人之過也必文。」（見子張篇08）可見他潔身自愛，律己甚嚴；對交友主張「可者與之，其不可者拒之」（見子張篇03），對從政主張「信而後勞其民、信而後諫」（見子張篇10），對教育則主張從「灑掃、應對、進退」的儀節開始（見子張篇12）。孔子說他「不及」，大概由於個性內斂，以致揮撒不開而顯得拘謹。❹愈，勝出之意。❺猶，意思是相當、同樣，好比現在說「半斤八兩」。

16季氏富於周公❶，而求也為之聚斂而附益之❷，子曰：「非吾徒也，小子鳴鼓而攻之可也❸！」

譯 季孫氏比周公更富有，然而冉求還幫他大肆搜刮來增加他的財富，先生說：「這家伙不配做我的學生，孩子們可以敲著戰鼓去攻擊他！」

解 ❶季氏，指魯哀公時當政的季康子，在孔子回國前起用冉求為家臣。周公，世襲周公旦爵位和采邑的後代——例如魯桓公時的周公黑肩、魯莊公時的周公忌父、魯僖公時的周公孔等；至於本章周公的名字則不得而知。❷聚斂，搜括之意；附益，增加之意。根據左傳・哀公十一年和國語・魯語下的記載，季氏曾為徵收田賦的事，派冉求去諮詢孔子的意見；孔子雖然反對，季氏並未聽從。❸鳴鼓，敲響戰鼓之意。鳴鼓是古代戰爭進攻時的信號，孔子要學生們群起而抨擊，以示唾棄冉求助紂為虐的作為。儒家主張施行仁政，藏富於民。大學說：「財聚則民散，財散則民聚。」又引述魯國賢大夫孟獻子的話說：「百乘之家，不畜聚斂之臣；與其有聚斂之臣，寧畜盜臣。」哀公曾因魯國發生饑荒、經費不足，而就教於有若，有若建議哀公減稅，理由是：「百姓足，君孰與不足？百姓不足，君孰與足？」（見顏淵篇09）這才不愧為孔子的門徒。冉求以擅長處理政事而受到孔子讚賞；不料做季氏家臣，不但沒能諫止季氏錯誤的政策，反而幫他搜括民脂民膏，難怪孔子會那麼痛恨而說出這番嚴厲的話來。

17柴也愚❶，參也魯❷，師也辟❸，由也喭❹。

譯 高柴腦筋太死，曾參反應遲鈍，顓孫師觀念偏差，仲由個性粗率。

解 ❶柴，就是本篇第二十四章的子羔，姓高、名柴。論語所記孔子口中的「愚」，有不同的含意——例如他說「吾與回言終日，不違如愚」（見為政篇09），說甯武子「邦無道則愚」（見公治長篇

21），說「古之愚也直」（見陽貨篇16），都不是真愚，甚至還是「大智若愚」的表現。又如陽貨篇03的「唯上智與下愚不移」，這是天生的真愚，和上智都為數極少。大戴禮記・衛將軍文子篇記子貢的話說：「自見孔子，入戶未嘗越屨（進門時不曾把鞋子脫在別人的前面），往來過人不履影（不踩別人的身影），開蟄（剛出土的小蟲）不殺，方長（正在成長的植物）不折；執親之喪，未嘗見齒（不曾露齒而笑）：是高柴之行也。孔子曰：『高柴執親之喪則難能也，開蟄不殺則天道也，方長不折則恕也，恕則仁也。』」可知高柴大概屬於「好仁不好學，其蔽也愚」（語見陽貨篇08）這種人。孔子說：「好學近乎知。」（見中庸）高柴的愚昧正因不好學所致。子路很想起用他來治理費邑，理由是：「有民人焉，有社稷焉；何必讀書然後為學？」其中透露的消息，頗堪玩味——一個好勇，一個好仁，卻同樣不好讀書，真可說是無獨有偶、氣味相投了。❷魯，反應遲鈍之意；曾子稟性忠厚，思慮純熟，不願投機取巧，所以給人反應遲鈍的印象。❸辟，「僻」的初文，意思是偏頗不正；子張觀念偏差，參閱本篇第十五章解說。❹喭，音「燕」，粗率之意；子路逞強好勇，不太懂得禮讓，屢受孔子斥責，完全是個性使然。

18子曰：「回也其庶乎❶！屢空❷。賜不受命❸，而貨殖焉❹；億則屢中❺。」

譯 先生說：「顏回大概差不多了吧！只是常常窮到一無所有。端木賜不接受我的囑咐，而去做買賣賺錢；不過，他預測行情倒是往往準確得很。」

解 ❶其，揣測語氣詞。庶，「庶幾」的省略，意思是差不多——指德業上的成就足以擔當大任。顏淵是孔子最得意的門生，卻一直沒有機會從政，以致生活困苦；孔子在稱讚之餘，又表示了無限的憐惜。❷空，窮乏、一無所有之意。❸命，和「耳提面命」的「命」字一樣，有叮嚀、指示、告誡、教誨之意。❹孔安國注尚書云：「殖，生也，生資貨財利。」可知貨殖的意思，就是增殖財貨，也就是藉由賤買貴賣以賺取利潤。❺億，猜測之意；中，讀去聲，意思是正確。王充論衡・知實篇說：孔子「罪（責怪）子貢善居積（囤積貨物），意貴賤之期（億測價格漲跌的時機），數（屢屢）得其時……子貢善意（善於億測）以得貨利。」可以作為「賜不受命，而貨殖焉；億則屢中」的注腳。子貢原本無意於仕宦，由於經商而致富，仔細玩味「億則屢中」這句稱讚的話，孔子說「賜不受命」，不無惋惜之意，王充說是「罪子貢」，似嫌言重了些。至於史記・仲尼弟子列傳說子貢「常（嘗、曾）相魯、衛」，而且「子貢一出，存魯、亂齊、破吳、強晉而霸越；子貢一使，使勢相破，十年之中，五國各有變」，應該是後來才棄商從政的。

19 子張問善人之道❶，子曰：「不踐迹❷，亦不入於室❸。」

譯 子張請教善人的行事風格。先生說：「他不會按照世俗的模式來行事，卻也沒能達到高深的境界。」

解 ❶善人，和惡人相對。據論語所記，除本章外，孔子還有三次提到善人——一次見於述而篇25：「善人吾不得而見之矣，得見有恆者斯可矣！亡而為有，虛而為盈，約而為泰，難乎有恆矣！」一次見於子路篇11：「善人為邦百年，亦可以勝殘去殺矣！」一次見於同篇第二十九章：「善人教民七年，亦可以即戎矣！」可知孔子所謂「善人」，泛指為人誠實、心地善良的人。這種人沒有害人之心，而且不隨流俗，具有理想性和正義感；如果讓他治國，起碼會致力於維護社會的核心價值，並設法除暴安良；假以時日，也可以使社會形成祥和的風氣。❷踐迹，從字面上看，意思是踩著前人的腳印行進，也就是按照世俗既有的模式來行事；特立獨行的人大多不屑於如此。❸入於室，比喻一個人在某方面的成就已經到達相當高的境界，如同現代說「到了家」。善人若身為平民，由於具有基本的道德觀念，所以不至於盲從附和、隨波逐流；不過，這只是消極地不做違背良心的事，卻也缺乏積極進取的精神，在人格的修養上，恐怕難有高深的造詣，就像本篇第十四章記孔子評論子路彈瑟的技巧「升堂矣，未入於室也」那樣，所以說「不踐迹，亦不入於室」。

20 子曰：「論篤是與❶，君子者乎？色莊者乎❷？」

譯 先生說：「一般人大都會稱讚說話語氣堅定的人，誰曉得他究竟是勇於負責的君子呢？或只是刻意表現沉穩可靠形象的人呢？」

解 ❶本句主詞泛指一般人，省略了。論，意思是言談、言論；篤，厚實、堅定之意；是，語助詞；與，「譽」的初文，讚譽、嘉許之意。❷色，和「色厲內荏」的「色」，都指表面而言；莊，莊重、沉穩之意。言語是人與人之間最直接的溝通方式，假使言詞閃爍、游移，往往給人不敢負責的印象；然而說話斬釘截鐵、不留餘地的人，也未必值得信任。孔子說：「有德者必有言，有言者不必有德。」（見憲問篇05）因此他「不以言舉人，不以人廢言」（見衛靈公篇22）。在學生裡面，宰我以言語見長，可是孔子說：「始吾於人也，聽其言而信其行；今吾於人也，聽其言而觀其行——於予（宰我之名）與改是。」（見公冶長篇10）色莊者動輒拍胸普保證的言論，或許還有待日後檢驗，不宜立刻信以為真。

21 子路問：「聞斯行諸❶？」子曰：「有父兄在，如之何其聞斯行之❷？」冉有問：「聞斯行諸？」子曰：「聞斯行之！」公西華曰：「由也問『聞斯行諸』，子曰『有父兄在』；求也問『聞斯行諸』，子曰『聞斯行之』，赤也惑❸，敢問。」子曰：「求也退，故進之❹；由也兼人，故退之❺。」

譯 子路問：「我若聽到一件對的事，便立刻去做嗎？」先生說：「你家裡有父兄在，怎麼可以那樣一聽到就去做呢？」冉有問：「我聽到一件對的事，便立刻去做嗎？」先生說：「只要你認為對，聽了就立刻去做吧！」公西華說：「仲由問『聞斯行諸』，先生回答說『有父兄在』；冉求同樣問『聞斯行諸』，先生卻回答說『聞斯行之』，赤不明白，膽敢請教其中的道理。」先生說：「冉求凡事退縮，因此我就推他向前；仲由總想同時做兩人的事，所以我就拉他退後。」

解❶聞斯行諸，「聞之則行之乎」的縮語，主詞「我」省略，「斯」的用法同「則」。❷如之何，同「奈之何」，用詰問的語氣表達否定的意思，相當於白話說「怎麼可以」。其，那樣，指「聞斯行之」。❸惑，疑惑、不明白。❹退，個性保守、缺乏自信，遇事瞻前顧後甚至退縮之意，在這裡是個形容詞，作表態句「求也退」的謂語。進，意思是推動。雍也篇10記載冉求曾向孔子表示：「非不說子之道也，力不足也。」孔子告訴他：「力不足者，中道而廢；今女畫！」可知冉求缺乏自信，凡事顧慮太多，不敢放手去做，所以孔子藉機推他向前。❺兼人，一個人想發揮兩個人的力量，意思是企圖心很強。「退之」的「退」為動詞，有拉回、抑制之意。公冶長篇14記載：「子路有聞，未之能行，唯恐有聞。」顏淵篇12記載：「子路無宿諾。」可知他行事積極，勇於負責；但是往往考慮欠周而過於衝動，所以孔子教導他凡事要先請示父兄的意見，謀定而後動，以免犯錯而後悔莫及。孔子在陳國時，曾說：「歸與！歸與！吾黨之小子狂簡，斐然成章，不知所以裁之。」（見公治長篇22）他對學生們的資質瞭如指掌，所以能因材施教，而贏得「萬世師表」的稱譽。

22子畏於匡❶，顏淵後❷，子曰：「吾以女為死矣！」曰：「子在，回何敢死❸？」

譯先生在匡邑受到威脅，顏淵一度落單沒能跟上，先生說：「我以為你死了呢！」顏淵說：「先生還活著，回哪敢死啊？」

解❶畏，通「威」，這裡為被動式，意思是受到威脅。子畏於匡的記載，又見子罕篇05。❷後，落後、沒能跟上隊伍之意。❸從孔子和顏淵這番對話，可以感受到他們師徒二人相知相惜的情誼；而顏淵臨危不亂，脫險歸隊之後，還故作輕鬆，用詼諧的口吻，反過來安撫為他擔心受怕的師長，真令人對他刮目相看！

23季子然問❶：「仲由、冉求可謂大臣與❷？」子曰：「吾以子為異之問❸，曾由與求之問❹！所謂大臣者，以道事君❺，不可則止❻。今由與求也，可謂具臣矣❼！」曰：「然則從之者與❽？」子曰：「弒父與君，亦不從也❾。」

譯 季子然問：「仲由、冉求可以稱得上大臣嗎？」先生說：「我還以為你問的是別人，怎麼問的會是仲由和冉求呢！夠資格被稱為大臣的人，拿從政的理念來服事君主；如果君主不贊成自己主張的政策，便辭職算了。如今仲由和冉求兩人，只能說是奉命行事的技術官僚吧！」季子然又問：「這麼說來，他們就是跟在上司後面、聽命行事的人囉？」先生說：「殺害父親和君主的命令，他們也不至於服從的。」

解 ❶季子然，魯國權臣季孫氏的子弟。當時仲由、冉求擔任季孫氏的家臣，因此他才會向孔子探詢兩人的器識、才幹等是否夠得上大臣的標準。❷大臣，指獨當一面、心中有主見、能為自己決策負責的權臣，相當於現代的政務官。❸異，意思是別人。之，語助詞，和「是」的用法相同，可把動詞移到句末。❹曾，音「增」，用法同「乃」，相當於白話的「竟然」，有不以為然、不敢置信的語氣（參閱為政篇08、八佾篇06）。❺道，本義為道路，在這裡指施政的理念、方針、策略等。❻不可，不被君主所認可；止，停止，辭職之意。❼具臣，指擁有專業、奉命行事的部屬，相當於現代的事務官。冉求和子路擔任季氏家臣，不能阻止他旅祭泰山（見八佾篇06），也不諫止他討伐顓臾（見季氏篇01），甚至幫他聚斂財富（見本篇第十六章），完全沒有大臣的風骨，只知奉命行事，所以孔子說他們只是「具臣」，不配稱為「大臣」。❽「然」的意思是如此，「則」有「那麼就」的語氣，合起來用作承上啟下的關係詞，相當於白話的「這麼說來……就……」。從，跟隨之意；

從之者，指完全服從命令來辦事的人。❾弒，音「事」，殺害之意，通常用在以下犯上的逆倫事件。孔子認為仲由、冉求雖然不配稱為「大臣」；但也還不至於淪落到會聽命去做殺害君父的事，可說擔當不足而良知未泯。

24子路使子羔為費宰❶，子曰：「賊夫人之子❷！」子路曰：「有民人焉，有社稷焉；何必讀書然後為學❸？」子曰：「是故惡乎佞者❹！」

譯子路指派高柴作費邑的首長，先生說：「你這樣會傷害到人家的孩子！」子路說：「那裡有人民，也有土地和作物可供他歷練，為什麼一定要讀書才算學習？」先生說：「我厭惡愛耍嘴皮子的人，正是由於這個緣故！」

解❶子羔，孔子的學生高柴，見本篇第十七章。費，音「必」，季氏的食邑，在今山東省‧費縣西南。❷賊，傷害之意。夫，音「服」，用法同「乎」。人之子，人家的孩子。據史記‧孔子世家，高柴少孔子三十歲，魯定公十二年，子路為季氏家臣，有意薦舉同學去治理費邑。這時高柴年僅二十四，學識、經驗都還太淺，一下子要他擔負重任，如同揠苗助長，愛他卻反而害了他，所以孔子堅決反對子路這麼做。子張篇13記子夏說：「學而優則仕。」公冶長篇06記載：「子使漆彫開仕，對曰：『吾（當作「启」）斯之未能信。』子說。」左傳‧襄公三十一年記鄭國賢大夫子產的話說：「僑聞學而後入政，未聞以政學者也；若果行此，必有所害。」和孔子的見解相同。❸由此可見孔子所謂「學」，主要是指讀書而言。子路向來不愛讀書，他認為行政經驗可以從實務中獲得，不一定人人都要向書本中尋求。❹「佞」字從人、從二女，以示小人話多而不務實際，好比未受教育的婦女碰頭時，總是喜歡捕風捉影、搬弄是非，相當於白話裡的「饒舌」、「多嘴」、「愛耍嘴皮子」。孔子見子路不肯受教，而一味地強詞奪理，所以暗斥他為「佞者」。

25子路、曾皙、冉有、公西華侍坐。子曰：「以吾一日長乎爾❶，毋吾以也❷；居則曰『不吾知』也❸；如或知爾，則何以哉❹？」子路率爾而對曰❺：「千乘之國，攝乎大國之間❻，加之以師旅❼，因之以饑饉❽，由也為之，比及三年❾，可使有勇，且知方也❿。」夫子哂之⓫。「求，爾何如？」對曰：「方六七十如五六十⓬，求也為之，比及三年，可使足民；如其禮樂⓭，以俟君子⓮。」「赤，爾何如？」對曰：「非曰能之，願學焉。宗廟之事如會同⓯，端章甫⓰，願為小相焉⓱。」「點，爾何如？」鼓瑟希⓲，鏗爾⓳，舍瑟而作⓴，對曰：「異乎三子者之撰㉑。」子曰：「何傷乎㉒？亦各言其志也。」曰：「莫春者㉓，春服既成，冠者五六人、童子六七人㉔，浴乎沂㉕，風乎舞雩㉖，詠而歸㉗。」夫子喟然㉘歎曰：「吾與點也㉙！」三子者出，曾皙後。曾皙曰：「夫三子者之言何如？」子曰：「亦各言其志也已矣！」曰：「夫子何哂由也？」曰：「為國以禮；其言不讓㉚，是故哂之。」「唯求則非邦也與㉛？」「安見㉜方六七十如五六十而非邦也者？」「唯赤則非邦也與？」「宗廟會同，非諸侯而何？赤也為之小，孰能為之大㉝？」

譯 子路、曾皙、冉有、公西華陪坐身旁。先生說：「因為我比你們年長一些，所以人家不用我了；可是你們還年輕，平日一閒下來就抱怨人家不瞭解自己——如果有人賞識你們，那麼你們將拿什麼來表現給人家看呢？」子路搶先回答說：「一個擁有千輛兵車的國家，夾在兩個大國中間，外面受到戰爭的威脅，接著內部又鬧饑荒；讓我仲由來治理，三年之內，可使人民具有戰鬥的勇氣，而且懂得作戰的方法。」先生聽完對他微微笑了一下，然後問：「求，你怎麼樣？」冉求回答說：「面積約六七十或五六十平方里大小的土地，讓我冉求來治理，三年之內，可使人民生活富足；至於那禮樂方面的事宜，就等博雅君子去負責處理了。」先生又問：「赤，你怎麼樣？」公西赤回答說：「我不敢說做得到，但是願意學著做做看。像宗廟祭祀的事宜和諸侯會盟的場合，穿著禮服，戴上禮帽，我願意做個協助禮儀進行的小官員。」先生又問：「點，你怎麼樣？」這時，彈瑟的聲音漸漸稀疏，在發出清脆的一聲後停住了。曾皙把瑟放下，同時站起來回答說：「我跟三位同學陳述的不相同。」先生說：「那有什麼妨礙呢？也不過是各人談談自己的志向罷了。」曾皙說：「當暮春時節，穿上剛做好的春裝，邀約五六位成年人、六七位小朋友，到沂水去洗洗澡，再到祈雨壇上吹吹風，然後一路唱著歌回家。」先生深長地嘆了一口氣說：「我認同點的想法。」三位同學先行出去，曾皙落在後面。曾皙問道：「那三位同學說的話怎麼樣？」先生說：「也不過是各人談談自己的志向罷了。」曾皙又問：「先生為什麼要笑由呢？」先生說：「治國要用禮教，他發言不懂得謙讓，因此才笑他。」曾皙又問：「那麼求說的就不算邦國的事務嗎？」先生說：「怎麼見得面積六七十或五六十平方里的土地就不是邦國呢？」曾皙又問：「那麼赤說的就不算邦國的事務嗎？」先生說：「參加宗廟和會盟儀式的，不是諸侯那會是誰啊？如果赤只能做那協助禮儀進行的小官員，還有誰能勝任那輔佐君主治國的大官員啊？」

解❶本章所記四位侍坐的弟子中，公西華雖比孔子小三十二歲（註一），但子路只比孔子小九歲；孔子和他們閒聊，說自己「一日長乎爾」——好比現在說「我比你們癡長一些」，為的是要拉近師生之間的距離，讓他們不要太拘束，就像在朋友面前一樣暢所欲言。❷毋吾以，和子路篇14「如有政，雖不吾以，吾其與聞之」的「不吾以」意思相同，而且都是倒裝句，主詞為非特定對象，泛指當時的統治者，省略了；毋，否定詞，用法同「不」；「吾」為孔子自稱；「以」為動詞，意思是任用——「毋吾以」就是不用我的意思。❸居，有停留、閒暇之意。則，用法同「輒」，有往往、總是之意。不吾知，句法和「毋吾以」相同。孔子自嘲「毋吾以」是因為年老不中用了；然而幾位弟子都正當青壯有為之年，卻時常抱怨「不吾知」，於是孔子拿這件事作為話引，來質問他們：「如或知爾，則何以哉？」要他們述說各自的才能及抱負。❹「或」為不定代名詞，指某一個有權力用人的在位者。「以」為憑藉補詞的關係詞，「何以」下面有所省略，意思是：憑什麼來報答賞識你們的人？或拿什麼來表現給人家看？孔子說：「不患無位，患所以立。不患莫己知，求為可知也。」（見里仁篇14）因此，他常勉勵學生當求其在我；本章則利用和學生閒談的機會，讓他們評量自己的才能。❺率爾，和「率然」相同，做副詞用，意思為輕率地；不經思索就搶先回答，叫「率爾而對」。❻攝乎，介於、夾在中間之意。❼加之以師旅，「以師旅加之」的倒裝句；就侵略者來說是「加之」，就被侵略者來說是「受到」。師旅，本義為軍隊──古代以二千五百人為師、五百人為旅，這裡借來代戰爭，屬於修辭學裡的「借代格」。❽因之，承接上文「加之以師旅」，有「接著又……」的意思。爾雅・釋天：「穀不熟為饑，疏（蔬）不熟為饉。」合起來說，饑饉泛指饑荒。❾比（音「必」）及，將近之意。❿知方，意思是懂得作戰的方法。⓫哂，音「審」，微笑之意。⓬方，「平方」的省略，指土地面積；如，和下文「如會同」的「如」，用法同「或」；「五六十」的前面承上省略了「方」字，「方六七十如方五六十」的意思是六七十或五六十平方里。⓭「如其禮樂」的「如」，相當於白話的「至於」。⓮俟，等待；以俟君子，「以之俟君子」的省言，把它留待君子處理之意。冉求長於「藝」（見雍也篇06、憲問篇13），冉求長於「藝」，一再受到孔子稱賞（見雍也篇06、憲問篇13），這時他卻說「如其禮樂，以俟君子」；且憲問篇13也記載孔子說「冉求之藝」只是「成人」的四項條件之一，還須「文之以禮樂」才行，似乎「冉求之藝」並非指六藝而言。不過，「六藝」只是總稱，其中的項目繁多，弟子未必樣樣都學得很好，晏嬰就曾批評道：「孔子盛容飾，繁登降（上下臺階）之禮，趨詳（步伐快慢）之節，累世不能殫其學，當年不能究其禮。」（見史記・孔子世家）因此，子路彈瑟的技巧就曾被孔子奚落過（見先進篇14）。冉求也許對禮樂的器物和儀節不熟，才會那樣說的。⓯宗廟之事，指祭祀；會同，古代諸侯朝見天子叫「會」，諸侯相約見面叫「同」。⓰端，指玄端，為古代祭祀或朝會時所穿黑而帶紅的禮服；章甫，指古代祭祀或朝會時所戴的黑色禮帽。⑰小相，古代諸侯相見時協助禮儀進行的人員叫「相」；相而稱小，是公西華自謙的說法。⑱鼓，當動詞用，有彈奏之意；希，「稀」的初文，稀疏之意。⑲鏗，音「坑」；鏗爾，同「鏗然」，意思是彈奏最後一個音符時發出「鏗」的一聲。⑳舍，「捨」的初文，放下、擱置之意。作，意思是站起來。㉑撰，陳述之意。㉒何傷，用疑問語氣表達否定的意思，相當於白話說「有什麼妨害」、「有什麼不妥」、「有什麼關係」。㉓莫，「暮」的初文，甲骨、金文作□、□，從日，茻聲，表示太陽西下、隱沒於草莽之中，本義為傍晚；由於借用為否定詞，才又加形符「日」而造了「暮」字，以保留本義，且與假借義區隔。春季的第三個月，相當於一天裡的傍晚時分，所以叫做「暮春」。㉔古代男子年滿二十，家長要為他舉行冠禮，表示他已長大成人，所以「冠者」指的是成年人。童子，指少年人。㉕浴，洗澡、泡水之意。沂，水名，在曲阜城南。㉖風，動詞，吹風、乘涼之意。雩，天旱時求雨的祭名，舉行雩祭的神壇也叫做「雩」——因為求雨時會表演歌舞娛樂天神，所以又稱「舞雩」。壇上種有樹木，到了春、夏之交，枝葉茂密，可供遊客乘涼。㉗詠，唱歌之意。㉘喟，音「愧」，意思是歎氣。㉙與，讚許、認同之意。㉚讓，謙退之意。㉛唯……則，用法同「然則」，相當於白話的「那麼……就」。邦，指諸侯的領地。㉜安見，「安」字的用法同「何」，意謂從哪裡看得出，有不以為然的意思。由於子路發言時提到千乘之國，冉求卻只說方六七十或五六十；而且孔子評論子路的發言時說「為國以禮」，冉求卻只說「可使足民；如其禮樂，以俟君子」，因此曾晳才會質疑冉求所言算不算治理國事。孔子認為「足食」的重要性雖比不上「民信之」，但也不下於「足兵」；方六七十或五六十雖不如千乘之國那麼大，畢竟也是個邦國；何況那只是冉求的謙辭，不能因此而懷疑他治國的才幹。㉝「為之小」、「為之大」的「之」，用法同「其」，作指稱詞用，相當於白話的「那」。大，「大相」的省略，指輔佐國君的宰相；孔子認為宗廟、會同之事也屬諸侯的國事，憑公西華的能力，足以勝任宰相的職務，他說「願為小相」，同樣也只是謙辭而已。俗話說：「知徒莫若師。」由此可見孔子對學生的個性、才學等，都有深刻的瞭解，所以能因材施教、循循善誘，而贏得他們由衷的敬愛。

按這次陪侍的冉有和子路在魯哀公十一年孔子回到魯國前後，已經擔任季氏家臣（參閱註二與季氏篇首章），而本章開頭記錄孔子提到：「居則曰『不吾知也』；如或知爾，則何以哉？」接著是子路、冉有、公西華和曾皙分別述說自己的能力、抱負或志趣，錢穆先生因而認定：「此章問答應在孔子五十出仕前。」（見孔子傳第四章「孔子的中年期」節）這是受到孔安國的錯誤解讀影響所致（參閱註三）。愚見以為當在孔子從周遊列國返國之後；只惜「以吾一日長乎爾，毋吾以也」這句話長久以來受到誤解，以致孔子說話時的神態和師生交談的情境未能真切地呈現於讀者面前。

註一、按史記・仲尼弟子列傳，公西赤少孔子四十二歲；然而當魯定公十年、孔子五十二歲起擔任大司寇三年期間，他曾奉派出使齊國（見雍也篇03），不可能只有十歲多。清人金鶚說：「四或為三之譌（誤）。」（見錢穆先秦諸子繫年・孔子弟子通考）這是極為可能的——因為隸、楷體的「四」字，是由戰國時代才有的俗寫演變而來，字在春秋時代以前的金文中，本作等長的四橫劃（參閱先師魯公宗周鐘疏證），屬六書中的「指事」，和三劃等長的「三」，形體近似，傳鈔時很容易出錯。

二、史記・孔子世家記載：哀公三年秋，季桓子病，輦（乘坐人力車）而見魯城，喟然歎曰：「昔此國幾（幾乎）興（興盛）矣，以吾獲罪於孔子，故不興也。」顧謂其嗣康子曰：「我即（若）死，若（你）必相魯；相魯，必召仲尼。」後數日，桓子卒，康子代立。已葬，欲召仲尼。公之魚曰：「昔吾先君用之不終（持續到底），終（結果）為諸侯笑。今又用之，（假使）不能終，是（這樣就會）再為諸侯笑。」康子曰：「則（那麼）誰召而可？」曰：「必召冉求。」於是使使召冉求。冉求將行，孔子曰：「魯人召求，非小用之，將大用之也。」哀公十一年，冉求率軍打敗齊軍後，回答季康子的詢問，說自己的軍事才能是從孔子那裡學來的，季康子於是派人以禮金迎接孔子歸國。

三、本句孔安國註曰：「言我問女（汝，第二人稱），女無以我長故難對。」歷來學者的解釋大都根據這一說法（只有近人楊伯峻譯為「（我老了）沒有人用我了」，見北京中華書局出版發行的論語譯注）；然而先進篇12記載：「閔子侍側，誾誾如也，子路行行如也，冉有、子貢侃侃如也。」其中只有閔子騫和顏淵一樣，比較恭謹而沉默寡言，可是兩人都不在這次侍坐之列。公西華家境富裕，擅長外交禮儀，應當深諳應對之道，和「行行如」的子路、「侃侃如」的冉有，似乎都不至於「難對」而必待孔子誘導才敢發言。

再從曾點當老師和同學交談時兀自在一旁鼓瑟的情態來琢磨，可知這次孔門師徒相聚閒談平生抱負的氣氛，遠比（公冶長篇26）所載「顏淵、季路侍」那次輕鬆許多，絲毫看不出有「難對」的嚴肅情境，孔註顯然只是想當然耳的說法罷了。

孔子自周遊列國回到魯國後，哀公和季孫氏雖然尊他為「國老」，有時也會就國政（如稅畝）諮詢他的意見；但是並未授予官職和決策的實權，甚至對他的建言（如出兵討伐弒君的陳成子）也未必採納。因此，他說「毋吾以」，本屬實情，這是哀公和季孫不夠英明、缺乏魄力所致；孔子不便直言批評，只好自嘲年老不中用，來為國君和權臣隱諱，但聽者自能領會（例如魯哀公在孔子去世後，曾以誄文致哀，子貢諷刺道：「生不能用，死而誄之，非禮也。」）。這麼自然得體的表達方式，不失為一種說話的技巧。

顏淵篇第十二

01 顏淵問仁❶，子曰：「克己復禮為仁❷；一日克己復禮，天下歸仁焉❸。為仁由己，而由人乎哉❹？」顏淵曰：「敢問其目❺？」子曰：「非禮勿視，非禮勿聽，非禮勿言，非禮勿動。」顏淵曰：「回雖不敏❻，請事斯語矣❼！」

譯 顏淵請教經營人際關係的方法，先生說：「克制自我意識，遵行禮教規範，是經營人際關係的不二法門。一個人如果從早到晚隨時都能克制自我意識，遵行禮教規範，那麼無論走到天下任何地方，他跟別人的互動終究會趨向和諧。經營人際關係須由本身主動去做，或被動地先由別人來做呢？」顏淵又問：「膽敢再請教克己復禮的具體細節。」先生說：「凡不符合禮教的事物，都不要去看；不符合禮教的事物，都不要去聽；不符合禮教的事物，都不要去說；不符合禮教的事物，都不要去做。」顏淵說：「回雖然笨拙，請讓我按照先生這一番話去做吧！」

解 ❶仁，本指人與人之間的親睦關係，引申則一切能維繫或增進親睦關係的作為，也叫做仁（參閱附錄七釋仁）。問仁，意謂請教如何經營人際關係，也就是如何與人和睦相處之意。❷克己，克制自我意識，儘可能設身處地、為他人著想之意。「復禮」的「復」，和學而篇13「信近於義，言可復也」的「復」，都是履行之意。對照易經・大壯卦・象辭的「君子以非禮弗履」這一句，可知「復禮」就是履禮而行的意思。曾子說：「夫子之道，忠恕而已矣！」（見里仁篇15）「忠恕」意謂將心比心，為他人著想；要為他人著想，就必須克制自我意識，而履行講究恭敬、謙讓的禮教規範，所以說「克己復禮為仁」。❸一日，歷來學者拘泥於句法，而將「一日」解作一旦、「天下」解作天下之人；殊不知孔子說：「如有王者，必世而後仁。」（見子路篇12）因此，即使「堯、舜率天下以仁，而民從之」（見大學），依孔子之見，也需三十年之久才能見效，為什麼他答覆顏淵問仁，卻說一介凡夫一旦克己復禮，便立刻能使全天下的人翕然從風、趨向仁道呢？學者們似乎很難自圓其說。同理，「天下歸仁」的另一種解釋——天下的人都將以仁的美名歸屬於他，也是非常不切實際的。按：「一日克己復禮，天下歸仁焉」是假設關係構成的複句，由於主詞（可以實指「你」、「我們」或泛指任何人）和關係詞都省略了，「一日」、「天下」這兩個代表時、空概念的補詞又各放在前、後兩個小句的開頭——這類由於省略所造成的語病，在修辭學中叫做「跳脫」（參閱自序註一九），因而導致學者們的誤解。其實「一日」並不侷限於某一天，而是指一天內的任何時刻，有隨時之意；「天下」也不是指普天之下，而是指天下的任何處所，有隨地之意。陽貨篇06所記孔子答覆子張問仁時說「能行五者於天下為仁矣」的「天下」，也是指非特定的任何地方而言；否則孔子教子張行五者於全天下，豈非不近情理、強人所難嗎？須知一個人之所以不能與人和睦相處，原因大都不外驕、吝而已，也就是目中無人、私心太重；而禮的作用，就在約制人們這種妄自尊大和計較私利的心理，同時表現出恭敬、謙讓的態度。若能隨時隨地克己復禮，主動表達善意，那麼與人相處，最後理當可以建立良好的關係——所謂「愛人者，人恆愛之；敬人者，人恆敬之」（語見孟子・離婁下篇），於是「我欲仁，斯仁至矣」（語見述而篇29），這跟孔子答覆子張問行時說的「言忠信，行篤敬，雖蠻陌之邦，行矣」（見衛靈公篇05），意思是一致的，所以說「一日克己復禮，天下歸仁焉」。❹為仁，經營和諧的人際關係之意。「為仁由己，而由人乎哉」的「而」，用法和雍也篇14「不有祝鮀之佞，而有宋朝之美，難乎免於今之世矣」的「而」相同，都是交替關係複句的關係詞（參閱學而篇10註語）。孔子在答覆顏淵問仁之後，接著反問道：「為仁由己，而由人乎哉？」這在修辭學稱為「設問格」，雖然用設問的語句，其實答案十分清楚——經營人際關係當然得從本身做起。因為人際關係是相對的，彼此的交往是互動的，而人人都有自主意識，我們無法勉強別人如何待我，只能自我要求如何待人，所以說「君子求諸己，小人求諸人」（語見衛靈公篇20）。孔子謙稱：「君子之道四，丘未能一焉：所求乎子以事父，未能也；所求乎臣以事君，未能也；所求乎弟以事兄，未能也；所求乎朋友先施之，未能也。」（見中庸）這是他說話的技巧——因為他三歲喪父，根本不可能做到「所求乎子以事父」；他這一番話其實說的是人之常情，大都受自我意識影響，習慣以本位主義來考慮事情、決定行止。由此可知孔子的仁道是要大家恪盡本分，從自身做起，而不是要求或指望他人應如何待我的。近代學者梁漱溟說：「倫理社會所貴者，一言以蔽之，曰尊重對方……倫理關係，即表示一種義務關係。」又說：「個人盡自己義務為先；權利則待對方賦予，莫自己主張。」（見臺北正中書局所發行中國文化要義第九〇、九三頁）真是說盡了孔子仁道的精義。❺敢，意思是提起勇氣去做某件事。由於老師已經答覆了問題，自己不該再追問下去，讓老師不勝煩擾；然而確實仍有疑惑，只好鼓起勇氣請求補充說明，所以說「敢問」。其，指稱詞，相當於白話說「它的」——這裡承接上句，當指「為仁」而言；目，意思是項目、細節。孔子先告訴顏淵行仁必須「克己復禮」這項大原則；當顏淵請益後，進而補充「非禮勿視」等四個明確而切實的節目。「克己」和「復禮」是一體的兩面，從反面說「非禮弗履」，等於從正面說「復禮」——就像孔子先在回答孟懿子問孝時，從反面說「無違」，事後才又從正面告訴樊遲「無違」的意思是「生，事之以禮；死，葬之以禮，祭之以禮」一樣（見為政篇05）。❻敏，靈巧之意；相反的，「不敏」的意思就是笨拙。❼請，表示自己願意，而懇求對方容許自己做某件事情的恭敬用語。事，這裡當動詞用，有照著做的意思。老子說：「上士聞道，勤行之。」顏淵對孔子的教言「不違如愚」，其實是上士大智若愚的表現。

02仲弓問仁，子曰：「出門如見大賓❶，使民如承大祭❷；己所不欲，勿施於人——在邦無怨，在家

無怨❸。」仲弓曰：「雍雖不敏，請事斯語矣！」

譯 仲弓請教經營人際關係的方法，先生說：「出門在外，對任何人都好像見到貴賓那麼尊敬；指使民眾服行勞務，如同承辦大型祭典那麼慎重。自己不喜歡的事情，不要對別人做——這樣無論在諸侯國或卿大夫家，都沒有人怨恨。」仲弓說：「雍雖然笨拙，請讓我按照老師這一番話去做吧！」

解 ❶大賓，就是貴賓。出門如見大賓，意思是對待任何人都謙恭有禮，如同見到了貴賓似的，也就是堯曰篇02所記孔子說的：「君子無眾寡、無小大，無敢慢，斯不亦泰而不驕乎？」❷使，役使、勞動之意。承，意思是負責辦理。使民如承大祭，意謂不輕易徵調民眾服勞役，以免擾民而招來怨恨。❸施，行也，相當於白話的「做」。子夏說：「君子信而後勞其民；未信，則以為厲己也。」（見子張篇10）孔子說：「使民以時。」（見學而篇05）又說：「擇可勞而勞之，又誰怨？」（見堯曰篇02）「仁」的本義為和諧的人際關係，為政者能謙恭待人，將心比心，體恤民眾，不招人怨，不就是仁了嗎？

03 司馬牛問仁❶，子曰：「仁者其言也訒❷。」曰：「其言也訒，斯謂之仁矣乎❸？」子曰：「為之難——言之得無訒乎❹？」

譯 司馬牛請教經營人際關係的方法，先生說：「人際關係良好的人，他說話能自我節制。」司馬牛又問：「一個人說話能自我節制，就稱得上人際關係良好了嗎？」先生說：「要做到並不容易——你說話可以不自我節制嗎？」

解 ❶司馬牛，孔子學生，名耕（一說名犁），字子牛；為宋國司馬桓魋的弟弟。❷「訒」字從言、刃聲——刃可用來切割物品，會合「切割」、「言語」，便得「言語知所節制」或「說話有分寸」之意。❸孔子說：「君子無終食之間違仁，造次必於是，顛沛必於是。」（見里仁篇05）可知待人接物是一輩子的事，君子隨時隨地都得講究、實踐仁道，孔子自認未能「君子之道四」，以善待父兄、君主與朋友（見中庸），因此不敢接受仁者的稱譽（見述而篇33），也不曾輕易稱許他人為仁者，致使司馬牛誤以為仁道極為高深；沒想到老師只告訴他「仁者其言也訒」，一時難以置信，於是繼續追問。❹「仁」的本義為和諧的人際關係，用言語交談則是人們溝通情意的主要方式，說話是否妥當，往往會影響到人際關係的好壞。「巧言令色」固然使人不齒，「禦人以口給」也會惹人嫌惡。俗話說：「言多必失」、「禍從口出」，或許因為司馬牛平日不太懂得應對的要領，說話無所節制，常常得罪了人還不曉得，所以孔子特別提醒他不要好高騖遠，漠視「其言也訒」的重要；若想與人和睦相處，就必須先自我反省，從「慎言語」、「非禮勿言」、「話到嘴邊留三分」做起。

04 司馬牛問君子，子曰：「君子不憂不懼。」曰：「不憂不懼，斯謂之君子矣乎？」子曰：「內省不疚❶，夫何憂何懼❷？」

譯 司馬牛請教怎樣才算是位君子，先生說：「君子不憂愁、不恐懼。」司馬牛又問：「不憂不懼，這樣就稱得上君子了嗎？」先生說：「如果自我反省而不覺愧疚的話，那還憂愁什麼、恐懼什麼呢？」

解 ❶內省，自我反省之意。疚，音「就」，本義為病痛，引申有慚愧、懊悔之意。❷君子「仰不愧於天，俯不怍於人」（語見孟子‧盡心上篇），心胸坦坦蕩蕩，自然無憂無懼。孔子跳過司馬牛的追問，而直接以內省不疚自然會無憂無懼答覆他，這在修辭學中稱為「跳脫」。

05 司馬牛憂曰：「人皆有兄弟，我獨亡❶。」子夏曰：「商聞之矣❷：『死生有命，富貴在天❸。』君子敬而無失，與人恭而有禮❹，四海之內皆兄弟也——君子何患乎無兄弟也❺？」

譯 司馬牛憂愁地說：「人家都有兄弟，唯獨我沒有。」子夏說：「商曾聽說過：『死生各有機緣，富貴在於天意。』君子只要言行謹慎而沒有差錯，待人謙恭而有禮貌，那麼天下的人便都是自己的兄弟──君子為什麼要憂慮沒有兄弟呢？」

解 ❶亡，通「無」。根據左傳・哀公十四年的記載，司馬牛的兄弟有向巢、桓魋（音「頹」），見述而篇22）、子頎（音「其」）、子車等人；但因桓魋帶頭謀害宋景公失敗而逃亡國外，司馬牛也受到連累，而客死異邦。本章應是司馬牛感嘆自己和幾位兄長志不同、道不合，雖有兄弟之名，卻無兄弟之實，且對兄長們行徑囂張，很可能不得好死，而憂心忡忡，所以才那麼說。❷商，子夏稱自己的名字，這是說話的禮貌。❸「命」和「天」互言，都指天命──凡不是人類本身所能掌控或抗拒的外在因素，儒家統稱為「天命」，意思是上天的命令、上天的決定、上天的安排（參閱附錄十一釋知命）。❹敬，態度慎重之意。失，意思是言行偏差、錯誤。與人，待人之意。❺四海之內，指全天下的人。患，意思是憂慮。子夏深知司馬牛的苦衷，以同學的身分，特別引述當時的諺語來安慰他，並勸導他順應天命，明哲保身，廣結善緣，那麼到處都有情同手足的朋友，也就不會感覺孤單了。

06 子張問明，子曰：「浸潤之譖❶，膚受之愬❷，不行焉❸，可謂明也已矣❹！浸潤之譖，膚受之愬，不行焉，可謂遠也已矣❺！」

譯 子張請教怎樣才算明察事理，先生說：「像水分滲透所浸泡物體那樣的讒言，以及像皮膚感受外來刺激那樣的投訴，只要不受它們影響，便可說是明察事理了！像水分滲透所浸泡物體那樣的讒言，像皮膚感受外來刺激那樣的投訴，也可說是避免感情用事了！」

解 ❶浸，泡水之意；潤，溼透之意。譖，讀「怎」的去聲，從言、潛省聲，意謂在暗地裡說壞話來譭謗人家。❷膚受，皮膚受到刺激之意；愬，同「訴」，意思是向別人訴說自己的冤屈或痛苦。❸行，沒有受到阻礙而順利達到目的之意。❹明，視覺清晰，引申有明察事理之意。容易聽信讒言的人，俗稱「耳根子軟」，其實是因為理性在不知不覺中被感情矇蔽了，以致看不清真相，而使自己對事物的認知與判斷在無形中受到影響，就好像東西浸泡在水裡，無聲無息地被水分滲透進去一樣。人體的皮膚佈滿觸覺神經，所以對外來的刺激十分敏感；心腸太軟的人——特別是感性勝於理性的人，大多會不自覺地同情來向自己投訴的人，甚至很熱心地做出不太妥當的回應或處置，往往因而造成本身、對方和第三者的傷害，這是「好仁不好學」的愚昧表現。習慣向不相關第三者訴苦以博取同情的人，往往會誇張對方的惡行和自己的委屈，而不知自我檢討與改進，這種心態是不成熟的，有人說：「可憐之人必有可惱之處。」確實不無道理。一般人處理事情，往往不經意地便流於感情用事；只有保持理性的人，才能洞察浸潤之譖和膚受之愬的害處，而不會輕易地聽信。❺遠，當動詞用，有疏離、擺脫、避免之意。避免感情用事和保持理性兩者互為因果，可說是一體的兩面，因此孔子以「浸潤之譖，膚受之愬，不行焉」答覆子張問「明」之後，接著再強調那也可說是「遠」，用意或許在加深子張的印象，希望他能明察並遠離兩者之害。學者們大多將「遠」解釋為見識深遠，雖也可通，但嫌疏闊；不如把「明」、「遠」和「浸潤之譖、膚受之愬」扣在一起來看。至於解作「疏遠佞人」、「德行高遠」等，無非望文生義，也就更不著邊際了！

07 子貢問政，子曰：「足食、足兵、民信之矣❶！」子貢曰：「必不得已而去❷，於斯三者何先❸？」曰：「去兵❹。」子貢曰：「必不得已而去，於斯二者何先？」曰：「去食❺——自古皆有死，民無信不立❻。」

譯 子貢請教施政的重點，先生說：「應該是增產糧食、加強軍備、使人民以誠信相待吧！」子貢又問：

「如果迫不得已而必須放棄一項的話，在這三項當中，先放棄哪一項？」先生說：「放棄軍備的加強事宜。」子貢又問：「如果迫不得已而必須放棄一項的話，在剩下的這兩項當中，先放棄哪一項？」先生說：「放棄糧食的增產計劃——因為自古以來，凡人都有死亡的宿命；可是人們如果沒有誠信的話，在社會上根本就站不住腳了。」

解❶民信之，句法和「朋友信之」（見公冶長篇26）相同——「民」、「朋友」為外位止詞，「信」為使役動詞，「之」為代名詞，用來代「民」、「朋友」。整句意思是設法使人民都能以誠信相待。❷「必不得已而去，於斯三者何先」為假設關係複句。必不得已，意謂假設在無可避免、非如此不可的情況下；去，有取消、放棄的意思。❸三者，指上述「足食、足兵、民信之」三項在位者施政的目標。三項其實都不可或缺，而子貢卻一再地追問「必不得已而去，何者為先」，只是為了想瞭解它們在施政上的優先順序。❹根據孔子的答覆，可知三者的優先順序依次為民信之、足食、足兵。所謂「去兵」，當為「去足兵」的省言，重點在「足」，並不是說完全不要國防軍備的意思；只因施政有比「足兵」更重要的事情當務之急，所以無妨暫時維持現有的軍備，等到「民信之」、「足食」的目標達成後，再行加強還不算遲。❺俗話說：「民以食為天。」況且「倉廩實，則知禮節；衣食足，則知榮辱」（語見管子・牧民篇）孔子也主張治國君民，須「富之」然後「教之」（參閱子路篇09）因此，所謂「去食」的意思，並不是說人民可以不吃飯；這句話當為「去足食」的省言，重點也在「足」字。因為就施政的優先順序而言，「足食」在「民信之」的後面，所以當「必不得已而去」時，孔子才會主張「去（足）食」。❻「自古皆有死，民無信不立」兩句，補充說明「民信之」當先於「足食」的理由，其中用了「跳脫」的修辭格。「自古皆有死」的意思是說：凡人都有死亡的宿命，即使沒有政府存在，人民為求生存，也會自行從事狩獵或農、漁、牧業，不至於坐等餓死，所以設法增產糧食並沒有急迫性；可是若非在位者的教導，人民不知「誠信」為何物，將難以在社會上立足，孔子說：「人而無信，不知其可也——大車無輗，小車無軏，其何以行之哉！」（見為政篇22）這是人人當下就會發生的切身問題，理當優先解決。「自古皆有死」和「無信」、「不立」的主語，應該都是「民」；而「民無信不立」又為假設關係複句「民若無信則不立」的省言，意思和為政篇22相同，顯然可見「民信之」並不是指人民信任政府而言，「不立」的主語當然也就不是政府了。禮記・禮運篇記孔子為子游描述大同世界的願景，其中提到「選賢與能，講信修睦」，可知塑造一個講究誠信的社會，一直是孔子心目中的理想目標，所以當他和弟子言志時說「朋友信之」，而在回答子貢問政時說「民信之」，都是互相呼應的。

08 棘子成曰❶：「君子質而已矣❷，何以文為❸？」子貢曰：「惜乎夫子之說君子也❹！駟不及舌❺。文猶質也、質猶文也，虎、豹之鞟猶犬、羊之鞟❻。」

譯 棘子成說：「君子只要本性質樸就夠了，哪有需要再用禮樂來修飾呢？」子貢說：「先生這麼輕率地評論君子，真叫人惋惜啊！須知話一說出口，即使有四匹馬力的快車也追不回來了。若說禮樂的修飾和質樸的本性沒什麼差別，有了質樸本性就不需要用禮樂修飾的話，這就好比把毛除掉之後，虎、豹的皮和犬、羊的皮看起來都一樣，也就沒有什麼特別可貴的了。」

解 ❶棘子成，衛國大夫。❷質，本性淳樸之意。❸以，用法和「用」相同；何以，意思是哪裡用得著、哪裡需要。文，意思是修飾，指學習禮樂而言。為，句末疑問詞，相當於白話的「呢」。❹夫子，指棘子成，古代大夫都可被稱為夫子。說君子，指棘子成說「君子質而已矣，何以文為」那兩句話。❺駟，指四馬拉的快車；不及，追趕不上之意；舌，指言語——駟不及舌，意思是：話一說出口之後，無論如何都收不回來了，暗指棘子成不該失言。❻由於文言文的假設關係複句，其中假設小句和後果小句的關係詞往往省略了，所以後人很容易誤讀為一般的敘事句（參閱八佾篇01）。本章「文猶質也，質猶文也，虎、豹之鞟猶犬、羊之鞟」，就是省略了關係詞的假設關係複句——鞟，音「擴」，為「鞹」的省寫，指除去了毛的獸皮。俗話說：「虎（豹）死留皮，人死留名。」虎、豹之皮，貴在毛的花紋和色澤；毛被除去之後，虎、豹的皮和犬、羊的皮，就沒什麼差別了。子貢並未否定「質」的重要，他只是藉此比喻君子可貴的地方，在於禮樂的陶冶；否則君子本性和一般沒受教育的民眾無異，也就不足以為君子了。因此憲問篇13記孔子答覆子路問「成人」時說：「若臧武仲之知、公綽之不欲、卞莊子之勇、冉求之藝」，還須「文之以禮樂」，才可以算是「成人」。俗話說：「佛要金裝，人要衣裝。」禮樂可說是君子的衣裝，它能和帥氣的儀表相得益彰；美籍學者芭芭拉・狄・安吉麗思在所著愛是一切的答案一書（臺北天下文化出版）中說：「生活的目的，是成長成為你能力所及的最好模樣。」也是同樣的意思。

09 哀公問於有若曰：「年饑❶，用不足❷，如之何？」有若對曰：「盍徹乎❸？」曰：「二❹，吾猶不足，如之何其徹也？」對曰：「百姓足，君孰與不足？百姓不足，君孰與足❺？」

譯 哀公向有若諮詢說：「農作物收成不好，國家的經費不夠，該怎麼辦呢？」有若回答說：「為什麼不實施徵收所得十分之一的租稅政策呢？」哀公說：「現在徵收十分之二，我尚且不夠用，怎麼可以只徵收十分之一呢？」有若回答說：「如果百姓衣食富足的話，國君怎麼會不夠用呢；如果百姓連自己生活都不夠了，國君又怎麼會夠用呢？」

解 ❶年，本義為穀熟；年饑，意思是農作物收成不好。據左傳記載，哀公十二年冬、十三年九月和十二月，魯國連遭蝗災，又屢次對邾國用兵，以致財政困難，哀公和有若的對話也許就在這時候。❷用，指政府的財政支出。❸盍，同「盍各言爾志」的「盍」，何不之意。徹，十分取一的稅法。❹二，「十分取二」的省略。本來周代實行稅率約當十分之一的井田制度，通行天下；據左傳記載，魯國從宣公開始實行「稅畝」制度——就是在公田之外，另向私田逐畝徵收十分之一的租稅，農民等於要承擔十分之二的稅率。❺孰與，用法同「何以」，相當於白話的「憑什麼」、「怎麼會」。

政府的費用來自租稅的收入，而租稅徵收的對象是民眾。因此，百姓若資金充裕，自然能夠開發農、漁、牧業，增加生產，多繳賦稅，形成良性循環；否則求溫飽尚且不可得，哪裡還有餘力從事生產事業？

10 子張問崇德、辨惑❶，子曰：「主忠信，徙義，崇德也❷；愛之欲其生，惡之欲其死——既欲其生，又欲其死，是惑也。」誠不以富，亦祇以異❸。

譯　子張請教怎樣提昇品德的層次和釐清錯亂的認知，先生說：「心存忠恕、真誠，趨向正當的事物，便能提升修養層次；愛他時就希望他活，恨他時就希望他死亡——既然希望他活，又希望他死，這就是頭腦不清楚的表現。」

解　❶崇，本義為山勢高聳，引申作動詞用，有推高、提升之意。辨，分別、釐清之意；惑，意思是認知錯亂、頭腦不清楚。❷主忠信，已見學而篇08。徙，遷移、趨向、靠近之意；義，指正當的、分內該做的事。❸「誠不以富，亦祇以異」為詩經・小雅・我行其野篇中的句子。孔子的答覆到「是惑也」應已結束，「誠不以富」二句的意思和上文毫不相關，顯然多餘；程頤說是季氏篇12「齊景公有馬千駟」章的錯簡（見朱熹四書集注），說法可取，因此這裡不作譯解。

11 齊景公問政於孔子❶，孔子對曰：「君君、臣臣、父父、子子❷。」公曰：「善哉！信如君不君、臣不臣、父不父、子不子❸，雖有粟，吾得而食諸❹？」

譯　齊景公向孔先生請教為政的要領，孔先生回答說：「君主要盡君主的本分，部屬要盡部屬的本分，父母要盡父母的本分，子女要盡子女的本分。」景公說：「你講得太好了！如果真的像國君不盡國君的本分、部屬不盡部屬的本分、父母不盡父母的本分、子女不盡子女的本分那樣，即使有糧食，我吃得到它嗎？」

解❶齊景公，名杵臼，諡號景，在位五十八年。魯昭公二十五年，孔子三十五歲，魯國發生內亂，昭公不敵三桓，逃亡到齊國，被安頓於乾侯。不久，孔子也前往齊國，本章的對話大約就在這時候。❷君君，上一個「君」字為名詞，代表身分；下一個「君」字為動詞，意思是盡君主的本分。「臣臣」、「父父」、「子子」的句法相同。齊國從靈公、莊公到景公三朝，君臣、同僚、手足之間，屢屢發生淫亂、爭位、攻伐、弒君等事件，亂象比起父子相爭的衛國，有過之而無不及。因此，孔子以「君君、臣臣、父父、子子」答覆景公問政，也同樣出於他告訴子路為政當以「正名」為先的信念（見子路篇03）。❸信，真實之意，在這裡是假設的語氣；如，意思是像下列情形。❹粟，小米。諸，「之乎」的合音──「之」為代名詞，指前面提到的粟。景公雖然當時表示認同，後來卻沒有照做，以致田氏日益坐大、跋扈，終於弒君、篡國，完全印證了孔子的真知灼見。

12子曰：「片言可以折獄者❶，其由也與❷！」子路無宿諾❸。

譯先生說：「三言兩語就可以判決訴訟案件的，大概是仲由吧！」子路從來不讓自己的諾言過夜。

解❶片言，意思是寥寥幾句話。折獄，判決訴訟案件之意。❷其，揣測語氣詞。❸無宿諾，不讓諾言過夜，也就是當天就要實踐的意思。

13子曰：「聽訟❶，吾猶人也❷；必也使無訟乎❸！」

譯先生說：「對於審理訴訟案件，充其量我只能做到跟別人相同的地步；假使我有機會執政，必定能讓民眾根本用不著打官司呢！」

解❶聽訟，聽取訴訟雙方的說辭，然後判決是非曲直。❷猶人，是說可以和別人一樣，做到明察案情、不縱不枉。❸本章旨在說明為政者與其把心力用在聽訟上，不如知本、務本，設法消弭訴訟案件；可惜自己沒有執政的機會，話中頗有英雄無用武之地的感慨。必也使無訟乎，本來是假設關係複句的後果小句，由於語意「跳脫」（參閱本書自序註一九），假設小句「我若獲授權執政」便省略了。「必也」有「除非」、「除了……之外」的意思，表示自己除非有機會掌權施政，才能夠締造與眾不同的績效，讓訟案不至於發生。類似的句法，可以參閱八佾篇07、述而篇10、子張篇17。「使」為使役動詞，後面省略了止詞——民眾。訴訟無論勝敗，兩造已傷和氣，而仲裁者也耗費了不少心力，這些都是沒有必要付出的社會成本，所以孔子才會主張「道之以德，齊之以禮」，選賢任能，講信修睦，使民眾和睦相處，沒有糾紛，就像成、康之際，天下安寧，刑罰擱置四十餘年不用（見史記・周本紀）那樣。根據史記・孔子世家的記載：魯定公九年，孔子年五十，初任中都宰。一年後，由於政績卓著，轉到朝廷擔任司空，再升為大司寇兼代宰相職務，又參與國家決策事宜，不久便做到「粥（「鬻」的初文，賣也）羔豚者弗飾賈（肉販不用取巧方式漲價），男女行者別於塗（男女在路上分開行走），塗不拾遺（路人不撿他人遺失的財物）；四方之客至乎邑（本地）者，不求有司（食宿都有著落，不用求助於主管官員）」。可見孔子為政，不以「聽訟猶人」而自滿，「使民無訟」更是他自我期許的施政終極目標，因此他才會說：「如有用我者，吾其為東周乎！」（見陽貨篇05）

14子張問政，子曰：「居之無倦❶，行之以忠❷。」

譯子張請教施政的要領，先生說：「不要怠忽職守，而且要拿愛護人民的心意來推行政務。」

解❶居，意思是坐，在這裡指擔任公職。❷行，施行、推動之意。憲問篇08記載子曰：「愛之，能勿勞乎？忠焉，能勿誨乎？」以忠、愛互言，可知忠也有愛的意思。左傳・桓公六年說：「上思利民，忠也。」賈子・大政篇說：「吏以愛民為忠。」因此，「行之以忠」的意思是：拿愛護人民、為人民謀求福利的心思來施政。

15子曰：「博學於文，約之以禮，亦可以弗畔矣夫。」

按本章和雍也篇25重複。

16子曰：「君子成人之美，不成人之惡❶；小人反是❷。」

譯先生說：「君子幫別人完成好事，不幫別人完成壞事；小人恰好跟君子這種作法相反。」

解❶荀子・不苟篇說：「君子能亦好，不能亦好；小人能亦醜（惡、不好），不能亦醜。君子能則寬容易直（親切、直爽）以開道（導）人，不能則恭敬縛絀（放低姿態）以畏事人；小人能則倨傲僻違以驕溢人，不能則妒嫉怨誹以傾覆人。故曰：君子能則人榮學焉，不能則人樂告之；小人能則人賤學焉，不能則人羞告之。」君子心靈充實，有自信心，所以胸襟開闊，樂於與人為善、成人之美；不僅不成人之惡，還會「忠告而善導之」。小人則心靈空虛，缺乏自信，所以胸襟狹隘，總是見不得別人好，而百般掣肘、打擊；不僅成人之惡，甚至親身參與、與他人狼狽為奸。❷反是，意思是和上述君子「成人之美，不成人之惡」這種作法相反。

17季康子問政於孔子❶，孔子對曰：「政者，正也；子帥以正，孰敢不正❷？」

譯季康子向孔先生請教為政的要領，孔先生回答說：「政的意思就是端正；您若用本身的端正作榜樣來領導，下面的人誰敢不端正呢？」

解❶「政」字從攴、正聲，本義為在位者用權力來管理人民，使他們都能正正當當地為人處事。孔子在哀公十一年冬回到魯國，執政的季康子和哀公都對他十分尊重，時常向他諮詢國政；可惜沒有決心，只是因循苟且，終究無濟於事。❷子，古人說話時對他方的尊稱，這裡指季康子。帥，率先、領導之意。統治者本身必須有好的榜樣，才能得到臣民的信服，所以大學說：「君子有諸己而後求諸人，無諸己而後非諸人；所藏乎身不恕而能喻諸人者，未之有也。」大學的作者稱之為「絜矩之道」，其實就是孔子的忠恕之道。儒家之所以特別重視為政者的品德修養，原因在此。

18 季康子患盜❶，問於孔子，孔子對曰：「苟子之不欲❷，雖賞之，不竊❸。」

譯季康子為竊盜猖獗而發愁，向孔先生請教對策，孔先生說：「假使您自己真是不貪求財物的話，就算獎賞他們，他們也不會偷竊的。」

解❶患，憂愁之意；盜，指偷竊他人財物的歹徒。❷「苟子之不欲，雖賞之，不竊」為假設關係複句。苟，假設語氣詞，相當於白話的「假使」、「倘若」；「子之不欲」的「之」，和學而篇10「夫子之求」、陽貨篇21「予之不仁」、楚辭・九章・惜誦「晉申生之孝子」的「之」字用法相同，有強調的語氣，相當於白話說「真的是」、「的確是」（參閱子張篇03）；欲，貪求之意。❸「賞之」的「之」為代名詞，「不竊」的主詞省略，所代、所省都指那些盜竊財物的人。管子・牧民篇說：「倉廩實而知禮節，衣食足而知榮辱。」所以孔子主張在位者治理人民，必須先「富之」，然後「教之」（見子路篇09）；然而「季氏富於周公，求也為之聚斂而附益之」（見先進篇16），若不是季康子授意，冉求應不至於主動那麼做。俗話說：「飢寒起盜心。」人民既要繳納重稅，若再遇到荒年，無以為生，只好鋌而走險，以致竊盜猖獗。因此，孔子的答覆可說十分中肯。

19季康子問政於孔子曰：「如殺無道，以就有道❶，何如？」孔子對曰：「子為政，焉用殺❷？子欲善而民善矣！君子之德風❸，小人之德草❹；草上之風，必偃❺。」

譯 季康子向孔先生請教為政的方法時說：「假如殺掉那些不走正路的人，而使其他民眾走上正路，您看怎樣？」孔先生回答說：「您施政哪裡需要用到殺戮呢？只要您願意帶頭求好，那麼民眾就會跟著變好了。執政者的行為像風，平民的行為像草；草若受到風力吹襲，一定會隨著風向而傾倒。」

解 ❶道，指行為的法則；「無道」為「無道之人」的省言，指目無法紀、不走正路的人。以，用法與「使」相同，後面省略了補詞——指其他民眾；就，有靠近、趨向、成為的意思。「有道」為「有道之人」的省言，指循規蹈矩、安分守己的人。❷焉用，哪用得著、不需要使用之意。孔子一向主張為政以德、為國以禮。他認為統治者一方面應設法使人民豐衣足食，沒必要去作奸犯科；一方面應拿禮樂教化民眾，使人民都能相親相愛、互助合作，人人以違法、犯罪為可恥，自然能形成良好的社會風氣。在位者若能以身作則，更可收事半功倍之效。相反的，若弄得民不聊生，將迫使他們鋌而走險，雖然施行嚴刑峻罰，也阻止不了人民為非作歹，因此老子說：「民不畏死，奈何以死畏之？」❸君子，指統治者；德，在這裡不涉及價值判斷，僅指行為表現（請參閱附錄五釋德）。❹小人，指平民。❺「草上之風，必偃」為假設關係複句，由「苟上之以風，則草必偃」簡化而來。上，用作動詞，有施加之意；草上之風，是說假如對草施加風力，也就是假如草受到風力吹襲的意思。偃，意思是傾倒、倒下。孔子用比喻的方式，說明統治者只要修養品德，並且以身作則，民眾群起而效法，社會風氣自然趨向於善良，人人也就得以安居樂業了。

20子張問：「士何如斯可謂之達矣❶？」子曰：「何哉爾所謂達者？」子張對曰：「在邦必聞，在家必聞❷。」子曰：「是聞也，非達也❸。夫達也者，質直而好義❹，察言而觀色，慮以下人❺，在邦必達，在家必達。夫聞也者，色取仁而行違❻，居之不疑❼，在邦必聞，在家必聞。」

譯 子張問：「讀書人要怎樣才可算通達呢？」先生說：「你所謂通達的涵義是什麼？」子張回答說：「在諸侯國一定會名聲大噪，在卿大夫家也一定會名聲大噪。」先生說：「這是浪得虛名，而不是真正的通達。真正通達的人，個性直爽而熱心公益，仔細琢磨別人話中的含意，並且觀看臉上的表情，總是想著要謙卑待人，這樣在諸侯國一定會到處受人歡迎，在卿大夫家也一定會到處受人歡迎的。至於浪得虛名的人，表面上採取親和的態度，然而所作所為終究和仁的目標相違背，自認為對人家很好而不覺得慚愧，這樣在諸侯國一定會出名，在卿大夫家也一定會出名的。」

解 ❶達，通行無阻，也就是做人成功、廣受歡迎之意。❷聞，名聲流傳、家喻戶曉之意。❸子張捨本逐末，一味地沽名釣譽，想藉此干求祿位（參閱為政篇18），怪不得子游、曾子會同聲批評他說：「吾友張也為難能也，然而未仁。」「堂堂乎張也，難與並為仁矣！」（見子張篇15、16）其實知徒莫若師，孔子早就看出來了。❹質，指人格特質，現在叫作「個性」。義，指捨己為人的舉動（參閱附錄六釋義利）；好義，相當於現在說熱心公益。❺慮以下人，「以下人為慮」的省言與倒裝。下人，放低姿態，屈居人下，也就是待人謙卑之意。❻色取仁，意思是表面上待人親切；而，轉折詞，相當於白話的「可是」；行違，意謂色取仁其實是表面功夫，並非出於真心誠意，只能討好於一時，終必被人看穿而唾棄——這也就是學而篇03「巧言令色鮮矣仁」的意思。❼居之，意思是自居於仁——「之」代「色取仁」的「仁」；疑，內心不安、感覺慚愧之意。孟子‧離婁下篇說：「聲聞過情（名過其實），君子恥之。」邦家聞者「色取仁而行違，居之不疑」，正是孟子‧盡心下篇所描述鄉愿的心態（參閱陽貨篇13）。

21樊遲從遊於舞雩之下，曰：「敢問崇德、修慝、辨惑❶？」子曰：「善哉問！先事後得，非崇德與❷？攻其惡，無攻人之惡，非修慝與❸？一朝之忿，忘其身以及其親，非惑與❹？」

譯　樊遲跟隨先生到祈雨臺旁遊憩，問道：「請先生指教我該怎樣提昇品德的層次、消除心中的邪念和釐清錯亂的認知呢？」先生說：「你問得太好了！先著手去做事，而把利益放在後面，不就提昇品德的層次了嗎？檢討自己的罪過，不指謫別人的罪過，不就除掉心中的邪念了嗎？一時之間暴發脾氣，以致忘了本身的安全，而且連累到自己的父母，不是很糊塗的舉動嗎？」

解　❶崇德、辨惑，已見本篇第十章。慝，音「特」，從心、從匿，指不可告人的邪惡心理，大多為對財、色方面的貪念。修慝，意謂改正、消除心中的邪惡念頭。❷「先」、「後」在這裡可視為動詞，意思是把某樣事物放在前面或後面。事，指工作、職務；得，指報酬、利益。求利之心，人人都有，原本無可厚非；但若唯利是尚，就不免淪為自私的小人，常常不惜損人利己，甚至傷天害理。因此，要提昇品德的方法，就是做個「喻於義」的君子，為所當為，而把利益放在腦後。❸其，在這裡指第一人稱──「其惡」和「人之惡」相對，無疑是指自己的罪過。憲問篇14記孔子的話說：「躬自厚而薄責於人。」一個能經常反省、勇於改過的人，過失自然愈來愈少。崇德使人向上提昇，修慝則避免向下沉淪，其實是一體的兩面。❹一朝，相當於現在說「一時之間」，指很短暫的時間內。忿，意思是脾氣發作。以，連接詞，用法同「而」；及，意思是連累到。人人都曉得應當孝順父母；然而為了發洩一時的負面情緒，結果卻連累到父母，不是腦筋不清楚、太過糊塗了嗎？

22樊遲問仁，子曰：「愛人❶。」問知，子曰：「知人❷。」樊遲未達❸，子曰：「舉直錯諸枉，能使枉者直❹。」樊遲退，見子夏曰：「鄉也❺，吾見於夫子而問知，子曰：『舉直錯諸枉，能使枉者直。』何謂也？」子夏曰：「富哉言乎❻！舜有天下，選於眾，舉皋陶，不仁者遠矣❼！湯有天下，選於眾，舉伊尹，不仁者遠矣❽！」

譯 樊遲請教執政者當如何經營和人民之間的關係，先生說：「愛護人民。」樊遲又請教怎樣才算有智慧的執政者，先生說：「認識人才。」樊遲還是想不通，先生說：「提拔正直的人，將他安置在不直的人上面，就能使不直的政治風氣變為正直。」樊遲退下後，遇見子夏，告訴他說：「剛才我進見先生而請教怎樣才算有智慧的執政者，先生說：『提拔正直的人，將他安置在不直的人上面，就能使不直的政治風氣變為正直。』究竟是什麼意思啊？」子夏說：「這兩句話的含意太豐富了！舜做了天子以後，從許多人選中提拔皋陶，品行不端正的人就待不下去而離開啦！湯做了天子以後，從許多人選中提拔伊尹，品行不端正的人就待不下去而離開啦！」

解 ❶從孔子對樊遲問題的答覆，可知他是站在執政者的立場，來說明「仁」和「知」的意義與作為。愛人，意謂愛護人民：執政者愛護人民，相對也會贏得人民的愛戴，彼此關係和諧，這便是「仁」了。❷知人，意謂認識人才；執政者知人善任，使正人君子獲得提拔，政治風氣清明端正，素行不端的官吏自然在朝沒有立足之地，這便是「知」了。❸達，通曉、明白之意。❹舉直錯諸枉，已見為政篇19。❺鄉，「曏」的初文，指過去的時間，在這裡的意思是剛才。❻富哉言乎，「言乎富哉」的倒裝句，意思是「舉直錯諸枉，能使枉者直」這句話裡的含意很豐富，耐人尋味。❼仔細看上下文，可知「使枉者直」當指政風的改善而言，並非使不直的官吏變直之意。皋陶，音「高遙」，舜的賢臣。❽湯，商朝的創建人，名履。伊尹，湯的賢相，名摯。

23 子貢問友❶，子曰：「忠告而善道之❷；不可則止❸，毋自辱焉❹。」

譯子貢請教怎樣跟朋友交往，先生說：「善意勸告而且好好地開導他；他若不肯聽勸就算了，免得自討沒趣。」

解❶友，指與朋友相處的原則、要領。❷忠，為他人著想的愛心或善意；忠告，意謂善意的勸告。孟子・滕文公上篇說：「教人以善謂之忠。」道，「導」的初文。孔子說：「直而無禮則絞。」（見泰伯篇02），因此，當朋友犯錯時，應出於善意，並且用誠懇的態度、婉轉的方式、溫和的語氣，加以勸導，儘量避免損傷他的自尊，才容易收效。❸「不可則止」為假設關係複句，假設小句和後果小句的主詞各為對方和自己，都省略了。可，肯、願之意。止，意思是算了、不再繼續勸導。❹君子重視心靈成長，理當勇於改過；對於不肯接納善意勸導、無心改過的朋友，多說無益，甚至可能招致惡言相向；既然盡了「忠告善導」的義務，就可問心無愧而停止再勸，以免自討沒趣。

24曾子曰：「君子以文會友❶，以友輔仁❷。」

譯曾先生說：「君子藉著討論學術、交換讀書心得來跟朋友聚會，並藉著和朋友的互動來幫助自己加強經營人際關係的能力。」

解❶文，指文藝、學術而言。會，意思是聚集、相處。禮記・學記篇說：「獨學無友，則孤陋而寡聞。」因此君子樂於結交志同道合的朋友，互相研究討論，以分享心得、增廣見聞。❷輔，幫助之意；仁，指和諧的人際關係以及經營人際關係的能力。君子之交，互相尊重、信任、關懷、支持、體諒、規過、勸善，必能增進彼此經營人際關係的能力，所以說「以友輔仁」。

子路篇第十三

01子路問政，子曰：「先之勞之❶。」請益❷，曰：「無倦❸。」

譯子路請教為政的要領，先生說：「當主官的人凡事應當率先行動。」子路請求再補充一些，先生說：「不要懈怠。」

解❶先，領導之意。勞，和「勞師動眾」的「勞」字，都是「動」的意思。按孟子・公孫丑上篇說：「今夫蹶者趨者，是氣也，而反動其心。」其中「蹶者趨者」的句法「似乎實側」（參閱俞樾古書疑義舉例），相當於「蹶而趨者」，意思是跌倒後起身，隨即快速離開現場（說詳孔孟月刊第一九〇期所載拙文蹶者趨者釋義）。「先之勞之」的句法和「蹶者趨者」類似，等於說「先而勞之」，意思是當主官的人處理政務，應該領導部屬積極行動。❷益，增加、補充之意。❸「先」、「勞」、「無倦」的主詞都是主政者，「先而勞之」和「勞而無倦」意思是一貫的。

02仲弓為季氏宰❶，問政，子曰：「先有司❷，赦小過❸，舉賢才❹。」曰：「焉知賢才而舉之❺？」曰：「舉爾所知❻；爾所不知，人其舍諸❼？」

譯仲弓擔任季氏家的總管，請教為政的要領，先生說：「要做政府各部門官員的表率，寬赦輕微的過失，提拔優秀的人才。」仲弓又問：「我怎麼曉得誰是優秀人才而提拔他呢？」先生說：「提拔你所認識的；至於你所不認識的，人家難道會放過他嗎？」

解❶宰，卿大夫家的總管。❷先，意思和前章「先之」的「先」相同；有司，已見泰伯篇04。❸赦，免除、不予追究之意；赦小過，意思是不懲處有司所犯的輕微過失。❹舉，提拔之意。❺焉，句首疑問詞，用法同「何（以）」，相當於白話的「（從）哪裡」、「怎麼」。❻爾，意思是你；知，認識之意；所，代名詞，相當於「的人」，文言中通常移到動詞前面。❼其，用法同「豈」；舍，「捨」的初文；諸，「之乎」的合音。人其舍諸，意思是認識賢才的人一定會向自己推薦。

03 子路曰：「衛君待子而為政，子將奚先❶？」子曰：「必也正名乎❷！」子路曰：「有是哉？子之迂也！奚其正❸？」子曰：「野哉由也！君子於其所不知，蓋闕如也❹。名不正，則言不順❺；言不順，則事不成❻；事不成，則禮樂不興❼；禮樂不興，則刑罰不中❽；刑罰不中，則民無所錯手足❾。故君子名之必可言也，言之必可行也——君子於其言，無所苟而已矣❿！」

譯 子路問道：「假使衛國君主讓先生去施政，您打算先從哪裡著手做起呢？」先生說：「當然是整頓名分啊！」子路說：「有這樣的政策嗎？先生的想法太不切實際了！為什麼名分要整頓呢？」先生說：「由太不懂禮貌了！君子對自己不瞭解的事情，大都持保留的態度。名分如果不正當的話，說話就會覺得彆扭；假使說話覺得彆扭，那麼事情就不能辦成；事情若不能辦成，禮樂便派不上用場；倘若禮樂派不上用場，刑罰就會偏差；一旦刑罰偏差的話，將會造成民眾不曉得該怎麼做才對的後果。因此，君子訂定了名分之後，必定可以談論；可以談論的事情，必定可以實行——君子對自己的發言，只是不隨便罷了！」

解 ❶衛君，指出公輒，他是衛靈公太子蒯聵的兒子。魯哀公六年（西元前四八九年，孔子六十三歲），也就是衛君出公輒四年，孔子從楚國折返衛國，本章所記師徒對話，大約在這時候（參閱述而篇14）。待子而為政，子路假設衛君出公輒要任用孔子執政。奚，疑問代名詞，用法同「何」；奚先，意思是先從哪一項做起。❷「必也」有強調的語氣，表示無可置疑的意思，相當於白話說「一定是」、「當然是」，通常用在假設關係複句，作為後果小句的關係詞；這裡的假設小句——「若衛君待我而為政，我所先者」承上省略了。正名，整頓名分，使名分正當，也就是使父子、君臣的名實相符之意。按：魯定公十四年，蒯聵因厭惡靈公夫人南子淫亂，謀殺不成而逃亡國外。靈公死後，輒繼承君位，蒯聵在晉人護衛下，企圖潛回衛國，結果遭到圍阻而失敗。父子爭位，而且是子為君、父為臣的局面，有悖倫常，孔子先後在定公十四年、哀公二年的春秋經文中記載「衛世子蒯聵出奔宋」、「晉趙鞅率師納衛世子蒯聵于戚」，仍以「世子（太子）」稱呼蒯聵，顯見他認可蒯聵繼承君位的正當性。因此在答覆子路的疑問時，主張為政必先正名，使國家回到父君子臣的正常體制，才能順利推行政務。❸有是哉，意思是質疑在所有的政治事務裡面有正名這一項嗎？迂，路途曲折而長遠之意，形容一個人思想脫離現實、不合時宜。子路認為統治者當務之急的是富國強兵，正名這件事情太不切實際，所以對孔子的答覆感到意外，也頗不以為然。其，指名分；奚其正，質疑正名的必要性。❹野哉由也，「由也野哉」的倒言。野，形容一個人沒有教養、不懂禮貌。蓋，概括語氣詞，相當於白話的「大都」、「大致」；闕如，空缺的樣子，有存疑、保留、擱置之意。❺名實相符是一般人正常的認知；名不符實的事情，違反經驗法則，談起來必然感覺彆扭，所以說：「名不正，則言不順。」❻既然談起來會感覺彆扭，雙方便難以溝通，事情因而辦不成，所以說：「言不順，則事不成。」❼興，「廢」的相反詞，在這裡有派上用場的意思。禮樂因應人事（如冠、婚、喪、祭等）而施行；倘若事情辦不成，禮樂派不上用場，漸漸地就廢弛了，所以說：「事不成，則禮樂不興。」❽中，恰當之意；禮樂的作用在規範人們的行為、陶冶人們的性情；倘若禮樂廢弛了，刑罰便沒有準據而容易發生偏差，所以說：「禮樂不興，則刑罰不中。」❾錯，通「措」，放置之意；無所錯手足，沒有適合的地方可以放置手腳，也就是不知該怎麼做才對的意思。若胡作非為，卻可以避免刑罰的處置，那麼價值觀錯亂的結果，將使社會大眾無所適從，所以說：「刑罰不中，則民無所錯手足。」❿苟，牽強、隨便之意。由以上所述，可知社會的亂源，在於名實不符，所以君子為政的首要工作就是正名。最後那句「君子於其言無所苟」，意謂君子發言應當力求嚴謹，不可隨便，呼應前面說的「君子於其所不知，蓋闕如也」，正是孔子對子路無禮頂撞的機會教育。

04 樊遲請學稼❶子曰：「吾不如老農。」請學為圃❷，曰：「吾不如老圃。」樊遲出，子曰：「小人哉樊須也❸！上好禮，則民莫敢不敬；上好義，則民莫敢不服；上好信，則民莫敢不用情❹——夫如是❺，則四方之民襁負其子而至矣❻！焉用稼？」

譯 樊遲有意學習莊稼方面的知識，先生說：「我的經驗比不上老農夫。」樊遲又想要學習種菜的事。先生說：「我的經驗比不上老園丁。」樊遲出去後，先生說：「樊須真是個小老百姓啊！在上位的人如果愛好禮教，那麼人民就沒有敢不恭敬的；在上位的人如果愛好義氣，那麼人民就沒有敢不服從的；在上位的人如果愛好誠信，那麼人民就沒有敢不用真心相待的——假使為政能達到這樣的地步，那麼各地的人民都會用包巾揹著自己的小孩前來投靠了，在位者哪裡用得著親自下田耕作呢？」

解 ❶請，意思是願。稼，音「價」，意思是種植農作物。❷圃，音「普」，意思是種植花、果、蔬菜的園地；為圃，指園藝方面的事。❸小人，指不識大體、胸無大志的市井小民。子夏說：「雖小道，必有可觀者焉；致遠恐泥，是以君子不為也。」（見子張篇04）孟子也說：「有大人之事，有小人之事。」（見孟子・滕文公上篇）士君子既然有機會接受良好的教育，就應立定遠大的志向，竭盡心力，報效國家，為民服務；至於稼穡、種菜等工作，自有眾多農民去從事。知識份子志不在安邦定國，卻分心去學市井小民的事情，不僅捨本逐末，還有與民爭利的嫌疑，這是孔子批評樊遲的緣故。❹情，真誠、信實之意。❺夫，發語詞；如，有前往、到達之意；是，稱代詞，指「上好禮……民莫敢不用情」的政績。❻襁，音「搶」，包覆嬰兒以便背負或抱持的巾被；負，意思是揹著。

05子曰：「誦詩三百❶，授之以政，不達❷；使於四方，不能專對❸——雖多，亦奚以為❹？」

譯先生說：「一個人讀過詩經三百篇，假使交給他行政權力，他卻不能順利推行政務；派他出使到國外，他也不能自行跟對方應對——那麼，詩經的篇章即使讀得再多，又有什麼用呢？」

解❶孔子說：「詩可以興，可以觀，可以群，可以怨；邇之事父，遠之事君。」（見陽貨篇09）又說：「不學詩，無以言。」（見季氏篇13）加上本章，可見在孔子心目中，詩經不僅是文學作品，而且是一部倫理教科書，更是訓練口才和反應能力的優良教材。由於詩歌有比、興的婉轉表達方式，引人聯想的空間很大，所以古人在外交場合，經常會吟詩以明志，倘若不能熟讀詩經，並隨機應變、靈活運用，便難以勝任外交工作——例如左傳・僖公二十四年記載：晉獻公聽信驪姬的讒言，害死太子，重耳和其他公子分別流亡國外。十九年後，晉國內亂平息，秦穆公設宴款待他；舅犯自認人文素養不如趙衰，因而建議重耳帶領趙衰赴宴。席間重耳吟誦河水篇的詩句，秦穆公則吟誦六月篇來回應。由於六月是尹吉甫為周宣王領軍討伐玁狁（音「險允」，即秦、漢時的匈奴）所作的詩篇，趙衰明白穆公在暗示重耳將可擔起輔佐周天子的重任，應有護送重耳回國繼承君位的意思，於是當下建議重耳拜謝穆公的美意。❷「授之以政，不達」為假設小句。達，通暢、順利之意。❸「使於四方，不能專對」也是假設小句。四方，指外國。專，擅自；對，應對之意——使者在奉命出使他國時，便獲得授權，可以自行應付一切外交事宜，而不需、也不可能凡事都向國君請示，因此叫做「專對」。❹「雖多，亦奚以為」本身為擒縱關係複句（「雖多」是容認小句，「亦奚以為」是後果小句），同時也是後果小句，和前面兩個假設小句構成假設關係複句。雖多，主語「誦詩」承上省略。奚，用法同「何」；以，意思是用；為，句末疑問詞，相當於白話的「呢」。公羊傳・莊公十九年說：「聘禮，大夫受命不受辭。出竟（境），有可以安社稷、利國家者，則專之可也。」意思是說：使者奉命出國，只要能完成任務，爭取到國家最大利益，一切談判的技巧、辭令等，都可由使者臨場隨機應變，自行靈活運用。倘若不能做到這一點，就算讀過詩經三百篇那麼多的作品，也屬枉然。

06 子曰：「其身正❶，不令而行；其身不正，雖令不從❷。」

譯 先生說：「自己品行端正的話，不用下達命令，人民就會自動去做；自己的品行若不端正，即使下令強迫，人民也不會服從的。」

解 ❶其身，本身，指主政者自己。❷孔子說：「為政在人，取人以身。」（見中庸）因為他相信「君子之德風，小人之德草；草上之風，必偃」，所以非常重視主政者的品德修養，而再三告訴季康子：「政者正也，子帥以正，孰敢不正？」「苟子之不欲，雖賞之不竊。」「子欲善而民善矣！」（見顏淵篇19、17、18）都是同樣的意思。

07 子曰：「魯、衛之政，兄弟也。」

譯 先生說：「魯國和衛國的政治情況，好像兄弟一般，差不了多少。」

解 魯國是周公的封地，衛國是康叔的封地，周公和康叔都是文王的兒子，因此兩國可說是兄弟之邦。在孔子當時，周公和康叔的流風餘韻還在，兩國也多賢人君子。孔子遊說諸侯，在衛國居留的時間最久，可見他對衛國懷有深切的期望。

08 子謂衛公子荊善居室❶——始有，曰：「苟合矣❷！」少有，曰：「苟完矣❸！」富有，曰：「苟美矣❹！」

譯 先生認為衛國的公子荊很懂得處理家務——剛有房子時，他說：「可以勉強湊合著用啦！」稍微有些規模時，他說：「差不多齊全啦！」等到更富足時，他說：「還算不錯啦！」

解 ❶衛公子荊，衛國的賢公子。左傳‧襄公二十九年記載吳公子季札訪問衛國時，曾說衛多君子，公子荊便是其中之一。善居室，意思是善於處理家務。❷苟，有勉強過得去之意。合，意思是符合需要。❸少有，意思是比「始有」時稍微寬裕些。完，完備、齊全之意。❹美，美好、華麗之意。禮記‧曲禮上篇說：「敖（傲氣）不可長（膨脹），欲不可從（放縱），志不可滿，樂不可極（窮盡）。」公子荊既善於經營家業，又懂得持盈保泰，因此受到季札的稱許和孔子的讚美。

09 子適衛❶，冉有僕❷，子曰：「庶矣哉❸！」冉有曰：「既庶矣，又何加焉❹？」曰：「富之❺。」曰：「既富矣，又何加焉？」曰：「教之❻。」

譯 先生來到衛國，冉有為他駕車，先生說：「人口真多啊！」冉有問：「人口眾多之後，進一步該做什麼？」先生說：「讓他們生活富足。」冉有又問：「生活富足之後，進一步該做什麼？」先生說：「教育他們。」

解 ❶適，前往之意。❷僕，意思是服事尊者、長者，為他們駕馭馬車。❸庶，眾多，這裡指人口而言。大學說：「有人此有土，有土此有才。」古代經濟以農業為主，人力資源充沛是國家富強的先決條件，所以孔子到了衛國，見人口眾多，覺得在衛國大有可為，不禁發出「庶矣哉」的讚嘆。❹既，意思是已經，放在動詞或形容詞之前，有「在……之後」的意思。加，指施政上進一步的作法。❺富，使役動詞；之，指民眾。❻管子‧治國篇說：「凡治國之道，必先富民。」同書牧民篇也說：「倉廩實而知禮節，衣食足而知榮辱。」孔子「富之、教之」的政治理念應是受到管仲的啟迪，並影響到孟子。孟子曾告訴梁惠王：國君若能設法「使民養生喪死無憾」，就是「王道之始」，進一步「謹庠序之教，申之以孝悌之義」，使「頒白者（頭髮斑白的老人）不負戴於道路」，便能贏得民心而稱王於天下了。（詳見孟子・梁惠王上篇）

10子曰：「苟有用我者❶，期月而已可也❷，三年有成❸。」

譯 先生說：「如果有人用我的話，只要一整年就可以把基礎打好，三年便有成果呈現出來。」

解 ❶苟，假使之意。❷期，音「基」，週期；期月，以十二個月為週期，也就是一年的意思。可，意思是奠定為政的良好基礎。常言道：「好的開始是成功的一半。」孔子主張為政必先正名，然後以身作則、舉用賢才，在人和政通的情況下，「富之、教之」的成果是可以預期的。❸成，成果、成就，也就是孔子答覆子貢問政時說的「足食、足兵、民信之」（見顏淵篇07）。孔子曾擔任魯國的大司寇，並代理宰相的職務，不過三個月，就有「粥羔、豚者弗飾賈，男、女行者別於塗，塗不拾遺，四方之客至乎邑者不求有司」的政績，因而導致齊國的憂懼（見韓非子・內儲說下篇、史記・孔子世家）；倘若賦給他更大的權力，「三年有成」應該不是誇張的話。

11子曰：「『善人為邦百年❶，亦可以勝殘去殺矣❷！』誠哉是言也❸！」

譯 先生說：「『讓好人相繼治國一百年，也就可以終結肉刑、廢棄死刑了。』這話確實說得不錯啊！」

解 ❶善人，為人正直、心地善良的人，參閱述而篇25、先進篇19。百年，指一段相當長久的時間。❷勝殘，「勝」有竭盡、終結之意（例如孟子・梁惠王上篇：「魚鱉不可勝食，材木不可勝用。」），「殘」指傷害罪犯肉體的刑罰；「去」有廢棄之意，「殺」指死刑——勝殘去殺，意思是廢除肉刑和死刑。周公以禮樂治理天下，相傳四十年內，監獄中都沒有囚犯。春秋雖為亂世，但是國家若持續由善人治理一百年之久，讓社會充滿祥和之氣；既然沒有重大刑案發生，肉刑和死刑就沒有執行的必要，甚至可以宣告廢除了。❸誠哉是言，「是言誠哉」的倒裝句。

12子曰：「如有王者❶，必世而後仁❷。」

譯 先生說：「如果有聖明的帝王，也一定要等到三十年以後，才能營造講究倫理道德的社會風氣。」

解 ❶孟子說：「以德行仁者王。」（見孟子・公孫丑上篇）可知「王者」是指能以德服人，並施行仁政於天下的統治者。❷世，三十年為一世。仁，本義為和諧的人際關係，引申為一切可以維繫良好人際關係的行為；在這裡的意思是用禮樂教化民眾，使他們相親相愛，和睦相處，進而形成講究倫理道德的祥和社會風氣。大學說：「堯、舜率天下以仁，而民從之。」只是孔子估計需時三十年。孟子・盡心上篇：「其進銳者，其退速。」「道之以政，齊之以刑」雖可收立竿見影之效，然而統治者一旦失勢，或後繼無人，天下立即隨之土崩瓦解，秦朝就是很好的例子。「道之以德，齊之以禮」雖然收效緩慢，但是影響深遠，當明禮義、知廉恥的核心價值成為全民共識後，社會便可以長治久安，周朝政權得以維持八百年，可說得力於周公當年用禮樂教化所奠定的穩固基礎。因此，司馬光說：「教化，國家之急務也，而俗吏慢之；風俗，天下之大事也，而庸君忽之；夫唯明智君子深識長慮，然後知其為益之大而收功之遠也。」（見資治通鑑・卷六十八）

13子曰：「苟正其身矣❶，於從政乎何有❷？不能正其身，如正人何❸？」

譯 先生說：「如果在上位的人能端正自己的品行，對於從政哪有什麼問題？若不能端正自己的品行，他拿什麼去糾正別人呢？」

解 ❶苟，假設語氣詞；身，指觀念、態度和行為。❷何有，哪有什麼問題？毫無困難之意。❸如正人何，用法同「奈正人何」，相當於白話說「拿正人這件事怎麼樣」或「拿什麼方法去正人」，用疑問句表示否定的意思。正人，意思是導正、糾正他人的行為。

14冉子退朝❶，子曰：「何晏也❷？」對曰：「有政❸。」子曰：「其事也❹；如有政，雖不吾以❺，吾其與聞之❻。」

譯冉先生下班回來，先生說：「為什麼那麼晚呢？」冉先生回答說：「有公務要處理。」先生說：「恐怕是私事吧！若真有公務的話，雖然現在朝廷不用我了，我大概還有機會過問的。」

解❶本章稱冉求為冉子，可能是他當時擔任季氏家宰的緣故。雖做季氏家宰，但仍在孔子門下，所以有這番家常般的對話。退朝，相當於現在說「下班」。❷晏，意思是晚。❸政，指公務。❹其，揣測語氣詞；事，指私事。孔子認為：有關魯國的公事才叫政務，至於季氏的家務，只能算私事。若屬前者，季氏應在魯君朝廷和其他卿大夫討論，才符合體制；所謂「不在其位，不謀其政」（語見泰伯篇14），冉求是季氏家宰，只能處理季氏的家務，否則為僭越——兩者不能混為一談，這也是孔子對「正名」的堅持，因此他寫春秋時，遣詞用字絲毫都不含糊，即使像子游、子夏這兩位「文學」方面的高材生，也不能為他代筆。❺雖不吾以，「雖不以吾」的倒裝句；以，任用之意。❻「其」字也當揣測語氣詞用。與，讀去聲，意思是參與；與聞，過問、得知之意。左傳・哀公十一年記載：季氏曾為徵收田賦的事，徵求孔子的意見，且說：「子為國老，待子而行。」而先進篇07和憲問篇22也都記孔子的話說「以吾從大夫之後」，可知他雖已退休，魯哀公和季孫氏仍以國老（相當於現在的資政或國策顧問）之禮相待，所以說：「如有政，吾其與聞之。」

15定公問：「一言而可以興邦，有諸❶？」孔子對曰：「言不可以若是其幾也❷。人之言曰❸：『為君難，為臣不易。』如知為君之難也，不幾乎一言而興邦乎❹？」曰：「一言而可以喪邦，有諸？」

孔子對曰：「言不可以若是其幾也。人之言曰：『予無樂乎為君❺，唯其言而莫予違也。』如其善而莫之違也，不亦善乎❻？如不善而莫之違也，不幾乎一言而喪邦乎❼？」

譯魯定公問：「一句話便可以使國家興盛，真有這樣的事嗎？」孔先生回答說：「話不可以說得如此的簡單。有人這樣放話說：『當領導人固然困難，當部屬也不容易。』若能體會當領導人的困難，不就跟一言興邦差不多了嗎？」定公又問：「一句話便可以使國家滅亡，真有這樣的事嗎？」孔先生回答說：「話不可以說得如此的簡單。有人這樣放話說：『我沒有比做領導人更快樂的事了，因為群臣都附和我說的話而沒人違背我的意思。』如果自己的話很好而沒有人唱反調，不是很好嗎？如果自己的話不好卻沒人反對它，不就跟一言喪邦差不多了嗎？」

解❶諸，「之乎」的合音；「之」代「一言興邦」的事實。❷若，如同；是，這樣——指「一言可以興邦」的說法；其，介詞，用法同「之」；幾，意思是微小、接近、差不多，在這裡有把「一言」和「興邦」兩者的因果關係拉近，也就是說得太密切、太簡單之意。孔子認為：國家興亡的原因，其實有很大的探討空間，把一句話和國家興亡的關係說得那麼密切，未免攏統、誇張之嫌，他不太能苟同，所以說「言不可以若是其幾」。❸之，用法同詩經・周南・桃夭篇「之子于歸」的「之」，指稱詞，「之言」的意思就是這樣的說法。❹不過，國家領導人說的話，足以顯示他對權位的觀念以及處理國政的態度，影響所及，十分廣遠，甚至有可能導致國家的興亡。若能深切體會「為君難，為臣不易」這番話的含意，於是恪盡國家領導人的本分，並且嚴辨忠奸，知人善任，使政治清明，國家自然就會興盛起來。因此，將國家興盛的原因歸於國君曾說過「為君難，為臣不易」所代表的觀念和態度，那就雖不中也不遠了。❺「無樂乎為君」的句法和楚辭・九歌・少司命的「樂莫樂兮新相知」大致相同——「無」、「莫」都用作不定代名詞，意思是沒有哪件事情。「乎」、「兮」

都是比較補詞的關係詞；整句的意思是沒有什麼比做國君或認識新朋友更快樂的事了。❻唯，這裡當動詞用，表示認可、贊同、附和的意思——如「唯唯諾諾」，便相當於白話說「是的、是的，好的、好的」（參閱里仁篇15）。「唯其言」和「如其善」的「其」，都指第一人稱——意思是我的或自己的。「莫予違」和「莫之違」各為「莫違予」、「莫違之」的倒裝句。違，意思是表達相反的意見。❼如不善，「如其不善」的省言。若國家領導人陶醉於「予無樂乎為君，唯其言而莫予違」這句話，因而喜歡善於逢迎拍馬的小人，而排斥敢於犯顏直諫的賢臣，使得佞幸滿朝，政風敗壞，國家勢必日趨衰亡。若是這樣，那麼「一言可以喪邦」的說法便相當接近事實了。

16葉公問政❶，子曰：「近者說，遠者來❷。」

譯葉公請教施政的目標，先生說：「要能使本地的人感覺喜樂，外地的人前來投靠。」

解❶魯哀公二年，蔡昭侯由於畏懼楚國的侵逼，從新蔡（今河南省・新蔡縣）遷都到比較靠近吳國的州來（在今安徽省・壽縣北）。當時楚昭王有意進取中原，佔領蔡國故土，而交給葉公就近治理，蔡國遺民內心惶惑不安。哀公六年，孔子離開陳國，想前往楚國，途經這塊楚國的新增領土，葉公於是向他問政。❷說，同學而篇01「不亦說乎」的「說」，喜悅之意。來，意思是前來歸順。季氏篇01記孔子教訓冉求說：「遠人不服，則修文德以來之；既來之，則安之。」本篇第四章記孔子的話說：在上位者若能好禮、好義與好信，「則四方之民襁負其子而至矣」，就是具體的作法和成效。孟子也說：「以力服人者，非心服也，力不贍（足）也；以德服人者，中心悅而誠服也。」（見孟子・公孫丑上篇）可以參閱。

17子夏為莒父宰❶，問政，子曰：「無欲速，無見小利——欲速則不達，見小利則大事不成❷。」

譯 子夏做莒父的地方首長，請教為政的要領，先生說：「不要一味地求快，不要著眼於小利——倘若一味地求快，就反而達不到目的；假使著眼於小利，便成就不了大事。」

解 ❶莒父（音「甫」），魯國西部的小邑，今山東省・高密縣東南。❷無，禁制詞，用法同「毋」、「勿」。中庸說：「凡事豫則立，不豫則廢。」如果準備不周，卻勉強求快，便可能造成「揠苗助長」的結果；不如妥善規劃，充分準備，水到自然渠成。常言道：「謀定而後動」、「小不忍則亂大謀」；凡事都有本末輕重，宜仔細衡量，避免躁進；否則往往會捨本逐末，因小失大，後悔莫及。「無欲速，無見小利」，不限於為政，平日為人處事，也當隨時念茲在茲，聖者的高瞻遠矚，是永遠值得世人警惕的。

18 葉公語孔子曰❶：「吾黨有直躬者❷，其父攘羊，而子證之❸。」子曰：「吾黨之直者異於是❹——父為子隱，子為父隱，直在其中矣❺！」

譯 葉公告訴孔先生說：「我治理的地方上有個條直的人，他父親偷取人家的羊，居然做兒子的跑去官府告發。」先生說：「在我的家鄉，條直人士的作法和這個人不一樣——父親幫兒子隱瞞，兒子幫父親隱瞞，條直就存在父子互相幫對方隱瞞的心態中了。」

解 ❶語，動詞，告訴之意。❷黨，周朝的地方行政區域，劃五百家為一黨；這裡是葉公指自己統治的地方。直，意思是率真、條直；躬，原意是身體，這裡指個性而言——直躬者，相當於現在說「一條腸子通到底的人」。❸攘，意思是偷取。證，檢舉、告發之意。這件事後來韓非子・五蠹篇和呂氏春秋・當務篇都有引述，前者作「謁之吏」，後者作「謁之上」，可知古書「證」字的本義，當如說文所解釋的「告也」，相當於現在說「告發」、「檢舉」；至於證明、驗證的意思，古書通常都用「徵」字來表示。❹異於是，意謂和這種作法不同——是，指前面葉公說的「其父攘羊，而子證之」。❺隱，隱瞞、包庇之意。物體直或不直，用尺或繩墨一測便知；然而人心無法目測，究竟直不直，標準因人而異，孔子判斷的標準為情理——凡是合情合理的就是直，反之為不直。「父為子隱，子為父隱」才符合人之常情，所以說「直在其中」；「其父攘羊，而子證之」則扭曲了人性，是矯情的作法，所以孔子並不認同。（請參閱附錄四釋直）

19樊遲問仁，子曰：「居處恭❶，執事敬❷，與人忠❸；雖之夷狄，不可棄也❹。」

譯樊遲請教經營和諧人際關係的要領，先生說：「住在家裡，態度要謙卑；執行任務，態度要認真；對待別人，態度要體貼；即使到了夷狄的國度，也不可以丟棄這幾項原則。」

解❶「居處恭」和「執事敬」、「與人忠」句法一致，可知「處」字為名詞，當讀去聲，意思是家，「居處」是指閒居在家的時候。人之常情，對於朝夕相處的家人和左鄰右舍，往往會忽略應有的尊重，所以孔子提醒樊遲，居家時態度應該謙卑，先建立自己和身邊親友的和諧關係。❷敬，慎重、認真之意。慎重執行自己負責的事務，才不易犯錯，因而贏得他人的尊重和信任。❸與，對待之意；忠，和「恕」的意思都是將心比心，這是經營一切人際關係的不二法門，所以曾子說：「夫子之道，忠恕而已矣！」（見里仁篇15）「仁」的本義為和諧的人際關係。論語記載樊遲曾三次問仁，除本章外，孔子的答覆分別是「仁者先難而後獲」（見雍也篇20）、「愛人」（見顏淵篇22），三次答覆的意旨都不外乎忠恕之道，可知人際關係必須靠自己真誠無私地主動去經營，凡事設身處地，多為對方著想。❹常言道：「人同此心，心同此理。」人類情感需求的差異並不大；君子無論何時何地，都要把握上述三項待人接物的原則，這跟里仁篇05所記孔子說的「君子無終食之間違仁，造次必於是，顛沛必於是」，以及他答覆子張問行時說的「言忠信，行篤敬，雖蠻貊之邦行矣」（見衛靈公篇05）等，意思是相通的。

20子貢問曰：「何如斯可謂之士矣？」子曰：「行己有恥❶，使於四方，不辱君命❷，可謂士矣！」曰：「敢問其次？」曰：「宗族稱孝焉，鄉黨稱弟焉❸。」曰：「敢問其次？」曰：「言必信，行必果❹，硜硜然小人哉❺；抑亦可以為次矣❻！」曰：「今之從政者何如？」子曰：「噫！斗筲之人❼，何足算也❽！」

譯 子貢問道：「怎麼樣才可以稱得上知識份子呢？」先生說：「愛惜自己的榮譽，奉派到他國時，能順利完成國君交付的任務，可以稱得上知識份子了。」子貢又問：「請教那次一等的呢？」先生說：「同宗的人都稱讚他能孝順父母，同鄉的人都稱讚他能尊敬兄長。」子貢又問：「請教那再次一等的呢？」先生說：「諾言一定要兌現，做事一定要堅持到底，腦筋像石頭撞擊聲那樣缺少轉圜空間的小角色；不過，也可以算是再次一等的士了。」子貢又問：「當今那些從政的人怎麼樣？」先生說：「唉！都是器量狹小的人，哪裡夠資格稱得上士呢！」

解 ❶恥辱的反面是榮譽，「行己有恥」的意思是使自己有羞恥心，也就是愛惜本身榮譽的意思（「行己」的涵義，可參閱公冶長篇16）。❷不辱君命，不使國君的託付受到屈辱，也就是能順利完成外交任務之意。❸同姓的家族為宗族，同住一個地方的熟人為鄉黨；善事父母叫做孝，善事兄長叫做弟。稱，有嘉許、讚譽之意。士君子應該是既孝且弟的，因此，「宗族稱孝焉，鄉黨稱弟焉」兩句是運用修辭格裡的「互言」，意思其實就是「宗族、鄉黨皆稱孝弟焉」。❹必，意思是心念堅定、非那樣不可；果，本義為植物開花後所結的實物，引申的意思為做事一定要得到預期的成效為止，而不是見異思遷或半途而廢。❺硜，音「坑」；硜硜然，原本用來形容短促而單調的石頭撞擊聲，在這裡比喻一個人腦筋僵化、不知變通。小人，指見識淺陋、終究難成大器的小角色。孟子•離婁下篇說：「大人者，言不必信，行不必果，惟義所在。」應是根據本章而說的。不必，意謂不一定；惟義所在，意謂只看正當性、合理性在哪裡而定。❻抑，轉折詞，相當於白話的「不過」。❼噫，嘆息聲。斗容十升，筲（音「燒」）容一斗二升，容量都不大，比喻胸襟狹小、見識淺短。❽算，本義為籌碼，引申有條件、資格之意；何足算，哪裡夠資格——用疑問句表達否定的意思。

21子曰：「不得中行而與之❶，必也狂狷乎❷！狂者進取，狷者有所不為也。」

譯先生說：「縱使得不到有守有為的人而傳授學問給他，也一定要找豪放不羈或保守自愛的人吧！豪放不羈的人具有積極進取的精神，保守自愛的人不會去做某些不對的事情。」

解❶中行，就是孟子以後改稱的「中道」。「中道」的「中」，並非絕對的居中，而是相對的存在——凡是最妥當、最正確的途徑或法則，都叫做中道。這裡用來指不拘於狂、不限於狷，而該狂時知所進取、該狷時也有所不為的彬彬君子（參閱附錄十釋中行）。與，給予之意，這裡可解作傳道、授業。❷必也狂狷乎，本為假設關係複句的後果小句，在假設小句「若退而求其次」省略後，便直接和「不得中行而與之」構成擒縱關係複句（註）。狂，指企圖心旺盛、做事態度積極的人，見義勇為的子路可為代表；狷，指個性保守、潔身自愛的人，遇事退縮的冉求可為代表——兩者各有長處，也各有偏執。孟子．盡心上篇說「得天下之英才而教育之」是君子三樂之一，孔子在陳時，曾因「吾黨之小子狂簡，斐然成章，不知所以裁之」，而興起「歸與歸與」的感嘆（見公冶長篇22）。在英才之中，自以中行之士為首選，「用之則行，舍之則藏」的顏淵可為代表；但是具有這種資質的人太少，可遇而不可求，所以退而求其次，對於狂狷之徒，孔子也樂予教導（參閱先進篇21）；只有鄉愿不堪造就，孔子是完全不予考慮的。

註先承認甲事之為真實（也可以是假設的事實），接下去說的乙事並不因甲事而不成立，這類複句叫做「擒縱關係複句」。前面容認小句的關係詞，通常用「雖然」、「縱使」、「儘管」等，第二小句的關係詞則用「亦（也）」、「卻」等相照應（參閱許世瑛中國文法講話・第十二章・第五節）。

22子曰：「南人❶有言曰：『人而無恆，不可以作巫醫❷。』善夫！『不恆其德，或承之羞❸。』」子曰：「不占而已矣❹！」

譯先生說：「南方人士有這樣的說法：『一個人若沒有恆心，就當不成巫醫。』真是說得太好了！『假使意志不能持續下去，可能就得承受它的惡果。』」先生說：「這種說法只是叫沒有恆心的人不用去占卜罷了！」

解❶南人，南方的人，指的應是楚國人。❷而，假設語氣詞，相當於白話的「倘若」、「假使」。作，造就、培養之意。巫醫，古代巫、醫是一體的。巫師大都用巫術和酒來治病，因此古「醫」字的構體從酒省，也可從巫作「毉」（參閱陸德明 周禮・酒正及爾雅・釋地釋文）。❸「不恆其德，或承之羞」出於易經・恆卦・九三爻辭，為假設關係複句，關係詞「若」、「則」省略了。假設小句「不恆其德」的主詞為不特定人物，也省略了；恆，經常之意，這裡用作使役動詞，意思是使「其德」持續下去，成為常態；其，指稱詞，相當於白話說「他的」；德，指做一件事的意念——「不恆其德」整句的意思是假使一個人沒有恆心。或，語氣不確定，相當於白話說「可能」、「有時候」；承，意思是接受；之，用法同「其」，在這裡代「不恆其德」的態度；羞，意思是惡劣、不好——「或承之羞」整句意謂可能會得到不好的結果。中庸說：「誠者，物之終始，不誠無物。」又說：「至誠無息，不息則久……悠久，所以成物也。」幾個「物」字都和「事」字通用。巫醫的養成，需要一段漫長時間，必須有始有終才行；假使半途而廢，則前功盡棄，當然不是預期的美好結果，所以說「或承之羞」。❹占，我國古代預測吉凶禍福的方法之一。古人對於待決事項無法預知它的發展或吉凶，於是透過卜者，把心中的疑惑刻在龜的腹甲上，並對內面預先鑿好備用的坑洞加熱。當聽到「剝剝」聲時，再觀察刻辭處的裂紋，來判斷結果是否會如預期的那樣或事態的吉凶禍福。「占」為會意字，從卜代表所用方法，從口以示質問神明；不占，意謂不用卜問神明了——因為有恆心才能成事，否則即使卜問神明，恐怕也會無濟於事的。

23子曰：「君子和而不同❶，小人同而不和❷。」

譯 先生說：「君子隨和卻不盲從，小人盲從卻不隨和。」

解 ❶和，心地善良、態度謙恭、待人親切之意；同，沒有獨立自主的人格、一味地盲從多數之意。衛靈公篇21記孔子的話說：「君子矜而不爭，群而不黨。」「不爭」與「群」，相當於本章的「和」；「矜」和「不黨」，相當於本章的「不同」。君子則因心靈充實而具有自信，所以能夠尊重他人、從善如流；但是遇到不對的事情，也能發揮道德勇氣，堅持原則，而不會盲從附和。❷小人心靈空虛，自信不足，唯恐孤立，所以總是盲從多數；由於人格上的缺陷，不懂得尊重、信任，也就難與他人好好相處。

24子貢問曰：「鄉人皆好之，何如？」子曰：「未可也❶。」「鄉人皆惡之，何如？」子曰：「未可也❷。不如鄉人之善者好之、其不善者惡之。」

譯 子貢問道：「全鄉的人都喜歡他，這個人怎麼樣？」先生說：「還不能論斷。」子貢又問：「全鄉的人都厭惡他，這個人怎麼樣？」先生說：「還不能論斷。一個真正的好人，莫過於鄉里中的好人喜歡他、而那些鄉里中的壞人厭惡他。」

解 ❶本章記孔子教導子貢判斷人品好壞的方法。「不如鄉人之善者好之、其不善者惡之」是對兩個「未可」的補充；「其不善者惡之」的「其」字，承上一句而言，所以指的也是「鄉人」。孔子說：「眾惡之，必察焉；眾好之，必察焉。」（見衛靈公篇27）一個人的好壞，大致上可以從他的本質來觀察。常言道：「知人知面不知心。」「鄉人皆好之」的人，通常很懂得群眾心理，又善於包裝自己，因而容易博得鄉人一致的好感；然而他們缺乏道德勇氣，不敢得罪惡人，說話總是模稜兩可，混淆是非曲直的標準，結果使得人們價值觀錯亂而無所適從。俗話說：「日久見人心。」這些人其實就是孔子所深惡痛絕的「鄉愿」，也就是偽君子，可惜世人大多缺乏知人之明；只有智者知人（參閱顏淵篇22），而「唯仁者能好人、能惡人」（見里仁篇03）。因此，「鄉人皆好之」者可能虛有其表，不如誠實做人而成為「鄉人之善者好之」的對象。❷孟子說：「君子之所為，眾人固不識也。」（見孟子・告子下篇）因為君子有先見之明，凡事深謀遠慮，而且富於正義感，勇於發表逆耳的忠言，甚至擋人財路，以致常常受到流言的污衊，「鄉人皆惡之」的，反而有可能是一位值得尊敬的正人君子，豈可誤信流言而冤枉好人？至於唯利是圖的小人或鄉愿，雖然憑藉巧言令色，而能博得大家一時的好感；但是暗地裡與人同流合污、結黨營私，當彼此利害衝突時，便立刻反目成仇、互揭瘡疤了。

25 子曰：「君子易事而難說也❶——說之不以道，不說也❷；及其使人也，器之❸。小人難事而易說也——說之雖不以道，說也；及其使人也，求備焉❹。」

譯 先生說：「君子容易服事，卻難以討好——不用正當的方式討好，他是不會喜悅的；到了他用人時，總是按照對方的專長來分派工作。小人難以服事，但容易討好——雖然不用正當的方式討好，他還是很高興；到了他用人時，總是吹毛求疵、百般挑剔。」

解 ❶事，服事、效勞之意。說，取悅、討好之意。❷道，本義為路徑，引申可指為人處事所遵循的法則。❸使人，意思是任用人才、指派工作。器，本義為器物，每種器物各有不同的用途，因此可引申為一個人的才能，這裡用作動詞；器之，意思是按照各人的才能來指派工作。君子公正無私，心靈充實，能自我肯定，所以不需要部屬曲意奉承；而且由於心胸開闊，樂於成人之美，所以能尊重專業、信任部屬，並且寬容他們所犯的小小過失。❹備，完備、周全之意；求備，要求別人做到盡善盡美、完全沒有缺點，意思和吹毛求疵相同。小人自私而內心空虛，所以渴望別人奉承，來滿足自己的虛榮心，卻不在意其中的正當性；且因心胸狹小，不容部屬的表現超過自己，為了彰顯自己的權威，不但不肯接受部屬的意見，而且對他們總是百般刁難和挑剔。

26子曰：「君子泰而不驕❶，小人驕而不泰❷。」

譯先生說：「君子心情輕鬆自在，態度卻不傲慢；小人態度傲慢，心情卻繃得很緊。」

解❶泰，從容不迫、輕鬆自在的樣子。君子敬其在我，努力充實自己，完全以平常心看待富貴；即使受到拔擢而在高位，也像正考父一樣懂得謙卑（參閱本章附註），這叫做「泰而不驕」。❷小人熱衷名利，一旦得志，便趾高氣昂，目中無人；但因患得患失，既提不起，又放不下，總是心情緊張、煩躁，這叫做「驕而不泰」。

註正考父為孔子的七世祖，史記•孔子世家記載：他先後輔佐宋戴公、武公、宣公，都擔任上卿。在從政過程中，朝廷每發佈一次升官的人事命令，他就一次比一次表現得謙卑，日常生活也很節儉；然而他愈謙卑，愈沒有人敢輕侮他。

27子曰：「剛❶、毅❷、木❸、訥❹，近仁❺。」

譯先生說：「個性剛強、意志堅定、反應遲鈍、言辭笨拙，大致上都能贏得良好的人緣。」

解❶剛，形容性格強硬不屈。❷毅，形容意志堅韌不折。❸木，形容思慮深沉、反應遲鈍的樣子。❹訥，形容言辭笨拙、欲語還休的樣子。❺仁為良好的人際關係。孔子說：「巧言、令色，鮮矣仁。」（見學而篇03）因為巧言、令色的目的主要在討好別人，出發點是自私自利的，結果很可能被人瞧不起，所以說「鮮矣仁」；而「剛、毅、木、訥」則為真誠、正直、穩重、負責態度的表現，自然會贏得別人的尊敬和信任，所以說「近仁」。

28子路問曰：「何如斯可謂之士矣❶？」子曰：「切切偲偲❷，怡怡如也❸，可謂士矣——朋友切切偲偲，兄弟怡怡❹。」

譯子路問道：「怎麼樣才可以稱作男子漢呢？」先生說：「跟人家相處，懂得尊重、勉勵，彼此和和樂樂的，便可以稱作男子漢了——朋友之間要互相尊重、勉勵，兄弟之間要和和樂樂的。」

解❶「士」在先秦古籍中，除了用來指軍人或與庶民相對的知識份子外，也可指與女子相對的男子或夫婿——例如詩經・衛風・氓篇的「女也不爽（過失），士貳（改變）其行」、荀子・非相篇的「處女莫不願得以為士」，因此「婿」字也可從士作「壻」。❷廣雅・釋訓：「切切，敬也。」說文・人部：「偲（音「斯」），彊（音「搶」）也。」彊，迫也（見說文・力部），引申有督促、勉勵之意。❸怡怡，愉悅、和樂之意。詩經・小雅・常棣篇：「兄弟既翕（聚會），和樂且湛（耽樂）。」❹子路為人好勇而重義氣，然而行事往往流於衝動、魯莽，孔子曾說子路「其言不讓」（見先進篇25），甚至斥責說「野哉由也」（見本篇第三章）——由此可知他跟朋友、兄弟相處，經常有所摩擦或衝撞，所以當他問怎樣才可稱作男子漢時，孔子特別提醒他：男子漢並不是逞強好勇，只有陽剛的一面。跟朋友交往，必須懂得尊重與互相勉勵，不能一味地只顧自己出頭；跟兄弟相處，更要和和樂樂的，不能因為彼此關係太密切就忽略對方的感受。先進篇21記孔子答覆子路問「聞斯行諸」時，針對他「兼人」的個性，特別叮嚀他凡事應當徵詢父兄的意見，如果能做到這一點，他和兄弟相處，就一定會「怡怡如也」。

29子曰：「善人教民七年❶，亦可以即戎矣❷！」

譯先生說：「好人教化人民七年，也可以派上戰場啦！」

解❶善人，已見本篇第十一章。❷即，意思是靠近；戎，指戰爭——即戎，相當於白話說「上戰場」。左傳・僖公二十二年說：「明恥教戰，求殺敵也。」善人治國，當不至於窮兵黷武，但會教導民眾執干戈以衛社稷的道理和方法。七年只是約略估計需要的時間——從就位開始，先發展經濟，解決民生問題，以取得人民的信任和支持，然後「明恥教戰」，大約不出七年，便可以完成戰備工作，隨時迎戰來犯的敵人了。

30子曰：「以不教民戰❶，是謂棄之❷。」

譯先生說：「指揮沒受過訓練的人民去作戰，這叫遺棄他們。」

解❶以，意思是用、拿，這裡可據左傳・僖公二十六年「凡師能左右之曰『以』」的說法，解作指揮。❷孫子・計篇說：「兵者，國之大事，死生之地、存亡之道，不可不察也。」因此，執政者有責任加強戰備、充實兵力，以維護國家主權、領土的完整，並且保障人民生命、財產的安全；平日除了要訓練民眾戰鬥技能，還應讓他們明白為誰而戰、為何而戰的道理，才能上下一心，共同抵禦外侮；否則一旦發生戰爭，才驅使如烏合之眾一般的人民上陣抗敵，等於叫他們去送死，所以說：「以不教民戰，是謂棄之。」

憲問篇第十四

01 憲問恥❶，子曰：「邦有道❷，穀❸；邦無道，穀，恥也❹。」

譯 原憲請教什麼是可恥的事，先生說：「在國家政治能上軌道的時候，理當從政領取公糧；假使國家政治不上軌道，還在位領取公糧的話，就是可恥的事了。」

解 ❶憲，孔子學生，姓原，名憲，字子思，也就是雍也篇03的原思。❷邦有道，指國家有禮教法度，政治體制得以正常運作，好比有平坦的道路供車輛行駛；下文「邦無道」的意思相反。❸穀，當動詞用，指吃公家糧食，也就是做官的意思。子夏說：「學而優則仕。」（見子張篇13）孔子也說：「吾豈匏瓜也哉？焉能繫而不食？」（見陽貨篇07）君子學有所成，理當報效國家、服務社會。泰伯篇13記載子曰：「天下有道則見，無道則隱。邦有道，貧且賤焉，恥也。」就是指不學無術、沒有從政條件而言的。❹若政情混亂，無從發揮所長、實現理想，便要潔身自愛、知所進退；否則眷戀官位，和一班小人同流合污，便很可恥，所以說：「邦無道，富且貴焉，恥也。」（出處同前）總之，「隱居以求其志，行義以達其道」（語見季氏篇11）是君子出處進退所秉持的原則。

02 「克、伐、怨、欲❶，不行焉❷，可以為仁矣？」子曰：「可以為難矣，仁則吾不知也❸。」

譯 「好勝、炫耀、怨恨、貪求這些意念，都不讓它們影響自己的行為，可以算人格健全了嗎？」先生說：「可以算難得了，至於人格健全與否，我就不曉得了。」

解 ❶克，戰勝之意；伐，炫耀之意；怨，懷恨之意；欲，貪求之意。以上這些意念都有礙人格的健全發展。❷不行，意思是保持理性，避免它們對自己的人格發展造成負面影響。❸「仁」的本義為和諧的人際關係，引申而言，則一切可以維繫和諧人際關係的良好德行，都叫做仁，因此仁者也可指品德優良、人格健全的君子。由於成長是一輩子的事，學習也就終身不能停止。「克、伐、怨、欲，不行焉」雖已難能可貴，但孔子認為那些都只是最基本的功夫，不足以稱為仁者；還有待繼續努力充實、提升自我，進而立人、達人，所以說「仁則吾不知也」。

03 子曰：「士而懷居❶，不足以為士矣❷！」

譯 先生說：「一個男子漢如果眷戀居家生活，就不夠資格稱作男子漢啦！」

解 ❶士，指受過良好教育的男子；而，假設語氣詞；懷，眷戀、貪圖之意；居，指家庭生活——懷居，相當於現在說「戀家」。❷因為家是最熟悉、最安定的處所，人之常情，大多戀戀不捨；然而國人的傳統觀念，總認為男兒志在四方，應當以事業為重，不該窩在家裡，貪圖個人生活的安逸——例如左傳・僖公二十三年記載晉公子重耳流亡到齊國時，桓公將公主許配給他，還送他八十匹馬。重耳貪圖享受，有意在齊國定居下來；新婚妻子反而勸他離開，並提醒他說：「子有四方之志……懷與安實敗名。」孔子並沒有教人一定要離家到外地闖蕩的意思，只是認為一個男子漢應有崇高的理想，不該一味地把心思放在生活的安逸和享受上，所以他說：「士志於道，而恥惡衣惡食者，未足與議也。」（見里仁篇09）即使管仲有那麼偉大的功業，卻因生活過度奢靡，而不免被孔子批評為器量狹小（見八佾篇22）。孟子・告子上篇說：「詩云：『既醉以酒，既飽以德。』言飽乎仁義也，所以不願（羨慕）人之膏粱之味也；令（善）聞廣（光、美）譽施於身，所以不願人之文繡也。」說明人品高低，取決於價值觀的優劣，而非權勢的大小或財富的多寡。孔子的「從吾所好」、孟子的「修其天爵」、荀子的「敬其在我者」，都是基於同樣的理念，因而成就他們永不磨滅的聖哲典型。

04子曰：「邦有道，危言危行❶；邦無道，危行言孫❷。」

譯 先生說：「國家政治若上軌道，言語和行為都要正直；當國家政治不上軌道時，行為仍要正直，只是說話最好能夠收斂一些。」

解 ❶危，正也（見廣雅・釋詁）。太平時期，社會公理正義具在，書生從政報國，理當進盡忠言，直道而行。❷孫，「遜」的初文，這裡有委婉、收斂、低調之意。在混亂的時代，道德淪喪，法紀蕩然，君子仍須潔身自愛，行為端正；只是要懂得明哲保身，不宜再高談闊論，以致得罪當道，惹禍上身。

05子曰：「有德者必有言，有言者不必有德❶；仁者必有勇，勇者不必有仁❷。」

譯 先生說：「有道德修養的人一定有可取的言論，能言善道的人不一定有道德修養；人格健全的人一定有勇氣，有勇氣的人不一定有健全的人格。」

解 ❶必，意思是一定；不必，意思是不一定。要認識一個人，不能只看他言行的表面功夫，須從深層的內在觀察。德者得也，言為心聲，有道德修養的人，深造自得，只要直接表達內心的想法，就可有一番很好的見解——例如以德行著稱的閔子騫，孔子就曾經稱讚說：「夫人不言，言必有中。」（見先進篇13）而能言善道的人，往往言不及義，或言過其實；甚至說的是一套，做的卻是另一套，所以孔子說：「吾以言取人，失之宰予。」（見史記・仲尼弟子列傳）因此他寧可「聽其言而觀其行」（語見公冶長篇10），也「不以言舉人」（語見衛靈公篇22），不是沒有道理的。❷仁者愛人，不會患得患失，即使臨危授命，也義無反顧，所以孔子說：「志士仁人，無求生以害仁，有殺身以成仁。」（見衛靈公篇08）勇者若是誘於貨利，或意氣用事，即使膽敢赴湯蹈火，也不可取。孔子說：「勇而無禮則亂。」（見泰伯篇02）既是無禮且會擾亂秩序的血氣之勇，也就離仁更遠了。

06 南宮适問於孔子❶，曰：「羿善射❷，奡盪舟❸，俱不得其死然❹；禹、稷躬稼而有天下❺……」夫子不答❻。南宮适出，子曰：「君子哉若人！尚德哉若人❼！」

譯 南宮适前來問候孔先生，談話中提到：「后羿很會射箭，奡能翻覆敵軍的戰船，兩人都不得好死；禹和后稷親自下田耕種，卻得到了天下……」先生當時沒有回應；等到南宮适出去後，先生才說：「這個人真是一位君子啊！這個人真是崇尚道德啊！」

解 ❶問，和鄉黨篇11「問人於他邦」的「問」，同為問候之意。由首句「南宮适問於孔子」的敘述，以及孔子最後稱讚的語氣看來，南宮适可能是貴族，當時應非孔子的學生，是否後來入了門下，則不得而知。左傳、史記和現行孔子家語等文獻對南宮适身分、名字的記載頗有出入，後世學者說法不一，迄今仍難釐清，這裡姑且存疑，不予介紹。❷羿，音「亦」，是夏朝的有窮國君主，所以又叫后羿（后、君意同），善於射箭，卻被跟他學射的逢蒙射殺，見孟子・離婁下篇。❸奡，音「傲」，左傳・哀公元年作澆，過國君主寒浞的兒子。相傳他擅長水上作戰，能夠盪舟（意思是將敵人船隻盪翻；至於使用甚麼方法，以及船隻大小，都不清楚，無妨存疑）；後來篡弒夏后相（夏禹的曾孫，名相），少康又消滅澆而中興夏朝。❹不得其死然，孔子也曾預料子路會「不得其死然」（見先進篇12），意思是不能在正常的情形下死得其所，這是被人殺害、死於非命的含蓄說法；然，也可用「焉」。❺稷，后稷的簡稱，「后」為「司」的反寫，在卜辭中，文字往往可以正、反書寫，意思並無不同。稷為五穀之一，「后稷」的意思是主管糧食的官員。書經・堯典記載：周朝的始祖棄，在虞舜時奉命主管農糧事務，後人因而稱呼棄為后稷。躬，親自之意；稼，意思是種植農作物。❻答，回應之意。孔子對學生的褒貶，有時或許是為了顧及當事人的感受，必須拿捏輕重，以避免自己一時情緒變化而用語過當，因此不便當面直接表示，而在事後由其他學生轉達，論語中不只一見——例如陽貨篇21記載他和宰我談論三年之喪，也是等宰我出去之後，才感嘆地說出「予之不仁也」那一番話。當面或背後褒貶，各有所宜，如何運用，得因人、事、時、地而制宜。關於本章，後世學者大都附和漢代碩儒馬融的見解：「适意欲以禹、稷比孔子，孔子謙，故不答也。」似乎扯得太遠了。仔細玩味上下文意，可知這次南宮适和孔子交談，應該還有其他內容，本章所記只是其中一小部份，所以南宮适就像在陳述自己的意見，而沒有一般請教問題的語氣；孔子則完全尊重他的想法，而沒作任何回應。❼「君子哉若人」、「尚德哉若人」都是倒裝句，「若」為指稱詞，相當於白話說「這個」。南宮适見當時一般人大多崇尚勇力，而輕忽道德；然而觀察歷史的殷鑑，善射的羿、能盪舟的奡，最後都不得善終；倒是大禹治水、后稷負責農業生產，造福庶民，使他們本身或後代得到天下的政權。南宮适雖只陳述史實，卻已顯示了尚德而不尚力的價值觀；孔子當時雖然沒在口頭上回應，但是從他後來的連聲稱讚，不難想知內心的欣慰之情。

07子曰：「君子而不仁者有矣夫❶，未有小人而仁者也❷。」

譯 先生說：「君子卻跟人家合不來的情形是有的，沒有小人卻跟人家合得來的。」

解 ❶「仁」的本義為和諧的人際關係，雖說「君子無終食之間違仁，造次必於是，顛沛必於是」（見里仁篇05），不過那是指君子隨時隨地都以仁存心，並努力實踐；至於是否真能與他人和睦相處，卻是另一回事。人生是一段持續成長、死而後已的歷程，所以待人接物是一門必須終身學習的重要功課。孔子說：「忠恕違道不遠。」（見中庸）孟子也說：「強恕而行，求仁莫近焉。」（見孟子・盡心上篇），可知從忠恕到仁，畢竟還有一些距離——由於「人心之不同，如其面焉」（見左傳・襄公三十一年），人們受到遺傳、教育、環境等因素的影響，都有自己的個性、好惡、志向、習慣等，如果在不瞭解的情況下，一味地站在自己的立場，憑自己的想法，用自己的方式來對待別人，縱然是出於善意，也未必會被接受，甚至可能犯下無心之過而傷害了對方。孔子說：「好仁不好學，其蔽也愚。」（見陽貨篇08）又說：「人之過也，各於其黨；觀過，斯知仁矣！」（見里仁篇07）所以君子有時候也可能跟某些人處得不愉快，但仍不失為君子。❷小人自私自利，心胸狹小，即使憑巧言令色而博得他人一時的好感，終必因利害衝突而與人結怨；或因嫉妒、猜疑心重而難以相處，所以說：「未有小人而仁者也。」

08子曰：「愛之，能無勞乎❶？忠焉，能無誨乎❷？」

譯 先生說：「愛護他，能不指派他做家事嗎？為他著想，能不教誨他做人的道理嗎？」

解 ❶勞，這裡用作使役動詞，有指使他人做事的意思。「勞」和「誨」下都省略了「之」字；「忠焉」的「焉」和「愛之」的「之」用法相同，都是止詞。「愛之」、「勞之」、「忠之」、「誨之」的主詞為承擔管教責任的長輩，也都省略了。父母指派子女做家事，使他們從小養成勤勞的習慣，並且從中學會尊重他人、體恤他人、服務他人，將來才能適應社會生活，與人和諧相處，這是真正在愛護子女，也是為他們的幸福著想。禮記．檀弓上篇：「君子之愛人也以德，細人之愛人也以姑息。」父母若對子女過度溺愛，不讓他們做家事，致使他們從小養尊處優，自私自利，人格發展偏差，結果反而害了他們。❷「忠」字從心、中聲，「中」也可指心，所以「忠」的本義為將心比心，替對方著想，引申也有愛的意思（參閱附錄九釋忠恕）。這裡「忠」與「愛」互言，且用詰問的語氣表達正面的意思。孟子．滕文公上篇說：「教人以善謂之忠。」父母教誨子女為人處事的道理，使他們的人格能正常發展，既是為他們的前途著想，當然也是愛護他們的作法。

09 子曰：「為命❶，裨諶草創之❷，世叔討論之❸，行人子羽修飾之❹，東里子產潤色之❺。」

譯 先生說：「鄭國制作外交文件，先由裨諶擬成草稿，世叔找出它的缺失並說明理由，外交官子羽修訂和整理它的內容，最後再由東里子產作詞句上的疏通與美化。」

解 ❶為，制作之意；命，辭令，由「行人子羽修飾之」可知是指外交的文件。❷裨諶，音「必陳」，鄭國大夫。草，有粗略之意，本來是名詞，指草稿，卻放在限制詞的位置；創，擬訂之意；四個「之」都是代名詞，指上述的「命」——草創之，意思是大致擬出文件的草稿。❸世叔，左傳作太叔，鄭國大夫，名游吉。討，意思是探討、找出缺失；論，意思是說明理由。❹行人，古代的外交官；子羽，鄭國大夫公孫揮的字號。修飾，意思是修訂、整理。既屬外交文件，遣詞用語就須符合外交禮節，而且有關對方的各種檔案資料不能出錯，所以由主管外交事務的子羽負責修訂和整理。❺東里，子產居住的地方；子產，鄭國大夫公孫僑的字號。潤色，意思是潤滑及美化，使文章更加通順和優美。子產身為宰相，所以最後由他潤色而定稿。左傳‧襄公三十一年記載：「子產之從政也，擇能而使之——馮簡子能斷大事；子大叔美秀而文；公孫揮能知四國之為（作為、行動），而辨於其大夫之族姓、班位、貴賤、能否，而又善為辭令；裨諶能謀，謀於野則獲（想出好辦法），謀於邑則否。鄭國將有諸侯之事，子產乃問四國之為於子羽，且使多為辭令；與裨諶乘以適野，使謀可否，而告馮簡子使斷之。事成，乃授子大叔使行之，以應對賓客，是以鮮有敗事。」對鄭國外交決策過程的敘述，多出一位馮簡子，其餘和孔子所言相去不遠。這幾位都是鄭國當時的俊彥，而執政的子產任賢使能，調和鼎鼐，功勞最大；孔子對他推崇備至，不是沒有原因的。

10或問子產❶，子曰：「惠人也❷。」問子西❸，曰：「彼哉！彼哉❹！」問管仲，曰：「人也❺奪伯氏駢邑三百❻，飯疏食❼，沒齒無怨言❽。」

譯　有人問子產這個人怎麼樣，先生說：「他是個能福利民眾的人。」又問子西怎麼樣，先生說：「他呀！他呀！」又問管仲怎麼樣，先生說：「這個人沒收了伯氏那三百戶人口的駢邑，伯氏從此吃著粗糧，一輩子都沒有怨言。」

解　❶或，不定代名詞，指某位不知名的人士。問子產，句法同述而篇18的「葉公問孔子於子路」，只是後面省略了「於孔子」，意思是向孔子詢問他對子產這個人的觀感。❷惠人，「嘉惠民眾之人」的省言，意思是愛護民眾、對民眾有恩惠的人。公冶長篇16記孔子評論子產有四項君子的作風，其中之一就是「其養民也惠」。左傳・昭公二十年記載：「子產卒，仲尼聞之，出涕曰：『古之遺愛也！』」都可互相參照。❸子西，楚公子申，昭王時擔任令尹。根據左傳的記載，子西為楚平王的庶長子，平王死後，令尹子常有意推舉他繼承王位，結果在他堅拒並主張遵照體制下，由年幼的太子嗣位為昭王，因而贏得讓國的賢名。不過，他不聽從葉公的意見，接納了陰險乖戾的白公勝，種下後來白公勝作亂而自己遇害的禍因，可見他識人不明，又剛愎自用——就這一點而言，實難與子產、管仲相提並論。❹按史記・仲尼世家：孔子受困於陳、蔡時，楚昭王曾有意「以書社地七百里封孔子」，但遭子西反對，理由是孔子「述三王之法，明周、召之業」，若「得據土壤，賢弟子為佐，非楚之福也」。因此，當有人問起子西的為人時，孔子不便評論，以免被誤會為挾怨攻訐，於是以「彼哉彼哉」略過，相當於白話說「他呀他呀」，有不予置評之意。❺「人也」的語法十分怪異，參照雍也篇08「斯人也而有斯疾也」句，前面可能在傳抄時漏掉了「斯」字，姑且解讀為「這個人」。❻奪，沒收之意。伯氏，齊國的世族大夫，有如魯國的季氏、孟氏；皇侃論語義疏說他名偃，不知根據什麼。駢（讀「偏」的陽平聲、第二聲）邑，在今山東省・臨朐（音「渠」）縣東南，為伯氏的食邑。❼飯疏食，食用粗糧之意（又見述而篇15），主詞為伯氏，省略了。❽沒齒，意思是終身、一輩子。伯氏食邑被沒收卻終身不怨恨管仲，可見管仲執法公正，而且對齊國貢獻極大，所以能使人心悅誠服。

11子曰：「貧而無怨難❶，富而無驕易❷。」

譯 先生說：「貧窮卻沒有怨言很難，富裕卻沒有驕氣比較容易。」

解 ❶難與易是相對的，富而無驕已經相當難能可貴了；只是和貧而無怨比起來，似乎又容易些，可見順境比逆境易處。❷學而篇15記子貢曰：「貧而無諂，富而無驕，如之何？」子曰：「可也；未若貧而樂道、富而好禮者也。」無論如何，只有樂天知命、能屈能伸的君子，才做得到中庸說的：「君子素其位而行，不願乎其外──素富貴，行乎富貴；素貧賤，行乎貧賤；素夷狄，行乎夷狄；素患難，行乎患難──君子無入而不自得焉。」因此，孟子・離婁下篇說：「禹、稷、顏子同道（志趣、修養相同）……易地則皆然（若互換處境，表現就都會像對方這樣）。」

12子曰：「孟公綽為趙、魏老則優❶，不可以為滕、薛大夫❷。」

譯 先生說：「孟公綽做趙、魏兩大家的長老倒是非常理想，然而不適合做滕、薛兩小國的執政大夫。」

解 ❶孟公綽，魯國大夫。趙、魏，春秋時代晉國六卿之二──前者食邑在今河北省・趙縣，後者食邑在今山西省・芮城縣東南。老，長老，古代卿大夫家臣中的長者，由於閱歷豐富，可供諮詢，相當於現在的顧問職。優，學識、才能、修養等方面都不錯，可以勝任職務之意。❷滕、薛，當時的兩個小國──前者在今山東省・滕縣西南十五里，後者在滕縣西南四十四里。大夫，決策官員。下章記孔子答覆子路問成人，以「公綽之不欲」為成人的條件之一，可見他是一位賢良的大夫，素為孔子所敬重。不過，擔任大國權貴的顧問，受到相當的倚重，只須就權貴所諮詢的某些特定事項，提供自己的見解，比較單純，所以很容易有優越的表現。至於擔任滕、薛的執政大夫，所謂「麻雀雖小，五臟俱全」，光是國內的政務便夠繁雜了，加上國勢弱小而介於大國之間，身段必須非常柔軟才行；偏偏不欲之人，通常個性比較剛直，恐怕更難應付內外交困的局面，所以孔子才會有這樣的評論。

13 子路問成人❶，子曰：「若臧武仲之知❷、公綽之不欲❸、卞莊子之勇❹、冉求之藝❺，文之以禮樂❻，亦可以為成人矣！」曰❼：「今之成人者何必然？見利思義，見危授命❽，久要不忘平生之言❾，亦可以為成人矣！」

譯 子路請教怎樣才算完成人格的修養，先生說：「像臧武仲的智慧、孟公綽的不貪、卞莊子的勇敢、冉求的才藝，再用禮樂來美化，或許可算完成人格的修養啦！」稍後先生又說：「現代的成人哪須符合這麼高的標準呢？只要在看見利益時能考慮它的正當性，看見別人危急時不惜捨命救助；平日跟人家約定的事情，雖然過了很久，也不會忘記——這樣或許可以算是一個成人啦！」

解 ❶成人，成為一個真正的人，也就是具備了做人的條件。❷臧武仲，魯國大夫臧孫紇。知，「智」的初文。按左傳・襄公二十三年記載：武仲因故逃到齊國，預見齊莊公將被殺害，於是設法使莊公撤消本來要封土地給他的決定，以免受到連累。孔子曾感嘆說：「知之難也！有臧武仲之知，而不容於魯國，抑有由也。」對臧武仲不見容於魯國這部分，孔子另作別論（參閱本篇第十五章），卻相當肯定他明哲保身的智慧，可知孔子就事論事的客觀態度。❸公綽，就是孟公綽。欲，貪求。左傳・襄公二十五年記載：「齊師伐魯，將求救於晉。公綽曰：『崔杼將歸弒君，必不縱暴於我。』

齊師果歸。不欲之人，其心清靜，故所見自明。」可為孟公綽不欲的佐證。❹卞莊子，魯國・卞邑大夫，荀子・大略篇說：「齊人欲伐魯，忌卞莊子，不敢過魯。」韓詩外傳・卷十有他為洗刷恥辱，奔往敵陣，殺七十人而死的記載，可見他的勇敢。❺冉求之藝，孔子曾對季康子說：「求也藝，於從政乎何有？」（見雍也篇06）。❻文，作動詞用，有修飾之意。泰伯篇08記孔子的話說：「興於詩，立於禮，成於樂。」可知人格須經禮樂的陶冶，才算完成。❼曰，從上下文意和語氣，可知「今之成人者何必然」以下仍是孔子的話（參閱陽貨篇01）。❽授命，付出生命，也就是為國捐軀或捨命救人之意。❾要，約定之意。平生，平日之意。久要不忘平生之言，應是「平生不忘久要之言」的口誤，意思是說平日都很講究誠信，連很久以前的約定也不會忘記。孔子說：「人而無信，不知其可也。」（見為政篇22）又說：「君子有勇而無義為亂，小人有勇而無義為盜。」（見陽貨篇23）可見信、義是做人的基本條件，見危授命也無須受過教育才做得到；至於智慧、才藝和禮樂的陶冶等，就只有讀書人才能具備，孔子並不苛求人人都要如此，所以說：「今之成人者何必然？見利思義，見危授命，久要不忘平生之言，亦可以為成人矣！」

14 子問公叔文子於公明賈曰❶：「信乎夫子不言、不笑、不取乎❷？」公明賈對曰：「以告者過也❸！夫子時然後言，人不厭其言❹；樂然後笑，人不厭其笑；義然後取，人不厭其取❺。」子曰：「其然，豈其然乎❻？」

譯 先生向公明賈詢問公叔文子的為人時說：「公孫大夫不說、不笑也不拿的傳言是真的嗎？」公明賈回答說：「告訴你這話的人太誇張了！公孫大夫時機適當才說話，所以別人不會厭惡他的發言；心中感覺快樂才露出笑容，所以別人不會厭惡他的笑容；具有正當性的財物才會收取，所以別人不會厭惡他的收取。」先生說：「事實原來是這樣的，難道事實真是這樣的嗎？」

解 ❶公叔文子，衛國大夫公孫發，獻公之孫。禮記・檀弓下篇記載：「公叔文子卒，其子戌請謚於君曰：『日月有時，將葬矣，請所以易其名者。』君曰：『昔者衛國凶饑，夫子為粥與國之餓者，是不亦『惠』乎？昔者衛國有難，夫子以其死衛寡人，不亦『貞』乎？夫子聽衛國之政，脩（修，整理、改善）其班制（人事制度），以與四鄰交，衛國之社稷不辱，不亦『文』乎？故謂夫子貞惠文子。』」可知衛靈公為他取了四個字的謚號叫貞惠文子，簡稱文子（參閱本篇第十九章）。❷信，確實。孔子初到衛國，聽說公叔文子「不言、不笑、不取」，異於常人，所以向公明賈求證。從靈公和公明賈的描述，可見他的賢能。❸以告者，為「以此告子者」的省言；過，意思是言過其實、太誇張了。❹時，指適當的時機。❺義，意思是具有正當性。❻其然，「其」指不言、不笑、不取的事實，「然」有如此之意；豈其然乎，用不敢置信的口氣表達高度稱讚的意思。

15 子曰：「臧武仲以防求為後於魯❶，雖曰不要君，吾不信也❷。」

譯 先生說：「臧武仲拿防邑做交換的條件，請求在魯國冊立繼承人，雖說不是在要挾國君，我不相信。」

解 ❶防，臧武仲的封地，在今山東省・費縣東北六十里的華城，靠近齊國。求，意思是向國君請求。為後，冊立後嗣之意。❷要，讀平聲，意思是提出條件、迫使別人屈從。按左傳・僖公二十三年記載：臧孫紇（即臧武仲）是魯國勳臣臧宣叔繼室所生，由於受寵而成為宣叔的繼承人；後來因為得罪權貴孟孫氏而出奔邾國，然後回到他受封的防邑，派人向朝廷提出用防邑來換取改立臧氏後嗣以守先人宗祀的請求，執政的季孫氏果然立他同父異母的臧為當繼承人。他在交出防邑後，才又出奔到齊國。對於臧武仲這種話雖說得委婉好聽，其實是負嵎頑抗而不啻要挾朝廷的作法，孔子頗不以為然，理由就如四書集注所引范氏的評論：「要君者無上，罪之大者也。武仲之邑，受之於君；得罪出奔，則立後在君，非己所得專也；而據邑以請，由其好智而不好學也。」孔子毫不含糊地指出臧氏「以防求為後於魯」的動機，正說明了孟子所稱「孔子成春秋而亂臣賊子懼」（見孟子・滕文公下篇）的緣故。

16子曰：「晉文公譎而不正❶，齊桓公正而不譎❷。」

譯 先生說：「晉文公詭詐而不正直，齊桓公正直而不詭詐。」

解 ❶晉文公，名重耳，獻公的次子；被驪姬讒言陷害，逃亡十九年後返國繼位，成為齊桓公之後諸侯的第二位霸主。譎，詭詐之意。晉文公在老謀深算的舅父狐偃協助下，無論流亡期間或即位之後，屢施詐術，由踐土之會可見一斑。左傳・僖公二十八年記載：晉文公在城濮擊潰楚師，回來之後，建築王宮，召周襄王，會諸侯於踐土，史稱「踐土之會」。此會明明是晉文公把周天子召到踐土讓諸侯朝見，而春秋卻書「天王狩於河陽」，孔子的說法是：「以臣召君，不可以訓（不可拿來作為教人學習的範例）。」至於他對諸侯的攻伐，也往往出於報復自己流亡期間的宿怨，而缺乏正當的理由，因此孔子說他「譎而不正」。❷齊桓公，名小白，僖公之子、襄公之弟；因襄公無道，政局混亂，而出走莒國。亂平後回國即位，任用管仲為相，對內修明政治，厚植國力，對外聯合諸侯，濟弱扶傾，首先成就霸業。孟子說：「以力假仁者霸，以德行仁者王。」（見孟子・公孫丑上篇）雖然同為諸侯霸主，但是齊桓公在管仲的輔佐下，凡有所征伐，總是打著尊王攘夷的旗號——例如山戎伐燕，桓公出兵援救，事後要求燕莊公重新修明始祖召公之政，並納貢於周。（見史記・齊太公世家）狄人伐邢、滅衛，桓公也先後出兵擊退狄人，並且協助兩國遷都與重建。（見管子・霸形篇、左傳・閔公二年、僖公元年）。又如他率領諸侯聯軍討伐楚國的理由，是楚國已多年沒有盡到向周天子朝貢祭祀用品的義務，並追究楚國對周昭王南巡未返事件應負的責任，結果使楚國認錯，並答應入貢於周。（見左傳·僖公四年）而當他召集諸侯舉行葵丘之盟時，周襄王派宰孔前來賜胙，桓公謹守分際，堅持要下拜領受。（見左傳·僖公九年）此外，他和魯莊公在柯會盟時，雖然是在曹劌脅迫下的承諾，但事後仍依約歸還過去所侵佔魯國的土地，充分展現了大國的器度，因而漸漸獲得諸侯的信服，並且受到孔子「正而不譎」的好評。

17子路曰：「桓公殺公子糾，召忽死之，管仲不死❶——曰未仁乎❷？」子曰：「桓公九合諸侯❸，不以兵車❹，管仲之力也——如其仁！如其仁❺！」

譯 子路說：「桓公殺了公子糾，召忽因此而自殺，管仲卻不願為他陪死——這是他無情無義才這樣的嗎？」先生說：「桓公多次召集諸侯，不靠武力，完全是管仲的功勞——這正是他所表現的情義呢！這正是他所表現的情義呢！」

解 ❶按史記·齊太公世家記載：齊襄公性情乖戾，荒淫無道，濫殺無辜，兩個同父異母弟公子糾和公子小白唯恐受到連累，分別出走到魯國和莒國。管仲和召忽輔佐公子糾，鮑叔牙輔佐公子小白。後來，公子無知殺害襄公而自立，不久又被人殺害。兩位公子接獲通報，爭相趕回，結果小白在途中被管仲放箭射中帶鉤而詐死，並搶先回到國門，立為桓公。魯國派兵護送公子糾，被齊軍打敗，桓公逼使魯國殺了公子糾，召忽於是自刎殉死。管仲在知己好友鮑叔牙的安排下被送回齊國，桓公接受鮑叔牙的推薦，用管仲擔任宰相，因而稱霸諸侯，傳為千古美談。❷曰，和書經·秦誓篇「邦之阢隉（音「物孽」，不安之意），曰由一人（是由我個人所造成）」的「曰」字用法一樣，為判斷句的繫辭，相當於白話的「是」。「仁」的本義為良好的人際關係，維繫良好人際關係的媒介是感情——視雙方的關係，可以稱為親情、友情、愛情、道義、良心、慈悲等，統稱為愛心。未仁，指一切違背和諧人際關係經營法則的觀念、態度、言行、舉止等——這裡及下一章「非仁者」的用法，和孔子因宰我面對親喪若無其事，甚至照常食稻、衣錦（見陽貨篇21），於是指謫他「不仁」一樣，相當於現在批評他人「無情無義」、「沒有良心」。❸據春秋所載，桓公一共主持過十一次的會盟，可知「九」為虛數，代表多次。❹兵車，代表武力。❺如，用法同「乃」，為判斷句的繫詞，相當於白話的「是」。愛有大、小之分，子路講究的是個人之間的小愛，依世俗之見，管仲似乎對不起公子糾；然而他輔佐桓公用和平的方式稱霸諸侯，消弭了會造成無數人員傷亡的戰爭，孔子肯定他對民族的大愛，所以連聲稱讚說：「如其仁！如其仁！」

18子貢曰：「管仲非仁者與？桓公殺公子糾，不能死，又相之❶！」子曰：「管仲相桓公霸諸侯，一匡天下❷，民到于今受其賜❸。微管仲❹，吾其被髮左衽矣❺！豈若匹夫匹婦之為諒也❻，自經於溝瀆而莫之知也❼？」

譯子貢問：「管仲不是有情有義的人吧？桓公殺了公子糾，管仲不能能跟著死掉也就罷了，居然還輔佐他！」先生說：「管仲輔佐桓公稱霸諸侯，使全天下都安定下來，民眾到現在還領受著他的恩惠。如果沒有管仲的話，我恐怕就得披散著頭髮、穿著開左邊衣襟的服裝了！哪像社會上那些愚昧的男男女女，為了表明心跡，便自殺死在山溝當中，卻沒人曉得他是誰呢？」

解❶「不能死，又相之」的主詞是管仲，承上文而省略了。相，動詞，輔佐之意。❷一，指整個、完全；匡，意思是扶正、維持正常秩序。❸賜，用作名詞，意思是恩惠。❹微，通「無」，有假設的語氣，相當於白話說「假使沒有」。❺其，用法和「堯、舜其猶病諸」的「其」字相同，為揣測語氣詞，有恐怕、可能、或許之意。被，通「披」，散亂之意。衽，音「任」，衣襟，指衣服斜在胸前開口的部份。披散著頭髮、穿開左邊衣襟的衣服，都是異族的習俗，這裡的意思是被夷狄征服和同化。❻匹，意思是小（例如孟子・告子下篇說：「力不能勝一匹雛，則為無力人矣。」句中「匹雞」就是指小雞）；匹夫匹婦，猶如現在說小老百姓，指愚昧無知的一般民眾。為，讀去聲，用作目的補詞的關係詞；諒，信也，有表明心跡以求他人瞭解之意。夫妻常因細故誤會而爭吵，甚至有受冤屈的一方，為了取信於對方而尋死的例子。❼自經，自到、自殺之意。溝瀆（音「獨」），溝渠之意。莫之知，「莫知之」的倒裝句；莫，不定代名詞，「或」的相反，意思是沒有任何人。

19公叔文子之臣——大夫僎，與文子同升諸公❶。子聞之，曰：「可以為『文』矣❷！」

譯公叔文子的家臣——名叫僎的大夫，隨著文子一起升遷到衛君的朝廷上班。聽到這則消息後，先生說：「光憑這一點，他就配稱為『文』了！」

解❶公叔文子，已見本篇第十四章。臣，指家臣。大夫僎（音「賺」），名叫僎的家臣，後來當上了大夫，所以稱他為大夫僎。❷僎原為公叔文子的家臣，就體制上來說，只是國君的陪臣；由於文子的推薦，做了大夫（就像史記・管晏列傳記載晏嬰推薦知錯能改的僕御為大夫一樣），也隨他到國君的朝廷任職，由此印證禮記・檀弓下篇所載衛靈公為他取謚號時說的：「夫子聽衛國之政，脩其班制，以與四鄰交，衛國之社稷不辱，不亦文乎？」可見公叔文子公忠體國，提拔賢能的家臣來為國服務，因此孔子認為名符其實。

20子言衛靈公之無道也❶，康子曰：「夫如是，奚而不喪❷？」孔子曰：「仲叔圉治賓客❸，祝鮀治宗廟❹，王孫賈治軍旅❺——夫如是，奚其喪❻？」

譯先生談到衛靈公的種種作為真是太離譜了，季康子說：「既然像您說的這麼糟糕，他怎麼會不垮台呢？」孔先生說：「有仲叔圉負責接待賓客，祝鮀處理祭祀事宜，王孫賈處理軍隊事務——像這樣有幾位得力的助手支持著，他怎麼會垮台呢？」

解❶衛靈公，名元，在位四十二年。之，有強調的語氣（參閱顏淵篇18「苟子之不欲」句解說）無道，指言行違背禮教，好比車輛脫離軌道行駛，相當於現在說一個人沒有規矩、行為表現太離譜。衛靈公如何無道，這裡沒有記明；不過，從莊子·則陽篇中提到的「夫衛靈公飲酒湛樂，不聽國家之政；田獵（畋獵、打獵）畢（網獸）弋（射鳥），不應諸侯之際（交際、會盟）」，可知他耽溺於飲酒和馳騁打獵之樂，怠忽國政，又不理會諸侯之間的交往。此外，宋國公子朝容貌俊美，十分得寵，曾先後跟衛靈公的嫡母宣姜和夫人南子私通；他居然為了南子，還特地召見宋朝，（參閱左傳昭公二十年、定公十四年）加上莊子·則陽篇「靈公有妻三人，同濫（浴盆）而浴」和說苑·尊賢篇「閨內孤姊妹無別」的傳言，可知衛靈公的男女關係真是亂七八糟、荒唐透頂！❷奚而，用法同「何以」，意思是為何、怎麼會。喪，失掉政權、垮台之意。春秋時代，被臣屬逼走、甚至殺害的國君，不勝枚舉，大多由於本身無道，而且用人不當所致；然而衛靈公並未因無道而敗亡，還能在位四十二年之久，這是季康子難以理解的事。❸仲叔圉，就是公冶長篇15記載孔子所稱「敏而好學，不恥下問」的孔文子。❹祝鮀，已見雍也篇14。❺王孫賈，已見八佾篇13。❻衛靈公能夠尊敬賢臣、任用人才，除了本章所舉仲叔圉、祝鮀、王孫賈三人，以及前面兩章提到的公叔文子外，說苑·尊賢篇也詳述他任公子渠牟、尊士林國、敬士慶足、禮大夫史鰌的事蹟。禮記·曲禮上篇說：「愛而知其惡，憎而知其善。」這才是評論人物的客觀、公正態度。

21子曰：「其言之不怍❶，則為之也難❷。」

譯先生說：「倘若話說得絲毫不覺慚愧，那麼實踐起來就不太容易。」

解❶其，用法和左傳·僖公九年「其濟，君之靈也；不濟，則以死繼之」的「其」字相同，為假設的語氣詞。怍，慚愧之意。❷由於人的能力有限，而且許多客觀的變數又無法掌控，所以孔子說：「古者言之不出，恥躬之不逮也。」（見里仁篇22）又答覆子貢問君子說：「先行其言，而後從之。」（見為政篇13）只有不負責任的小人才會大言不慚，輕諾寡信；當做不到時，才又找一些理由作藉口。因此，只要從言談的謹慎或輕率，便不難區別君子或小人了。

22 陳成子弒簡公❶，孔子沐浴而朝❷，告於哀公曰：「陳恆弒其君，請討之❸。」公曰：「告夫三子❹。」孔子曰：「以吾從大夫之後，不敢不告也❺。」君曰告夫三子者，之三子告，不可❻，孔子曰：「以吾從大夫之後，不敢不告也❼。」

譯 陳成子殺了齊簡公，孔先生洗頭、淨身後上朝，向哀公報告說：「陳恆殺了他的君主，請出兵討伐他。」哀公說：「你去向三位國卿報告吧！」孔先生說：「因為我是在朝大夫們的跟班，不敢不報告這件事啊！」既然國君指示去向三位國卿報告，於是前往三位國卿那裡報告，結果三位國卿不肯出兵，孔先生說：「因為我是在朝大夫們的跟班，不敢不報告這件事啊！」

解 ❶陳成子，齊國大夫陳恆。弒，殺害無辜君、父的叛逆行為。簡公，齊國君主，名壬。陳成子殺害齊簡公，事見左傳•哀公十四年。❷沐，濯髮之意；浴，淨身之意——沐浴然後上朝，表示態度恭敬而慎重。❸告，報告、陳情之意。討，出兵攻打以示懲罰之意。孔子得知陳成子弒君的消息後，特地沐浴後上朝直接面見國君，建議出兵結合齊國不滿陳恆的民眾，討伐弒君的叛徒。❹夫，用法同「乎」、「於」；三子，指孟孫氏、叔孫氏、季孫氏。哀公大權旁落，又懦弱怕事，因此把難題推給三位權臣處理。❺根據左傳的記載，魯哀公十一年冬天，孔子應季康子的召請，從衛國回到魯國，雖因年老而未再擔任官職；但仍以國老的身分，時時上朝建言或應詢。這裡說「以吾從大夫之後，不敢不告也」，可見他的謙卑與盡職。❻可，意思是肯、贊成。❼孔子依國君指示，向三位自顧不暇的當權者陳情，結果又被否決，重申「以吾從大夫之後，不敢不告也」這句話，一方面表現出「知其不可而為之」的精神，另方面卻又透露出多少的無奈。在感嘆日益年老體衰、久未夢見周公之餘，孔子以退休大夫的身分，想要發揮政治上的影響力，就更不可得了。

23 子路問事君，子曰：「勿欺也❶，而犯之❷。」

譯 子路請教該怎麼服事君主，先生說：「不要欺瞞他，而且不惜冒犯他。」

解 ❶欺，矇騙之意。俗話說：「當局者迷。」尤其在高位的人，整天被一群人圍繞著，聽到的都是一些奉承阿諛的話，很容易受到矇蔽而決策錯誤。❷犯，冒犯、牴觸之意。一個真正愛護君主的臣屬，必須有道德勇氣，說明實際情況，詳陳利弊得失，供君主參考；若見到君主言行偏差，就應設法導正。孝經說：「天子有爭臣七人，雖無道，不失其天下；諸侯有爭臣七人，雖無道，不失其國；大夫有爭臣七人，雖無道，不失其家。」「爭」為「諍」的初文，敢於勸諫的忠臣，叫做爭臣——例如呂氏春秋・至忠篇記申公子培之弟對楚莊王說：「臣之兄犯暴不敬之名、觸死亡之罪於王之側，其心將以忠於君王之身，而持千歲之壽也。」魏徵屢次犯顏直諫唐太宗，使太宗對他敬畏有加，傳為千古美談，也樹立了忠臣事君的典範。

24 子曰：「君子上達❶，小人下達❷。」

譯 先生說：「君子向上進步，小人向下墮落。」

解 ❶達，通行、發展之意。君子腳踏實地，自強不息，並且經常反省、改過，所以品德、學識日益進步。❷小人利慾薰心，僥倖行險，又沒有勇氣認錯，只會找藉口來推卸責任，所以人格卑鄙，日趨下流。

25子曰：「古之學者為己❶，今之學者為人❷。」

譯先生說：「古代的人讀書是為了充實自我，現代的人讀書是為了向人炫耀。」

解❶孟子・告子上篇說：「古之人修其天爵，而人爵從之；今之人修其天爵，以要（求取）人爵；既得人爵，而棄其天爵。」孟子所謂天爵，指的是「仁義忠信，樂善不倦」，這是操之在我的；所謂人爵，指的是「公卿大夫」，這是成之於人的。為己，不是說為自己的利益打算，而是指充實自我，因此才能「從吾所好」、「人不知而不慍」，始終保持高尚的人品。❷小人求學的目的，在於向人炫耀，因此一旦得志，便容易驕矜自滿；否則怨天尤人，總是心懷憂戚。

26蘧伯玉使人於孔子❶，孔子與之坐而問焉曰：「夫子何為❷？」對曰：「夫子欲寡其過而未能也！」使者出，子曰：「使乎！使乎❸！」

譯蘧伯玉派人問候孔先生，孔先生為他安置座位後問道：「你家主人平常做些什麼啊？」使者回答說：「我家主人想要減少自己的過失卻做不到耶！」使者告辭出去後，先生不禁連聲讚嘆說：「好一位使者啊！好一位使者啊！」

解❶蘧伯玉，衛國大夫蘧瑗（音「渠願」），字伯玉。孔子在衛國期間，曾住他家。淮南子・原道篇說：「蘧伯玉年五十而知四十九年之非。」可知是位重視品德修養的君子，足以印證使者的話。❷夫子，對蘧伯玉的尊稱。❸使乎使乎，因為使者的應對不亢不卑，十分得體，所以孔子發出連聲的讚嘆。

27子曰：「不在其位，不謀其政。」

按本章和泰伯篇14重複

28曾子曰：「君子思不出其位。」

譯曾先生說：「君子的思慮不要超出本身的職位以外。」

解曾子這句話出於易經・艮卦・象辭。其，在這裡用作第一人稱，指自己、本身；位，指職位、權責。

29子曰：「君子恥其言而過其行。」

譯先生說：「君子對他說話超過本身能力所及感到羞恥。」

解「恥」為動詞，「其言而過其行」為受詞，「而」的用法同「之」；「恥其言之過其行」和里仁篇22所記孔子說的「古者言之不出，恥躬之不逮也」，意思完全一樣。

30子曰：「君子道者三❶，我無能焉❷——仁者不憂，知者不惑，勇者不懼❸。」子貢曰：「夫子自道也❹。」

譯先生說：「君子時常談論的三項話題，我沒有一項做得到——有品德的人不會憂煩，有智慧的人不會迷惑，有勇氣的人不會恐懼。」子貢說：「這是先生自己說的客氣話。」

解❶本章兩個「道」字都是動詞，意思是談、說。❷焉，有「於此」的意思；無能焉，意思是在這三項話題中，沒有一項做得到。❸「仁者不憂」三句，已見子罕篇28，只是順序不同而已。❹孟子・公孫丑上篇引述子貢的話說：「學不厭，智也；教不倦，仁也——仁且智，夫子既聖矣！」這裡的「夫子自道」，是子貢認為孔子太謙虛才這麼說的，因此孟子稱讚他「智足以知聖人」。

31子貢方人❶，子曰：「賜也賢乎哉？夫我則不暇❷！」

譯聽到子貢在批評別人，先生說：「賜啊！你自己就很好嗎？要是我的話，可沒閒工夫去批評別人呢！」

解❶方，「謗」的初文，從言、旁聲，以示從旁說三道四、批評別人之意。❷不暇，「不暇於自省」的省言，意謂君子修身養性，自我反省的時間尚且不夠，哪裡還有空閒去挑剔他人的缺點、批評他人的過錯？孔子說：「躬自厚而薄責於人。」（見衛靈公篇14）人之常情，大都不喜歡聽到別人批評自己，將心比心，自己就不該那麼做。因為子貢有這樣的毛病，所以當他自稱「我不欲人之加諸我也，吾亦欲無加諸人」時，孔子特別提醒他：「賜也，非爾所及也！」（見公冶長篇12）意思是不能光說，要做到了才算。這次適時地給予嚴厲訓誡，可說是機會教育。

32子曰：「不患人之不己知❶，患其不能也❷！」

譯先生說：「不怕人家不賞識自己，只怕自己不能勝任吶！」

解❶不己知，「不知己」的倒裝句，已見學而篇16。❷其，指自己。孔子說：「君子求諸己，小人求諸人。」（見衛靈公篇20）荀子・非十二子篇說：「君子能為可貴，不能使人必貴己；能為可信，不能使人必信己；能為可用，不能使人必用己。故君子恥不修，不恥見汙（被醜化）；恥不信，不恥不見信；恥不能，不恥不見用——是以不誘（迷惑）於譽，不恐於誹（誹謗），率（遵循）道而行，端然正己，不為物（外在因素）傾側（顛覆立場），夫是之謂誠君子。」因為可貴、可信、可用的條件，是君子自己可以具備的；至於他人是否願意賞識、相信、任用，孟子・告子上篇說：「趙孟之所貴，趙孟能賤之」，那就不是自己可以作主的了。與其得到職位卻不能勝任，不如努力充實自我而等待機會，這是中庸所稱君子「居易以俟命」、「素其位而行」的處世態度——正因如此，才彰顯了「人到無求品自高」的意義，也才得以充分領略不忮不求、無愧無怍的生活情趣。

33 子曰：「不逆詐❶，不億不信❷；抑亦先覺者❸，是賢乎❹！」

譯 先生說：「不要預先存有別人會詐騙自己的成見，不要猜測別人會不信任自己；然而又能及早察覺一些跡象，這樣的人可真了不起啊！」

解 ❶逆，意思是預料，也就是心中對人存有成見；逆詐，意謂還沒開始打交道，就先認定對方會詐騙自己。常言道：「畫虎畫皮難畫骨，知人知面不知心。」鑑於人心險惡難測，世俗因而有「害人之心不可有，防人之心不可無」的說法，雖然無可厚非，但是人際交往，只有真誠相待，才能結識知己好友；倘若為了自我保護，對人總是預存成見，就難免以小人之心度君子，而可能與君子失之交臂，豈不可惜？❷億，臆測、猜想之意。荀子・非十二子篇說：「君子能為可信，而不能使人必信己。」因此，君子求其在我，努力進德修業，不為無法掌控的事物煩惱。❸抑，轉折詞，用法同「然而」。❹是，稱代詞，指在「不逆詐，不億不信」的前提下，又能「先覺」的人。賢，高明、了不起之意。孔子說：「可與言而不與之言，失人；不可與言而與之言，失言；知者不失人，亦不失言。」（見衛靈公篇07）不僅適用於說話的時機，而且適用於說話的對象。一個心靈充實、具有自信的君子，自然會坦坦蕩蕩，樂於信任別人而主動表達善意，不怕被騙。中庸說：「至誠之道，可以前知……禍福將至，善，必先知之；不善，必先知之——故至誠如神。」既然說「如神」，可知畢竟不是神；只因真誠無私，心無雜念，感覺特別靈敏，如同明鏡觀照外物而無所遁形一般，所以先知先覺的事例，史不絕書，也不難理解——並非其人有什麼特異功能，全因心念至誠有以致之。

34微生畝謂孔子曰❶：「丘何為是栖栖者與❷？無乃為佞乎❸！」孔子曰：「非敢為佞也，疾固也❹！」

譯 微生畝對孔先生說：「丘為什麼要這樣東奔西走的忙個不停呢？該不是為了愛耍嘴皮子吧！」孔先生說：「我不敢為了愛耍嘴皮子才那麼做，只是見不得那些統治者腦筋僵化的緣故呀！」

解 ❶微生畝，複姓微生，名畝。從他直呼孔子之名和質疑的口吻，可知為當時一位年高德劭的隱者。❷是，如此、這般之意。栖栖，同「棲棲」，常與「遑遑」連用，意思是急急忙忙地到處奔波，沒有固定的住所。❸無乃，和雍也篇01「無乃太簡乎」句一樣，用質疑的口氣婉轉表達自己的想法。「為佞」的「為」，用法和「何為」的「為」相同，讀去聲，用作目的小句的關係詞。佞，初文不從人，而從二女，表示話多、愛耍嘴皮子的意思。根據心理學家的研究結果，可知女性大多較男性願意透露自己內心的感受，因而給人話多的印象。造字的原意或許只在呈現事實，無涉價值判斷；但因古代婦女沒有受教育的機會，大多愚昧無知，閒暇時常與其他鄰近婦女說長道短，難免惹出無謂的事端，於是加上「人」旁所造的後起形聲字——佞，通常就被用來形容小人愛說閒話、搬弄是非了。❹疾，痛恨之意；固，和學而篇08「學則不固」、子罕篇04「毋固」的「固」字意思相同，有見識淺陋、頭腦僵化、堅持成見、不知變通之意，在這裡指那些當權者而言。微生畝見孔子栖栖遑遑，遊說諸侯，便質疑他是否話說得太多，頗有勸他不要那麼愛管閒事的意味。孔子則表明自己不得已的苦衷——因為當時的統治者只想保住既得利益，不想改弦更張，所以他才會不辭辛勞，東奔西走，希望能說服他們施行禮樂，以求國家長治久安；他曾說過：「天下有道，丘不與易也。」（見微子篇06）儀封人也曾告訴孔子的學生：「天下之無道也久矣！天將以夫子為木鐸。」（見八佾篇24）正是他以天下國家為己任的寫照。

35子曰：「驥❶，不稱其力❷，稱其德也❸。」

譯先生說：「對於千里馬，並非稱讚它的體力，而是稱讚它的耐性。」

解❶驥，體能優越的駿馬，俗稱「千里馬」，這裡作動詞「稱」的外位止詞（參閱為政篇06「父母，唯其疾之憂」句解說）。❷稱，推崇、讚美之意；其力，指驥的體力。❸其德，指驥的堅韌耐性。千里馬有堅韌的耐性，才能跑得又快又遠，世人讚賞的是體力，其實真正可貴的是德性——好比本篇第五章所記孔子說的「有德者必有言」、「仁者必有勇」，可貴的是德、是仁；而世人卻大多佩服口才好、有勇力的人，未免不知輕重、捨本逐末。

36或曰：「以德報怨，何如❶？」子曰：「何以報德？以直報怨❷，以德報德。」

譯有人問道：「拿善意去回報別人的惡意對待，怎麼樣？」先生說：「那麼該拿什麼方式來回報善待自己的人呢？最好用合乎情理的方式回報別人的惡意對待，用善意回報別人的善意對待。」

解❶德，意思是恩惠、愛心、善意；報，相應、回報之意；怨，意思是仇恨、惡意。按：道德經云：「大小多少，報怨以德。」中庸有孔子對子路問強的答覆：「寬柔以教，不報無道，南方之強也，君子居之。」禮記・表記篇也說：「以德報怨，則寬身之仁（當作「人」）也。」可見老子以德報怨的主張無可厚非，它顯示了當事人的寬懷大量，的確不是常人所及，甚至有時也真能感化頑劣之徒。問者或許以為孔子會對這樣的行為大加讚賞；沒想到孔子卻表示保留的態度，而別有一番見解。❷直，指合情合理的方式。從孔子的回答不難明白：一切規範都要合情合理、公平公正，具有普世價值，才可以要求大家共同遵守。以德報怨並不符合上述的原則，可說難能而不可貴，所以孔子雖未斷然反對，卻不贊成大家那麼做；他主張「以直報怨，以德報德」，社會上才有是非與公道可言（參閱附錄四釋直）。

37子曰：「莫我知也夫❶！」子貢曰：「何為其莫知子也❷？」子曰：「不怨天，不尤人❸，下學而上達❹，知我者其天乎❺！」

譯　先生說：「沒人瞭解我啊！」子貢問：「為什麼會沒人瞭解您呢？」先生說：「我不怨恨上天，不責怪別人；總是從淺近的事物學起，而逐漸達到高遠的境界，瞭解我的恐怕只有老天吧！」

解　❶莫我知，「莫知我」的倒裝句。孔子在有生之年已名滿天下，卻一再感嘆無人瞭解自己，這是因為世人對他的認識只是博學、多能、知禮、人格偉大等形象，即使被孟子肯定「智足以知聖人」的子貢，也未必完全瞭解他——例如他曾問子貢：「女以予為多學而識之者與？」子貢回答時反問：「然，非與？」孔子告訴他：「非也，予一以貫之。」（見衛靈公篇02）有一次他對曾子說：「參乎，吾道一以貫之。」其他學生都感覺疑惑，等問過曾子以後才明白：「夫子之道，忠恕而已矣！」（見里仁篇15）可見包括受業的學生在內，一般人大都以為孔子之道深不可測，因此當子貢聽到老師表示「予欲無言」時，才會擔心地問：「子如不言，則小子何述焉？」（見陽貨篇19）甚至冉求還怕難而不願嘗試去做（參閱雍也篇10），因而讓他感嘆無人瞭解自己。❷其，語助詞，沒有意義。❸怨，內心覺得委屈而產生恨意。尤，「訧」的初文，這裡用作動詞，意思是責怪他人。孔子之所以能「不怨天，不尤人」，是因為知天命所致，中庸說：「正己而不求於人則無怨——上不怨天，下不尤人，故君子居易以俟命。」他那「用之則行，舍之則藏」的處世態度，大概只有顏淵能夠理解（見述而篇10）。史記・孔子世家記載：孔子受困於陳、蔡期間，曾經得不到糧食的接濟，隨行的學生大多有怨在心，而歸咎於孔子堅持太高的道德標準，以致不容於當代，子貢甚至向他表示：「夫子之道至大也，故天下莫能容夫子，夫子蓋（盍、何不）少貶（降格以求）焉？」只有顏淵說：

「夫道之不修也，是吾醜（惡）也；夫道既已大修而不用，是有國者之醜也，不容何病（患）？不容然後見君子！」孔子聽了之後，欣慰地開玩笑說：「有是哉（真有你的啊）顏氏之子！使（若）爾（你）多財，吾為爾宰（管理）！」由此可見本章記孔子說「莫我知也夫」的時間，應在顏淵去世之後。❹下學，從日常生活中淺近的事物學起；上達，逐漸達到高遠的境界。孔子說：「人莫不飲食也，鮮能知味也。」（此下引文都見中庸）可見他的道原來像飲食那麼平常而淺近易知、平易可行；所謂「下學而上達」，就是「極高明而道中庸」和「行遠自邇、登高自卑」的意思。孔子說過：「道不遠人；人之為道而遠人，不可以為道。」又說：「忠恕違道不遠。」由於不明白這一點，以致有人好高騖遠，捨本逐末，也有人缺乏信心，裹足不前，怪不得他也曾感嘆說：「道之不明也，我知之矣——知者過之，愚者不及也。道之不行也，我知之矣——賢者過之，不肖者不及也。」❺其，揣測語氣詞。

38 公伯寮愬子路於季孫❶，子服景伯以告❷，曰：「夫子固有惑志於公伯寮❸，吾力猶能肆諸市朝❹！」子曰：「道之將行也與，命也；道之將廢也與，命也❺——公伯寮其如命何❻？」

譯 公伯寮向季孫氏投訴子路的不是，子服景伯把這件事告知先生，並且說：「先生若對公伯寮的行為有所不滿，憑我的力量，還能叫他陳屍於大庭廣眾之間！」先生說：「假使禮樂將來真能施行的話，這是上天的意旨；假使禮樂將來真會廢弛的話，這也是上天的意旨——公伯寮難道能拿上天的意旨怎麼樣嗎？」

解 ❶公伯寮，複姓公伯，名寮（一作僚），魯國人，與子路同時做季孫氏的家臣。愬，同「訴」，投訴、指控之意。❷子服景伯，魯國大夫，複姓子服，名何，諡號景，字伯。以告，「以之告孔子」的省言，「之」代「公伯寮愬子路於季孫」這件事。夫子，對孔子的尊稱。❸固，和莊子・田子方篇「公固以為不然，何不號於國中」的「固」字，用法同「苟」，為假設語氣詞。惑志，內心有所疑慮或感到困擾——這是含蓄的用語，明白地說，其實就是不滿的意思。❹肆，意思是公開展示罪犯的屍首。諸，「之乎」、「之於」的合音，「之」代公伯寮。市朝，市集和朝廷，指眾人聚集的場合。❺「道之將行也與」、「道之將廢也與」都是假設關係複句的假設小句，兩個「之」字，都有強調的語氣詞（參閱學而篇10「夫子之求之也，其諸異乎人之求之與」句解說）。廢，荒廢之意。❻其，通「豈」。如命何，能拿天命怎麼樣——把一切交給老天去決定，表示自己不擔心公伯寮，也就不願意跟他計較什麼了。

39子曰：「賢者辟世❶，其次辟地❷，其次辟色❸，其次辟言❹。」

譯 先生說：「品格高尚的人脫離現實最徹底的作法是和社會隔絕，其次是遷離動亂地區，其次是避開某些人的嘴臉，其次是不聽信某些言論。」

解 ❶賢者，指人格高尚、不願同流合污的人。辟，「避」的初文，離開之意。辟世，意思是息交絕游，隱居山林田野之間，完全和紛擾的社會隔絕。微子篇06記桀溺的話說：「與其從辟人之士也，豈若從辟世之士哉？」大概屬於道家之流。孔子雖然「知其不可而為之」，不願苟同隱者這種消極的處世態度，但仍肯定他們的高尚人格，所以稱他們為「賢者」。至於遭遇亂世當如何自處？賢者有辟世、辟地、辟色、辟言的不同抉擇，四者只用來大致區別所「避」的程度深淺、距離遠近、範圍大小，並非藉以評定賢者人格的等級。❷辟地，意思是遷離動亂的地區，也就是孔子說的：「危邦不入，亂邦不居。」（見泰伯篇13）❸辟色，意思是離開無禮的對待。史記・孔子世家記載：有一次，衛靈公與孔子交談時，「見蜚（飛）鴈，仰視之，色不在孔子」，孔子覺得不受尊重，於是決定離開衛國。❹辟言，意思是不聽信巧言、讒言、訴苦之言，孔子說：「遠佞人。」（見衛靈公篇10）

又說：「浸潤之譖，膚受之愬，不行焉，可謂明也已矣！」（見顏淵篇06）避地、避色與避言三者，仍不失積極的入世態度，孔子都曾選擇過，唯獨堅持不肯「避世」，因為他說：「鳥獸不可與同群，吾非斯人之徒與而誰與？天下有道，丘不與易也。」（見微子篇06）具有這種任重致遠的使命感，真不愧為儀封人所推許的「天之木鐸」（見八佾篇24）！

40子曰：「作者七人矣！」

譯 先生說：「起而行動的已有七人啦！」

解 作者七人，語焉不詳；孔子既然沒有明說，無妨從略。

41子路宿於石門❶。晨，門曰❷：「奚自❸？」子路曰：「自孔氏。」曰：「是知其不可而為之者與❹？」

譯 子路在石門過夜。早晨進城時，負責開門的人詢問說：「你從哪裡來？」子路說：「從孔家來。」開門的人又問：「就是明明曉得自己做不到卻還要去做的那個人嗎？」

解 ❶石門，魯城的外門之一。❷門，負責開啟城門的人。❸奚，疑問代名詞，意思是何處；自，意思是從。❹「知其不可」下省略了「為」字；不可為的意思不是不該做，而是因為客觀環境不利，所以做不到。子路只說來自孔家，對方就曉得是孔子，而且「知其不可而為之者」的鮮明形象立刻浮現腦際，這和質問孔子「栖栖者無乃為佞」的微生畝，以及譏諷他「鄙哉硜硜乎」的荷蕢者，代表部分世人對孔子的印象，由此可見孔子懷抱強烈使命感、不計較個人得失、毀譽的處世態度。

42子擊磬於衛❶，有荷蕢而過孔氏之門者❷，曰：「有心哉擊磬乎！」既而曰❸：「鄙哉❹！硜硜乎

❺！莫己知也，斯已而已矣❻！『深則厲，淺則揭❼。』」子曰：「果哉❽！末之難矣❾！」

譯 先生居留衛國期間，某一天正在擊磬自娛，有位挑著草筐經過孔宅門口的人說：「還有心情擊磬呢！」稍後又說：「真是死腦筋呀！簡直像敲擊磬石所發出的硜硜聲一樣呢！既然沒有人瞭解自己，那就住手算了吧！『水深的話，就穿著衣服泡水過去；水淺的話，就撩起褲腳踩水過去吧！』」先生說：「果真說得一點兒都不錯！我無法反駁他呢！」

解 ❶磬，音「慶」，是「殸」的後起字（參閱附註一）。「殸」在卜辭中作□——左半邊從石（□）、從糸（□）省，代表它是用石材製作、用繩索懸吊的樂器；右半邊象又（右手）持棒槌，可見這種樂器是靠敲擊發聲的。磬呈鈍角形。整組大小不等，依次懸掛架上（參閱附註二及附圖），演奏時，使用棒槌敲擊，發出清脆的樂音。❷荷，音「賀」，用肩膀挑起之意；蕢，音「愧」，用草編成的一種容器。❸既而，用法同「已而」，意思是過了不久。❹鄙，形容思想僵固，如同現在說「死腦筋」。❺硜硜乎，同「硜硜然」，擊磬的聲音，清脆而短促，不像鐘聲那麼響亮、悠揚。荷蕢者譏諷孔子太過執著自己的想法，就像擊磬所發出的硜硜聲一樣，缺少婉轉變化的餘地。❻斯，用法同「則」、「就」；已，停止、放棄之意；而已矣，語氣詞，相當於白話的「算了吧」。❼深則厲、淺則揭，詩經・邶風・匏有苦葉篇中的句子，用來比喻行動隨環境而改變。厲，「濿」的初文，意思是穿著衣服過河。細味詩意，所謂「深」，應不至於沒頂，大約到腰部上下，即使撩起褲腳，也無法讓衣物不接觸到水面，若水勢平緩，沒有危險性，索性連人帶衣，和水或泅水而過。揭，意思是撩起衣物下部涉水而過，以免衣物被水浸溼。❽果，確實之意。❾末之難，「末難之」的倒裝句——末，和子罕篇10「雖欲從之，末由也已」的「末」，用法同「莫」，有無法、不能之意；難，讀去聲，有質問、辯駁之意。孔子雖有強烈的使命感，「知其不可而為之」（見前章）；但始終不曾遇到英明有為的國君，有時也難免感嘆「莫我知」（見本篇第三十四章）、「道不行」（公冶長篇07），甚至說「予欲無言」（陽貨篇19），或動過「乘桴浮于海」（公冶長篇07）、「居九夷」（子罕篇13）的念頭，最後則決定返回老家，致力於教育工作。當他還在衛國時，有一次閒來無事，擊磬消遣，聽到荷蕢者的一番話，不禁心有戚戚焉，「果哉末之難矣」的慨嘆，正反映出他的無力感——畢竟聖人也是血肉之軀，有這樣的反應，本是很自然的事；何況他自稱「無可、無不可」（微子篇08）、「用之則行、舍之則藏」（述而篇10）的處世態度，頗具彈性，跟荷蕢者說的「莫己知也，斯已而已矣」、「深則厲、淺則揭」，其實也差不多；而避世的賢者，向來還是孔子尊敬的對象呢！

註

一、「殸」有時被借用來表示空無所有，意思「轉」變了，於是另外加「注」形符「石」，新造「磬」字，以保留石製樂器的本義，這在六書中屬於「轉注」。先師魯公說：「凡形聲字必兼會意。」然而本義為罐子空了的「罄」字從缶、殸聲，聲符「殸」跟本義無關，因為它是「空」的假借，所以「罄」字在六書中屬於「假借」。

二、民國六十七年（西元一九七八年），湖北省・隨州市從戰國初年曾國君主（名乙）的墳墓中挖出大批陪葬器物，其中一套編磬，共三十二個石灰岩或大理石磨製的大小磬塊，分上下兩排，用繩索懸吊架上。另有兩支木製長T形棒槌，是用來敲擊的。

附圖

湖北省博物館藏曾侯乙編磬

43子張曰：「書云❶：『高宗諒陰❷，三年不言❸。』何謂也？」子曰：「何必高宗❹？古之人皆然。君薨❺，百官總己以聽於冢宰❻，三年❼。」

譯 子張問道：「書經上說：『殷高宗服喪期間，住在守喪的屋子裏，三年不談政事。』什麼意思啊？」先生說：「哪須限定殷高宗呢？古代的人都是這樣的。君王死了，各部門的官員收拾好本身掌管的職務，接受宰相的領導，為期三年。」

解 ❶書，指書經。❷高宗，商朝帝王武丁的廟號，在位五十九年。諒陰，古代天子、諸侯居喪期間所住的房子。❸不言，意思是不談政事。❹何必，哪有必要限定，也就是不僅的意思。❺薨，本來天子死亡叫崩，諸侯死亡叫薨，這裡沒有區別。❻總己，意思是收拾好本身的職務，有如後世辦理移交的作法。聽，服從之意。冢宰，又稱太宰，相當於後世的宰相。❼三年之喪是全天下人人共同遵行的禮儀，天子也不例外，所以在居喪三年期間，把政務都授權給太宰處理。

44子曰：「上好禮❶，則民易使也❷。」

譯 先生說：「在上位的人若愛好禮教，那麼人民就容易指揮了。」

解 ❶上，指位居高層的統治者。❷使，意思是聽命行事。孔子說：「上好禮，則民莫敢不敬。」（見子路篇04）因為禮教講究長幼尊卑的分際，要求謙恭、敬讓，在上位者若能以身作則，民眾自然願意聽命行事了。

45子路問君子，子曰：「修己以敬❶。」曰：「如斯而已乎？」曰：「修己以安人。」曰：「如斯而已乎？」曰：「修己以安百姓❷——修己以安百姓，堯、舜其猶病諸❸！」

譯子路請教君子應有的作為，先生說：「好好修養自己的品德，而且處理任何事情都很慎重。」子路問：「像這樣就行了嗎？」先生說：「修養好自己的品德，進而安頓家、國人民的生活。」子路又問：「像這樣就行了嗎？」先生說：「修養好自己的品德，進而安頓天下百姓的生活——修養好自己的品德，進而安頓天下百姓的生活，連堯、舜都恐怕還做不好呢！」

解❶修己，相當於大學說的修身，也就是修養品德之意；以，及也，作連接詞用；敬，指慎重的態度。荀子·議兵篇說：「凡百事之成也必在敬之，其敗也必在慢之。」孔子說：「道千乘之國，敬事而信。」可見敬慎的態度可用來處理個人的工作，也可用來處理公眾的事物，是君子必備的處事態度。❷安，用法與季氏篇01「既來之，則安之」的「安」相同，現行白話叫「安頓」；安人，使人民生活安定之意，相當於大學說的齊家、治國；安百姓，相當於平天下。大學說：「自天子以至於庶人，壹是皆以修身為本。」和本章孔子答覆子路的話完全符合。❸堯、舜其猶病諸，已見雍也篇28。

46原壤夷俟❶，子曰：「幼而不孫弟❷，長而無述焉❸，老而不死，是為賊❹！」以杖叩其脛❺。

譯原壤用像畚箕一樣的姿勢坐在地上等候，先生說：「小時候就目無尊長，長大後就沒有值得一提的好表現，到了老年還不死掉，像你這樣可說是社會的敗類！」說完便用手杖敲打他的小腿。

解❶原壤，孔子的老朋友。禮記·檀弓下篇記載：原壤的母親死了，孔子前去幫他治喪，他卻唱起歌來，孔子只好裝做沒有聽到。由此可知他大概屬於道家之流，所以行為放蕩不拘，頗有玩世不恭的樣子。夷，「跠」的初文，坐在地上，兩手撐地，兩腿張開，膝蓋彎曲，身體像個畚箕一樣，姿勢很不雅觀。俟，等候之意。❷孫弟，「遜悌」的初文，敬重年長者的態度。❸無述，意思是沒有值得稱道的善行。❹是，稱代詞，指上述情形；賊，意思是敗類、害蟲。❺叩，敲擊之意；脛，音「徑」，指小腿。

47闕黨童子將命❶，或問之❷曰：「益者與❸？」子曰：「吾見其居於位也，見其與先生並行也❹——非求益者也，欲速成者也❺！」

譯 一個闕黨少年奉命替主人前來傳話，事後有人問起他的表現說：「這對他的成長有幫助嗎？」先生說：「我觀察到他坐在大人的席位上，也觀察到他和長輩並肩走路——可知他不是一個有心尋求幫助的人，而是希望自己快快長大的人吧！」

解 ❶闕黨，孔子居住的地方，又名闕里，在今山東省・曲阜縣城中。將，有奉持、攜帶、傳達之意；命，本義是命令，引申為意志——將命，意思是奉命替主人傳話給特定對象。❷或，不定代名詞，相當於白話說「有人」。問，從下文可知有人看了少年的表現，大概也不以為然；但是基於對主人的尊重，未便當面糾正少年，而在事後詢問孔子，想瞭解他的看法。之，代名詞，指上文的將命童子。❸益者與，問者質疑主人指派這個少年傳話，是否有助於他的成長；與，「歟」的初文。❹居，通「尻」，如同現在的坐姿（參閱為政篇01「居其所而眾星共之」句解說）。先生，指長輩（參閱為政篇08「有酒食先生饌」句解說）。按禮記・檀弓篇說：「童子隅坐而執燭。」禮記・玉藻篇說：「童子無事，則立主人之北，南面。」孟子・告子下篇說：「徐行後長者，謂之弟。」可知在大人會談的場合，童子只可坐在角落的位置，或站在大人身旁待命，步行時應跟隨著大人；然而這位闕黨童子卻坐在大人的席位上，可能有時還會插嘴，又和大人並肩而行，這些行為都不符合禮教的規範。❺「非求益者也，欲速成者也」，孔子話雖說得含蓄，其實就是在暗指將命童子不懂禮數。俗話說：「水到渠成。」少年人只要學會灑掃、應對、進退等禮儀，明白其中所蘊含的意義，到時候自然得以進入成人社會；否則一心只想快些跟大人平起平坐，往往會失禮、失態，令人側目，所謂「欲速則不達」，指的就是這種情形。

衛靈公篇第十五

01 衛靈公問陳於孔子❶，孔子對曰：「俎豆之事，則嘗聞之矣❷；軍旅之事，未之學也❸。」明日遂行。在陳絕糧，從者病❹，莫能興❺，子路慍見❻，曰：「君子亦有窮乎？」子曰：「君子固窮❼，小人窮斯濫矣❽！」

譯 衛靈公向孔先生請教布置作戰隊形的方法，孔先生回答說：「宗廟祭祀方面的事，我倒是曾經聽說過；至於軍隊作戰方面的事，我就不曾學過了。」第二天，孔先生便上路了。在陳國停留期間，糧食的供應中斷，追隨的學生們餓壞了，沒有人站得起來，子路滿腹牢騷地面見，說：「君子也有窘困的時候嗎？」先生說：「君子本來就有隨時可能窘困的心理準備；至於小人，一旦陷入窘困的境況，行為就會像河川氾濫那樣無惡不作啦！」

解 ❶陳，同「陣」，古代作戰時軍隊排列的方式。❷俎豆，祭祀時用來陳列祭品的兩種器物。俎，音「祖」，意思是肉几，也就是供屠宰或祭祀時陳列肉品用的長形桌檯。甲文作（或加刀為繁文作，以示切肉之意）、金文作，從二肉、且聲；隸、楷書字形係由小篆的變來，從肉省、且聲。「且」在卜辭中作、、、，金文作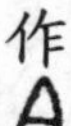、，象祖宗神主牌之形（參閱按語），為「祖」的初文。凡形聲字必兼會意，然而「俎」字從且得聲，和肉几的意思無關，當為假借造字。按「俎」於金文也有作的，刀下的，正象切肉桌檯的桌面（豎看）之形，和傳世的實物完全相符（參閱文字析義・釋且及本章附圖）。豆，用來盛受肉醬或流質食物的容器（已見泰伯篇04）。「俎豆之事」為動詞「聞」的外位止詞，指宗廟祭祀的事宜。❸軍旅，古代軍隊的編制——一萬二千五百人為軍，五百人為旅。軍旅之事，指作戰方面的事務。按史記・孔子世家記載：「其明年（魯

哀公十一年），冉有為季氏將師，與齊戰於郎，克之。季康子曰：『子之於軍旅，學之乎？性之（生來就會的）乎？』冉有曰：『學之於孔子。』」可知孔子並非真的不懂軍旅之事；只是他答覆子貢問為政的優先順序時，認為在「足兵」之前，應先做到「民信之」與「足食」（見顏淵篇07）；而在初到衛國時答覆冉有問「既庶矣，又何加焉」時，也只提到「富之」然後「教之」（見子路篇09）——可見在孔子心目中，軍旅之事並非為政的當務之急。他向來主張以禮教治國，因為「上好禮，則民易使也」（見憲問篇44）。此外，他答覆齊景公問政時說：「君君、臣臣、父父、子子」（見顏淵篇11）。按史記・孔子世家，靈公問陳一事，約在哀公元年，而在兩年前，衛國還發生太子蒯聵謀刺靈公夫人不成而逃亡的事件。因此，對於靈公問陳，孔子覺得他本末倒置、輕重不分，所以用「軍旅之事未之學也」作為藉口而不願談論。❹病，因絕糧而餓得病倒。❺興，意思是從臥姿而起身。❻慍見，意思是懷著忿忿不平的怨氣而面見。❼對應子路所問「亦有窮乎」，可知「固窮」當為「固有窮也」的省言。「固」的意思是本來就有可能；「窮」是「達」的相反詞；達指順境，窮指一切逆境（包括絕糧），若解作貧窮，意思過於狹隘。君子本來就有隨時可能窮困的認知和心理準備，這是「固窮」的含意。❽濫，大水溢出河道，比喻行為踰越禮教的規範，無惡不作。孔子說：「不知命，無以為君子也。」（見堯曰篇03）「命」為「天命」的省言，字面的意思是上天的意志（客觀的因素），由於吉凶禍福不是當事人所能掌握，只有歸諸天命。君子敬畏天命，所以能夠逆來順受、隨遇而安；小人不知天命，所以不能甘於窮困而胡作非為，就像大水溢出河堤那樣氾濫成災。（參閱附錄十一釋知命）

按 先師魯公實先說：「山海經・中山經云：『桑主方其下而銳其上。』所言雖為山神之主，然其方下銳上，固與卜辭、彝銘之『且』形密合，因知廟主與凡神主形制相同，非若薦物之俎上下平正。」至於「且」的甲骨文，中間有二短橫劃的寫法，是為了和形象社主的「土」（甲作文、金文作

）」有所區別所致，這是現行楷體的由來。（參閱文字析義・釋且）

附圖

饕餮蟬紋俎的俯視與側視，見容庚商周彝器通考下冊圖四〇六甲、乙。

02子曰：「賜也，女以予為多學而識之者與❶？」對曰：「然❷！非與？」曰：「非也！予一以貫之❸。」

譯 先生說：「賜啊，你認定我是多方閱讀而且記憶下來的嗎？」子貢回答說：「是的！難道不是嗎？」先生說：「錯了！我是拿一項基本概念來貫通所有道理的。」

解 ❶識，音「誌」，記憶之意。❷然，表示肯定的用詞。❸貫，串聯、貫通之意。一以貫之，已見里仁篇15。孔子說：「忠恕違道不遠。」（見中庸）曾子的體認也是：「夫子之道，忠恕而已矣！」孟子・離婁上篇引孔子曰：「道二：仁與不仁而已矣！」可知他的道，不外一個「仁」字。「仁」的本義為和諧的人際關係。古人把人際關係歸納為五種——父子、君臣、兄弟、夫婦、朋友，而「忠恕」則為經營所有人際關係的共通法則。此外，「禮教」為行仁的具體規範，「中道」為行仁的權宜辦法，「知命」則為行仁的心理準備，以上各項串聯起來，就是一套體、用具備的生活哲學，所以孔子才會一再地告訴學生：「吾道一以貫之。」中、外學者們大都認為孔子之道沒有系統，可說是蔽於本身所學、未能掌握孔子仁道要領所產生的偏見。

03子曰：「由，知德者鮮矣！」

譯　先生說：「仲由，懂得修養品行的人太少啦！」

解　孔子說：「飲食、男女，人之大欲存焉。」（見禮記・禮運篇）為了求生存和延續命脈，食慾和情慾可說是人類和所有禽獸共有的本能，因此難以抗拒貪念和美色的誘惑，就成為人性的弱點。史記・伯夷列傳引述賈誼的話「貪夫徇財」，俗話說「英雄難過美人關」，孔子自己也感嘆「未見好德如好色者」（見本篇第十二章），不是沒有原因的。然而人類號稱萬物之靈，而與天、地鼎足並立，正因具有德性的緣故；知德、修德者為君子，否則不免為小人，甚至淪為衣冠禽獸，兩者的分際只在一念而已。

04子曰：「無為而治者❶，其舜也與❷！夫何為哉？恭己正南面而已矣❸！」

譯　先生說：「不用做什麼就能安定天下的帝王，大概只有虞舜吧！他哪裡用得著做什麼呢？只要自己恭敬地面向南方坐在君位上就行啦！」

解　❶無為而治，原來是道家的主張，老子說：「道無為而無不為。」所以老子主張順應自然，捨棄一切人為的典章制度與禮教法規，讓人們返璞歸真，天下就會趨於安定。本章的無為而治，是說在上位的統治者修養好自己的品德，然後以身作則，發揮風行草偃的作用，就可以輕鬆地使天下太平無事，好比北極星「居其所而眾星拱之」（見為政篇01），這是孔子德治的理想境界。老子的無為而治，近似放任主義；孔子的無為而治，仍需透過禮樂的教化，兩者的差異是很大的。❷其，揣測語氣詞，論語多見。❸正，和陽貨篇10「正牆面而立」、禮記・檀弓上篇「狐死正丘首」的「正」字，都是「征」的初文，意謂朝向目標前行，因此可解作向著、對著。「正南面」為「面正南」的倒裝，面向南方，意思是坐在君位上（參閱雍也篇01）。

05 子張問行❶，子曰：「言忠信❷，行篤敬❸，雖蠻貊之邦行矣❹！言不忠信，行不篤敬，雖州里行乎哉❺？立則見其參於前也❻，在輿則見其倚於衡也❼——夫然後行❽。」子張書諸紳❾。

譯 子張請教怎麼樣才能到處受人歡迎而通行無阻，先生說：「言談出於善意和真誠，行為顯得踏實而慎重，即使到了野蠻的國度，也會行得通啦！言談出於惡意和虛假，行為顯得輕忽而怠慢，即使在自己的鄉里，又怎麼行得通呢？站立的時候，就好像遇到『言忠信、行篤敬』這六個字呈現在眼前；在車廂裡，就好像看見它們靠在車轅前端的橫木上——能夠做到這樣，才會到處受人歡迎而通行無阻。」子張聽了，就把這一番話書寫在衣帶上。

解 ❶行，順利前進，沒有阻礙，也就是到處受人歡迎、很吃得開的意思。❷忠，和「恕」同樣都是將心比心、體貼他人之意（參閱附錄九釋忠恕）。信，意思是確實、真誠。❸篤，踏實之意；敬，意思是慎重其事。❹蠻貊之邦，指夷、狄等未開化地區。❺古代五家為鄰，五鄰為里，五百家為黨，五黨為州；州里，在此指本鄉本里。❻其，指上述「言忠信，行篤敬」六個字。參，清人王念孫說：「參字可訓為直，故墨子·經篇曰：『參，直也。』論語『參於前』，謂相直於前也。」（見王引之經義述聞·卷三十一）直，「值」的初文，有遭遇之意。❼輿，指車廂；衡，車轅前端的橫木。❽夫，句首語助詞，有確認的語氣；然，這樣——指上述隨時隨地都把「言忠信、行篤敬」六字看在眼裡。❾書，筆記、書寫之意；諸，「之乎」、「之於」的合音；紳，意思是衣帶。「書諸紳」是說把老師的教誨寫在衣帶上，可能當時子張手頭已無簡牘可用，只好「書諸紳」以備忘。

06 子曰：「直哉史魚❶！邦有道，如矢；邦無道，如矢❷。君子哉蘧伯玉！邦有道，則仕；邦無道，則可卷而懷之❸。」

譯 先生說：「史魚的為人真是正直啊！當國家政治上軌道時，他直得像一支箭；在國家政治不上軌道時，他也直得像一支箭。蘧伯玉真是一位君子呀！當國家政治上軌道時，他便出來作官；在國家政治不上軌道時，他就把才學收起來保存。」

解 ❶史魚，衛國大夫，名鰌，字子魚。❷矢，就是箭，箭身貴直，所以孔子拿來比擬史魚的為人正直。韓詩外傳・卷七記載史魚病逝前，深以不能使國君進用賢臣蘧伯玉、罷黜不肖之臣彌子瑕為憾，特別遺囑不要治喪於正堂。衛靈公弔喪時獲知，立刻召見蘧伯玉而重用他，並且罷黜彌子瑕。史魚家人才將他移靈於正堂，讓靈公成禮後離去。作者因而稱讚史魚說：「生以身諫，死以尸諫，可謂直矣！」可見史魚正直如矢的個性，至死不變。孔子說衛靈公雖然本身無道，但能察納忠言，進用君子，使他得以在位四十二年，由此可見一斑。❸卷，「捲」的初文，意思是收藏才學，比喻隱居不仕。據左傳・襄公十四年、二十六年記載，蘧伯玉曾兩度因衛獻公的緣故而出走國外，這種「邦有道則現、無道則隱」的作為，和孔子不謀而合。他是孔子的前輩，彼此互相推重，結為忘年之交，不是沒有原因的。

07子曰：「可與言而不與之言❶，失人；不可與言而與之言，失言❷——知者不失人，亦不失言❸。」

譯 先生說：「適合說話時卻不跟對方說話，這樣會錯失交友的機緣；不適合說話時卻跟對方說話，這樣會喪失語言的功能——明智的人不會錯失交友的機緣，也不會讓語言喪失它的功能。」

解 ❶言語的功能在表情達意，是人與人溝通意見、交流感情的主要媒介，對於人際關係的良窳和建功立業的成敗，影響非常重大。因此，說話既是一門學問，也是一種藝術。儒家的禮教很講究應對、進退之道，孔子教學時涉及言語方面的地方很多，先進篇02記載孔子談到弟子們的成就時，更把「言語」和「德行」、「政事」、「文學」三者並列。然而長久以來，讀經者鑒於孔子說過「巧言令色鮮矣仁」的話（見學而篇03），對口才便給的人大多觀感欠佳，並且奉「言多必失」、「沉默是金」為圭臬，往往過度謹慎，該說而不說，這是很大的誤解與偏見；殊不知孔子說過：「道之不明也，我知之矣——知者過之，愚者不及也；道之不行也，我知之矣——賢者過之，不肖者不及也。」（見中庸）「夫言豈一端而已？夫各有所當也。」（見禮記・祭義篇）他也十分認同「時然後言，人不厭其言」的說法（見憲問篇14），可見讀經必須融會貫通，才不致斷章取義、一知半解，而犯了智者、賢者之過。本章旨在強調說話時機的重要——該說時不說和不該說時卻說了，都是不明智的。❷「失人」指的是錯過與他人溝通意見和交流情感的機會，「失言」則指喪失言語溝通意見和交流情感的功能，兩者皆因未能掌握說話要領所致。❸孔子說：「言未及之而言，謂之『躁』；言及之而不言，謂之『隱』；未見顏色而言，謂之『瞽』。」（見季氏篇06）本章「可與言而不與之言」指「言及之而不言」，「不可與言而與之言」指「言未及之而言」、「未見顏色而言」。一個人若懂得察言觀色，能適當選擇說話的場合、時機、對象、話題，並且運用說話的技巧，使言語充分發揮它的功能，就稱得上是位「智者」了，所以說「知者不失人，亦不失言」。

08子曰：「志士仁人❶，無求生以害仁，有殺身以成仁❷。」

譯 先生說：「一個有心經營人際關係的君子，不會為了自己求生存而做出損害關係的事，只會捨棄自己的生命來成全彼此的關係。」

解 ❶孔子說：「苟志於仁矣，無惡也。」「士志於道，而恥惡衣惡食者，未足與議也。」（見里仁篇04、09）可知志士指的是立志於仁道之士。「仁」的本義為和諧的人際關係，而經營人際關係必須隨時隨地身體力行。孔子說：「君子去仁，惡乎成名？君子無終食之間違仁，造次必於是，顛沛必於是。」又說：「好仁者，無以尚之……有能一日用其力於仁矣乎？我未見力不足者。」（見里仁篇05、06）可知這理的「志士」和「仁人」互言，當指崇尚仁道並且盡心盡力經營人際關係的君子。❷無，意謂不會那樣；有，意謂必要時才會那樣做。俗話說：「死有重於泰山，有輕於鴻毛。」見危授命，殺身死難，當視情況有無非死不可的必要而定——例如管仲和召忽共同輔佐公子糾，當公子糾失敗被殺後，召忽以死殉節，雖然對得起公子糾，也似乎符合世俗的道德標準，但是並未獲得孔子的肯定，什麼緣故？管仲輔佐公子糾已經盡了心力，即使殉死，也無益於公子糾；然而他後來輔佐齊桓公尊王攘夷，稱霸諸侯，一匡天下，卻讓無數民眾受惠，真所謂「成大事者不拘小節」，所以孔子反而連聲稱讚說「如其仁、如其仁」（見憲問篇17）。孟子說：「可以死，可以無死；死，傷勇。」（見孟子・離婁下篇）可知孔子的仁道，確實如中庸所言：「夫婦之愚，可以與知焉；及其至也，雖聖人亦有所不知焉。夫婦之不肖，可以能行焉；及其至也，雖聖人亦有所不能焉。」

09 子貢問為仁，子曰：「工欲善其事❶，必先利其器❷。居是邦也，事其大夫之賢者❸，友其士之仁者❹。」

譯 子貢請教經營人際關係的方法，先生說：「木匠若要做好自己的事情，一定得先磨利他的鋸子、鉋刀等工具。因此，居留在這個國家，就服事該國德高望重的上層官員，結交該國品行良好的基層官員。」

解 ❶工，甲骨、金文都作工，象沒有把手的矩尺之形，這裡借用來指可代表一切專業技術人員的木匠（註）；至於矩尺之意，則另用「矩」或「榘」字來表示（參閱為政篇04「七十而從心所欲不踰矩」句解說）。「善」為使役動詞；「事」字為名詞，指工作、事業——「善其事」的意思是做好自己的工作。❷利其器，磨利自己的器具——如斧、鋸、刀、銼等。❸「事」字為動詞，有服事、效勞之意。❹友，在這裡當動詞用，有結交之意。曾子說：「君子以文會友，以友輔仁。」（見顏淵篇

24）和志趣相投的人相處或交往，可收切磋、砥礪之效，好比木匠必先磨利器具，才有助於工作的順利完成。孔子平日不輕易稱許在世的特定人物為仁者，這裡的「仁者」當指一般努力進德修業、品行良好的人（參閱里仁篇02）；而所謂「賢者」，則指學識淵博、德高望重的人，兩者相容而不互斥。由於大夫的地位比士尊貴，所以對其中的賢者使用「事」字，仁者用「友」字，並非表示「賢」的道德層次就比「仁」高，不宜拘泥。

註 修辭學有所謂「借代格」，借代的方式繁多——拿工來指木匠，是借器材以代使用者的職業。

10 顏淵問為邦，子曰：「行夏之時❶，乘殷之輅❷，服周之冕，樂則韶、舞❸；放鄭聲，遠佞人❹——鄭聲淫，佞人殆❺。」

譯 顏淵請教怎樣治理國家，先生說：「採用夏朝的曆法，乘坐殷商的木車，頭戴周朝的禮帽，音樂就表演韶、武；禁絕鄭國的樂聲，疏遠會耍嘴皮子的小人——因為鄭國的樂聲過於輕佻、委靡，會耍嘴皮的人不可靠。」

解 ❶行夏之時，意思是採行夏朝的曆法（參閱附註㈡）。古時候改朝換代後，統治者照例要制訂新曆，也就是禮記・大傳篇說的「改正（歲之始）朔（月之始）」，以宣示新政權的建立。夏曆以建寅之月（即現行農曆的正月）為歲首，春、夏、秋、冬四季都合乎自然現象。商朝以建丑之月（農曆十二月）為歲首，周朝則以建子之月（農曆十一月）為歲首，雖然周曆在觀測天象方面比較進步，但不如夏曆那麼適合農業社會庶民耕、耘、收、藏的作息規律，因此孔子主張「行夏之時」。❷輅，音「路」，商朝木製的車輛，比周朝以金玉為飾的車輛質樸、堅固，所以孔子主張「乘殷之輅」。周朝的禮服，這裡當動詞用，意思是戴。冕，指禮帽，象徵尊貴，通常在重要的典禮或場合戴用。周朝的禮帽用純絲製作，華美而又節儉（參閱子罕篇03），所以孔子主張「服周之冕」。❸韶，虞舜時樂名；

舞，通「武」，周武王時樂名（參閱八佾篇25）。❹放，用法和微子篇08「隱居放言」的「放」相同，有廢棄、禁絕之意；鄭聲，鄭國的音樂。陽貨篇18記子曰：「惡鄭聲之亂雅樂也。」可知鄭聲指的是低俗的靡靡之音。遠，疏遠之意；佞人，指愛逞口舌之能、說別人閒話的小人。❺淫，「霪」的初文，本義為雨水過多，在這裡指鄭國的音樂過於輕佻委靡，容易使人意志消沉（參閱附註二）。禮記・樂記篇說：「世亂則禮慝（邪惡）而樂淫，是故其聲哀而不莊，樂而不安，慢易（輕浮、不莊重）以犯節，流湎（迷醉於時尚事物而不由自主）以忘本。」又說：「凡姦聲感人（影響人心），而逆氣應之；逆氣成象，而淫樂興焉；正聲感人，而順氣應之；順氣成象，而和樂興焉。」可知儒家的樂教，在利用莊重、平和的雅音來調劑人們的性情；而鄭聲過於淫靡，容易銷磨人們的志氣，因此孔子主張治國者加以禁絕，而推廣韶、武這類盡善盡美的雅樂。殆，危險、不安定、不可靠之意。佞人常在國君面前扭曲事實、搬弄是非，誣陷忠良之士，足以危害國家，不能信賴。

註

一、古代歲首分天文歲首及政治歲首，天文歲首以冬至為一年的開始，稱為元日，這是由於冬至時太陽方位偏南，日影最長而易於測量的緣故。以子、丑、寅……戌、亥等十二地支為序，代表一年中各月，稱十二建月，含冬至的月份訂為子月，以下依序類推。當權者為便於統御臣民，而以月朔為準，訂正月朔旦——即正月初一日為歲首；至於那個月是正月，自漢武帝太初元年（西元前一〇四年）改曆以來，至今大都採用夏代的建寅制，即取冬至起的第三個月為正月。

二、中庸云：「喜怒哀樂之未發，謂之中；發而（倘若）皆中節，謂之和。」儒家的禮教就是要節制喜怒哀樂的抒發，使情感達到平和的地步。禮記・樂記云：「禮以道（導）其志（心思），樂以和其聲（發音）……樂勝則流（氾濫），禮勝則離（隔閡）……樂（音樂）者樂（喜樂）也，君子樂得其道（禮節），小人樂得其欲（情欲）。以道制欲（發乎情，止乎禮），則樂而不亂；以欲忘道，則惑而不樂。」又記子夏答覆魏文侯關於音樂的問題時說：「君之所好者，其溺音乎……鄭音好濫（喜好濫情）淫志（放縱慾念）。」左傳・襄公二十九年記載吳公子季札觀樂於魯，評論鄭風：「美哉！其細已甚，民弗堪也，是其先亡乎！」可知鄭國音樂旋律多變化，促柱繁絃，有如南北朝時江南流行的子夜歌，纏綿悱惻，情感過度氾濫，也就是子夏說的「溺音」，容易令人沉迷其中而意志消沉。鄭風二十一首，大多為三、四言，甚至有一、四、五、六言混雜的。至於內容，則多男女言情或怨懟之作，樂記因而說它是「亂世之音」。

11 子曰：「人無遠慮❶，必有近憂❷。」

譯 先生說：「一個人若沒有長遠的打算，就一定會有當下的煩惱。」

解 ❶遠慮，就是及早在事前預作打算的意思。❷近憂，指眼前的煩憂。詩經・豳風・鴟鴞篇說：「迨天之未陰雨，徹（取）彼桑土（桑根），綢繆（編紮）牖戶（指鳥巢）。今此下民，或敢侮予？」孔子評論說：「為此詩者，其（大概）知道乎？能治其國家，誰敢侮之？」（見孟子・公孫丑上篇）這是「未雨綢繆」成語的由來。不僅治國，一般人若不能居安思危，而總是得過且過；一旦遭遇重大事故，勢必方寸大亂，手足失措。因此，中庸說：「凡事豫則立，不豫則廢。」事前做好準備工作，如有成竹在胸，便能臨危不亂，沉著應付，而度過難關。

12 子曰：「已矣乎❶！吾未見好德如好色者也❷。」

譯 先生說：「算了吧！我沒見過像愛好美女那樣愛好德行的人。」

解 ❶已矣乎，已見公冶長篇27。❷色，指女子姣好的體態和豔麗的容貌。據史記・孔子世家記載：孔子以大司寇兼代宰相職務，使魯國大治。定公十三年，齊國大夫們深感惶恐，決議贈送能歌善舞的美女給魯國。當時掌權的季桓子接受之後，為了觀賞美女們的表演，和定公連續三天沒有上朝，孔子於是辭職前往衛國；不料衛靈公也是好色之徒，有一次和夫人南子同車，招搖過市，還有專人在一旁侍候。孔子在後車，見狀不勝感慨，於是說出這句話，接著就離開了衛國。

13子曰：「臧文仲其竊位者與❶！知柳下惠之賢❷，而不與立也❸。」

譯 先生說：「臧文仲大概是霸佔官位卻不做事的人吧！明知柳下惠賢良，卻不給他機會和自己一起在朝廷任職。」

解 ❶臧文仲，已見公冶長篇18；其，揣測語氣詞；竊位，相當於俗話說「佔著毛坑不拉屎」，有失職的意思。❷柳下惠，魯國賢大夫（參閱微子篇02、08），魯孝公之子公子展的後代，氏展，名獲，字禽，又字季，柳下是他的食邑，國語．魯語稱他為展禽或柳下季。死後，門人根據他妻子的誄辭，私自為他起謚號為惠（事見列女傳），所以又稱柳下惠。❸與，後面省略了「之」字；立，在朝任官之意。臧文仲世襲魯國大司寇職位，權勢很大。柳下惠曾三度擔任士師，正好是大司寇的屬官，卻都因「直道而事人」被黜（見微子篇02）。臧文仲明知柳下惠之賢，卻不讓他在朝廷任職，所以被孔子譏評為「竊位者」；不像衛國的公叔文子，提拔家臣僎和自己一起到衛靈公的朝廷任職，因而受到孔子的稱讚（見憲問篇19）。

14子曰：「躬自厚❶，而薄責於人❷，則遠怨矣❸！」

譯 先生說：「對自己的要求多些，少要求別人一些，就能避免別人的怨恨啦！」

解 ❶躬自厚，「躬自厚責」的省言。躬自，指本身；厚，意思是重、多，也有嚴厲之意。❷薄，少、輕微之意；責，「債」的初文，當動詞用，有討債之意，引申則要求別人依照自己的想法行事或指謫別人的缺失，也叫做責。❸中庸說：「正己而不求於人，則不怨。」意思和本章相同。人際關係是相對的，一方面嚴格要求本身品行端正，一方面從寬對待別人，就不會怨恨別人，也不至於被別人所怨恨。相反的，對別人的期望愈高、要求愈多，當對方的表現不如自己所預期，或自己有把柄落在對方手裡時，彼此就會互相怨恨了。

15子曰：「不曰如之何、如之何者❶，吾末如之何也已矣❷！」

譯 先生說：「不問自己該怎麼辨、怎麼辨的人，我也不能拿他怎麼辨吶！」

解 ❶「曰」在這裡有自言自語的意思；「之」是指遇到的疑難問題，「如之何」相當於白話說「拿它怎麼辨」，連說兩次，表示想要解決問題的心情十分急切。❷「末如之何」的「末」，用法同「莫」，都是否定詞；「之」是指不願用心思考解決辦法的人，「末如之何」的意思是說拿他沒有辦法。述而篇08記孔子的話說：「不憤，不啟；不悱，不發。」意思和本章相近。

16子曰：「群居終日，言不及義❶，好行小慧❷，難矣哉❸！」

譯 先生說：「大伙兒相處一整天，談的都不是正經事，又愛耍小聰明，這樣是很難有什麼出息的！」

解 ❶及，牽涉、關聯之意；義，正當、正經之意。❷行，運用之意；小慧，意思是小聰明。❸難矣哉，似乎語焉不詳；參照陽貨篇22所記孔子說的：「飽食終日，無所用心，難矣哉！不有博奕者乎？為之，猶賢乎已。」可知「難」字當指成就而言，「難矣哉」的意思是說：遊手好閒、不務正業的人很難有什麼成就。

17子曰：「君子義以為質❶，禮以行之❷，孫以出之❸，信以成之❹——君子哉！」

譯 先生說：「君子拿犧牲精神作為生命的核心價值，拿禮教的規範來行動，拿恭順的態度來表現，拿誠信的原則來完成——這真是君子的風範啊！」

解 ❶「義以為質」是「以義為質」的倒裝句。孔子說：「君子喻於義，小人喻於利。」（見里仁篇16）「義」的本義是捨己為人的舉動，引申可指事物的正當性或妥適性（參閱附錄六釋義利）。「以」為憑藉補詞的關係詞，相當於白話的「用」、「拿」。質，意思是內涵，指事物的核心價值。君子以仁存心，也因力行仁道而成名；仁者愛人，必有義舉，「唯其義盡，所以仁至」（文天祥衣帶贊語）。因此，「義以為質」的意思是說：君子立身處世，待人接物，總能秉持犧牲奉獻的精神，凡有利於人的事，君子才認為有正當性，並以此作為生命的核心價值。❷禮以行之，為「以禮行之」的倒裝句，下兩句的結構相同；之，指前句的「義」。❸孫，「遜」的初文，指謙讓、恭順的態度和言語；出，表現之意。禮的精神在敬——也就是尊重；雖屬仁風義舉，也須依禮行事，尊重他人的感受和意願，而用謙遜的態度和言語來表現；否則如禮記・檀弓下篇「不食嗟來食」的故事，將枉費一片愛心，令人遺憾。❹信，意思是言行一致。若口惠而實不至或為德不卒，仍不足以為君子；必須「信以成之」，才算功德圓滿。

18 子曰：「君子病無能焉，不病人之不己知也。」

譯 先生說：「君子只怕自己沒有能力，而不怕人家不賞識自己。」

解 病，憂患、擔心、唯恐之意（參閱憲問篇32）。

19 子曰：「君子疾沒世而名不稱焉。」

譯 先生說：「君子痛恨離開世間以後名字從此不被人家提起。」

解疾，意思是痛恨、遺憾；「沒世而名不稱焉」為動詞「疾」的受詞——沒世，離開人間，也就是死亡的意思；稱，稱讚，這裡用作被動式。俗話說：「虎死留皮，人死留名。」古人有感於生命短暫，希望能夠立德、立功、立言，而留名於後世；否則與草木同朽，實為人生莫大的遺憾。不過，古人追求的是實至名歸；假使「聲聞過情」，則「君子恥之」（語見孟子・離婁下篇），不可不辨。

20子曰：「君子求諸己❶，小人求諸人❷。」

譯先生說：「君子凡事要求自己，小人總是要求別人。」

解❶諸，「之乎」兩字的合音。孔子說：「射有似乎君子，失諸正鵠，反求諸其身。」（見中庸）君子重視心靈成長，懂得腳踏實地，隨時不忘進德修業，以充實自我；同時經常反躬自省，勇於改過，因此人格日益高尚。❷小人急功近利，心存僥倖，喜歡趨炎附勢，指望貴人破格拔擢，讓自己一步登天；若不得志或犯了過錯，總是怨天尤人，推卸責任，因此心智永遠像兒童那樣不成熟。

21子曰：「君子矜而不爭❶，群而不黨❷。」

譯先生說：「君子能把握原則，卻不跟他人作意氣之爭；能走入群眾，卻不和某些人結成利益團體。」

解❶矜，音「今」，自尊自愛、堅守原則之意；爭，各執己見、互不相讓之意。君子為人處事，能站穩立場、把握原則；但是只願意和別人理性溝通，而不作無謂的意氣之爭。❷群，意思是和眾人相處融洽；黨，因利害關係而跟某些人結合在一起。君子和藹可親，樂於和眾人相處；但是懂得潔身自愛，絕不與人結黨營私、同流合污。

22子曰：「君子不以言舉人❶，不以人廢言❷。」

譯先生說：「君子不會因為某人說了幾句動聽的話，就特別提拔他；也不會因為某人身分卑微或操守不好，就完全抹煞他的言論。」

解❶舉，提拔之意；廢，抹殺之意。同樣的話從不同的人口中說出，往往具有不同的意義；而同一個人就某一件事，可能前後的說法並不一致，所以聽話也是一門學問——尤其對於一個不熟識的人，要憑一時的言語來判斷他的為人，並不容易，即使孔子也曾誤信宰予的不實言語，因而使他從此對別人要「聽其言而觀其行」（見公冶長篇10）。他還說過：「有言者不必有德。」（見憲問篇05）所以「不以言舉人」的原則是審慎而明智的。❷每一個人的生活經驗都不相同，見解也有所差異。「智者千慮，必有一失；愚者千慮，必有一得。」（見史記・淮陰侯列傳）因此，不能因為某人的身分卑微或品行欠佳，就懷有成見而否定他說的每一句話。

23子貢問曰：「有一言而可以終身行之者乎❶？」子曰：「其『恕』乎❷！己所不欲，勿施於人❸。」

譯子貢問道：「有一個字可以讓我終身照著去做的嗎？」先生說：「大概是『恕』字吧！自己不願接受的事物，不要勉強別人接受。」

解❶一言，在「詩三百，一言以蔽之，曰『思無邪』」（見為政篇02）中，意思是一句話，在這裡是指一個字。曾子說：「夫子之道，忠恕而已矣！」（見里仁篇15）「忠」、「恕」兩字同義，所以可連用而構成一個合義複詞；由於子貢只請教「一言」，孔子便只告訴他這一個「恕」字。❷其，揣測語氣詞。恕，設身處地、將心比心之意，現在叫「同情心」或「同理心」。孔子說：「忠恕違道不遠。」（見中庸）孟子也說：「強恕而行，求仁莫近焉。」（見孟子・盡心上篇）可見「恕」為經營和諧人際關係的不二法門（參閱附錄九釋忠恕）。❸所，放在動詞前面，通常作代名詞用，這裡代「不欲」的事物。施，可解作加、行或給予；施於人，就是加到別人身上、對別人做，或勉強別人接受的意思。

24子曰：「吾之於人也，誰毀誰譽❶？如有所譽者，其有所試矣❷——斯民也❸，三代之所以直道而行也❹。」

譯先生說：「我對於世人，究竟譴責了誰或稱讚了誰呢？如果有哪位受到我稱讚的話，那是經過一番檢驗的結果——這些人就像夏、商、周代的人那樣，憑著率直的性格來為人處事。」

解❶誰毀誰譽，意思是無論對任何人的譴責或稱讚，都沒有個人的成見。❷試，檢驗、考察之意。❸斯民，指孔子所檢驗和稱讚的人。❹三代，指夏、商、周三個朝代，也是孔子常稱「古人」所屬的朝代。「所」為代名詞；所以直道而行，等於說「以直道而行者」——直道而行，指沒有心機、不矯揉造作，但憑真誠率直的性格來為人處事。一般人對他人的毀譽，大多根據自己的好惡，所謂「愛之欲其生，惡之欲其死」（見顏淵篇10），不免失之主觀而有所偏頗；孔子則能保持理性，而根據客觀的事實——例如他說：「眾惡之，必察焉；眾好之，必察焉。」（見本篇第二十七章）因此，他根據自己親眼所見，在批評衛靈公荒淫無道後，又肯定靈公懂得尊賢任能而不致失位，所謂「愛而知其惡，憎而知其善」（見禮記．曲禮上篇），就因如此審慎而公正，才有資格寫春秋來臧否人物。

25子曰：「吾猶及史之闕文也❶、有馬者借人乘之❷，今亡矣夫❸！」

譯先生說：「我還看得到史官保留史書中文字殘缺地方的作法，以及有馬的人把它借給人家騎的事例，現在沒有這種人了吧！」

解❶猶及，意思是還能見到；史，指史官；闕文，保留史書中文字殘缺的地方，不敢隨便增補。❷乘，意思是騎。❸亡，通「無」，指沒有「史之闕文」和「有馬者借人乘之」兩種情形。

26子曰：「巧言亂德❶，小不忍則亂大謀❷。」

譯先生說：「如果話說得太美好動聽，就會混淆是非曲直的分際。假使對一點小小的事故都克制不住自己的脾氣，就會擾亂重大計劃實施的步驟。」

解❶巧言，虛偽不實卻很動聽的言辭；亂德，混淆道德標準，以致是非不明、曲直錯亂。老子說：「信言不美，美言不信。」❷忍，自我克制，壓抑情緒之意。謀，想辦法、訂計畫之意。小與大相對而互言，常言道：「謀定而後動。」一個缺法理性而容易衝動的人，往往會造成重大計劃實施步驟的錯亂，因而歸於失敗。

27子曰：「眾惡之❶，必察焉❷；眾好之，必察焉。」

譯先生說：「大家都厭惡某人，一定要仔細觀察，瞭解真相；大家都喜歡某人，也一定要仔細觀察、瞭解真相。」

解❶之，指非特定對象的某一個人。❷察，特別用心去瞭解某一人或某件事物之意；焉，用法同「之」，在這裡指眾所好惡的人以及好惡的原因。世人大多容易感情用事，更易受到群眾意志的影響，以致對人的好惡往往不免失之偏頗；因此，無論對大家厭惡或喜歡的人，自己都應再審慎觀察一番，以免受到群眾誤導而造成本身認知上的偏差。

28子曰：「人能弘道❶，非道弘人❷。」

譯先生說：「人能將道理發揚光大，並不是道理使人格偉大。」

解❶弘，本義為弓聲強大，當動詞用，有發揚光大的意思。孔子說：「道二：仁與不仁而已矣！」（見孟子‧離婁上篇）又說：「中庸之為德也，其至矣乎！」（見雍也篇27）由此可知孔子所謂「道」，指的就是「仁」，也就是「中庸」——就人與人的關係而言，叫做「仁」；因為它既平常、又美好，所以又叫做「中庸」（參閱附錄七釋仁、附錄八釋中庸）。孔子的仁道是一種生活哲學，貴在隨時隨地身體力行，使自己與他人相處得和諧而愉快，才能彰顯仁道的偉大與可貴，所以說「力行近乎仁」（見中庸）。❷倘若知而不行，那麼道自為道，即使讀過再多聖賢書，卻不能變化氣質、提升人格，也屬枉然。

29子曰：「過而不改❶，是謂過矣❷！」

譯先生說：「犯了過錯若不肯改正，這才叫真正的過錯呢！」

解❶而，假設語氣詞，相當於白話的「倘若」、「假如」。❷是，稱代詞，指「過而不改」這樣的情形。任何人在成長過程中都不可能沒有過失，君子坦坦蕩蕩，所以勇於認錯改過；小人沒有認錯的勇氣，更缺乏改過的意願，這種懦弱和因循苟且的心態，是妨礙人格發展的根本原因，比一時的過失更嚴重，所以孔子才會這麼說。

30子曰：「吾嘗終日不食、終夜不寢，以思❶，無益，不如學也❷。」

譯先生說：「我曾經整天不吃東西、整夜不上牀睡覺，把時間、精神都用來思考，結果發覺沒有益處，還不如閱讀的好。」

解❶以思，拿不食、不寢的時間和精神來思考之意。孔子說：「學而不思則罔，思而不學則殆。」（見為政篇15）可知學和思不可偏廢。❷或許因為學生們大多不夠好學，所以孔子才特別強調學的重要，並非否定思的價值。

31子曰：「君子謀道不謀食——耕也，餒在其中矣❶；學也，祿在其中矣❷——君子憂道不憂貧。」

譯先生說：「君子想辦法找到人生的出路，而不想辦法得到食物——因為下田耕種，還是會有餓肚子的可能；好好讀書，就有機會獲得俸祿，所以君子擔心找不到人生的出路，而不擔心生活貧窮。」

解❶餒，飢餓之意。耕也餒在其中，意思是說：由於有不可測知的外在因素（如天災、人禍）隨時可能發生，即使親自從事耕種，未必就可免於飢餓。❷「學也祿在其中」的意思是學而優則仕，俸祿自然隨之而有。

32子曰：「知及之，仁不能守之，雖得之，必失之❶。知及之，仁能守之，不莊以涖之，則民不敬❷。知及之，仁能守之，莊以涖之，動之不以禮，未善也❸。」

譯先生說：「用智慧達到目的，若不能用愛心來保住成果，即使一時得到他們，最後也必定會失掉他們；用智慧達到目的，也能用愛心來保住成果，若不能用莊重的態度來面對他們，那麼人民就不會發自內心地尊敬；用智慧達到目的，用愛心保住成果，也能用莊重的態度來面對他們，可是不用合情合理的方式動用他們，也還不夠好。」

解❶本章所記孔子的話，應該是說給統治者聽的，大意為：統治者憑智慧得到政權之後，必須發揮愛心，施行仁政，還要以莊重的態度面對人民，並且勞動他們做事也須符合禮的節度才好。知，「智」的初文，用心思考之意；及，達到目的之意，指得到統治的權力。仁不能守之，「不能以仁守之」的省言和倒裝說法。仁者愛人，統治者更要愛民如子，才能贏得人民的擁戴；守，保持之意。孟子・離婁上篇說：「桀、紂之失天下也，失其民也；失其民者，失其心也。得天下有道，得其民，斯得天下矣；得其民有道，得其心，斯得民矣；得其心有道，所欲與（為）之聚之，所惡勿施爾也。民之歸仁也，猶水之就下。」可以說明「知及之，仁不能守之，雖得之，必失之」的緣故。❷「不莊以涖之」、「動之不以禮」也都是倒裝句法。涖，意思同「臨」，面對之意。孔子說：「臨之以莊，則敬。」（見為政篇20）這裡反過來說：「不莊以涖之，則民不敬。」道理是一樣的。❸動，用法和子張篇25「動之斯和」以及成語「勞師動眾」的「動」相同，有徵調、指使民眾服行勤務之意。孔子主張用禮教治國，而禮不外乎情理，所以「動之以禮」的意思，是指採用合情合理的態度、方式和時機來動用人民——例如「信而後勞其民」（語見子張篇10）、「使民如承大祭」（語見顏淵篇02）、「使民以時」（語見學而篇05）等。

33子曰：「君子不可小知❶，而可大受也❷；小人不可大受，而可小知也❸。」

譯 先生說：「對於君子，無法從小地方去認識他，卻可以交付重大的任務；對於小人，無法交付重大的任務，卻可以從小地方去認識他。」

解 ❶小知，意思是從小地方去認識、瞭解。❷受，「授」的初文；大受，意思是交付重大任務。孟子說：「大人者，言不必信，行不必果——唯義所在。」（見孟子・離婁下篇）又說：「君子之所為，眾人固不識也。」（見同書告子下篇）因為君子有深謀遠慮，識大體、能變通，而不拘小節，所以一般人無法以世俗之見瞭解君子的心思和作為。不過，君子講究誠信、重視道義，值得信賴，所以曾子說：「可以託六尺之孤，可以寄百里之命，臨大節而不可奪也，君子人與？君子人也！」（見泰伯篇06）❸小人唯利是圖，見異思遷，沒有誠信和責任感，所以不能託付重大任務給他們。為政篇10記孔子的話說：「視其所以，觀其所由，察其所安，人焉廋哉？」大學也說：「小人閑居為不善，見君子而後厭（鄭玄注：讀為「黶」，閉藏貌）然揜（掩蓋）其不善，而著（炫耀）其善。人之視己，如見其肺肝然，則何益矣？」小人雖然反覆無常，但是只要認清他們的人格特質，其實從許多小地方，就不難明白他們的想法和作法了。

34子曰：「民之於仁也，甚於水火❶；水火，吾見蹈而死者矣❷，未見蹈仁而死者也❸。」

譯先生說：「民眾對於和諧人際關係的需求，超過水與火；然而我見過投水自殺或引火自焚的人，卻沒見過為了實踐待人接物之道而死的人。」

解❶「仁」的本義為和諧的人際關係，維繫和諧人際關係的一切待人接物之道，也叫做仁。人類從出生到死亡為止，幾乎天天都須和各種不同關係的人相處或交往，因此，維持和諧人際關係是日常生活中極為重要的事情。❷蹈而死者，「蹈之而死者」的省言，「之」代表水火；蹈水火而死，就是投水自殺或引火自焚之意。❸蹈仁而死者，指見危致命、殺身成仁的人。本章所記孔子的話，在感嘆世人價值觀的錯亂，以致輕重不分、捨本逐末。

35子曰：「當仁❶，不讓於師❷。」

譯先生說：「遇到對別人有利的事，即使在老師面前，也要搶先去做。」

解❶當，遇到之意；「仁」的涵義很廣，仁者愛人，心存忠恕，處處為他人的利益著想，所以在這裡可指有利於他人的事情。❷孔子說：「好仁者，無以尚之。」（見里仁篇06），因此遇到有利於別人的事情，搶在老師之前去做，就沒有不敬的顧慮。

36子曰：「君子貞而不諒。」

譯先生說：「君子為人堂堂正正，而不介意別人是否諒解自己。」

解貞，本義是許慎說的「卜問也」（見說文・卜部）；不過，殷商卜辭裡並沒有「貞」字，「卜問」的意思都借用「鼎（[illegible]）」字來表示。到了周代的金文，才有從卜、鼎聲的鼑字。由於貝和鼎的字形近似，導致小篆變錯為從卜、貝會意而作貞，一直錯到現行的楷書。古人遇到疑難的事情，通常都要透過主管官員卜問於神明。卜官總是懷著虔誠的心意，把占卜用的龜板或著草擦拭乾淨，並且擺正，然後按照一定的程序來向神明請示，以決定事情該怎麼處理，「貞」字因而引申出真誠、端正的意思。諒，揚雄方言：「諒，知也。」許慎說文：「諒，信也。」參照「體諒」、「諒解」、「原諒」等用詞，可知「諒」字的涵義，兼具瞭解、信任與包容——例如「益者三友：友直、友諒、友多聞」的「諒」（見季氏篇04）；孟子・告子下篇說：「君子之所為，眾人固不識也。」荀子・非十二子篇也說：「君子能為可信，而不能使人必信己。」因此，君子立身處世，只要能夠求其在我，為人正直，心安理得，便可以坦坦蕩蕩、自我肯定，而無須憂慮別人是否瞭解自己、信任自己。不過，「君子詘（屈）於不知己，而信（伸）於知己者」（語見史記・管晏列傳），若能結交幾位真誠信實，並且懂得體諒、包容的知己朋友，應該是一件非常值得慶幸的事。

37子曰：「事君，敬其事❶而後其食❷。」

譯先生說：「為國君效勞，要慎重處理他交辦的事情，而把他給的待遇丟在腦後。」

解❶其，指所事之君。荀子・議兵篇說：「凡百事之成也必在敬之，其敗也必在慢之。」事情不做則已，既然要做，就把它視為最重要，而全心全力去完成，這叫做「敬業精神」。❷後，和雍也篇20「仁者先難而後獲」的「後」字，都用作動詞，意思是放在後面、不去重視。食，指俸祿、待遇。其實，不僅事君，對別人的事，一旦有所承諾，就應視同分內的事，而努力以赴，這是對別人、也是對自己負責的態度。至於做事的報酬，基於道義，不應是首先考慮的。

38子曰：「有教❶無類❷。」

譯先生說：「對於自願前來學習的人，我只有教導，而沒有必要加以區別和篩選。」

解❶有教，意思是只有施教、別無選擇。孔子說：「自行束脩以上，吾未嘗無誨焉。」（見述而篇07）由此可見孔子開平民教育風氣之先，任何人只要肯自動前來求學，他都樂意收受為徒；雖說「不憤，不啟；不悱，不發；舉一隅不以三隅反，則不復也」（見述而篇08）、「不曰如之何、如之何者，吾末如之何也已矣」（見衛靈公篇15），那也是在弟子入門之後的因材施教，如禮記・學記篇說的：「善待問者如撞鐘：叩之以小者則小鳴，叩之以大者則大鳴……為人師，必也聽語乎！力不能問，然後語之；語之而不知，雖舍之可也。」❷無，意謂沒有必要；類，意思是區別不同屬性——如貴賤、貧富、智愚、國別、年齡等等，作為篩選施教對象的依據。因此，他的學生中，有出身魯國世卿的孟懿子，也有出身平民之家的仲弓；有家境優渥的公西赤，也有家境清寒的原憲；有行動積極的子路，也有個性保守的冉求；有反應機靈的子貢，也有生性魯鈍的曾參……。此外，如自動潔己以進的互鄉童子、問題空空如也的鄙夫，孔子也都相當樂意且有耐心地指導他們（參閱述而篇28、子罕篇07）。至於陽貨篇20記載孔子藉口生病，不便接見奉命前來學士喪禮的孺悲，那是因為孟子・盡心上篇說：「挾貴而問、挾賢而問、挾長而問、挾有勳勞而問、挾故而問，皆所不答也。」而對方想要「挾貴而問」，有違答問、施教的原則，所以另當別論；何況孟子・告子下篇說「不屑之教」也屬於施教方法之一。由於孔子「有教無類」，而且「因材施教」、「學不厭、教不倦」，所以能夠成為「萬世師表」。

39子曰：「道不同❶，不相為謀❷。」

譯先生說：「兩個觀念不同的人，無法在一起商量事情。」

解❶道，本義為人所行走的途徑，由本義展轉引申出來的意思很多——它可指人生在世所遵循的待人接物法則，也可指人生的理想目標或思考模式等。❷相為，用法同「相與」，一起、共同之意。常言道：「你走你的陽關道，我過我的獨木橋。」既然彼此的目的地不同，經由的路徑自然各異，也就沒有商量事情的餘地。同樣的道理，兩個志趣不相投合的人，也沒什麼可以讓彼此共同規劃的事情——例如在「滔滔者天下皆是也」的春秋時代，孔子帶領一群學生東奔西走，遊說諸侯施行禮樂，希望能夠撥亂反正，重現周初的太平盛世，即使明知其不可，也要盡力而為；可是遇到的隱者，卻都勸他們師徒「莫己知也，斯已而已矣」（見憲問篇42）、「與其從辟人之士也，豈若從辟世之士哉」（見微子篇06），彼此的想法不同，談話沒有交集，那是很自然的事。

40子曰：「辭達而已矣！」

譯先生說：「文辭只要通順就可以啦！」

解達，把意思表達清楚之意。儀禮‧聘禮‧記說：「辭無常，孫（遜）而（則）說（悅）。辭多則史（話多就會像使者那樣矯飾），少則不達（話少就不能清楚表達意思）；辭苟足以達，義（宜）之至也。」大意是說：語言、文字是人們溝通的媒介，並沒有固定的使用方法——詞句太繁縟的話，就難免刻意斧鑿的痕跡；詞句太簡略的話，又不能把意思表達清楚。其實遣詞用語只要能夠把意思表達清楚，就最好不過了。

41師冕見❶，及階，子曰：「階也！」及席❷，子曰：「席也！」皆坐，子告之曰：「某在斯、某在斯❸……」師冕出，子張問曰：「與師言之道與❹？」子曰：「然，固相師之道也❺。」

譯樂官冕來訪，走到台階時，先生說：「這裡是台階喔！」到了座席時，先生說：「這裡是您的席位喔！」等所有客人都坐定之後，先生告訴他說：「某人在這裡、某人在這裡……」師冕出去後，子張問道：「這是跟樂官談話的禮節嗎？」先生說：「是的，這本來就是協助樂師應有的禮節。」

解❶師，樂師的簡稱；冕，人名。由於盲人聽覺特別敏銳，所以古代樂師都用盲人來擔任。見，音「現」，前來拜訪之意。❷席，「蓆」的初文；古人將蓆子鋪在地上，當成座位，所以「席」在這裡就指座位。❸某，不定代名詞；某在斯、某在斯，逐一向師冕介紹其他客人所在的位置。❹道，意思是禮節。❺固，和本篇第一章「君子固窮」的「固」字一樣，都有強調無可置疑的語意，相當於白話說「本來就」、「的確是」；相，讀去聲，當動詞用，有協助之意。

季氏篇第十六

01 季氏將伐顓臾❶，冉有、季路見於孔子，曰：「季氏將有事❷於顓臾。」孔子曰：「求，無乃爾是過與❸？夫顓臾，昔者先王以為東蒙主❹，且在邦域之中矣！是社稷之臣也，何以伐為❺？」冉有曰：「夫子❻欲之，吾二臣者皆不欲也！」孔子曰：「求，周任❼有言曰：『陳力就列，不能者止❽。』危而不持，顛而不扶，則將焉用彼相矣❾？且爾言過矣——虎兕出於柙，龜玉毀於櫝中❿，是誰之過與？」冉有曰：「今夫顓臾，固而近於費⓫，今不取，後世必為子孫憂⓬。」孔子曰：「求，君子疾夫舍曰欲之，而必為之辭⓭。丘也聞：有國有家者，不患寡而患不均，不患貧而患不安⓮——蓋均無貧，和無寡，安無傾⓯。夫如是⓰，故遠人不服，則修文德以來之⓱；既來之，則安之⓲。今由與求也相夫子，遠人不服而不能來也，邦分崩離析而不能守也⓳，而謀動干戈於邦內⓴，吾恐季孫之憂不在顓臾，而在蕭牆之內也㉑！」

譯 季孫氏將出兵攻打顓臾，冉求、子路進見孔先生說：「季孫氏將對顓臾採取行動。」孔先生說：「求，這不就是你的過錯嗎？這顓臾，當年已故天子指派他做東蒙山的主祭者，而且他的領地還在我們魯國境內呢！這麼說來，也算是附屬於我國的城邦了，為什麼要攻打他呢？」冉求說：「我家主人要那麼做，我們兩個屬下都不願意呀！」孔先生說：「求，周任曾經說過：『身為部屬的人在工作崗位上貢獻心力，如果不能把事情辦妥的話就該辭職。』主人身體重心不穩，卻不出手護持；跌倒了，也不攙扶他起來，那麼還要那個幫手做什麼用呢？而且你的說法錯了——老虎、犀牛從籠子裏跑出去，龜板、寶玉在盒子裡損毀了，這是誰的過失呢？」冉求說：「如今這顓臾，城牆堅固，而且離費邑又近，現在若不拿下來，一定會成為後代子孫的禍患。」孔先生說：「求，君子最痛恨人家不承認心裡明明想要那麼做，卻極力找藉口來辯解。丘聽人說：凡是有國的諸侯或有家的卿大夫，不怕國家貧窮而怕財富分配不均，不怕人口稀少而怕社會動亂不安——這是因為所得平均就沒有貧富差距的問題，相處和諧就沒有人口太少的問題，社會安定就沒有國家傾覆的問題。為了達到這樣的目標，所以偏遠地區的人若不順服，便制訂懷柔的政策而向他們招手；把他們招來以後，就要好好安頓他們。現在由和求輔佐季孫大夫，偏遠地區的人不肯歸順，卻無法招徠；國家四分五裂，卻不能保全，反而打算在國境之內動用武力，我只怕季孫氏真正的禍患並不在顓臾，而在自家門牆裡面呢！」

解 ❶季氏，指魯哀公時的權臣季康子。顓臾，音「專魚」，魯國的附庸，在今山東省・費縣西北八十里的顓臾村；風姓，相傳是伏羲氏的後裔。❷有事，這裡指征伐而言。左傳・成公十三年說：「國之大事，在祀與戎。」因此，古籍中所謂「有事」，指的就是祭祀或戰爭。❸「無乃爾是過與」為省略了主語（「季氏將有事於顓臾」這件事）的判斷繁句。無乃，用詰問的語氣表達肯定的意思，相當於白話說「豈不是」、「不就是」；爾，你，指冉求；是，介詞，用法同「之」。❹以為，「以之為」的省言，意思是用他做、指派他擔任某項職務。東蒙，蒙山，在今山東・蒙縣西南，也就是魯國東部，所以叫東蒙；主，祭典的主持者。❺是，相當於白話的「這」（指「顓臾在邦域之中」這項事實）；社為土神，稷為穀神，合起來作為邦國代稱；臣，臣屬、附庸、受宗主國保護的城邦。為，用法同顏淵篇08「何以文為」以及子路篇05「雖多亦奚以為」的「為」字，是個句末疑問語氣詞，相當於白話的「呢」。❻夫子，古代也可用來尊稱卿大夫，這裡指季康子。❼周任，周朝的太史。❽陳，施展、發揮之意；力，指心力、才能；就，趨向、站上、擔任之意；列，「行列」的省言，指職位。不能，意思是無法勝任職務；止，停止、辭職之意。❾危，指身體重心不穩。顛，跌倒之意。相，輔助之意，這裡用作名詞，指負責扶助盲者行走的人員。❿兕，音「四」，就是犀牛。

柙，音「匣」，意思是柵欄。龜，指占卜用的龜甲。櫝，音「獨」，意思是木匣。⓫固，城牆堅固之意。費，音「必」，季孫氏的封邑，在今山東．費縣。⓬憂，意思是煩惱、禍患。⓭疾，痛恨之意；舍曰，不說、不承認之意；辭，意思是找藉口、辯解。⓮「不患寡而患不均」兩句，當依俞樾古書疑義舉例和劉寶楠論語正義的說法，作「不患貧而患不均，不患寡而患不安」——不均，意思是國民所得分配不平均，貧富差距太大；寡，指人口稀少；不安，意思是社會動亂、不安定。⓯蓋，承接詞，相當於白話說「這是因為」。⓰夫，句首語助詞，有強調、確認的語氣；如，前往某一特定目標；是，稱代詞，指上述政治理念。⓱遠人，偏遠地區的人——指顓臾。服，歸心、順從之意。修，制訂之意；文德，與軍事、武功相對，指懷柔、安撫的政策——中庸記孔子答覆哀公問政時提到「凡為天下國家有九經」，其中之一就是「柔遠人」，他說：「柔遠人，則四方歸之。」因此，他反對季氏用武力征伐顓臾，而主張用懷柔的政策使對方自願歸順。來，「徠」的初文，在這裡用作使役動詞，招之使來之意。⓲既，已經，相當於白話說「在……之後」。安，安頓、使遠人生活安定之意。遠人不服，是因為不信任朝廷，統治者就應設法招徠並善待他們，讓他們生活安定而心悅誠服，所以說：「既來之，則安之。」⓳分崩離析，意思是國土分裂、人心叛離。守，守護、保全之意。⓴干戈，指武力、戰爭。㉑蕭牆，意思是屏風；蕭牆之內，指自家門內。

02 孔子曰：「天下有道，則禮樂、征伐自天子出❶；天下無道，則禮樂、征伐自諸侯出——自諸侯出，蓋十世希不失矣❷；自大夫出，五世希不失矣；陪臣執國命❸，三世希不失矣。天下有道，則政不在大夫；天下有道，則庶人不議❹。」

譯 孔先生說：「天下政治上軌道時，制作禮樂、征伐叛逆的命令都由天子發佈；天下政治不上軌道時，制作禮樂、征伐叛逆的命令便由諸侯發布——由諸侯發布的話，大約傳到第十代，天子很少不會失掉政權的；由大夫發佈的話，傳到第五代，諸侯很少不會失掉政權的；若由大夫的家臣把持邦國的權柄，甚至只傳到第三代，諸侯就很少不會失掉政權的。若天下政治上軌道，決策權就不會落在大夫手裡；若天下政治上軌道，就不至於讓民眾有說三道四的餘地了。

解❶出，發出、頒佈之意。中庸說：「非天子，不議禮、不制度、不考文。」從堯、舜、禹、湯到西周，除了少數帝王無道之外，大致上君臣之間各得其所，天子擁有發號施令的權力，所以說「禮樂、征伐自天子出」。自從平王東遷以後，天子的地位一落千丈，對諸侯漸漸失控，後來才有五霸出面尊王攘夷，於是天下進入「禮樂、征伐自諸侯出」的時代。至於幾代以後會失去政權，無法預知；說「蓋十世希不失」、「五世希不失」、「三世希不失」，只是根據歷史演變的軌跡，約略推估的結果，猶如他答覆「子張問十世可知也」時說：「殷因於夏禮，所損益可知也；周因於殷禮，所損益可知也；其或繼周者，雖百世可知也。」（見為政篇23）百世也只是代表許多朝代而已，不宜過於拘泥。❷蓋，約略之詞；世，和「代」的意思相同。希，「稀」的初文，意思是少；失，指權力的喪失而言。「十世希不失」的主詞（天下，指天子的權力）省略了；「五世希不失」、「三世希不失」的主詞（邦國，諸侯的權力）也省略了。❸陪臣，臣子的臣子，就諸侯來說，指大夫的家臣——例如魯定公時，季桓子家的陽貨；執，掌握、把持之意；國命，指邦國的決策權。❹庶人，指民眾；議，評論之意。

03 孔子曰：「祿之去公室五世矣❶！政逮於大夫四世矣❷！故夫三桓之子孫微矣❸！」

譯孔先生說：「政府官員的任命權離開國君手裡已經五代囉！政權落到大夫手中已經四代囉！所以桓公三房的後代如今都衰微囉！」

解❶祿，指授給爵位及俸祿的權力，相當於現在的人事權；去，離開、失落之意；公室，指魯君。魯國從東門襄仲殺害文公之子赤而立宣公起，歷經成公、襄公、昭公到定公，一共五代。❷逮，及也，可解作落到；政逮於大夫四世，魯宣公時，季文子開始專政，歷經武子、悼子、平子到定公時的桓子，父子相傳，一共有五代——其中悼子未及為卿而卒，實際執政的為四代。❸三桓，指魯國的三大家族。魯桓公有四個兒子，除嫡長子嗣立為莊公外，其餘三子慶父（謚號共仲）、叔牙（謚號僖叔）、季友（謚號成季）分別為仲孫氏、叔孫氏、季孫氏的始祖。三大家族世代相傳，都受封為卿，共同掌握魯國的政權，並稱「三桓」。由於慶父曾和莊公夫人哀姜通姦，而且素具野心，先後派人暗殺了繼承莊公君位的公子般和閔公，最後也被迫自盡，可說惡名昭彰，因此仲孫氏後來又改稱孟孫氏。微，衰微、沒落之意。

04 孔子曰：「益者三友❶，損者三友——友直、友諒❷、友多聞，益矣！友便辟❸、友善柔❹、友便佞❺，損矣！」

譯 孔先生說：「三種朋友是會使人受益的，三種朋友是會使人受害的——朋友正直、朋友真誠、朋友見聞豐富，是會使人受益的喔！朋友習慣動歪腦筋、朋友很會裝模作樣、朋友習慣說人家閒話，是會使人受害的喔！」

解 ❶益者三友，為判斷句「三友乃益者」的省言（繫辭省略）與倒裝，「損者三友」以及下一章「益者三樂，損者三樂」的句法都相同。❷諒，瞭解、信任之意（參閱衛靈公篇36）。❸便，音「偏」的陽平聲（第二聲），意思是巧於、善於、習慣於；辟，「僻」的初文，偏頗、心術不正、愛走旁門左道之意。❹柔，「揉」的初文，矯揉造作、裝模作樣之意。❺佞，饒舌、話多、愛說別人閒話之意。衛靈公篇09記孔子答覆子貢問為仁說：「工欲善其事，必先利其器。居是邦也，事其大夫之賢者，友其士之仁者。」顏淵篇24也記曾子的話說：「君子以文會友，以友輔仁。」可見結交朋友，必須慎選對象，友直、友諒、友多聞，才有助於彼此德業的增進；相反的，友便辟、友善柔、友便佞，卻可能對自己產生不良的影響，寧可甘於寂寞，也不宜結交他們。

05 孔子曰：「益者三樂❶，損者三樂——樂節禮樂❷、樂道人之善❸、樂多賢友❹，益矣！樂驕樂❺、樂逸遊❻、樂宴樂❼，損矣！」

譯 孔先生說：「三種喜好是會使人受益的，三種喜好是會使人受害的——喜好用禮樂來節制自己的行為和情感、喜好述說別人的優點、喜好結交許多品行優良的朋友，是會使人受益的喔！喜好在人前炫耀的快感、喜好偷懶而到處走動、喜好跟酒肉朋友吃吃喝喝的快感，是會使人受害的喔！」

解 ❶樂，音「藥」，當動詞用，有喜好之意。❷禮教有節制行為，音樂有調節情感的作用；君子長期受禮樂的薰陶，行為和情感的表現都無太過或不及的偏差，所以說「樂節禮樂」是有益的。❸道，動詞，意思是述說；懂得欣賞別人的長處，並不吝給予適時、適度的稱讚，往往會使對方更有自信，彼此的情誼同時得以增進，所以說「樂道人之善」是有益的。❹和賢友時常切磋、砥礪，能使自己不斷地成長，所以說「樂多賢友」是有益的。❺驕，高傲之意；通常態度高傲的人，都因擁有某些優越條件——如權勢、財富、學識、才能、美貌等，於是喜愛在人前炫耀，以此為樂；然而驕矜自滿不僅會妨礙自己的成長，同時容易招致別人的嫉妒或鄙夷，所以說「樂驕樂」是有害的。❻逸，鬆懈之意；遊，遊蕩之意。休閒娛樂固然可以調劑因工作忙碌而緊張、勞累的身心；但是一天到晚不務正業、遊手好閒，無異於家庭或社會的寄生蟲，所以說「樂逸遊」是有害的。❼宴，指餐會；餐會上的美酒佳餚雖能滿足口腹之慾，可是經常耽溺其中，容易使人磨損努力上進的意志，所以說「樂宴樂」是有害的。

06 孔子曰：「侍於君子有三愆❶——言未及之而言，謂之躁❷；言及之而不言，謂之隱❸；未見顏色而言，謂之瞽❹。」

譯 孔先生說：「陪伴長者有三項過失——沒到該說話的時候就搶著說話，這叫做『急躁』；到了該說話的時候卻保持沉默，這叫做『隱瞞』；沒看對方臉色就冒然開口，這叫做『瞎眼』。」

解 ❶侍，陪伴之意。君子，指年齡、修養、學識或地位高於自己的長者。愆，音「千」，意思是過失。❷躁，沉不住氣、過於衝動之意。❸隱，藏匿、欺瞞之意。❹瞽，音「鼓」，瞎眼之意。言語是人際溝通最主要的媒介，國人自古便十分講究應對的禮儀——尤其在有長輩的場合，更要注意說話的時機和態度，才是一個有教養的人，而能獲得長輩的賞識和器重。

07 孔子曰：「君子有三戒❶——少之時，血氣未定，戒之在色❷；及其壯也，血氣方剛，戒之在鬭❸；及其老也，血氣既衰，戒之在得❹。」

譯 孔先生說：「君子有三項應該避免的事情——少年時期，身體發育還不成熟，應當避免發生性行為；等到長大成人了，精力正處於最旺盛的狀態，應當避免和人家打架；到了老年，身體已經衰弱，應當避免貪得錢財。」

解 ❶戒，斷絕、避免之意。❷血氣，指生理的機能；未定，意思是發育還沒成熟；色，指男歡女愛的情慾，現在叫「性行為」。年少時對異性滿懷好奇心理；但因生理發育還沒成熟，若耽溺於情慾，對身心都會造成戕害，所以必須學會自我克制。❸方，意思是正當；剛，意思是精力旺盛。人類到了青壯年，好勝心強，必須避免意氣用事而與人鬭毆。❹得，甲骨文從又（右手）、從貝作，金文從手、從貝作，表示獲取財物，和從刀、從禾以示有所收穫的「利」，造字概念相同，本篇第十章的「見得思義」等於憲問篇13的「見利思義」。字在卜辭、彝銘中，或加繁文彳（「行」的省寫）而作𢔶、㝵，為隸、楷體所本。「戒之在得」的「得」指貪取金錢、利益的慾望。老年人由於身體衰弱，大多缺乏安全感，對錢財有強烈的依賴性和佔有慾，稍一不慎，便可能收取不義之財，結果落得身敗名裂，所以要「戒之在得」。

08 孔子曰：「君子有三畏❶——畏天命❷、畏大人❸、畏聖人之言❹。小人不知天命而不畏也❺，狎大人❻、侮聖人之言❼。」

譯 孔先生說：「君子有三項敬畏的事物——敬畏上天的意旨、敬畏在高位的政治人物、敬畏聖人的教訓。小人由於不懂得上天的意旨而不敬畏、死黏著在高位的政治人物、嘲諷聖人的教訓。」

解 ❶畏，在這裡並非真正恐懼，而是有戒慎、尊敬、警惕的含意。❷天命，顧名思義，為上天的命令——也就是天意，指本身所無法預知或掌控的外在因素。君子居易俟命，所以不會患得患失、怨天尤人，而能逆來順受，隨遇而安（參閱附錄十一釋知命）。❸大人，指在高位的政治人物。論語中多處記載孔子在國君、上大夫、冕衣裳者面前，都表現出恭謹、尊敬的態度；他在意的並非對方的權勢，而是尊重他們肩負政治責任的緣故。❹畏聖人之言，老子說：「上士聞道勤行之。」因為聖人先知先覺，有深謀遠慮，他們說的話都充滿了智慧，值得人們省思和戒慎。❺小人不知天命而不敬畏，所以經常怨天尤人、「行險以徼幸」（語見中庸）、「窮斯濫矣」（語見衛靈公篇01）。❻狎，音「匣」，親暱、巴結之意。小人巴結大人，是因他們位高權重，所以不擇手段去攀附，以求取私利。❼侮，嘲諷、輕慢之意。侮聖人之言，老子說：「下士聞道大笑之。」意思相同。

09 孔子曰：「生而知之者，上❶也；學而知之者，次❷也；困❸而學之，又其次也；困而不學，民斯

❹為下矣。」

譯 孔先生說：「天生就知曉的，是第一等人；主動學習之後才明白的，是第二等人；受到環境逼迫後才學會的，是第三等人；受到環境的逼迫還不肯學習，在所有的人中，就是最下等的了。」

解 ❶上，資質最高之意。❷次，資質稍差之意。❸困，有迫不得已之意。❹斯，用法同「則」，相當於白話裡的「就」。

按 所謂「生而知之」的內容，並非包括天文、地理等一切知識，而是指君子立身處世、待人接物的道理，也就是有若說是「為仁之本」（見學而篇02），以及孟子・盡心上篇所稱「堯、舜性之也」的孝悌之道。孔子說：「君子之道四，丘未能一焉——所求乎子以事父……、所求乎臣以事君……、所求乎弟以事兄……、所求乎朋友先施之，未能也。」（見中庸）因此，他不敢承受仁者的稱譽，而願意終身努力學習。

10 孔子曰：「君子有九思——視思明❶、聽思聰❷、色思溫❸、貌思恭❹、言思忠❺、事思敬❻、疑思問、忿思難❼、見得思義❽。」

譯 孔先生說：「君子有九項應該想到的事——觀看要想到明白；聆聽要想到清楚，臉色要想到溫和，態度要想到謙卑，說話要想到善意，做事要想到認真，疑惑要想到請教，發怒要想到災禍，看見利益要想到正當性。」

解 ❶明，本義為光亮，這裡指認清事物的真相。❷聽，本義為聽覺敏銳，這裡指聽懂別人話裡的意思。❸色，指臉色、表情。❹貌，指態度。❺忠，設身處地、替對方著想的善意。孔子說：「忠告而善道之。」（見顏淵篇23）孟子說：「教人以善謂之忠。」（見孟子・滕文公上篇）❻敬，慎重、認真之意。❼難，指災禍。❽得，指財物；義，指事物的正當性。

11孔子曰：「『見善如不及，見不善如探湯❶』——吾見其人矣，吾聞其語矣❷。『隱居以求其志，行義以達其道』❸——吾聞其語矣，未見其人也❹。」

譯孔先生說：「『看見好的事物，就像唯恐趕不上似的努力追求；看見不好的事物，就像伸手試探滾水似的立刻抽離』——我見過這樣的人，我也聽過這樣的話。『退隱在家，便藉此機會找回自己的志趣；出來做官，便藉此機會達到自己的理想目標』——我聽過這樣的話，卻沒見過這樣的人。」

解❶探，意思是伸手去碰觸；湯，指沸水。❷「見善如不及，見不善如探湯」大概是當時流傳的說法——前句形容一個人見賢思齊、從善如流，後句形容一個人潔身自愛、嫉惡如仇。這種趨善而避不善的人，社會上所在多有，不難見到。❸「隱居以求其志，行義以達其道」為「以隱居求其志，以行義達其道」的變換句法，兩個「以」字有利用機會之意。義，「犧」的初文，本指捨己為人的舉動，引申可指一切正當或應當的行為（參閱附錄六釋義利）；行義，讀書人學以致用，走該走的路，在當時是指從政而言——一方面為了成就自己的功業；同時因為「君臣有義」，所以一方面也是為了奉獻才學，恪盡報効君國的義務。子夏說：「學而優則仕。」（見子張篇13）子路說：「不仕無義……君子之仕也，行其義也。」（見微子篇07）因此，這裡的「行義」可指做官從政。道，本義為途徑、道路，經由道路可以到達目的地，所以引伸有目標之意。（參閱附錄二釋道）❹「隱居以求其志，行義以達其道」也是當時某些士人常掛在嘴上的理想和抱負；然而就像孔子對顏淵說的：「用之則行，舍之則藏，惟我與爾有是夫！」（見述而篇10）這些人空有理想和抱負，卻無法做到；自從顏淵去世後，孔子便再也不曾見過了，從這樣的感慨裏，可以想見他孤寂的心境。

12 齊景公有馬千駟❶，死之日，民無德而稱焉❷。伯夷、叔齊餓於首陽之下，民到于今稱之——其斯之謂與❸？

譯 齊景公有馬四千匹，然而死的時候，人民卻找不到他有什麼值得稱讚的地方。伯夷、叔齊餓死在首陽山下，民眾到現在還不停地稱讚他們——詩經裡面說的：「確實不是因為財富，而只因特殊的緣故所致。」大概就是這樣的意思吧？

解 ❶駟，如同「乘」字，由駕車的四匹馬引申為計算馬匹的數量單位，千駟等於四千匹馬，形容財產很多。❷無德，當依其他版本作「無得」（參閱陳舜政論語異文集釋），意思是得不到；稱，讚揚之意。❸顏淵篇10「子張問崇德辨惑」章的末尾有詩經・小雅・我行其野篇的「誠不以富，亦祇以異」兩句，既顯得累贅，當係衍文；而本章末句「其斯之謂與」前無所承，又顯得突兀，當有脫文。現依朱熹四書集註所錄胡瑗的說法還原到這裡，意思就完整無缺了。誠，意思是真的、確實；祇，用法同「只」；異，指特別的緣故。

13 陳亢問於伯魚❶曰：「子亦有異聞乎❷？」對曰：「未也！嘗獨立❸，鯉趨而過庭❹，曰：『學詩乎❺？』對曰：『未也。』『不學詩，無以言❻。』鯉退而學詩❼。他日又獨立，鯉趨而過庭，曰：『學禮乎❽？』對曰：『未也。』『不學禮，無以立❾。』鯉退而學禮——聞斯二者。」陳亢退而喜曰：「問一得三——聞詩、聞禮，又聞君子之遠其子也❿。」

譯 陳亢向伯魚打聽說：「你是否聽過什麼特別的教誨呢？」伯魚回答說：「沒有啊！不過父親曾一個人站在庭院，鯉快步走過他面前，他問我說：『你讀過詩了嗎？』我回答說：『還沒有。』他說：『不讀詩的話，就無法跟人家交談。』鯉於是回到書房去讀詩。另有一天，他又一個人站在庭院，鯉快步走過他面前，他問我說：『你讀過禮了嗎？』我回答說：『還沒有。』他說：『不讀禮的話，就無法在社會上站穩腳步。』鯉於是回到書房去讀禮──我只聽過這兩件事。」陳亢從孔府回去後，很高興地說：「我只問一件事，結果得到三種答案──聽到詩的功用、聽到禮的功用，又聽到君子和自己兒子保持距離這件事情。」

解❶陳亢，就是學而篇08的子禽。伯魚，孔子長子孔鯉的字。❷亦，用法同「抑」，是否之意；異，意思是特別；聞，指聽到的教誨。❸嘗，意思是曾經；獨立，主詞（父親）省略了。❹趨，快步行進之意，凡部屬、晚輩應召或經過上司、長輩面前，應當快步行進，以示尊敬；庭，屋前空地，俗稱院子。後世稱父親的教誨為庭訓，出處就在這裡。❺詩，指詩經。❻無以言，意思是無法與人交談、應對。古人常借用詩經裡的句子來表達自己的意思，若沒學過詩經，便難以和別人交談，所以說「不學詩，無以言」。❼退，意思是離開尊者、長者，回到自己原來的處所，「鯉退」意謂孔鯉回到書房；下文「陳亢退」則指陳亢回到家裡。❽禮，指儀禮。❾無以立，「無以」也可說「無由」、「無從」，意思是無法、不能；立，站起、站穩之意。禮儀是待人接物的準則和規範，若沒學過禮儀，便難以在社會上和別人交往或相處，所以說「不學禮，無以立」。❿遠，當動詞用，原意是保持距離、避免靠得太近；細味陳亢「君子之遠其子」的語意，應該是慶幸孔子教學生和教兒子一樣，並沒有特別保留所謂「異聞」給自己的兒子。

14 邦君之妻，君稱之曰「夫人」，夫人自稱曰「小童」，邦人稱之曰「君夫人」，稱諸異邦曰「寡小君」，異邦人稱之亦曰「君夫人」。

譯國君的配偶，國君稱她為「夫人」，夫人自稱為「小童」，國人稱她為「君夫人」，對外國人稱她為「寡小君」，外國人對她的稱呼也是「君夫人」。

解本章未記明是誰說的，可能為論語成書之後，某位儒者利用篇末的空白竹簡，附記有關國君和他配偶的稱呼，不無正名的意思。春秋時代，諸侯有以妾為夫人的。齊桓公召集諸侯在葵丘舉行盟會時，有一條誓詞說：「無易樹子（不可改立太子），無以妾為妻。」（見孟子・告子下篇）然而他卻有三位夫人、六位如夫人，又先後立昭和無詭為太子，以致病死前後，諸公子便結黨爭位，互相攻殺不已。因此，本章更顯示出不平凡的意義。

陽貨篇第十七

01 陽貨欲見孔子，孔子不見❶；歸孔子豚❷，孔子時其亡也而往拜之❸，遇諸塗❹。謂孔子曰：「來！予與爾言。」曰❺：「懷其寶而迷其邦❻，可謂仁乎？」曰：「不可！好從事而亟失時❼，可謂知乎？」曰：「不可！日月逝矣！歲不我與❽！」孔子曰：「諾！吾將仕矣❾！」

譯 陽貨想要見孔先生一面，孔先生不肯見他；陽貨於是派人送了一頭蒸熟的乳豬給孔先生，孔先生趁他不在家的時候前往拜謝，不料在路上遇到了。陽貨對孔先生說：「你過來！我想跟你談一談。」他問道：「一個人擁有寶貴的道德和才學，卻讓自己的國家陷於混亂而不管，可以說是仁愛的作為嗎？」然後自己說：「不可以的！一個人愛好從政，卻屢次錯過機會，可以說是明智的表現嗎？」自己又說：「不可以的！時間一天天過去，人生的歲月，老天爺是不會多給我們的喔！」孔先生說：「好吧！我會出來做官啦！」

解 ❶陽貨，又叫陽虎，根據左傳的記載，他本是季平子的家臣，在平子死後，繼之而獨攬魯國政權，可說是「陪臣執國命」（語見季氏篇02）。定公八年，因企圖剷除三桓勢力不成而逃亡到邊關，索性舉兵造反；被敉平後，出奔齊國，再奔往晉國。本章所記，又見孟子・滕文公下篇，事情發生在陽貨做季氏家臣期間。他為了塑造自己的良好形象，刻意籠絡德高望重的孔子；然而孔子不齒他的為人，儘可能避而遠之。❷歸，通「餽」，贈送之意；豚，音「屯」，蒸熟的乳豬。據孟子所述當時的禮俗，大夫有禮物賜給士，士若因故未能在家裡接受，事後得親自登門拜謝，才不失禮。陽貨便利用孔子不在家的時候，派人送去一份厚禮，促使孔子自動上門跟他見面。❸時，通「伺」，意思為暗中察看，以尋求可趁之機；亡，外出之意。❹諸，「之於」二字的合音——「之」代表陽貨；塗，同「途」。孔子「以其人之道還制其人」，也想趁陽貨不在家時前往拜謝，不料卻在路上遇到了，於是而有這番對話。❺除了最後「孔子曰」以外，「謂孔子曰」和三個「曰」的主詞都是陽貨，可知陽貨是見孔子不作聲，只好自問自答（參閱俞樾古書疑義舉例・一人之辭而加「曰」字例）；否則在兩個「不可」之後，都應有「曰」字作為區隔；而且最後那句「諾！吾將仕矣」，也不用特別載明是「孔子」說的，才能顯示為兩人一問一答的語境。❻懷，擁有、具備之意；寶，比喻卓越的品德、學識、才能等；迷，意思是混亂，這裡當動詞用——迷其邦，意思是讓國家陷於混亂的狀態而不管。❼從事，就是從政的意思；亟，音「器」，意思是屢次；失時，錯過機會之意。❽日月，指光陰；逝，意思是消失、過去。歲，歲月、時間之意；與，給予之意——歲不我與，也可說「時不我與」，為「天不與我歲」、「天不與我時」的省略和倒裝，意思是說老天爺不會給我們太多時間的，務必好好把握，才能在有限的人生歲月裡成就一番事業。❾諾，表示允許的用語。孔子是知禮的人，對於陽貨的禮遇，表現了高度的智慧，即使意外在途中遇到自己原來避不見面的對象，也能應對得宜——在不失禮數的前提下，最後雖似有所承諾，等於給了陽貨面子，足以印證孟子・離婁下篇說的「仲尼不為已甚者（不做太過分的事）」；但是孔子並沒有落入陽貨所設言語的圈套中，究竟將來會在什麼時候出仕，仍保有完全自主的餘地；孟子・萬章下篇所稱「聖之時者」，孔子真是當之無愧呀！（請參閱附錄十釋中行）

按定公九年，陽貨兵變失敗，逃亡國外，孔子出任中都宰，這才開始走上仕途，時年五十一。

02子曰：「性相近也❶，習相遠也❷。」

譯先生說：「人們天生的心理特質都差不多，不過各人所受後天環境和教育影響的差異就很大了。」

解❶性，從心、生聲，指人們生來就具有的心理特質，孟子稱為「四端」——「惻隱之心，仁之端也；

羞惡之心，義之端也；辭讓（或作「恭敬」）之心，禮之端也；是非之心，知之端也。」（見孟子・公孫丑上篇、告子上篇）；至於飲食、男女等慾望，因為是人、獸所共有，孟子將它排除於人性之外，所以主張人性本善。荀子則認定天生的慾望才算性，人們為了求生存，而不惜與人爭奪有限的資源，致使天下紛擾不已；至於善良的行為，完全是後天禮教規範和法律約束的結果，所以主張人性本惡。秦以前還有其他幾種關於人性善惡的說法，不一而足。由於人性極為複雜而微妙，難以界定，因此子貢說：「夫子之言性與天道，不可得而聞也。」（見公冶長篇13）論語所記孔子談到人性的地方，除本章外，還有雍也篇17的「人之生也直」，也只做某一部分事實的陳述，而未就整個人性作價值的判斷。他這種客觀、審慎的立場和態度，具有廣大的包容性，因而避免了無謂的爭議，使他的教誨得以超越時空的藩籬，讓不同資質的人都能有所領悟。❷「習」字本指小鳥天天學飛的過程；環境對人類行為的影響，如同小鳥學飛，也像染布須經多次重複同樣的動作，所以說「積久成習」，或叫做「習染」。人的先天本性大多相近，因後天環境影響所形成的思想和行為模式，個別差異就很大了。孔子說：「里仁為美，擇不處仁，焉得知？」（見里仁篇01）孟母三遷，正是著眼於環境影響所作的決定。

03子曰：「唯上知❶與下愚❷不移❸。」

譯 先生說：「只有最聰明和最愚昧的人是不會改變的。」

解 ❶上知，指資質最高的人，相當於現代人說的天才。❷下愚，指資質最低的人，相當於現代人說的白痴。❸移，變動之意。孔子說：「好學近乎知。」在人群中，「上知」和「下愚」所佔的比率很低，他們的智力大致由遺傳因素所決定，後天的改變有限；而佔絕大多數的「中人」，則可以憑藉學習來增長智慧。孔子這句話說明了一般人的可塑性很大，必須不斷地學習，以求成長，這和現代教育學者研究的結論是吻合的。

04 子之武城❶，聞弦歌之聲❷，夫子莞爾而笑❸，曰：「割雞焉用牛刀❹？」子游對曰：「昔者偃也聞諸夫子曰❺：『君子學道則愛人，小人學道則易使也❻。』」子曰：「二三子，偃之言是也❼，前言戲之耳❽！」

譯 先生去到武城，聽見弦樂和歌唱的聲音，先生微微地一笑說：「殺雞哪需用到宰牛的刀具呢？」子游回答說：「從前偃曾聽先生說過：『從政者學了禮樂就會愛護人民，人民學了禮樂就容易聽從指揮。』」先生說：「諸位賢弟，偃說的話沒錯，我剛才說那句話只是跟他開開玩笑罷了！」

解 ❶之，前往、去到之意；武城，魯國邑名，在今山東省・費縣北方。當時子游在這裡擔任邑宰，孔子特地帶領幾位學生前去探望。❷弦，一本作「絃」，指用琴、瑟等樂器演奏的音樂；歌，意思是詠唱。史記・孔子世家記載：「三百五篇，孔子皆弦歌之，以求合韶、武、雅、頌之音。」可知孔子對於詩經，除了講述各篇文字的意義外，也傳授演奏和歌唱的曲譜，所以子游為武城宰時，便要求部屬和民眾共同傳習。❸莞爾，音「玩耳」，微笑的樣子。❹割雞焉用牛刀，比喻治理武城這個小地方，用不著治理國家的禮樂。❺偃，子游的本名，與人交談時自稱本名，這是一種禮貌。❻君子，指統治者；小人，指一般民眾；道，指禮樂（參閱附錄二釋道）。禮樂的內涵為仁，所以說：「人而不仁，如禮何？人而不仁，如樂何？」（見八佾篇03）受過禮樂薰陶的人，恪守本分，性情溫和，懂得謙讓，尊重別人；在位從政則以愛民為念，在野為民則願意遵守法令和服從官員的指揮。從修身、齊家到治國、平天下，不分範圍大小，禮樂皆可適用，所以孔子對子游能記取自己昔日的教誨，感覺十分欣慰，藉機自我解嘲，也顯示他平易近人的一面。❼是，表示肯定之詞，相當於白話說「對」、「沒錯」。❽戲，開玩笑之意。

05 公山弗擾以費畔❶，召，子欲往，子路不說，曰：「末之也已❷，何必公山氏之之也❸？」子曰：「夫召我者，而豈徒哉❹？如有用我者，吾其為東周乎❺！」

譯 公山弗擾盤據費邑而反抗季孫氏，派人徵召先生，先生想要前往，子路不高興，他說：「既然沒地方可去就算了，為什麼一定要到姓公山的那裡去呢？」先生說：「那個召喚我的人，難道會無緣無故讓我白跑一趟嗎？如果有人肯用我的話，我可能會創造出一個東方的周朝喔！」

解 ❶公山弗擾，左傳和史記都作公山不狃，字子洩，為季氏治理封地費邑。畔，通「叛」，有離心離德、不肯順服之意，未必就是興兵作亂；在此應指公山氏懷有二心、不服季氏而言——就如定公十三年秋七月，范昭子、中行文子以晉君名義出兵攻打趙簡子，趙氏逃入晉陽城，而春秋經文卻記載為「趙鞅入於晉陽以叛」，實際上也是趙氏與范、中行二氏之間的鬥爭而已，並非意謂趙氏舉兵叛亂。❷末，用法同「莫」，為不定代名詞，這裡的意思是沒有什麼地方；之，意思是前往；已，意思是作罷、算了。❸之之，前者為語助詞，把受詞「公山氏」提到動詞「之」的前面；後者為動詞，也是前往之意。❹夫，指稱詞，相當於白話說「那個」；徒，「徒然」的省言，用法同「枉然」，無緣無故之意。❺其，不確定的語氣詞，有也許、可能之意；為，創造之意；東周，意思是東方的周朝。

按 清人趙翼的陔餘叢考和崔述的洙泗考信錄，根據左傳・定公十二年的記載，公山不狃叛變時，被擔任魯國司寇的孔子派人打敗，不可能有孔子願意應召前往協助叛徒的事，因此認定本章是戰國時人故意杜撰而混入論語書中，以掩飾自己的不軌行徑；不過劉寶楠的論語正義則認為他們不該相信左傳而懷疑論語。其實，左傳和論語所載，兩者並無牴觸，只是趙翼和崔述他們「疑古太勇」（語見錢穆孔子傳），卻錯置了時間的先後和角色的主從——殊不知孔子擔任大司寇的時間約在定公十年，陽貨之亂則發生於定公八年。史記・孔子世家對該事件的記載是：「定公八年，公山不狃不得意於季氏，因陽虎為亂，欲廢三桓之適（嫡），更立其庶孽陽虎素所善者，遂執季桓子。桓子詐之，得脫。定公九年，陽虎不勝，奔於齊。是時，孔子年五十。公山不狃以費叛季氏，使人召孔子……其後，定公以孔子為中都宰……」由於這一段的重點在後半表明孔子對公山氏徵召自己時的態度，以致公山氏似乎變成陽貨叛亂計劃的主謀與執行者；事實上，陽貨才是整齣戲的主角。參照左傳・定公八年的詳細記載，可知不狃因為不受季孫斯重視，而與同樣不得志的季寤（季氏之弟）、以及不受叔孫州仇寵信的叔孫輒（州仇的庶子）等合謀，打算配合陽貨作亂，廢掉三桓，事成之後，以季寤、叔孫輒、陽貨分別取代季孫斯、叔孫州仇、仲孫何忌。未料季氏在赴陽貨邀宴途中，說服駕馭，擺脫陽貨的監控，突然轉往孟孫氏那裡尋求庇護，最後得以脫險，陽貨則落敗而倉皇逃往邊關，第二年再投奔齊國。當時不狃雖與陽貨暗通聲氣，但是並未實際參與其事，因此錢穆說他「叛形未露」（見孔子傳附錄二）；設計欲「執季桓子」然後加以殺害的人實為陽貨。公山氏徵召孔子當在此時或更稍早些，孔子「其後」才出任中都宰。直到定公十二年，公山不狃才因抗拒朝廷拆毀費邑城牆的政策（參閱註語），而與叔孫輒公然率領費人襲魯，結果被孔子命申句須、樂頎打敗後逃往齊國。

此外，站在政治倫理的立場，認為孔子不該幫助叛徒的說法，也有待商榷——因為孔子有「天下為公」的觀念和世界「大同」的終極理想（見禮記・禮運篇），希望天下全體民眾都能過著幸福的生活，所以他雖是殷商帝王的後裔，卻對紂王無道，周文王、武王弔民伐罪，終於取而代之的舉動，不僅未曾責難，甚至還屢次稱讚文、武、周公之德；對於管仲沒有為公子糾殉死，反而輔佐齊桓公稱霸諸侯、一匡天下的事功，也推崇備至；再說他作春秋，對大夫殺害無道之君，不用負面評價的「弒」字。從以上所述，可見他提倡「君君、臣臣」的政治倫理，是相對而非絕對的。孟子既然自稱私淑孔子，那麼他「民貴君輕」、「聞誅一夫紂、未聞弒君」的思想，也一定承襲自孔子。況且孔子身處亂世，在對魯國君臣的表現失望之後，毅然辭職而周遊列國，尋求能夠施展抱負、實現理想的機會，他說：「吾豈匏瓜也哉？焉能繫而不食？」（見本篇第七章）正是由於強烈的責任感驅使所致。因此，當公山弗擾以費畔季孫氏、佛肸以中牟反抗趙簡子而徵召他時，假使能夠如他所想的「夫召我者，而豈徒哉」，獲得充分的授權，那麼他有意前往，誰說不可以？他說：「齊一變至於魯，魯一變至於道。」（見雍也篇22）憑他過去在魯國從政的經驗和成就，如今加上多位賢能弟子的襄助，要在魯國既有的基礎上，讓周初盛世的景象得以再現，並非不可能的事。

註 孔子在定公十三年建請拆毀三桓封邑過高的城牆，史稱「墮（通「毀」）三都」。由於當時魯國的君權被三大家族架空，而叔孫、季孫二家卻也深受邑宰跋扈與脅制之害，形成「陪臣執國命」的局面，所以孔子的建言能夠充分獲得國君和季孫氏的支持，於是派子路擔任季氏家宰，負責執行任務。結果叔孫氏首先主動墮郈；接著季孫氏要墮費時，遭到公山弗擾頑抗，所幸最後剷除了障礙；唯獨要墮孟孫的成城時，受到邑宰公斂處父的挫折而功虧一簣。

06 子張問仁於孔子❶，孔子曰：「能行五者於天下為仁矣❷！」請問之❸，曰：「恭、寬、信、敏、惠——恭則不侮❹，寬則得眾，信則人任焉，敏則有功❺，惠則足以使人❻。」

譯 子張向孔先生請教怎麼做才能建立良好的人際關係，孔先生說：「無論在天下任何地方，能做到五點，就是建立良好人際關係的方法了啦！」子張請教究竟是哪五點，孔先生說：「謙卑、寬厚、誠信、勤快、施捨——謙卑就不會受到別人的侮辱，寬厚就能獲得眾人的好感，誠信就能贏得別人的信任，勤快就有效率可言，捨得付出就使喚得了別人。」

解 ❶仁，意思是和諧的人際關係。從下文孔子答覆的內容來看，應當是指主官和部屬或民眾的互動而言。❷行於天下，並不是推行到全天下的意思，而是說無論在天下任何地方從政，都應該這麼做，才能與人和睦相處——如同衛靈公篇05記孔子答覆子張問行時表示：無論在蠻貊之邦或州里，都要做到「言忠信，行篤敬」。❸「請問之」的「之」，指前面提到的「五者」。❹「恭則不侮」為「恭則不侮於人」的省言。❺敏，意思是做事勤快；功，業績、效率之意。❻惠，有所施捨之意。孔子說：「小人懷惠。」（見里仁篇11）大學說：「仁者以財發身。」因此在位者若捨得散財，愛護民眾，便能贏得他們的愛戴，而樂意奉命效勞。

07 佛肸召❶，子欲往，子路曰：「昔者由也聞諸夫子曰：『親於其身為不善者❷，君子不入也❸。』佛肸以中牟畔❹，子之往也如之何❺？」子曰：「然！有是言也；不曰堅乎磨而不磷❻？不曰白乎涅而不緇❼？吾豈匏瓜也哉❽？焉能繫而不食❾？」

譯 佛肸派人來召請，先生想要前往，子路說：「從前由聽先生說過：『自己存心要做壞事的人，君子不會涉入他的事務當中。』佛肸佔據中牟而反抗執政者，您卻要前往，對於自己從前說過的那句話該怎麼交代呢？」先生說：「沒錯！我曾說過這句話；不過，不是說真正堅硬的東西磨都磨不薄嗎？不是說真正潔白的東西染都染不黑嗎？我難道是匏瓜嗎？怎能弔在那裡卻不採下來吃呢？」

解 ❶佛肸，音「必係」，事晉卿范氏，為中牟邑宰，協助范氏對抗趙氏。魯定公十三年秋七月，范氏、中行氏兩家和趙氏發生衝突，冬十一月，范氏、中行氏投奔衛國。第二年，衛國和齊、魯相謀救援，佛肸則以中牟對抗執政的趙簡子，而希望獲得外力的庇護。當時孔子正離開衛國，在匡、蒲路上，離中牟很近，所以佛肸派人來召請，孔子雖有意前往，結果並未成行，可能因晉國政情混亂或佛肸失敗而作罷。❷親於其身為不善者，指自暴自棄的人。史記‧孔子世家引作「其身親為不善者」，意思較明朗。❸入，意思是涉入對方的事務中。孔子說：「君子成人之美，不成人之惡。」（見顏淵篇16）❹中牟，晉卿范氏的封邑，在今河南省・湯陰縣西方。❺「子之往也」為組合式詞結，指孔子將應召前往的意願。「如之何」的「之」為代名詞，代孔子昔日說過的「親於其身為不善者，君子不入也」那句話。子路質問孔子何以違背昔日自己說過的話，意在勸阻孔子不要涉入晉國的政爭。❻不曰堅乎磨而不磷，為「不曰堅者磨而不磷乎」的變換句法；用疑問語氣表達肯定的意思，好比用白話問「不是說真金不怕火煉嗎」。磷，意思是薄。❼不曰白乎涅而不緇，句法同上。涅，音「孽」，水底的黑泥，其中的礦物質可做染料，作動詞用，意思為染；緇，本義是黑色的絹帛，引申為黑色的意思。❽匏，音「袍」，瓜類，幼嫩時可食，又叫瓠（音「戶」）；老時外皮變硬，從前農業時代，民間多將它對半剖開，用作舀水的器皿。❾繫，弔掛之意。匏為蔓生植物，農民種植時，須搭棚架讓藤蔓攀爬，所結果實弔掛空中，好像有人繫上去似的。

按　關於本章史實的有無，學者們的意見截然相反，因為文獻不足，難有定論，所以姑且擱置。就政治倫理而言，晉卿范氏與執政的趙簡子失和，佛肸為范氏屬下，當范氏落敗逃往他國，佛肸拒不歸順晉君，其實主要是針對趙氏而然，是否屬於「親於其身為不善者」，恐怕不能以世俗之見來論定──就如齊國公子糾和公子小白爭位，管仲在他輔佐的公子糾失敗被殺後，竟然擔任對方的宰相，並因此成就了不朽的功業，子路和子貢都認為管仲不仁，孔子卻對他推崇備至。由此可知孔子的出處進退，總是考量全民的利益，並為自己保留很大的彈性；子路的質疑印證了孟子說的：「君子之所為，眾人固不識也。」（見孟子・告子下篇）

08 子曰：「由也，女聞六言六蔽矣乎❶？」對曰：「未也。」「居❷，吾語女❸──好仁不好學，其蔽也愚❹；好知不好學，其蔽也蕩❺；好信不好學，其蔽也賊❻；好直不好學，其蔽也絞❼；好勇不好學，其蔽也亂❽；好剛不好學，其蔽也狂❾。」

譯 先生說：「由啊，你聽過六項德目和六個盲點的說法嗎？」子路回答說：「沒聽過。」先生說：「坐下，我告訴你——喜好情義而不喜好讀書，它的盲點會使人做出傻事；喜好智慧而不喜好讀書，它的盲點會使人行為放蕩；喜好誠信而不喜好讀書，它的盲點會使人傷害自己；喜好正直而不喜好讀書，它的盲點會使人我關係緊繃；喜好勇敢而不喜好讀書，它的盲點會使社會秩序動亂；喜好剛強而不喜好讀書，它的盲點會使人狂妄自大。」

解 ❶六言六蔽，指世人所犯六項只知其一、不知其二的通病。言，有時指一句話——例如「一言以蔽之」（見為政篇02）；這裡是一個字的意思，「六言」指的就是下面所提六項德目——仁、知（智）、信、直、勇、剛。蔽，遮覆之意；東西被遮住或覆蓋便看不見了，因而在這裡可解作盲點或視覺的死角，「六蔽」指的是相對於六言的六個盲點。❷居，通「凥」，就是現代人的坐姿（參閱鄉黨篇06「狐貉之厚以居」句解說）。子路因孔子點名發問而起立，所以孔子在他回話後，示意他坐下。❸語，讀去聲，作動詞用，意思是告訴。先進篇24記子路的話說：「何必讀書然後為學？」孔子有鑒於子路對讀書的偏差觀念，特別告誡他：如果不能腳踏實地、努力充實自我，而自以為是地追求心目中的美德，可能知其一而不知其二，將會衍生出種種害處。❹「仁」的涵義很廣（參閱附錄七釋仁），在這裡指維持良好人際關係的感情、道義（參閱憲問篇17、18）。愚，無知、糊塗之意。好學能增長見識和智慧，因而處事圓融，避免太過或不及的偏差；倘若好仁不好學，就可能昧於事理而做出蠢事，或造成愛之適足以害之的後果，所以說「其蔽也愚」。❺蕩，行為放肆、不知檢點之意。好知不好學，就可能把聰明用錯地方，造成聰明自誤的結果，所以說「其蔽也蕩」。❻賊，有傷害之意。好信不好學，就可能作繭自縛、不知變通，以致深受其害，很不值得，所以說「其蔽也賊」。❼絞，從糸、交聲；兩繩相交，愈扭愈緊，所以有緊、急之意。好直不好學，行事便可能過於急切，一味地向前衝撞，缺乏轉圜的餘地，以致人、我之間關係緊繃，形成僵局，所以說「其蔽也絞」。泰伯篇02說「直而無禮則絞」，可以互相參閱。❽亂，破壞秩序之意。好勇不好學，就有可能盲目衝動，意氣用事，闖出大禍，所以說「其蔽也亂」。泰伯篇02說「勇而無禮則亂」，可以互相參閱。❾狂，本義為瘋狗，引申為缺乏理性、言行放蕩之意，因此常和「瘋」、「妄」連用。好剛不好學，就有可能妄自尊大，目空一切，固執己見，不可理喻，所以說「其蔽也狂」。

09 子曰：「小子何莫學夫詩❶？詩可以興❷、可以觀❸、可以群❹、可以怨❺，邇之事父，遠之事君❻，多識於鳥、獸、草、木之名❼。」

譯 先生說：「孩子們，為什麼不讀一讀那詩經呢？詩經可以激發靈感、可以開拓視野、可以培養群性、可以紓解怨氣。從近處說，可以侍奉父母；從遠處說，可以服事君主；又可多認識一些鳥、獸、草、木的名稱。」

解 ❶小子，孔子對學生的暱稱；何莫，用法同「何不」。❷詩經為孔子的主要教材之一，共有三百零五篇，內容包羅萬象。就作法而言，大致有賦、比、興三種——其中的「興」，除了取韻之外，主要用於含蓄而婉轉地表達詩人的情思，不像賦法那麼直接，也不像比法那麼明顯；通常為先歌詠眼前所見景、物，以吸引讀者的注意，然後才將自己的情思表達出來，類似魔術師所用的障眼法。因此，閱讀詩經這類作品，領略了「興」的表達方式，可以激發創意和聯想力——也就是靈感，所以說「可以興」。❸詩經裏的作品，大多由周天子派人從各地採集而來，因此在閱讀時，可以明瞭各地的政教得失和民情風俗，所以說「可以觀」。❹君子以文會友，所以閱讀詩經，和同學在一起探討每一篇作品的寓意，可培養同學之間的情誼，所以說「可以群」。❺禮記・經解篇說：「溫柔敦厚，詩教也。」詩人的感情細膩，用比、興的方式表達，被之管絃後，更能讓讀者唱出自己的心聲，藉以紓解不平的怨氣，所以說「可以怨」。❻在詩經三百篇裡面，有許多是描寫骨肉親情或君臣道義的作品，無形中有教忠教孝的作用，所以說「邇之事父，遠之事君」——「邇之」、「遠之」下，都承上省略了「可以」兩字。❼詩人在創作時，大量描述了各種動物和植物的生態，三國時代的陸璣因而著有毛詩草木鳥獸蟲魚疏來加以考證，所以閱讀詩經，還可以「多識於鳥、獸、草、木之名」。

10子謂伯魚曰：「女為周南、召南矣乎❶？人而不為周南、召南，其猶正牆面而立也與❷！」

譯 先生對伯魚說：「你讀過詩經的周南和召南那些作品了嗎？一個人倘若不讀詩經的周南和召南那些作品，大概就像面對著牆壁站立一樣吧！」

解 ❶周南、召南，詩經十五國風之二。南，方位名稱——周南，指周天子所直轄的南方地區，大約北抵黃河，南到汝、漢二水，也就是現在河南省境黃河以南偏西之地；召南，指召公奭所統轄的南方地區，也就是周南以南到長江之地（參閱余師培林國風本非民歌，收錄於國立臺灣師大紀念林尹教授百年誕辰論文集，文史哲出版社）。詩經·周南共十一篇、召南共十四篇，大致上都與兩性婚姻和修身、齊家方面有關，所以孔子特別重視。❷正，和衛靈公篇04「恭己正南面」、禮記·檀弓上篇「狐死正丘首」的「正」字，意思同為當著、對著——「正南面」、「正丘首」為「面正南」、「首正丘」的倒裝，意思是面對著南方、頭向著山丘；同樣的，「正牆面而立」也是「面正牆而立」的倒裝，意思是面對著牆壁站立，比喻眼光淺短。

11子曰：「禮云、禮云，玉、帛云乎哉❶？樂云、樂云，鐘、鼓云乎哉❷？」

譯 先生說：「說什麼禮呀禮的，難道說的只是玉器和絲帛這些物質嗎？說什麼樂呀樂的，難道說的只是敲鐘和打鼓這些聲音嗎？」

解❶禮儀的內涵在於誠敬，藉由玉帛等物質來表達；如果缺乏內在的誠敬而只講究禮物的貴重，便是捨本逐末、虛有其表，完全喪失行禮的意義，所以說：「人而不仁，如禮何？」（見八佾篇03）❷音樂的內涵在於和諧，藉由鐘鼓等器材來呈現；假使沒有心境的平和而只注重樂器的精良，便是附庸風雅、自欺欺人，根本沒有奏樂的功效，所以說：「人而不仁，如樂何？」（出處同前）禮樂不應是富貴人家的專利，未必非玉帛、鐘鼓不可。若真有誠意，鮮花伴手並不失禮數；真感哀樂，獨自歌詠也足以抒懷。

12子曰：「色厲而內荏❶，譬諸小人❷，其猶穿窬之盜也與❸！」

譯先生說：「表面兇狠，可是內心懦弱，要在一般民眾裡面尋找類似的人，大概就像專在人家牆壁上挖洞的竊賊吧！」

解❶色，意思是表面上；厲，說話口氣兇惡之意；內，意思是心裏面；荏，音「忍」，軟弱、怯懦之意。❷譬，意思是類比；小人，指一般民眾。❸其，大概之意；猶，如同之意；穿，挖空、鑿透之意；窬，音「俞」，指牆壁上的破洞。竊賊在人家牆壁上挖洞，看起來好像很勇敢，其實怕人撞見自己的惡行，當時內心是非常畏怯的。一個人犯了過錯，倘若沒有勇氣承認，還大聲辯解，虛張聲勢，即使可能一時騙過不知情者，卻經不起檢驗，而難逃識者的法眼。俗話說的「作賊心虛」、「惡人先告狀」，大致都屬於這一類。

13子曰：「鄉原❶，德之賊也❷！」

譯先生說：「地方上有一種人貌似君子，卻沒有道德勇氣，只會小心保護自己，而不想得罪任何人，可說是道德的敗類呀！」

解 ❶「鄉原，德之賊也」是個判斷繫句，由「鄉中之原人乃賊德者也」的句法簡化與變換而來，繫辭「乃」省略，語助詞「之」把動詞「賊」移到受詞「德」的後面去了。原，「愿」的初文，意思是謹慎（見說文）；鄉愿，顧名思義，指的是在鄉里間謹言慎行，很懂得保護自己的人。這樣解釋，概念似乎還不太清楚，孟子・盡心下篇對鄉愿的真面目有進一步的具體描述：「『……生斯世也（既然生在這個時代），為斯世也（就做這個時代的人），善斯可矣（只要活得好好的就行啦）！』閹然媚於世也者（昧著良心討好世人的），是鄉原（這就叫鄉愿）也……非之無舉（無從舉證）也，刺之無刺（無懈可擊）也；同乎流俗（認同當代潮流），合乎汙世（迎合低級趣味）；居之（存心）似忠信，行之似廉潔；眾皆悅之，自以為是，而不可與（以）入堯、舜之道，故曰『德之賊也』。」可知「鄉愿」指的是偽君子，他們平日謹言慎行，貌似忠信廉潔，個人操守幾乎無可挑剔，所以頗能獲得地方民眾的好感。❷賊，原指偷拿他人財物的人，當動詞用，有損傷、敗壞之意；德之賊，意思是敗壞道德的人。按孟子・盡心下篇有一章記載孟子和萬章師徒二人的交談，其中多次引述孔子在陳思歸的感嘆，以及他對鄉愿的評論。在「鄉愿，德之賊也」句前，還有「孔子曰：『過我門而不入我室，我不憾焉者，其惟鄉愿乎！』」一節，可見孔子對鄉愿多麼深惡痛絕。因為鄉愿缺乏道德勇氣，不敢得罪惡勢力，往往發表一些模稜兩可、似是而非的言論來混淆視聽，甚至隨波逐流，跟著世人一起沉淪，無形中誤導民眾的認知，以致公理不彰、正義難伸，所以說「不可與入堯、舜之道」——「堯、舜之道」在這裡指的是社會的核心價值，為人人所當遵行。像鄉愿這種欺世盜名、敗壞道德的偽君子，對社會的危害，比那些心智不成熟、一味地盲從多數、追求私利的小人，實有過之而無不及。孟子接著引述孔子的話說：「惡似而非者——惡莠，恐其亂苗也……惡鄉愿，恐其亂德也。君子反經而已矣；經正，則庶民興；庶民興，斯無邪慝矣！」「經」字的本義為織布機上的直線，引申可指人們行為的準則；反經，意謂回歸代表社會核心價值的直道上。孔子說：「人之生也直，罔之生也幸而免。」（見雍也篇17）「直」為「德」字的聲符與初文，所以說它是社會的核心價值；如果社會核心價值的觀念釐清了、標準導正了，那麼民眾不受扭曲本性的鄉愿影響，人人發揮道德勇氣，社會上也就沒有見不得人的醜事了。

14子曰：「道聽而塗說❶，德之棄也❷！」

譯 先生說：「隨便轉述未經證實的馬路消息，可說是拋棄道德的行為呀！」

解 ❶「道聽而塗說，德之棄也」也是判斷繁句，由「道聽而塗說者乃棄德者也」的句法變化而來。塗，同「途」。道聽塗說，意思是在路上聽來的事情，未經查證，就在路上轉述出去。❷棄，拋開、丟掉之意；德之棄，指拋棄道德的行為。道聽塗說是不負責任的作法，所以說它是「德之棄也」。

15子曰：「鄙夫可與事君也與哉❶？其未得之也，患得之；既得之，患失之❷——苟患失之，無所不至矣❸！」

譯 先生說：「淺薄的人可以讓他服事君主嗎？他在還沒得到之前，就為怎麼得到而操心；在得到之後，又為可能失去而煩惱——假使煩惱會失去，就沒有什麼事情做不出來了！」

解 ❶鄙夫，指見識淺陋、言行粗俗的人；可與，用法同「可以」（參閱王引之經傳釋詞）。❷本章五個「之」都是非特定事物的代名詞。患，憂慮、煩惱之意；「患得」是為怎樣才能獲得而操心，「患失」是為防範可能失去而煩惱。❸孔子說：「先難而後獲，可謂仁矣！」（見雍也篇20）又說：「先事後得，非崇德與？」（見顏淵篇21）又說：「事君敬其事而後其食。」（見衛靈公篇37）可知一位崇尚品德、講究道義的君子，是具有責任感而把個人利益置諸腦後的，這才值得君主信賴與器重。

至於鄙夫，一心一意只想爭取和保有個人的權益，在未得之前，處心積慮想要獲得；一旦得到之後，又唯恐隨時可能失去，勢必會寡廉鮮恥、不擇手段地維護既得利益——有這樣的屬下，誰能放心？孔子的質疑，應是見多了鄙夫患得患失的醜行而慨乎言之吧！

16 子曰：「古者民有三疾❶，今也或是之亡也❷——古之狂也肆，今之狂也蕩❸；古之矜也廉，今之矜也忿戾❹；古之愚也直，今之愚也詐而已矣❺！」

譯 先生說：「古代的人有三項毛病，現代人也許連這些毛病裡的優質成分都沒有了——古人的狂野還只是在言行方面放肆些，現代人的狂野就未免行為放浪而不知檢點了；古人的矜持只是公私分得太清楚，現代人的矜持就未免脾氣暴躁而言行偏激了；古人的愚笨還不失真誠條直，現代人的愚笨只不過是虛偽狡詐罷了！」

解 ❶疾，指性格上的毛病。❷或，也許之意；是之亡，句法同「亡是」——「是」為稱代詞，相當於白話的「這」，指上述古人的「三疾」；之，語助詞；亡，通「無」。孔子所提古人的「三疾」——狂、矜、愚，就其內涵——肆、廉、直而言，其實還不失人格的優質成分，只是稍有偏差，不太合乎中道的標準；然而今人的「三疾」，卻流於蕩、忿戾、詐，可說完全變質了。❸狂，粗野之意；肆，意思是放縱自己而無所節制。蕩，意思是行為放蕩而不知檢點。❹矜，矜持、自我尊重之意；廉，清廉、公私分明之意。忿戾，脾氣暴躁、言行乖戾而不近人情之意。老子第五十八章說：「廉而不劌。」意思是君子潔身自愛，公私分明，卻不會隨便出口傷人，屬於有所不為的狷者；在孔子心目中，雖不及中行之士，卻也不失厚道，古人還有這樣的涵養，今人則流於憤世嫉俗，看誰都不順眼，有如家中惡犬，一見到陌生人就狂吠亂咬，令人避而遠之。❺愚，笨拙之意；直，坦誠、率真之意。詐，欺騙、狡猾之意。

17子曰：「巧言、令色，鮮矣仁。」

按本章又見學而篇03。

18子曰：「惡紫之奪朱也❶，惡鄭聲之亂雅樂也❷，惡利口之覆邦家者。」

譯先生說：「我厭惡紫色取代了紅色，厭惡鄭國的通俗音樂混淆了王朝流傳的正統樂曲，厭惡犀利的口才顛覆了國家。」

解❶惡，動詞，厭惡之意；紫，紅和藍的混色；奪，搶走、取代之意；朱，紅色。❷鄭聲，鄭國民間流行的通俗音樂；亂，混淆之意；雅樂，指先王的優雅音樂。利口，意思是犀利的口才；覆，顛覆之意。孔子平生最痛恨似是而非的事物，在人群當中，首推鄉愿，甚至說：「過我門而不入我室，我不憾焉者，其惟鄉愿乎！」（見孟子．盡心下篇）因為對真小人，大家還曉得要跟他保持距離；至於偽君子，卻像披著羊皮的狼，使社會大眾身受其害，仍渾然不覺。世人的愚昧，實為養成罪惡的溫床。要避免邦家為利口所傾覆，只有鼓勵大家勤學、慎思，增廣見識，才能明辨是非曲直，認清鄉愿偽善的醜陋面目了。

19子曰：「予欲無言❶。」子貢曰：「子如不言，則小子何述焉❷？」子曰：「天何言哉？四時行焉❸，百物生焉❹，天何言哉？」

譯先生說：「我想閉口不講話了。」子貢說：「先生如果不講話，那麼我們做晚輩的將遵循什麼呢？」先生說：「上天說了什麼話呢？四季還是照常運行，萬物還是照常生長，上天說了什麼話呢？」

解❶孔子說：「人能弘道，非道弘人。」（見衛靈公篇28）仔細研讀論語就可明白：孔子的仁道人倫相處之道，不是說說就算了，必須隨時隨地去實踐；然而他發覺自己說得再多，收到的效果卻是冉求表示：「非不說子之道也，力不足也。」以及：「回也其心三月不違仁，其餘則日月至焉而已矣！」（見雍也篇10、05）因此，他雖誨人不倦，也得讓學生明白：「力行近乎仁。」（語見中庸）「為仁由己，而由人乎哉？」（語見顏淵篇01）常言道：「師父領進門，修行在個人。」畢竟師長只能指點迷津，人生的道路仍得靠自己去行走。❷小子，意思是小孩、晚輩；述，遵循之意。❸四時，指春、夏、秋、冬四季。❹百物，和萬物同意。

20 孺悲欲見孔子❶，孔子辭以疾❷。將命者出戶❸，取瑟而歌，使之聞之❹。

譯 孺悲想要進見孔先生，孔先生用生病作理由拒絕了。傳話的人剛出到門外，孔先生便拿出瑟來邊彈邊唱，故意讓他聽到。

解 ❶孺悲，魯國人，據禮記・雜記下篇記載：「恤由之喪，哀公使孺悲之（往、向）孔子學士喪禮。」可知他是魯國的貴族。❷辭以疾，「以疾辭」的倒裝句——辭，推辭、拒絕之意；以疾，意思是拿生病當作理由。❸將命者，指奉命傳話的人（參閱憲問篇47「闕黨童子將命」句解說）。❹使之聞之，第一個「之」代孺悲，第二個「之」代瑟音和歌聲。按太平御覽・四百二卷引韓詩外傳所載子路曰：「聞之於夫子：『士不中間（透過第三者）而見，女無媒而嫁者，非君子之行也。』」孟子・盡心上篇說：「挾貴（仗恃地位尊貴）而問、挾賢而問、挾長而問、挾有勳勞而問、挾故（老友交情）而問，皆所不答也。」孺悲可能自恃與國君的關係，初次造訪長輩，未經中間人引介，便直接求見，事屬冒昧，孔子因而故意給他軟釘子碰，讓他明白自己的失禮——這就是孟子・告子下篇說的：「教亦多術矣！予不屑之教誨也者，是亦教誨之而已矣！」

21宰我問：「三年之喪期已久矣❶！君子三年不為禮，禮必壞；三年不為樂，樂必崩❷；舊穀既沒❸，新穀既升❹；鑽燧改火❺——期可已矣❻！」子曰：「食夫稻，衣夫錦❼，於女安乎？」曰：「安！」「女安則為之❽！夫君子之居喪，食旨不甘，聞樂不樂，居處不安，故不為也❾；今女安則為之！」宰我出，子曰：「予之不仁也❿！子生三年然後免於父母之懷⓫；夫三年之喪，天下之通喪也⓬；予也有三年之愛於其父母乎⓭？」

譯 宰我請教問題時說：「三年的服喪期限太長了！君子三年不施行禮儀的話，禮儀一定會荒廢；三年不演練樂曲的話，樂曲一定會生疏；去年收成的舊米已經吃完，今年收成的新米接著也已上市；四季用來鑽鑿取火的木料正好換過一輪——因此，守喪一年就可以結束了吧！」先生反問：「守喪期間，吃那大米飯，穿那織錦衣，在你來說，內心會覺得舒坦嗎？」宰我說：「當然舒坦呀！」先生說：「你內心覺得舒坦的話就去做吧！須知君子居喪期間，即使吃美食也不覺可口，即使聽音樂也不覺喜樂，即使住家裡也不覺舒適，所以不想那麼做；現在你既然內心覺得舒坦，那就去做吧！」等宰我出去後，先生說：「宰予真是無情無義啊！嬰兒出生三年之後才脫離父母的懷抱；那服喪三年的規定，是天下人共同遵守的喪禮；宰予對他父母有三年的愛心嗎？」

解 ❶三年之喪，指父母之喪，為期三年，實為二十五月，跨越三個年份，所以號稱三年；期，指三年的時間；已，用法同「甚」、「太」。❷壞、崩，意思是禮樂的儀節十分繁複，若長期不去接觸，將會漸漸荒廢、生疏、記憶不全，如同山丘土石崩塌，呈現殘毀的情況。❸舊穀，指去年收成的稻穀；沒，音「莫」，意思是吃完了。❹新穀，指今年剛收成的稻穀；升，收成、登場、上市之意。❺鑽燧，意思是鑽鑿木頭，以取火種。莊子・外物篇說：「木與木相摩（擦）則然（燃）。」取火的方法，是將尖木棒鑽入木頭上所鑿小孔中，然後快速來回轉動木棒，則木與木接觸面摩擦生熱，達到燃點時便會起火，隨即用預備的易燃物引火應用。改火，指取火的樹種，隨季節而變換。按何晏論語集解引馬融注：「周書・月令有『更火』之文，春取榆、柳之火，夏取棗、杏之火，季夏取桑、柘之火，秋取柞、楢之火，冬取槐、檀之火。一年之中，鑽火各異木，故曰改火也。」❻期可已矣，意思是一年就可以結束了——期，音「基」，意思是一週年；已，停止、結束之意。❼夫，音「伏」，指稱詞，相當於白話的「那」。衣，動詞，意思是穿著；錦，指絲質衣物。❽女，指第二人稱，也就是「你」。安，跟為政篇10「察其所安」、里仁篇02「仁者安仁」的「安」，都是情緒平穩、內心舒坦之意。為，指食稻、衣錦。❾旨，意思是佳餚、美味；甘，甲文作、金文作，象口中含著食物（隸、楷書口形變錯了），為部份形符不成文的會意字，本義為含，引申為食物滋味美好之意。聞樂不樂，第一個「樂」為音樂，第二個「樂」為喜樂之意。居處，住在家裡——處，讀去聲，指房屋、住宅。不為，指不願食旨、聞樂、居處。❿「予之不仁也」的「之」，用法和楚辭・九章・惜誦「晉申生之孝子兮」的「之」相同，相當於白話的「真是」、「實在是」；不仁，指一切違背和諧人際關係經營法則的觀念、態度、言行、舉止等——這裡的用法，和子路、子貢因管仲沒有為公子糾殉死卻又輔佐齊桓公，而質疑他「未仁」、「非仁者」（見憲問篇17、18）一樣，相當於現在指謫他人「無情無義」、「沒有良心」。⓫免，脫離之意。⓬通喪，意思是從天子到庶人共同遵行的喪禮。⓭愛，這裡用作名詞，指感情上的回饋。孟子・萬章上篇：「大孝終身慕父母。」感情本來無法量化，孔子以「子生三年然後免於父母之懷」說明三年之喪是合情合理的規定，所以是天下的通喪。宰我既然計較三年之喪太久，孔子於是質疑他不能飲水思源，體念親恩，而有所批評。其實喪期的長短是可以討論的，禮記・檀弓上篇記載子路嘲笑早上才脫掉喪服、晚上就唱起歌來的人，孔子在責備子路時，也承認三年之喪的確太久了些。因此，古人訂定的三年喪期，實際上只有二十五個月，已兼顧到情理；真正的問題，在於人們面對至親去世這件事情的態度。宰我居然若無其事，而照常食稻、衣錦，不啻情感麻木，即使縮短喪期，對他也毫無意義可言，孔子只好不屑地對他說「女安則為之」，連當面斥責都覺得多餘了。

22子曰：「飽食終日，無所用心❶，難矣哉❷！不有博奕者乎❸？為之，猶賢乎已❹。」

譯先生說：「整天吃飽飯後，連一點點心思都不肯用，恐怕很難有什麼成就吧！不是有擲骰子賭博和下圍棋的人嗎？起碼他們用了心，還比這樣的人好些。」

解❶無所用心，沒有什麼事情讓自己動用腦筋，游手好閒之意。❷難矣哉，意思是很難有任何成就。❸博，意思是擲骰子的賭博行為；奕，意思是下圍棋。❹賢，意思是好。乎，用法同「於」，比較補詞的關係詞。已，稱代詞，意思是此——例如莊子・養生主篇：「已而為知（智）者，殆（令人疑惑）而已矣！」「已而」的「已」指上文「以有涯隨無涯（用有限的人生追求無窮的知識）」這樣的作法。「已」在本章則指上述「飽食終日，無所用心」的人。

23子路曰：「君子尚勇乎？」子曰：「君子義以為上❶；君子有勇而無義為亂❷，小人有勇而無義為盜❸。」

譯子路問：「君子崇尚勇敢嗎？」先生說：「君子以正當性作為最高的行事準則——當權者假使有勇氣而不講求正當性，就會做出悖亂倫理的事；一般民眾假使有勇氣而不講求正當性，就會淪為搶劫財物的盜匪。」

解❶義，本指祭祀用的牲體，引申為一切具有正當性的事物或行為的正當性。（參閱附錄六釋義利）。❷憲問篇30記孔子的話說：「君子道者三，我無能焉——仁者不憂，知者不惑，勇者不懼。」可見勇是君子必備的三達德之一；然而有勇未必就是真正的君子，「有勇而無義為亂」的君子，指的其實是在位的統治者，並非「喻於義」（見里仁篇16）、「義以為質」（見衛靈公篇17）的真君子。這和「好仁者，無以尚之」（見里仁篇06）、「仁者必有勇，勇者不必有仁」（見憲問篇05）的邏輯是一致的。在位的統治者如果有勇而無義，就很可能犯上作亂，這在春秋時代為數不少，孔子這麼說，實在是有感而發。❸和統治者稱為君子相對的，小人便是被統治的平民了。由於子路好勇，孔子怕他誤以為尚勇的人就是君子，所以特別提醒他：君子固然必須有勇，但是成為君子的充分必要條件是義，而不是勇，所以說「君子義以為上」；能夠「義以為上」的儒者，才是真正的君子。小人儒若無義且無勇，充其量只能助紂為虐，就像為季氏聚斂而附益之的冉求，「弒父與君，亦不為也」（見先進篇16、23）；若無義卻有勇，便有可能做出悖亂倫常的事來。至於一般民眾，假使有勇而無義，當生活貧困時，就會鋌而走險，淪為盜匪，就像孔子告訴子路的那樣：「小人窮斯濫矣！」（見衛靈公篇01）

24 子貢曰：「君子亦有惡乎❶？」子曰：「有惡——惡稱人之惡者❷，惡居下流而訕上者❸，惡勇而無禮者❹，惡果敢而窒者❺。」曰：「賜也亦有惡乎？」「惡徼以為知者❻，惡不孫以為勇者❼，惡訐以為直者❽。」

譯 子貢問：「君子也有厭惡的對象嗎？」先生說：「當然有厭惡的對象——厭惡張揚人家醜行的人、厭惡在下位卻誹謗上級的人、厭惡勇敢卻沒有禮貌的人、厭惡果決蠻幹卻難以成事的人。」說完接著反問子貢說：「賜也有厭惡的對象嗎？」子貢回答：「我厭惡把抄襲別人研究成果當作聰明的人、厭惡把姿態高傲當作勇敢的人、厭惡把揭發人家隱私當作正直的人。」

解 ❶君子，指孔子。禮記・禮運篇記載：「昔者仲尼與於蜡賓，事畢，出遊於觀之上，喟然而嘆——仲尼之嘆，蓋嘆魯也。言偃在側，曰：『君子何嘆？』」可知孔子平日教導學生做君子，學生有時便暱稱孔子為君子，除本章外，還見於季氏篇13所記陳亢說的「又聞君子之遠其子也」。惡，音「物」，動詞，意思是厭惡、痛恨。❷稱，舉發、張揚之意。凡人都有隱私和自尊，君子待人忠厚，除非涉及公義，否則總是隱惡而揚善——隱惡是為了讓對方有自我反省、改過的餘地，揚善是為了開展社會的光明面。假使愛好揭發人家的隱私，張揚人家的醜行，使對方無地自容，既損人尊嚴，又無益於公眾，心態可誅，自為君子所厭惡，所以說「惡稱人之惡者」。❸居下流，處在較低的職位。按：漢代石經本論語沒有「流」字，清人惠棟九經古義說：「當因子張篇『惡居下流』，涉彼而誤。」說法可從。訕，音「善」，誹謗之意。在上位者有錯，屬下理當勸諫；若對方不聽，除非自己辭職，否則做好自己分內的事便可；若上司並無不法，只因個人私怨而肆意毀謗，更不可取，難怪會被君子厭惡了，所以說「惡居下而訕上者」。❹愛逞血氣之勇，卻不懂得節制，成事不足而敗事有餘，也是君子所厭惡的對象，所以說「惡勇而無禮者」。❺果，決斷之意；敢，無所顧忌之意；窒，音「至」，意思是閉塞。遇事果斷、積極作為，其實無可厚非；然而事情往往不是自己所想的那麼簡單，最好能「謀定而後動」。倘若思想閉塞、見識短淺，像置身象牙塔中，不知天高地厚，卻剛愎自用、一意孤行，勢必遭遇挫折，甚至一敗塗地，絕不可取，所以說「惡果敢而窒者」。❻「徼以為知」、「不孫以為勇」、「訐以為直」是「以徼為知」、「以不孫為勇」、「以訐為直」的變換句法，相當於白話說「把徼（不孫、訐）當作知（勇、直）」。徼，音「叫」，抄襲、拾人牙慧之意，現在叫做侵犯別人的智慧財產權；知，「智」的初文——將別人研究的成果據為己有而沾沾自喜，無異竊盜行為，當為君子所不齒，所以說「惡徼以為知者」。❼為人謙卑有禮是涵養深厚的表現；態度高傲除了顯示自己沒有教養，不懂得尊重別人之外，可能還是小人「色厲內荏」的心理反射，所以為子貢所厭惡。❽訐，音「捷」，攻擊別人隱私之意。「直」的前提為合情合理，益友的直，是為了規過勸善，所以須「忠告而善道之」（見顏淵篇23）；攻擊隱私，使人難堪，於情於理都說不過去，並不符合直的標準；若執意如此，且自以為直，本身就很可惡了，哪裡稱得上益友？

25子曰：「唯女子與小人為難養也❶——近之則不孫，遠之則怨❷。」

譯 先生說：「唯獨女子和小人是難以照顧的——親近他們時，他們就把姿態擺得很高；疏遠他們時，他們就口出怨言。」

解 ❶女子，指愚昧無知的婦女；小人，指思想幼稚的男性。養，和公冶長篇16「其養民也惠」的「養」字，本義都是提供生活所需物資，引申有照顧之意。❷古代女性和一般民眾都沒有入學受教育的機會，因而被稱為「愚夫愚婦」。他們大多見識淺陋，胸襟狹隘，情緒也容易受外在人、事、物的影響而不太穩定。由於處在弱勢地位，長期壓抑的結果，無形中產生既渴望、又抗拒他人關愛的矛盾情結，因此當平日處在強勢地位的一方向他們接近時，他們原來受到壓抑的自尊心忽然被激發出來，於是顯得高傲而排斥對方；可是當對方疏遠他們時，他們的悲情意識便又呈現，於是藉著抱怨來引起注意——這種矛盾的心態常令人困惑而覺得難以相處。

26子曰：「年四十而見惡焉❶，其終也已❷！」

譯 先生說：「一個人倘若活到四十歲還被人家嫌惡的話，大概這輩子就完了！」

解 ❶「年四十而見惡焉」為假設小句，「其終也已」為後果小句。見，放在動詞前面，通常用來表示被動的意思；惡，音「物」，憎恨、嫌棄之意。❷其，揣測語氣詞；終，本義為結束，在這裡的意思是指生命結束以前這段期間；已，跟子罕篇08「吾已矣夫」的「已」相同，都有「完了」、「再也沒有指望」的意思。子罕篇22記孔子的話說：「後生可畏，焉知來者之不如今也？四十、五十而無聞焉，斯亦不足畏也已！」一個人成長到四十歲，就步入了中年；從成年以後，在社會上歷練了二十年之久，人格已經大致定型，假使為人處事還會被人嫌惡，可見心智實在太不成熟，此後大概也不會有什麼長進了，所以說「其終也已」。

微子篇第十八

01微子去之❶，箕子為之奴❷，比干諫而死❸──子曰：「殷有三仁焉❹。」

譯微子離開了他，箕子做了他的奴隸，比干因勸諫他而死──先生說：「殷紂王在位當時有三位完人。」

解❶微子，微國君主，子爵（依據漢儒馬融注釋論語的說法，下文「箕子」亦同），名啟，為殷紂王的庶兄，擔任殷朝卿士，見紂無道，屢諫不聽，於是毅然辭職，離開紂王。去，離開之意。之，代名詞；若把末句「子曰殷有三仁焉」移到章首，顯然可知本章「之」字代表的都是殷（紂王）。❷箕子，箕國君主，子爵，名胥餘，為紂的叔父，擔任殷朝太師，見紂無道，屢諫不聽，於是披頭散髮，假裝瘋狂，結果被紂當作奴隸般囚禁起來。「為之奴」的「之」為指稱詞，用法同「其」，相當於白話說「他的」。❸比干，封於比，名干，也是紂的叔父，因極力勸諫，紂不勝其煩，便以要看聖人的心是否真如傳言有七個孔竅為藉口，剖開他的胸部，挖出他的心臟。❹殷，指紂王。泰伯篇20記孔子的話說：「三分天下有其二，以服事殷，周之德其可謂至德矣！」也是以「殷」指紂王的。仁，在這裡代表人格完美的賢者（請參閱附錄七釋仁）；三仁，指微子、箕子、比干三位憂國憂民的典範；焉，有「於此」的語氣，相當於白話說「在……時」。

02柳下惠為士師❶，三黜❷，人曰：「子未可以去乎❸？」曰：「直道而事人❹，焉往而不三黜❺？枉道而事人❻，何必去父母之邦❼？」

譯柳下惠擔任主管刑獄的首長，三度被免職，有人勸他說：「您不是可以離開魯國嗎？」柳下惠說：

「用率直的個性去為別人做事，到哪裡不會被三度免職？用虛情假意去為別人做事，哪有必要離開自己的國家？」

解❶周禮・秋官・司寇的屬官有「士師」一職，主管刑獄，相當於現在的法務部長。❷黜，音「觸」，罷免之意。❸去，離開之意；從下文「何必去父母之邦」，可知是指離開魯國而言。❹直，率直、誠實之意（參閱附錄四釋直）；直道，指率直、誠實的作風。❺焉，疑問代名詞，意思是何處、哪個地方。❻枉，本指樹木的枝幹彎曲，引申有虛偽、狡詐之意；枉道，指虛情假意、扭曲本性的方式。❼父母之邦，指魯國。柳下惠認為魯國就像養育、保護自己的父母一樣，因而稱它是「父母之邦」，相當於現在說「本國」、「祖國」。

03 齊景公待孔子曰❶：「若季氏，則吾不能，以季、孟之間待之❷。」曰：「吾老矣！不能用也。」孔子行❸。

譯齊景公談到對孔先生的待遇時說：「像季孫氏那樣的等級，我可辦不到；只能拿季孫、孟孫之間的等級對待他。」後來又說：「我老啦！不能用他了。」孔先生聽到後便走掉了。

解❶待，意思是給予待遇、酬勞。❷在魯國三卿之中，季氏的權勢最大；齊景公時，由田氏專政，因此，所謂「季、孟之間」的意思，是在齊國的田氏之下、諸大夫之上。❸孔子說：「所謂大臣者，以道事君；不可，則止。」（見先進篇23）又說：「如有用我者，吾其為東周乎！」（見陽貨篇05）可知他從政的目的，在於恢復周公的禮樂，以實現安人、安百姓的理想，並不是為了追求個人的榮華富貴。根據史記・孔子世家的記載，這件事發生在孔子三十五歲那年，為避魯國混亂政局而前往齊國期間。景公五年前訪問魯國時，曾就秦穆公稱霸的原因請教過孔子，當時便對孔子的卓越見解留下深刻印象。這次又問政於孔子，對他的答覆也十分贊同（參閱顏淵篇11），本來想重用孔子，並且把尼谿的田地封賞給他；不料被晏嬰勸阻，以致想重用孔子的意願開始動搖，先就待遇問題表示：「若季氏，則吾不能，以季、孟之間待之。」後來又說：「吾老矣，不能用也。」孔子心裡明白景公沒有重用自己的誠意，「老矣」只不過是藉口而已，覺得沒有必要繼續留在齊國，因而立即上路離開了。

04 齊人歸女樂❶，季桓子受之，三日不朝，孔子行❷。

譯 齊國送來一批能歌善舞的美女，季桓子接受後，連續三天不上朝班，孔先生便走掉了。

解 ❶歸，通「饋」，贈送之意；女樂，指擅長歌舞的美女。❷定公八年，陽貨敗逃後，孔子以博學知禮見賞，在中都宰任內和夾谷會時表現傑出，隨即升任大司寇，兼代宰相職務，短短三個月時間就使魯國大治。鄰近的齊人唯恐魯國會日益強大，對齊國不利，於是採用犁鉏的計策，挑選了八十名美女，穿上華麗的服裝，組成歌舞團隊，加上文馬三十駟，送給魯君，先陳列在魯國城南高門外。當時魯國執政的季桓子先再三穿便服前往觀賞，然後勸定公接受下來。孔子見季氏墮入齊國的美人計，而且君臣共同享樂，連續三日不理朝政；不久舉行過郊祭，又不致贈膰肉給大夫，於是認為定公和季氏荒淫無禮，很難有所作為，便毅然決定辭職，而前往君子眾多的衛國，另謀發展。

05 楚狂接輿歌而過孔子❶，曰：「鳳兮！鳳兮！何德之衰❷？往者不可諫❸，來者猶可追❹。已而！已而❺！今之從政者殆而❻！」孔子下❼，欲與之言。趨而辟之❽，不得與之言❾。

譯 楚國狂人接輿唱著歌經過孔先生的住所，歌詞的內容是：「鳳啊！鳳啊！為什麼你的格調會衰落了呢？過去的事情不能挽回了，未來的事情還來得及規劃。算了吧！算了吧！當今的從政者都靠不住啊！」孔先生聽了之後，步下台階想要跟他談一談。接輿快步避開，結果無法跟他談話。

解❶接輿，楚國一位避世隱居的賢者，因為披髮裝瘋，所以有「楚狂」的稱號。皇甫謐高士傳說他姓陸，名通，字接輿。據韓詩外傳‧卷二記載：接輿靠著耕種自食其力，楚王派人致贈重金，請他治理河南。接輿始終笑而不答，使者無法勉強他，只好告辭回去。不久，他和妻子便帶著簡單的家當，並且改名換姓，不知遷居到什麼地方去了。❷鳳，古代傳言中天下有道時才會出現的神鳥。接輿拿來比喻孔子，而譏諷他自貶人格，處在亂世卻不知隱遁，還要到處奔波，強求出仕機會，所以質疑孔子「何德之衰」。德，在這裡指一個人立身處世、待人接物的風格；衰，衰微、低落之意。「德衰」原為表態句，在主語和謂語之間加個「之」字後，就變成詞結（參閱附註），用來表示德衰的原因。❸往者，指過去所做的事情；諫，阻止、挽回之意。❹來者，指還沒發生的事情或未來的生涯；追，意思是預作打算、安排。❺已而，相當於白話說「停止吧」、「算了吧」。❻殆，和衛靈公篇10「佞人殆」的「殆」字，都是危險、不安穩、靠不住的意思。「已而」、「殆而」的「而」，都作句末語氣詞用。❼下，意思是從住所堂前的台階走下去；另一說解作下車，那麼「接輿」就不是人名，而是接近孔子座車之意。❽「趨而避之」的主詞是楚狂接輿。趨，快步之意；辟，「避」的初文。❾「不得與之言」的主詞為孔子。孔子周遊列國期間，多次遇到明哲保身的隱者，他的道德、學識雖也受到對方尊敬，楚狂接輿甚至把他比喻為鳳鳥；可是他「知其不可而為之」的用心，卻往往受到冷嘲熱諷。孔子在處處碰壁、甚至遇到絕糧和暴力威脅之外，還得不到這些隱逸賢者的諒解，內心的苦悶不難體會；偏偏對方在勸導、嘲諷一番之後，有的態度冷漠，有的揚長而去，總是不願聽他說明，果真如他所言：「道不同，不相為謀。」（見衛靈公篇39）雖然孔子也能做到「用之則行，舍之則藏」，但在捨藏之前，總須恪盡人事；至於成敗，大可聽由天命，這才是君子積極進取的精神。努力未必能夠成功，至少無愧於心；但不努力是確定沒有成功機會的。

註許世瑛中國文法講話將中文句型分成敘事句、表態句、判斷句、有無句四類。表態句是記述事物性質或狀態的句子，又叫描寫句——例如「花好」、「月圓」、「德衰」等等。這類句子由主語和謂語組成——主語代表人、事、時、地、物，所以是名詞；謂語則描述主語的性質或狀態，通常是形容詞。所謂「組合式詞結」，指的是原來可以獨立表達完整意思的句子，經過改造後（通常是在動詞或謂語前面加上「之」字），變成新句子的文法成分（參閱學而篇16附註說明）——例如「德衰」原為表態句，「德」為事件的主體，「衰」則描述它的狀態；可是說「德之衰」，就變成「鳳兮何德之衰」整句的一部份，重點在於質疑鳳鳥德衰的原因，而不再是描述德衰的狀態或事實了。

06 長沮、桀溺耦而耕❶，孔子過之，使子路問津焉❷。長沮曰：「夫執輿者為誰❸？」子路曰：「為孔丘。」曰：「是魯孔丘與？」曰：「是也！」曰：「是知津矣❹！」問於桀溺，桀溺曰：「子為誰？」曰：「為仲由。」曰：「是魯孔丘之徒與❺？」對曰：「然！」曰：「滔滔者天下皆是也❻，而誰以易之❼？且而與其從避人之士也，豈若從辟世之士哉❽？」耰而不輟❾。子路行以告❿，夫子憮然曰⓫：「鳥獸不可與同群⓬，吾非斯人之徒與而誰與⓭？天下有道，丘不與易也⓮。」

譯 長沮、桀溺並肩在耕田，孔先生經過他們的田地旁邊，吩咐子路向他們打聽乘坐渡船的碼頭在哪裡。長沮問道：「那個操控馬車的人是誰呀？」子路說：「他是孔丘。」長沮又問：「確實為魯國的孔丘嗎？」子路說：「正是！」長沮說：「這麼說來，他應該曉得渡口在哪裡了嘛！」子路轉身又問桀溺，桀溺反問：「您是誰呀？」子路說：「我是仲由。」桀溺又問：「確實為魯國孔丘的學生嗎？」子路回答說：「對！」桀溺說：「就像洶湧的河水，天下到處都這麼動亂，誰能改變它呢？再說，你如果追隨避開壞蛋的人士，哪比得上追隨避開亂世的人士呢？」說完便繼續除草的工作。子路回到停車的地方，把剛才問津的情形向先生報告，先生失望地說：「人畢竟不能跟鳥獸一起生活，我若不跟這些人相處，那麼該跟誰相處呢？如果天下政治能上軌道的話，丘便用不著插手改革的事業了。」

解❶長沮（音「居」）、桀溺，楚國的兩位隱士。耦，音「偶」，古代耕田的方法之一——兩人並肩，各持一具耒耜（音「壘似」），曲木為柄，前端為雙歧鐵臿，用來耕田的農具）插入土裏，前面用牲畜拉動（殷代用犬，周以後用牛），將田土翻轉過來，叫做耦耕。漢書・食貨志上說：「后稷始甽田（興修農田水利。甽，音「犬」，指田中水溝，這裡當動詞用），以二耜為耦。」殷商甲、金文各有象犬（一到三隻不等）曳引二耒之形的[illegible]、[illegible]、[illegible]，足以顯示二人並耕的意思（說本先師魯公實先假借遡原・原耒）。❷津，渡口——也就是搭乘渡河船隻的地方；焉，有「於是」的意思，相當於白話說「向他們」。❸夫，音「扶」，指稱詞，相當於白話的「那個」；執輿，意思是掌控馬車——「輿」的本義是車廂，在這裡借代為整輛馬車。本來是子路執輿的，因他下車問津，所以暫時把韁繩交到孔子手裡。❹「夫執輿者為誰」和下文「為孔丘」、「子為誰」、「為仲由」的「為」，相當於白話作判斷句繫詞用的「是」；而「是魯孔丘與」和「是也」的「是」，為表示確定、認可意思的用詞，相當於白話說「的確是」、「真正是」；「是知津矣」和「滔滔者天下皆是也」的「是」為稱代詞，相當於白話的「這樣」。由於孔子學識淵博，在當時夙有「聖人」的名聲（參閱子罕篇06）；長沮在確定執輿者就是孔子後，認為聖人應該無所不知才對，說「是知津矣」這句話，頗有調侃的意味。❺徒，意思是門徒、學生。❻滔滔，形容水勢洶湧的樣子，比喻天下局勢動亂。❼易，和最後「丘不與易也」的「易」字，都是改變、改革的意思；之，指滔滔者。❽「且而」的「而」，用法同「爾」、「汝」等，為第二人稱，這裡指子路；「與其……豈若」為比較補詞的關係詞，有兩相比較，前者不如後者之意。❾耰，覆蓋種子——農人在播種之後，使用摩田器擊碎土塊，摩平碎土，以覆蓋種子，避免被鳥類啄食；不輟，不停、繼續之意。❿子路行以告，為「子路行，以之告孔子」的省言，「之」代問津的情形。⓫憮（音「五」）然，形容心中若有所失的樣子。⑫鳥獸不可與同群，「不可與鳥獸同群」的倒裝句，意思是說：人類過的是群居生活，怎麼可以離群而隱居山林，去和鳥獸同伙呢？可知孔子並不同意「從避世之士」的作法。⑬吾非斯人之徒與而誰與，「吾非與斯人之徒同群而與誰同群」的省言和倒裝，兩個「與」字意思和子張篇03「可者與之」的「與」相同，都可解釋為交往、相處。全句的意思是質問：我若不和人類相處，那麼還能跟誰在一起？也就是說：既然生為人類，就別無選擇，只有恪盡做人的本分；豈能逃避責任，去跟鳥獸一起過不正常的生活？⑭「天下有道，丘不與易也」是假設關係複句；「與」讀去聲，有參與、插手之意。

07
子路從而後，遇丈人以杖荷蓧❶。子路問曰：「子見夫子乎？」丈人曰：「四體不勤❷，五穀不分❸，孰為夫子❹？」植其杖而芸❺。子路拱而立❻，止子路宿❼，殺雞、為黍而食之❽，見其二子焉❾。明日，子路行以告，子曰：「隱者也。」使子路反見之❿，至則行矣⓫！子路曰：「不仕無義⓬——長幼之節不可廢也，君臣之義如之何其廢之⓭？欲潔其身，而亂大倫⓮。君子之仕也，行其義也；道之不行，已知之矣！」

譯 子路追隨先生卻落後了，他遇到一位長者用手杖挑著除草的器具，於是上前問道：「您看見我的先生了嗎？」長者說：「我手腳還沒活動開，作物也還沒處理好，哪曉得誰是你的先生啊？」說完就把手杖擱置地上而除起草來。子路拱手作揖站在一旁，長者於是留子路在家裡過夜，同時殺雞、作飯來供他食用，又把兩個兒子叫出來拜見他。第二天，子路趕上之後，把經過情形向先生報告，先生說：「他是一位隱士。」於是吩咐子路回頭去看他，不料到達時，長者卻外出了。子路傳話給他的家人說：「不出來做官沒有正當性——既然長幼之間的禮節不可廢棄，那麼君臣之間的義務又怎麼可以廢棄呢？為了要保持自身人格的清白，卻打亂了重要的人際關係。君子做官的目的，是為了履行自己的義務；至於政治理念無法推行的現實，心裡早就明瞭啦！」

解❶「丈」為「杖」的初文，「丈人」係指拄著枴杖行走的人，也就是老人、長者、前輩；荷，音「賀」，意思是肩上挑著；篠，音「弔」，古人用來除掉田中雜草的器具。❷「四體不勤」的主詞為丈人，這裡省略了。「四體」就是四肢，「勤」為勞動之意，整句的意思是說：我的手腳還沒活動開來。❸「五穀不分」接續上句，主詞仍為丈人。「五穀」泛指田裡的作物；「分」讀去聲，從刀、八（象人體肩胛骨左、右相背，以示分別、離析之意），本義為解析事物，引申為辨別、處理（處分）之意，再引申當名詞用，則指所處理的事務，也就是職業——禮記・禮運篇：「男有分，女有歸。」前句意謂男子都有職業。本章「五穀不分」的意思是說：田裡的作物還沒處理好。❹「四體不勤」二句，學者大多解為丈人責備子路的話；然而細讀前後文，丈人還算是位溫厚知禮的長者，應不致如此；不如解讀為為丈人告訴子路：我自己的事情都忙不過來了，哪裡曉得誰是你的夫子？丈人並不認識子路，所以乍聽子路問他「子見夫子乎」而這麼回答，是很自然而可以理解的反應。劉寶楠論語正義引宋翔鳳論語發微云：「『四體不勤，五穀不分』為自述其不遑暇逸之義，故不能知孰為夫子以答子路，非以責子路也。」說法可從。❺植，和尚書・金縢篇「植璧秉圭」的「植」，都是「置」的同音通假字；植其杖，意思是把手杖擱置地面；芸，通「耘」，除草之意。❻拱而立，拱手站立旁邊，以示尊敬。❼止，挽留之意。❽為黍，意思是用黍米作飯；食，音「寺」，動詞，招待他人吃飯之意。❾見，音「現」，這裡用作使役動詞；焉，用法同前章「使子路問津焉」的「焉」——見其二子焉，意思是叫他的兩個兒子出來拜見子路。❿反，「返」的初文。⓫「至則行矣」為「子路至則丈人行矣」的省言。行，外出之意。⓬孟子・滕文公上篇說：「君臣有義。」君臣為五倫之一，彼此各有應盡的義務。君子「學而優則仕」，「以道事君」，就是為了「行其義」；學優而不仕，缺乏正當性，所以說「不仕無義」。⓭廢，荒廢、棄置之意；大倫，意思是重要的倫理——指君臣的關係。子路比孔子小九歲，這時年近六十，大約和丈人相當，丈人叫兩個兒子出來拜見父執輩的子路，子路認為：丈人既然因為看到自己有禮貌而慇勤款待，並且叫兩個兒子出來拜見，可知不同於其他的隱者，應是一位懂得禮節的人，怎麼可以只重視長幼之節，卻對於君臣之義就棄置不顧呢？⑭欲潔其身而亂大倫，補充說明廢棄君臣之義的不當。

08 逸民❶：伯夷、叔齊❷、虞仲❸、夷逸、朱張❹、柳下惠❺、少連❻。子曰：「不降其志，不辱其身，伯夷、叔齊與❼！」謂柳下惠、少連：「降志辱身矣，言中倫，行中慮，其斯而已矣❽！」謂虞仲、夷逸：「隱居放言，身中清，廢中權❾；我則異於是，無可、無不可❿。」

譯 遺落在野的人士：伯夷、叔齊、虞仲、夷逸、朱張、柳下惠、少連。先生說：「不讓自己意志受到壓抑、不讓自己人格受到屈辱的，是伯夷、叔齊吧！」他評論柳下惠、少連：「意志受到壓抑、人格受到屈辱，可是言論合乎理則、行為合乎法度，大概就是這樣啦！」他評論虞仲、夷逸：「隱匿住所，絕口不談世事，人格符合清高的標準，退隱也符合權宜的原則；至於我自己，倒是跟這些人不相同，我沒有一定要怎麼做或一定不要怎麼做的預設立場。」

解 ❶逸，通「佚」，遺落民間之意。❷伯夷、叔齊，已見公冶長篇23、述而篇14、季氏篇12各章。❸虞仲，泰伯的弟弟，又稱仲雍，兄弟讓位給季歷，走避荊蠻。❹夷逸、朱張，事蹟不詳。❺柳下惠，已見衛靈公篇13和本篇第二章。❻少連，東夷人，孔子說他：「善居喪——三日不怠，三月不解，期悲哀，三年憂。」（見禮記・雜記下篇）❼降志，意思是意志受到壓抑；辱身，意思是人格受到屈辱。孟子・公孫丑上篇說：「伯夷非其君不事，非其友不友；不立於惡人之朝，不與惡人言；立於惡人之朝，與惡人言，如以朝衣朝冠坐於塗炭（泥土和木炭，形容骯髒之物）。推惡惡（厭惡不好的事物）之心，思與鄉人立，其冠不正，望望然去之（羞惡地離開），若將浼（音「每」），污染之意）焉，是故諸侯雖有善其辭命而至者，不受也。」這是伯夷不肯降志辱身的具體表現。❽中，讀去聲，動詞，符合之意；倫，意思是理則。禮記·學記篇：「發慮憲，求善良。」「慮憲」和「善良」都是聯合式合義複詞，所以「慮」有法規、準則之意。孟子·公孫丑上篇又說：「柳下惠不羞汙君（不覺得上司操守不好是部屬的恥辱），不卑小官（不認為當小官就是自貶身價）；進不隱賢（既然出仕，就不隱藏本身的優點），必以其道；遺佚而不怨（被遺棄卻不怨恨），阨窮而不憫（處境窮困卻不覺可憐）。故曰：『爾（你）為爾，我為我，雖袒裼裸裎於我側，爾焉（豈）能浼我哉？』故由由然（順其自然）與之偕（相處）而不自失（喪失本來面目）焉。」這是柳下惠外圓內方的性格（參閱本篇第二章）。❾放，有遺失、放棄之意；放言，意思是絕口不談論政治事務。廢，離棄、自我放逐之意。❿無可、無不可，並非沒有主見，而是沒有成見，也就是孔子自稱「用之則行，舍之則藏」（見述而篇10），以及孟子·萬章下篇所推崇「集大成」、「聖之時者」、「可以速而速、可以久而久、可以處而處、可以仕而仕」的彈性作法，孔子之道的極高明處正在這裡。

09 大師摯適齊❶，亞飯干適楚，三飯繚適蔡，四飯缺適秦❷，鼓方叔入於河❸，播鼗武入於漢❹，少師陽❺、擊磬襄入於海❻。

譯 樂官長摯前往齊國，亞飯樂師干前往楚國，三飯樂官繚前往蔡國，四飯樂官缺前往秦國，打鼓的樂師方叔進住黃河邊，搖小鼓的樂官武進住漢水旁，樂官佐陽與擊磬的樂官襄兩人進住到大海邊。

解 ❶大師，即太師，為樂官長。根據白虎通·禮樂篇的說法，古代王者一日四食，食時演奏音樂，以增進食慾。❷亞飯、三飯、四飯，為王者用餐時主持奏樂的樂官；摯、干、繚、缺、方叔、武、陽、襄都是人名；適，前往之意。史記·周本紀記載：「紂昏亂暴虐滋甚，殺王子比干，囚箕子，太師疵、少師彊抱其樂器而奔周。」漢書·禮樂志也說：「書序殷紂斷棄先祖之樂，乃作淫聲，用變亂正聲，以說（取悅）婦人。樂官師瞽抱其器而奔散，或適諸侯，或入河、海。」清代學者毛奇齡論語稽求篇、段玉裁尚書撰異等認為疵就是摯、彊就是陽的通假字。❸鼓，打鼓的樂師；河，指黃河。❹播，意思是搖動；鼗，音「桃」，下有柄，兩旁有耳墜的小鼓，樂章終了時，搖動它來停止演奏——播鼗，指搖動小鼓的樂師；漢，指漢水。❺少師，意思是副樂官長。❻磬，石製打擊樂器，已見憲問篇42「子擊磬於衛」章；擊磬，指敲擊磬石的樂師；海，意思是靠近大海的地區。

10周公謂魯公曰❶：「君子不施其親❷，不使大臣怨乎不以❸；故舊無大故❹，則不棄也；無求備於一人❺。」

譯 周公告誡魯公說：「君子不怠慢自己的親人，不會讓大臣抱怨意見沒有受到採用；多年老友假使沒有重大事故，就不該遺棄他們；不應要求一個人樣樣都好。」

解 ❶魯公，指周公的兒子伯禽。據史記‧魯周公世家記載：周公旦稟性孝悌仁厚，輔翼武王消滅殷紂王後，被封於曲阜，稱為魯公，由於要留下來輔佐兄長，一直沒有就封。當武王駕崩時，成王年幼，周公為了攝行天子政務，才指派伯禽代他就封於魯，並在伯禽行前告誡他說：「我文王之子、武王之弟、成王之叔父，我於天下亦不賤矣；然我一沐三握髮，一飯三吐哺，起以待士，猶恐失天下之賢人。子之（去到）魯，慎無（千萬不要）以國驕人。」本章所記應該也是當時周公告誡伯禽那番話的部分內容。由此可知周公認為治國首重人和，不但要善待親人，還要禮賢下士、勤政愛民。孔子向來仰慕周公，自然受他影響很深。因此，中庸記他回答哀公問政時提到「凡為天下國家有九經」，其中除了修身，還有尊賢、親親、敬大臣、體群臣、子庶民等項，因為：「尊賢則不惑，親親則諸父昆弟不怨，敬大臣則不眩（迷惑），體群臣則士之報禮重，子（慈愛）庶民則百姓勸。」泰伯篇02也記他的話說：「君子篤於親，則民興於仁；故舊不遺，則民不偷。」子路篇02記他答覆仲弓問政時說：「先有司，赦小過，舉賢才。」同篇第二十五章又記他說君子使人能「器之」，小人使人則「求備焉」。以上這些說法，大致都與周公告誡伯禽的話相吻合。❷施，通「弛」，有鬆弛、怠慢之意。❸以，用，聽從之意。❹故舊，指老朋友；大故，意思是重大的原因、事故。❺備，完全沒有過失之意。

11 周有八士❶：伯達、伯适❷、仲突、仲忽、叔夜❸、叔夏、季隨❹、季騧❺。

譯 周朝有八位賢才：伯達、伯适、仲突、仲忽、叔夜、叔夏、季隨、季騧。

解 ❶八士，指下列八位賢者。古代兄弟以伯、仲、叔、季排行。這八人剛好是四對，名字的古音又都兩兩疊韻，因此何晏論語集解所引包咸的注說：「周時四乳生八子，皆為顯仕。」意謂一門八傑為四對雙胞胎。宋人王應麟困學紀聞引周書・和寤解：「尹氏八士。」注：「武王賢臣。」又引國語・晉語：「文王之即位也，詢於八虞。」賈逵說：「周八士，皆在虞官。」可知八士姓尹，周朝初年在虞國任宮。一說八士姓南宮，這是因為古代也可用住所（如東宮、北宮）加名字來稱呼一個人的緣故。❷适，音「括」。❸夜，古音「訝」。❹隨，古音「駝」。❺騧，今音「瓜」，古音「窩」。

子張篇第十九

01 子張曰：「士見危致命❶，見得思義❷，祭思敬，喪思哀，其可已矣❸！」

譯 子張說：「知識分子遇見危難時能不惜付出生命，面對財利時能考慮它的正當性，祭祀時能保持虔誠的意念，居喪時能懷著哀戚的心情，大概就可以了吧！」

解 ❶憲問篇13記孔子答覆子路問成人說：「見利思義，見危授命，久要不忘平生之言，亦可以為成人矣！」可見受過教育、有為有守的「士」，就是心智成熟、能為自己言行負責的「成人」。「致」有送上、付出之意。❷得，意思是錢財、利益。義，指取得財利的正當性。❸其，揣測語氣詞；可，意思是符合「士」的基本條件；已矣，句末語氣詞。

02 子張曰：「執德不弘❶，信道不篤❷，焉能為有？焉能為亡❸？」

譯 子張說：「護持人性核心價值的胸懷不夠開闊，追求人生理想目標的信念不夠堅定，這種人活在世上，怎能算有？怎能算沒有？」

解 ❶執，把握、維護之意；德，指正直的心性和行為（參閱附錄五釋德）；弘，心胸開闊之意。孔子說：「人之生也直，罔之生也幸而免。」（見雍也篇17），可知「德」為做人的核心價值；假使扭曲了正直的心性，便失去了做人的條件，也就喪失了生命的意義。❷道，本義為道路，引申為追求人生理想目標的途徑或方式（參閱附錄二釋道）；篤，形容意志堅定。孔子說：「朝聞道，夕死可矣！」（見里仁篇08）又說：「君子疾沒世而名不稱焉。」（見衛靈公篇19）可知「道」為君子畢生追求的理想目標，古人致力於進德修業，希望能立德、立功、立言，使無形的生命永垂不朽。❸

有、亡（通「無」），指生命而言。人生在世，倘若迷失了目標和方向，渾渾噩噩地過日子，實無異於其他動物；或缺乏恢弘的器度和堅定的意志，而侈談理想、抱負，也很容易見異思遷、隨波逐流，庸庸碌碌地度過一生，最後與草木同朽，不僅對社會毫無影響，自己的生命也黯淡無光，等於到世上白走一趟，所以說「焉能為有、焉能為亡」。

03 子夏之門人問交於子張❶，子張曰：「子夏云何？」對曰：「子夏曰：『可者與之，其不可者拒之❷。』」子張曰：「異乎吾所聞：『君子尊賢而容眾，嘉善而矜不能❸。』我之大賢與，於人何所不容？我之不賢與，人將拒我，如之何其拒人也❹？」

譯 子夏的學生向子張請教怎樣結交朋友，子張反問道：「關於這個問題，子夏是怎麼說的？」子夏的學生回答：「子夏說：『倘若是值得交往的人，就跟他做朋友；如果是那種不值得交往的人，就拒絕跟他做朋友。』」子張說：「跟我聽到的說法不相同：『君子尊敬品德良好的人士，同時包容素行平凡的大眾；嘉許表現優異的人才，同時憐憫能力低下的庸人。』我若確實很好的話，對於別人有什麼不能包容的地方呢？我若確實不好的話，人家將會自動拒絕我，我又憑甚麼去拒絕人家呢？」

解 ❶問交，和「問友」（見顏淵篇23）同意。❷「可者與之」、「其不可者拒之」都是省略了關係詞「若」、「則」的假設關係複句。可者，指適合或值得交往的人；與，意思和「黨與（同伙）」、「與國（友邦）」、「舊與（故交）」的「與」相同，這裡和左傳・僖公三十年「失其所與，不知」的「與」，都用作動詞，有結交之意；其，指稱詞，意思是那種或那些。孔子說：「夫言豈一端而已？夫各有所當也。」（見禮記・祭義篇）待人接物並沒有一成不變的模式，交友也不例外。子夏著眼於交往對象的選擇，主張「可者與之，其不可者拒之」，符合孔子說的「無友不如己者」（見學而篇08）。為了進德修業，當然要「以文會友，以友輔仁」（見顏淵篇24），而結交季氏篇04所稱「直、諒、多聞」的益友；不應「群居終日，言不及義，好行小慧」（見衛靈公篇16），而與季氏篇04所謂「便辟、善柔、便佞」的損友為伍——可知子夏結交的朋友，情誼較深，互動也較密切。❸容，包容、接納之意。嘉，意思是嘉許、稱讚；矜，憐憫、體恤之意。❹「我之大賢與，於人何所不容」的句法，和顏淵篇18的「苟子之不欲，雖賞之，不竊」、左傳‧僖公三十三年的「寡君之以為戮，死且不朽」一樣，都屬假設關係複句，關係詞「若」、「則」省略了；下面的「我之不賢與……」句法相同——「之」字有強調的語氣，相當於白話說「真的是」、「確實是」；「與」字則為「歟」的初文，作句末語氣詞用。「如之何其拒人也」的「其」為句中語氣詞，無義。子張交友，著眼於待人接物的態度，強調反求諸己、廣結善緣；他所引述孔子話中的賢能之士，固然是子夏所稱的「可者」，而資質、才能平凡的一般人，並不等同於損友，所以未必就是子夏說的「不可者」，應該屬於泛泛之交，而無違於孔子「矜而不爭、群而不黨」、「和而不同」、「周而不比」的教誨——或許可說：子夏對朋友的定義比較嚴謹，所以選擇的標準較高；而子張對朋友的定義比較寬鬆，所以選擇的條件較少。先進篇15記孔子比較兩人的性格說：「師也過，商也不及。」從他們所持交友的原則，似乎也可見一斑。

04子夏曰：「雖小道❶，必有可觀者焉❷；致遠恐泥❸，是以君子不為也❹。」

譯子夏說：「即使是小小的技藝，也一定有值得一看的地方；然而要藉由它來達到遠大的目標，恐怕會滯礙難行，所以君子不願去做。」

解❶小道，和治理國家的大道相對，指一般謀生的專業技能——如耕種、養殖、工藝、醫術、占卜等。❷可觀者，可看、可取的地方，意思是有存在的價值。❸致遠，前面省略了憑藉補詞和它的關係詞「藉此以」，意思是經由這些小道而抵達遠方的目標；泥，音「逆」，這裡作形容詞用——泥漿流動緩慢，比喻行動受到阻滯而不順利。❹子路篇04記載樊遲請學稼、請學為圃，孔子推辭說他不如老農和老圃，事後則嘆惜樊遲的志氣太小。君子若能好禮、好義、好信，就可以招來四方之民，國家勞動人口增加，根本就不需要君子親自去種稻、種菜，所以說「君子不為也」。

05子夏曰：「日知其所亡❶，月無忘其所能❷，可謂好學也已矣❸！」

譯子夏說：「每天都認識一些新的事物，每月都不忘溫習已經得到的知能，可以稱得上好學了吧！」

解❶知，有認識、瞭解之意；所亡（通「無」），指原來所沒有的新知識──因為天天閱讀，所以能不斷獲得新的知識。❷忘，感覺生疏、沒有印象之意；因為時常溫習，所以雖久而不至於遺忘已經學會的知能。❸「日知其所亡，月無忘其所能」，和為政篇11所記孔子說的「溫故而知新」意思相同；加上「日」、「月」的時間限制詞，更能表現出「學如不及，猶恐失之」（見泰伯篇17）的好學精神。

06子夏曰：「博學而篤志❶，切問而近思❷，仁在其中矣❸！」

譯子夏說：「多方學習，而且牢牢記住；一有疑惑，便立刻向人請教，同時自己再用心思考一番，修養品德的功夫就在這裡面了！」

解❶篤，厚實、牢固之意；志，「誌」的初文，意思是記住──博學而篤志，意思和「多學而識之」（見衛靈公篇02）相同。❷切，急也；切問，一有疑問便立刻向人請教的意思。近，意同雍也篇28「能近取譬」的「近」，指本身；近思，意思是請教之後，自己再用心思考一番。❸「仁」的涵義為良好的人際關係，以及一切可以建立良好人際關係的觀念、態度、言行、舉止等。中庸記孔子答覆哀公問政時說：「為政在人，取人以身，修身以道，修道以仁。」由下文「君臣也、父子也、夫婦也、昆弟也、朋友之交也五者，天下之達道也」，可知「天下之達道」指的就是五種天下人普遍都有的倫理關係。經營人際關係為君子畢生的功課，而博學、審問、慎思、明辨、篤行種種待人接物的法則，實為建立良好人際關係的具體作為，所以說「仁在其中」。

07子夏曰：「百工居肆以成其事❶，君子學以致其道❷。」

譯子夏說：「各種專業技術人員都得待在工作場所完成他們的工作，君子也得靠著閱讀來達到他的理想目標。」

解❶百，虛數，代表所有種類；工，意思是工匠，現在叫專業技術人員；肆，指工場或店面。常言道：「工欲善其事，必先利其器。」（語見衛靈公篇09）由於工作場所具有各種設備和器材，所以百工大都「居肆以成其事」。❷致，和本篇第四章「致遠恐泥」的「致」相同，意思是達到；道，指心目中的理想目標（參閱附錄二釋道）。由於書本裏記錄的都是古聖先賢為人處事的經驗和智慧，因此君子若想修己安人，必須藉由多方閱讀來達到目的。本篇第二十二章記子貢說：「文、武之道未墜於地，在人；賢者識其大者，不賢者識其小者，莫不有文、武之道焉。夫子焉不學？而亦何常師之有？」孔子從十五歲開始，靠著好學敏求，一步步達到「七十而從心所欲不踰矩」的境地，同時具備了王佐之才，可說是「學以致其道」的典範。

08子夏曰：「小人之過也必文。」

譯子夏說：「小人犯了過錯之後，一定會找藉口加以掩飾。」

解文，動詞，修飾、掩飾之意。人不可能不犯錯，從犯錯後的態度，便可分出人格的高下——小人怕受別人責難或輕視，不敢、也不願認錯，總要找理由來掩飾，或索性把責任推給別人，這樣的心態既可悲、又可恥，將會妨礙自己的成長，識者也會相繼疏遠，所以孔子說：「過而不改，是謂過矣！」（見衛靈公篇29）君子心胸坦蕩，勇於認錯，並且會檢討犯錯的原因，以避免日後再犯，因此品德愈來愈高尚，自然能夠贏得別人的尊敬，所以說：「過而能改，善莫大焉。」（晉國大夫士會語，見左傳・宣公十二年）。孔子慶幸自己「苟有過，人必知之」（見述而篇30），子路也欣喜「人告之以有過」（見孟子・公孫丑上篇），聖賢之所以為聖賢，大概就從認錯、改過做起吧！

09子夏曰：「君子有三變❶——望之儼然❷，即之也溫❸，聽其言也厲❹。」

譯 子夏說：「君子給人的印象有三種轉折——遠遠看他，好像一副高不可攀的樣子；當接近他後，卻讓人覺得和藹可親；到了聽他說話時，又有一股激勵人心的無形力量。」

解 ❶變，意思是變化、轉折。君子意念真誠，待人接物態度自然，用不著矯揉造作；所謂「三變」，只是剛認識者對他的第一印象。❷望，從月、𦣠聲，而以𦣠為初文。𦣠於卜辭作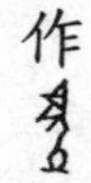、——前者從𡈼（從人立於土）、從臣（象睜眼之形），後者從𡈼省、從臣，均表示挺身觀看遠方。金文作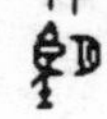、，從月、從𦣠，則象人挺立地面，抬頭觀月，也可表示眼光朝向高處、遠處之意。金文另有一種構形作，省略代表眼睛的「臣」，而加上「亡」來標音，為隸、楷寫法所本。儼然，形容高不可攀的樣子。堯曰篇02記孔子的話說：「君子正其衣冠，尊其瞻視，儼然人望而畏之。」除了服裝、儀容整齊、清潔外，由於君子獨處時，心無旁騖，習慣專注於思考，容易給人不動如山的莊重感，所以禮記・曲禮上篇說：「儼若思。」史記・管晏列傳記載晏嬰雖然身高不到六尺（古尺較短，約當後世八寸），但是御者之妻對他的觀感是：「妾觀其出，志念深矣（思慮深沉），常有以自下者（總是那麼謙卑）。」因此能夠名顯諸侯，令人肅然起敬。在她心目中，遠非身高八尺的丈夫所能望其項背。❸即，接近之意；溫，和善、親切的樣子。君子性情平和、態度謙恭，接觸之

後，使人如沐春風、輕鬆自在，所以說「即之也溫」。❹厲，「勵」的初文，有激勵、奮勉之意。君子正直不阿，愛人以德，說話時總能以殷勤懇切的態度激勵人心，使聽者絲毫不敢輕慢，而奮勉向前，欲罷不能（參閱子罕篇10）所以說「聽其言也厲」。

10子夏曰：「君子信而後勞其民❶；未信，則以為厲己也❷。信而後諫；未信，則以為謗己也❸。」

譯　子夏說：「君子受到信任後才勞動他的人民；假使沒先取得信任，人民就會認為他在虐待自己。君子受到信任後才勸諫上級；假使沒先取得信任，上級就會認為他在誹謗自己。」

解　❶君子，指擁有權力、肩負政治責任的在位者；信，意思是取得對方的信任；勞，勞動之意。❷以為厲己，「民以君子為厲己」的省言——厲，迫害、虐待之意。❸諫，勸阻之意。謗，意思是惡意批評。孔子說：「工欲善其事，必先利其器。」（見衛靈公篇09）真誠而值得信任，就是君子讓人願意打開心鎖、卸除心防的利器；在信任的基礎上，才能收到事半功倍的效果。

11子夏曰：「大德不踰閑❶，小德出入可也❷。」

譯　子夏說：「只要重大的行為不超越禮教的規範，無關緊要的行為有些差錯是可以容許的。」

解　❶「德」字在論語中有時是中性而無關價值判斷的心態或行為——例如顏淵篇19記孔子的話說：「君子之德風，小人之德草。」本章的大德、小德，是指行為當時的關係重要程度而言。踰，超越之意；閑，從門、從木會意，本義為門中的木樁，作用在管制車輛的出入，人員則不受限制；這裡用來比喻禮教的規範。❷出入，有所踰越之意。這兩句話的意思是說：君子行事，可視情況而保留一些彈性——因為大、小是相對的，行為的關係重大與否，往往隨人、事、時、地而異，孟子說：「男女授受不親，禮也；嫂溺援之以手者，權也。」（見孟子・離婁上篇）嚴守男女分際在平時為大德；

然而在人命關天、不能見死不救的情況下，伸手援救溺水的嫂子，就成為可被容許的小德了。孟子又說：「大人者，言不必信，行不必果，惟義所在。」（見孟子・離婁下篇）守信、果決是的為人處事的大德；但若凡事「言必信，行必果」，卻反被孔子說是「硜硜乎小人哉」（見子路篇20）。因此，君子只要能分辨本末輕重，把握原則，即使偶而在事情的細節上踰越了禮教的規範，也是無可厚非的。至於書經・旅獒篇說：「不矜（顧念）細行，終累（敗壞）大德。」是指一個人經常不矜細行的後果，那又另當別論，不能混為一談。

12 子游曰：「子夏之門人小子，當洒掃、應對、進退則可矣❶！抑末也❷，本之則無❸，如之何？」子夏聞之，曰：「噫❹！言游過矣❺！君子之道，孰先傳焉❻、孰後倦焉，譬諸草木，區以別矣❼！君子之道，焉可誣也❽？有始有卒者，其唯聖人乎❾！」

譯 子游說：「子夏門下的學子們在灑水掃地、應答對話、進見告退等禮節方面，倒是表現得還不錯啦！不過，這些都屬於生活教育的枝節，作為根本的人格教育卻沒有，這怎麼行呢？」子夏聽到之後就說：「哎！言游錯了！君子的道理，什麼該放在前面優先來教，什麼可留到後面慢慢來教，好比草木，是各有不同區塊來分別栽種的啦！對於君子的道理，怎麼可以憑空妄加批評呢？有頭有尾、循序漸進來施教的，大概只有聖人吧！」

解 ❶洒，同「灑」。應，意思是回應長輩的召喚；對，意思是回答長輩的問話。進退，指掌握進見和告退的時機。❷抑，轉折詞，相當於白話的「不過」；末，省略了主語和繫辭的判斷句謂語，意思是這些——洒掃、應對、進退等都是生活教育方面的末節。❸本，當動詞用，「本之」的意思是說：拿來作為根本的人格教育、道德教育。❹噫，感歎詞。❺言游，言偃字子游，稱言游，如同顏回字子淵而稱顏淵。❻孰，不定代名詞，意思是何者、哪些。倦，本義為怠惰，引申有擱置、暫緩之意。

❼區，意思是劃出區塊、範圍。❽誣，虛構事實，妄加批評之意。❾有始有卒，有一定的步驟、循序漸進之意。其，揣測語氣詞。聖人，和前面兩次提到的「君子」，都隱指孔子。子夏謹守老師昔日的方式來教導自己的學生，所以這樣回應子游的批評。

13子夏曰：「仕而優則學❶，學而優則仕❷。」

譯子夏說：「從政若有多餘的心力，就該用來學習；學習若有多餘的心力，就應出來從政。」

解❶優，指時間、心力綽有餘裕。孔子說：「不患無位，患所以立。」（見里仁篇14）從政者必須具備相當的學識和能力，並且要隨著職位的異動而不斷地充實自己，才能夠勝任職務，所以說：「仕而優則學。」❷在古代，君子求學的目的，就在將所學用於從政；而對於學有所成的漆雕開、子路、子貢、冉求等學生，孔子都鼓勵或推薦他們出仕；然而當子路擔任季氏家臣，而有意用子羔為費宰時，卻受到孔子的責難（見先進篇24）——因為子羔少不更事，仍待學習為政之道，貿然賦予重任，只怕會害了他。總之，在行有餘力的情形下，仕與學是可以相容的。

14子游曰：「喪致乎哀而止。」

譯子游說：「辦理喪事，以充分表達悲哀的情緒為限度。」

解孔子說：「喪，與其易也，寧戚。」（見八佾篇04）又說：「喪禮，與其哀不足而禮有餘也，不若禮不足而哀有餘也。」（見禮記・檀弓上篇）可見孔子對於喪禮，不重視外在的形式，而重視內心的哀戚；不過，凡事過猶不及，應當適可而止，所以子路為姊姊服喪期滿，起初因「寡兄弟」而不忍除喪，後來聽從孔子的勸導，才把喪服脫掉（見禮記・檀弓上篇）。雖說「大孝終身慕父母」，孝子也不宜悲哀過度，以致傷害了身體；人死既然不能復生，那麼充分表達了悲哀的情緒，也就可以了。因此，子游「喪致乎哀而止」的見解，可說合情合理，也符合孔子的中道精神。

15 子游曰：「吾友張也為難能也❶，然而未仁❷。」

譯 子游說：「我同學子張的交際手腕，別人很難做到；然而他的人際關係並不太好。」

解 ❶張，指子張。難能，應該是指他擅長交際應酬的表面功夫而言。子張初入孔子門下，一心希望「在家必聞、在邦必聞」，以致華而不實，因此孔子曾在答覆問題時暗指他「色取仁而行違」（參閱顏淵篇20）。❷「仁」的本義為良好的人際關係，以及一切經營人際關係的修為；子游說子張「未仁」，曾子也說他「難與並為仁」（見下章），可見子張雖然長袖善舞、交遊廣闊；但是為人處事，不免流於淺俗，所以師友對他的評語並不是很好。孔子說：「師也過。」（見先進篇15）荀子・不苟篇說：「君子行不貴苟難，名不貴苟傳。」對子張應是相當適切的針砭；君子立身處世、待人接物，仍以真誠、樸實較能贏得他人由衷的尊敬。

16 曾子曰：「堂堂乎張也❶，難與並為仁矣❷！」

譯 曾子說：「子張的儀表超群出眾、不同凡俗，可是很難跟他共同保持良好的互動。」

解 ❶堂堂，形容身材高大、儀表非凡的樣子。❷曾子說：「君子以文會友，以友輔仁。」（見顏淵篇24）子張熱衷功名利祿，一味地捨本逐末，因而得不到真正的友誼，這也足以印證孔子說的「可與共學，未可與適道」（見子罕篇29）。

17 曾子曰：「吾聞諸夫子：『人未有自致者也❶，必也親喪乎❷！』」

譯 曾先生說：「我聽先生說過：『沒有人會自動完全流露情感的，除非在父母去世的時候吧！』」

解❶致，極盡之意；自致，意思是將自己的情感表露無遺。❷必也親喪乎，本為假設關係複句的後果小句，在假設小句——「茍（若）有自致者」省略後，便直接和「人未有自致者也」構成排除關係複句，「必也」因而有「除非」、「除了……之外」的意思（參閱八佾篇07、顏淵篇13、述而篇10）。親，指父母。一般人平時大都不願讓他人看見自己情感脆弱的一面，所以常常會刻意地壓抑；只有在至親去世的時候，由於內心悲慟到極點，才會盡情地宣洩出來，這是人類的天性。孟子說：「親喪固所自盡也。」（見孟子・滕文公上篇）意思相同。

18曾子曰：「吾聞諸夫子：『孟莊子之孝也❶，其他可能也❷，其不改父之臣與父之政，是難能也❸。』」

譯曾先生說：「我聽先生說過：『孟莊子的孝行，其他方面別人還能做到；只有不撤換父親任用的部屬和父親制訂的政策，這一點別人就難以做到了。』」

解❶孟莊子，魯國賢大夫孟獻子的嫡嗣，姓仲孫，名速。❷其他，指除了「不改父之臣與父之政」之外的孝親表現——例如披麻帶孝、號哭哀傷、食旨不甘、聞樂不樂等；可能，意思是一般人還做得到。❸學而篇11、里仁篇20都記孔子的話說：「三年無改於父之道，可謂孝矣！」中庸也說：「夫孝者，善繼人之志、善述（遵循）人之事者也。」大學引述孟獻子的話說：「畜馬乘（指初任官職的士），不察於雞豚（不把心思放在畜養牲禽上）；伐冰之家（指屍體可以冰存的大夫），不畜牛羊；百乘之家（指有封地的卿），不畜聚斂之臣——與其有聚斂之臣，寧有盜臣。」可見他的賢德以及用人的原則，所行政令必以利民為先。在他死後，孟莊子不僅繼承他的家業，而且對他留下的人才和政策，都不予變動，真是一位善於繼志述事的孝子，所以受到孔子和曾子的稱讚。

19孟氏使陽膚為士師❶，問於曾子，曾子曰：「上失其道❷，民散久矣❸！如得其情❹，則哀矜而勿喜❹。」

譯 孟氏派陽膚做主管刑獄的首長，陽膚向曾先生請教該怎麼做。曾先生說：「在上位的統治者施政方向偏差，使得人民行為散漫已經很久了；如果你查獲他們犯罪的事實，就要哀憐而不要喜悅。」

解 ❶陽膚，曾子的學生；士師，已見微子篇02。❷失道，本來的意思是迷路，比喻在上位的統治者施政失去了方向，也就是治國無方的意思。❸散，意思和左傳・僖公三十三年「無禮則脫」的「脫」字相同，意謂一個人沒有自制的能力，以致行為脫離了禮教的規範。❹情，指犯罪的事實、證據。孟子・梁惠王上篇說：「無恆產而有恆心者，惟士為能；若民，則無恆產，因無恆心；苟無恆心，放辟邪侈，無不為已；及陷於罪，然後從而刑之，是罔民（「罔」是「網」的初文，當動詞用，意謂存心用法網捕捉人民來治罪）也──焉有仁人在位罔民而可為也？……今也制民之產，仰不足以事父母，俯不足以畜妻子，樂歲終身苦，凶年不免於死亡，此（這樣）惟救死而不贍（只求保命的能力尚且不夠了），奚暇（哪有閒功夫）治禮義哉？」可以拿來闡釋曾子的這一番話。

20子貢曰：「紂之不善❶，不如是之甚也❷；是以君子惡居下流❸，天下之惡皆歸焉❹。」

譯 子貢說：「紂的惡劣行徑，其實不像傳說的這麼過分；因此君子不喜歡墮落，好像處在河川的下游，使得天下的壞事最後都流向自己身上。」

解 ❶紂，商朝末年的君主，帝乙的兒子，名辛，字受，通作紂。相傳他美酒成池、鮮肉成林，生活極盡奢靡；而且生性殘酷，連叔父比干犯顏強諫，都被刳腹剖心；其他像鬼侯被製成乾肉、鄂侯被剁成肉醬的例子，更是不一而足。後來在牧野被周武王打敗，自焚而死。❷是，這樣──指傳說中的情形；甚，過分、誇張之意。❸惡，音「物」，厭惡、不喜歡之意；下流，河川的下游，因為地勢最低，所以上、中游的穢物都匯集到這裡——比喻一個人的人格墮落以後，世間所有的壞事都會被當作標籤而貼在他身上。❹漢書・古今人表將紂的人品列為下下；然而近人顧頡剛撰古史辨，從古書裡蒐集到殷紂王的罪行，多達七十項，發現他的罪行隨著時間的推移，越加越多，因而認定那些都是後人編造的。雖然顧氏的說法缺乏實證，未必可從；但是子貢的見解應屬持平——何況史記・殷本紀說紂「資辨捷疾，聞見甚敏，材力過人」，也曾平定東夷，開拓淮河流域和長江流域，使中原華夏文化得以向南方傳播，可見他並非一無可取。常言道：「眾口鑠金」、「人言可畏」，一個人即使安分守己，尚且難免被人誤會，或受到惡意中傷；如果不知自愛，甘心墮落，讓人留下不好的印象，那麼每當不名譽的事件發生時，就不能抱怨別人為什麼總會懷疑是自己做的。

21 子貢曰：「君子之過也，如日月之食焉❶——過也，人皆見之；更也❷，人皆仰之❸。」

譯 子貢說：「君子犯錯的情形，如同日月出現虧蝕的現象——當他犯錯時，人家都看得見；當他改正之後，人家都會對他更加尊敬。」

解 ❶過，犯錯之意，本來是動詞，加了「之」字後，「君子之過」就變成準判斷句的主語，指君子犯了過錯之後的態度；「如」為繫詞；「日月之食」為這個準判斷句的謂語。食，「蝕」的初文，虧損之意；日月之食，比喻君子的行為有了缺失。❷更，改正。❸仰，抬頭觀望，有尊敬、崇拜之意。孔子說：「君子上達，小人下達。」（見憲問篇24）君子重視心靈的成長，一方面努力進德修業，一方面時常反省改過；由於心胸坦蕩，充滿自信，所以不怕人家曉得自己犯錯，甚至還擔心「當局者迷」，而盼望別人能指出自己的過失。因此，君子的過失愈改愈少，人格愈來愈高尚，也就愈來愈值得大家尊敬了。

22 衛公孫朝問於子貢曰❶：「仲尼焉學❷？」子貢曰：「文、武之道未墜於地❸，在人❹；賢者識其大者，不賢者識其小者❺，莫不有文、武之道焉。夫子焉不學？而亦何常師之有❻？」

譯 衛國的公孫朝詢問子貢說：「仲尼究竟學習了哪些事物啊？」子貢說：「文王、武王的政治理念和制度沒有失落，還在人間；菁英份子記得其中的重大部分，普通人記得其中的次要部份，無不擁有文王、武王留存下來的政治理念和制度。先生哪有什麼不學習的？又哪有固定的師承呢？」

解 ❶公孫朝，衛國大夫，名朝。❷焉，用法同「何」，相當於白話的「哪些」。❸文、武之道，指文王、武王的政治理念和制度；墜，失落、失傳之意。❹在人，意思是仍在人間流傳。❺識，通「誌」，記住之意；大者，重大部分，指禮樂的內涵、精義；小者，枝節部份，指禮樂的外在形式。❻常師，意思是固定不變的老師。除了「文、武之政，布在方策」（見中庸），孔子靠自己從書本上學而知之外，相傳他曾向老聃請教禮制，向萇弘請教音樂，向郯子詢問官職，向師襄學習琴藝，入太廟也每事問，因而自許：「文王既沒，文不在茲乎？」（見子罕篇05）公孫朝的疑惑，正顯示他對孔子博學多能的讚佩。

23 叔孫武叔語大夫於朝曰❶：「子貢賢於仲尼。」子服景伯以告子貢❷，子貢曰：「譬之宮牆❸——賜之牆也及肩，窺見室家之好。夫子之牆數仞❹，不得其門而入，不見宗廟之美、百官之富❺；得其門者或寡矣❻！夫子之云，不亦宜乎❼？」

譯 叔孫武叔在朝廷上對大夫們說：「子貢比仲尼優秀。」子服景伯把這話轉述給子貢聽，子貢說：「這就好比房屋四周的圍牆——賜的圍牆高度只到肩膀，牆外的人可以看見住家的美好裝潢。仲尼先生的圍牆有幾丈高，若找不到它的大門進去，便看不見祖宗廟堂建築的華麗和各個官署造型的多樣；

能找到它大門進去的人或許太少啦！叔孫先生那麼說的原因，不也可以理解嗎？」

解❶叔孫武叔，魯國的三桓之一，名州仇，字叔，諡號武。語，動詞，告訴之意；朝，指魯君的朝廷。❷子服景伯，已見憲問篇38。❸宮，先秦從天子到平民居住的房屋，都可以叫做宮；宮牆，意思是房屋四周的圍牆。❹本句的「夫子」指孔子。仞，周代的長度單位，一說相當於八尺，一說相當於七尺──無論七尺或八尺，數仞都有幾丈高。❺宗廟之美，古代很重視祭祀，所以天子、諸侯、大夫都把祭祀祖先的廟堂建築得非常壯觀而華麗；百官之富，意謂京城裡的各個官署有多種不同的造型。站在幾丈高的圍牆外面，當然看不到宗廟和官署的富麗堂皇。❻得其門者，「得其門而入者」的省略；或，揣測語氣詞，也許、大概之意。❼本句的「夫子」指叔孫武叔。宜，意謂合乎邏輯、可以理解，並非肯定叔孫武叔的說法正確。子貢認為叔孫武叔無緣受教於孔子，因而不曉得孔子的人格有多高尚、學問有多淵博，難怪會那麼說。

按據史記‧仲尼弟子列傳記載，子貢曾經相魯，他「欲去告朔之餼羊」（見八佾篇17），這和孔子曾「隳三都」（參閱陽貨篇05註語），以及主張為政必先「正名」（見子路篇03）一樣，當屬宰相的職權，結果被孔子以「爾愛其羊，我愛其禮」的話所勸止。本篇最後四章所載，應是孔子剛去世的時候，魯國政壇對孔子學識、道德、事功的評論。從子貢的應答，可以想知他仍居相位（不久後，因要為孔子守喪才辭職），而且任內表現卓越（史記‧仲尼弟子列傳記載子貢的事功後評論道：「子貢一出，存魯（使魯國存活）、亂齊（使齊國顛亂）、破吳（使吳國敗亡）、彊晉（使晉國強大）而霸越（使越國稱霸）。子貢一使，使勢相破，十年之中，五國各有變。」），所以叔孫武叔和陳子禽才會對照孔子擔任大司寇並攝行相事期間的作為（隳三都之舉功敗垂成），而認為子貢賢於仲尼。

24叔孫武叔毀仲尼❶，子貢曰：「無以為也❷！仲尼不可毀也。他人之賢者，丘陵也❸，猶可踰也；仲尼，日月也❹，無得而踰焉。人雖欲自絕❺，其何傷於日月乎？多見其不知量也❻！」

譯 叔孫武叔譭謗仲尼，子貢說：「別這麼做啊！仲尼是不可以詆譭的。其他人的優點好比丘陵，還可以超越過去；仲尼的偉大就像日月一般，是無法超越的。有人即使自己要斷絕和日月的關係，那樣對日月有什麼傷害呢？只顯示他不知輕重嘛！」

解 ❶毀，「譭」的初文，惡意中傷之意。❷無，通「毋」，禁制詞；以，和「已」都有「此」的意思──例如陽貨篇22說：「不有博弈者乎？為之，猶賢乎已。」「已」指前面提到的「飽食終日，無所用心」。無以為也，是勸叔孫不要這麼做。❸丘陵，意思是低矮的土山，比喻其他賢者的成就很容易超越。❹日月，比喻孔子道德和學問的成就無人能夠達到。❺自絕，「自絕於日月」的省略，意思是自己要斷絕和日月的關係──比喻叔孫譭謗仲尼的行為。❻多，通「衹」、「只」；見，「現」的初文，表現、顯示之意；不知量，形容見識淺薄、不知輕重，如同今人說「不知天高地厚」、「不知自己能吃幾碗飯」。

25陳子禽謂子貢曰❶：「子為恭也❷，仲尼豈賢於子乎？」子貢曰：「君子一言以為知，一言以為不知❸，言不可不慎也！夫子之不可及也，猶天之不可階而升也❹。夫子之得邦家者，所謂『立之斯立、道之斯行、綏之斯來、動之斯和』❺；其生也榮❻，其死也哀❼──如之何其可及也？」

譯 陳子禽對子貢說：「您是太客氣了，仲尼哪會比您優秀呢？」子貢說：「君子由於一句話而顯得明智，也由於一句話而顯得愚昧，說話不可不謹慎啊！先生無法比得上的事實，好比青天無法用階梯登上去的情形。先生假如真有機會治理國家的話，就能做到有人說的：『拉拔他們站起來，他們便站起來；引導他們向前走，他們便向前走；安撫他們，他們便前來投靠；徵調他們，他們便起來響應』。他活著時，贏得了無上尊榮；他死去後，使人們備感哀戚——怎可能有人比得上他呢？」

解❶陳子禽，身分不詳；從他對子貢稱呼孔子的字，以及和子貢兩人交談的語氣看來，應該不是那位姓陳、名亢、字子禽的孔子學生（見學而篇10、季氏篇13）。❷恭，客氣之意。❸知，「智」的初文。❹階，動詞，意思是藉由階梯；升，登上之意。❺「夫子之得邦家者，所謂『立之斯立、道之斯行、綏之斯來、動之斯和』」為省略了關係詞的假設關係複句——「之得邦家」的「之」有強調的語氣（參閱本篇第三章）；「得邦家」的意思是得到治理國家的機會。立，使役動詞，有拉拔他人站起來之意。道，「導」的初文，引導之意。綏，安撫、安定之意；來，意思是前來歸順、投靠。動，徵召、調動之意；和，音「賀」，響應之意。❻生，這裡用做名詞，指還活著的時候；其生也榮，意思是當他在世期間，廣受世人尊敬。❼其死也哀，句法同上，意思是在他去世之後，萬民同感悲戚。子貢在孔門中長於言語，以上三章都用非常貼切的比喻，形容孔子的偉大和批評孔子的不智。

堯曰篇第二十

01 堯曰：「咨！爾舜❶！天之曆數在爾躬❷，允執其中❸；四海困窮，天祿永終❹。」舜亦以命禹。

曰：「予小子履敢用玄牡❺，敢昭告于皇皇后帝❻：有罪不敢赦❼，帝臣不蔽❽，簡在帝心❾。朕躬有罪，無以萬方；萬方有罪，罪在朕躬❿。」

「周有大賚，善人是富⓫；雖有周親，不如仁人⓬；百姓有過，在予一人⓭。」

謹權量⓮，審法度⓯，修廢官⓰，四方之政行焉⓱；興滅國⓲，繼絕世⓳，舉逸民⓴，天下之民歸心焉㉑。

所重民食、喪、祭㉒。

寬則得眾，信則民任焉，敏則有功，公則說㉓。

譯 堯說：「喂！你這個舜啊！現在上天安排主政的順序已經輪到你身上了，你要好好掌握他所授給的任命狀；如果四海之內的人民生活窮困，那麼上天賜給你的權位就會永遠終結了。」舜後來也用這番話來告誡禹。

（湯）說：「我這個不懂事的小孩名字叫履，膽敢用黑色公牛當祭品，慎重地向最偉大的上帝宣誓：我不敢擅自赦免有罪的人，也不敢埋沒上帝所派臣僕們的才幹，相信上帝心中對他們的表現自有定見。我本身若有罪過的話，希望不要連累到天下各地的人；天下各地的人若有罪過，一切懲罰都落在我身上好了。」

（武王表示：）「我們周朝施行大規模的封賞，優秀的人才實在太多了。我雖有關係最密切的親屬，但是他們都比不上品德優良的人士。今後百官若有任何過失，責任都歸屬我一個人。」

謹慎地制訂稱重和容量的標準，審查所有的法規和制度，重整已經荒廢的官職，於是朝廷的政策可以推行出去。扶起原本已經滅亡的邦國，延續原本已經斷絕的世代，提拔遺落在民間的賢者，天下的人民都願意前來歸順。

在位者著重的是人民的糧食、喪葬、祭祀等事項。

心胸寬大就會贏得民眾的支持，說話算話就會得到民眾的信任，做事勤快就有好的績效，態度公正就會使人喜悅。

解❶咨，對人說話時的招呼聲；爾，指第二人稱，意思是你。❷曆，通「歷」；曆數，次第、順序之意；躬，意思是身體。❸允，確實之意；執，掌握之意；其，相當於白話說「他的」。按「史」字甲骨文作、金文作，從又（象手之形）持中會意；「允執其中」的「中」，和史官手裡所持的「中」，都象書寫用的簡牘或方版之形（參閱王國維觀堂集林・卷六・釋史、附錄八釋中庸註三），這裡指天子受之於天的任命狀（相當於現代的人事派令），也就是上天所賦予的政權。古人以為：如同帝王冊封諸侯那樣，帝王也是由上天所任命的。因此，堯特別叮嚀舜，務必好好把握上天所頒授的任命狀，善體上天的意旨，恪盡自己的職責，完成使人民都能安居樂業的任務。❹「四海困窮，天祿永終」為假設關係複句，假設小句和後果小句的關係詞「若」、「則」都省略了。四海，指天下的民眾；困窮，物資缺乏、生活困苦之意。天祿，意思是上天給予的祿位，也就是政權；永終，永遠終結之意。

❺「予小子」為上古帝王慣用的謙稱，表示自己好比不懂事的小孩子；履，商湯本名天乙，稱王後改名為履，可見這段話是商湯說的，「曰」上當有「湯」字（參閱朱熹論語集註、劉寶楠論語正義）。墨子・兼愛下篇和呂氏春秋・順民篇都以為是商湯做了天子後，天下發生嚴重旱災，他向上天求雨的禱詞。敢，大膽、奮勇之意。這是古人慣用來表示冒昧衝撞之意的敬詞。玄牡，黑色的公

牛——夏朝崇尚黑色，商朝初年，湯仍沿用，後來才改為崇尚白色。❻昭告，慎重地報告（註），有宣誓之意；于，用法同「於」，為處所補詞的關係詞，有向著、對著的意思。皇皇，疊字形容詞，意思是偉大的；后帝為聯合式合義複詞，在這裡指上帝。❼有罪不敢赦，「不敢赦有罪」的倒裝句；主詞為予小子履，承上省略。❽帝臣不蔽，「不蔽帝臣」的倒裝句——「蔽」有掩蔽、埋沒才能之意。❾簡，閱也（見集韻），在這裡有鑒察之意；簡在帝心，意思是上帝已經看在眼裡，心中自有處置方案。❿爾雅・釋詁：「朕，我也。」郭璞注：「古者貴賤皆自稱朕，至秦世始為天子自稱。」朕躬，意思是我本身。無，通「毋」；以，及也，有連累到的意思；萬方，指各地的人。「有罪」的「罪」指過錯，「罪在」的「罪」指犯錯後應受的懲罰。

⓫「周有大賚……在予一人」一節，應為周武王封賞諸侯時的說辭。賚，音「賴」，賞賜之意；大賚，指武王大封諸侯而言。善人，優秀的人才，指受封者而言；是，語助詞，無義；富，眾多之意。

⓬廣雅・釋詁：「周，至也。」所以「周親」的意思就是至親。仁人，意思是品德賢良的人士，也就是指前面提到的那些善人。按左傳・昭公二十八年記載：「昔武王克商，光（廣）有天下，其兄弟之國者十有五人，姬姓之國四十人。」禮記・樂記篇也說：「武王克殷，反商（回到商朝京城），未及下車，而封黃帝之後於薊，封帝堯之後於祝，封帝舜之後於陳；下車而封夏后氏之後於杞，投殷之後於宋。封王子比干之墓；釋箕子之囚，使之行商容（殷商的禮儀）而復其位。」泰伯篇20記武王曰：「予有亂臣十人。」都足以印證武王克殷後大肆封賞諸侯、仁人，以及人才濟濟的事實。

⓭予一人，古代帝王自稱的用詞，表示自己品德不好，以致無人理會，落得形單影隻、孤獨無依，和王侯自稱「不穀」、「寡人」的用意相同；在予一人，意思是責任都在我一人身上，由我獨自承擔。

⓮「謹權量……天下之民歸心焉」以下，不同於前面堯、舜和商、周帝王告誡、宣誓的口吻，疑為

孔門弟子的筆記。謹，意思是慎重其事；權，通「詮」，本義為秤錘，這裡指重量單位和用來稱重的器具；量，指容量單位和用來量米的器具。權、量為人民日常生活中貿易行為所必需，應有絕對的標準，才不會發生爭端，所以改朝換代後，新的統治者有責任制訂一致的標準，須行天下，使民眾有所依據。⓯審，審查之意；法度，指法規和制度。⓰修，整頓之意；廢官，由於天下動亂所導致功能廢弛的官職。⓱四方，指天下各地。⓲興，意思是扶起；滅國，指已經滅亡的諸侯國家。⓳繼，延續之意；絕世，指已經斷絕的卿大夫世系。⓴舉，提拔之意；逸民，指遺落民間的賢者。㉑歸心，順服之意。㉒「所重」的主詞為在位的統治者；所，代在位者重視的事項。㉓「寬則得眾」三句，又見陽貨篇06。「公」的主詞為在位者，「說」的主詞為人民，都省略了。

註　「昭」、「明」二字可以通用，在先秦古籍中，常被用來表示尊敬、慎重的意思，例如：本章和國語・晉語九的「昭告」，尚書・顧命篇作「敬告」；詩經・大雅・大明篇的「昭祀上帝」，尚書・立政篇作「敬事上帝」，詩經・周頌・臣工篇作「明昭上帝」；左傳・僖公二十一年的「明祀」、尚書・酒誥篇的「明享」、大戴禮記・諸侯遷廟篇的「明薦」、左傳・襄公九年的「敬享」、呂氏春秋・尊師篇的「敬祭」、大戴禮記・武王踐阼篇的「敬祀」等等，意思都和墨子・明鬼下篇、天志下篇的「敬慎祭祀」相同。

02 子張問於孔子曰：「何如斯可以從政矣？」子曰：「尊五美❶，屏四惡❷，斯可以從政矣！」子張曰：「何謂五美？」子曰：「君子惠而不費❸，勞而不怨❹，欲而不貪❺，泰而不驕❻，威而不猛❼。」子張曰：「何謂惠而不費？」子曰：「因民之所利而利之❽，斯不亦惠而不費乎？擇可勞而勞之，又誰怨❾？欲仁而得仁，又焉貪❿？君子無眾寡、無小大，無敢慢，斯不亦泰而不驕乎⓫？君子正其衣冠、尊其瞻視，儼然人望而畏之，斯不亦威而不猛乎⓬？」子張曰：「何謂四惡？」子曰：「不教而殺，謂之虐⓭；不戒視成，謂之暴⓮；慢令致期，謂之賊⓯；猶之與人也，出納之吝，謂之有司⓰。」

譯子張向孔先生請教說：「怎麼樣才可以從事政治了呢？」先生說：「遵行五項美好的原則，排除四種惡劣的作法，就可以從事政治囉！」子張接著請教：「什麼叫做五美？」先生說：「君子給人好處卻不用耗費很多金錢，徵調民眾做事卻不會招來怨恨，想要獲得卻不算貪婪，態度從容卻不至於顯得傲慢，使人敬畏卻不用大發脾氣。」子張又問：「什麼叫做惠而不費？」先生說：「依照民眾對權益的需求而讓他們得到應有的權益，這樣不也是惠而不費嗎？選擇適合勞動的時機和事項，然後徵調民眾去勞動，還有誰會怨恨呢？想要和民眾維持良好的互動關係，結果得到人民的愛戴，又怎能算貪婪呢？君子處理公務，不論人數多少或事情大小，都沒有積極或怠慢的差別待遇，這樣不也是泰而不驕嗎？君子只要把衣冠穿戴得整齊、端正，抬頭挺胸，眼睛向前看，一副莊重而不可冒犯的模樣，使人遠遠望見便興起敬畏的心理，這樣不也是威而不猛嗎？」子張接著又請教：「什麼叫做四惡？」先生說：「平時不教導人民修養品德，當他們犯了罪，便加以懲罰，這叫做殘酷；不告訴人民該怎麼做，就只想看到成果，這叫做暴躁；遲遲發佈命令，卻要人民及時完成，這叫做迫害；好比給人家錢財那樣，總是捨不得出手，這叫做財務管理人員心態。」

解❶尊，「遵」的初文，遵行之意；五美，指五項美好的原則。❷屏，「摒」的初文，摒棄、排除之意；四惡，指四種惡劣的作風。❸惠，動詞，意思是施恩於人；費，消耗錢財之意。❹勞，使人勞動，也就是徵調民眾為公家做事的意思。❺欲，心有所求之意；貪，意思是不知滿足或求取分外的利益。❻泰，從容不迫的樣子；驕，高傲不屑的態度。❼威，意思是態度莊重、讓人敬畏；猛，脾氣火爆、說話和舉動兇惡之意。❽因，依循、順應、根據之意；所利，指權益。權益本屬人民所應享有，在位者能主動設法讓他們取得——例如提供就業機會，讓他們自食其力，就是「因民之所利而利之」的作法。❾可勞，指適合勞動的時機、項目等，在適當的時間徵調民眾做對他們有利的事情——例如修橋、鋪路等，自然不會有人抱怨。❿「仁」的本義為和諧的人際關係，在位者想要和民眾維持良好的關係，於是施行德政，因而獲得他們的愛戴，叫做欲仁而得仁；這樣的欲求，受惠的是民眾，當然不能說是貪婪。⓫無眾寡，意思是不論人數多或少；無小大，意思是不分事情小或大；無敢慢，意思是沒有積極或怠慢的差別——這幾句的意思是說：從政官員為人民服務時，不會迫於對方人數眾多或事關重大便積極處理，也不會因為對方人數稀少或事情微小就不屑一顧；總能秉持平常心理，該怎麼辦就怎麼辦。⓬正，意思是整齊、端正，這裡當動詞用。尊，這裡也當動詞用，有擡高之意；瞻視，指眼光、視線。儼然，儀態莊重、令人肅然起敬的樣子。⓭虐，殘酷、蹧蹋之意。⓮戒，「誡」的初文，叮嚀、吩咐之意；成，意思是成績、效果；暴，小篆作——從日、出、廾（雙手）、米，是「曝」的初文，本義為曬；不過在這裡和「暴風雨」的「暴」，都是「暴」的同音通假，意思是急躁。⓰慢令，意思是命令下達的時間太遲；致期，要求在期限內完成之意；賊，傷害、迫害之意。⓯猶之，意思是等同、比如；與，意思是給予。出納之吝，「吝於出納」句法的變換——吝，吝惜、捨不得之意；出納，本指財務的支出和收入，這裡「雙義仄用」，只取「出」字的意思。有司，凡是職有所司的僚屬，都稱有司，這裡專指財務管理人員而言。

03 孔子曰：「不知命，無以為君子也❶。不知禮，無以立也❷。不知言，無以知人也❸。」

譯 孔先生說：「不能認清人生際遇會受外在因素影響的事實，就沒有資格成為君子。不懂得與人交往的禮節，便無法在社會上站穩腳步。聽不懂言語所傳達的意思，便無法瞭解他人。」

解 ❶知命，「知天命」的省略。人生的際遇，往往有許多難以預知且無法掌握的外在因素，孔子稱之為「天命」。必須認知這一點，才能做好心理準備而為所當為，並將成敗得失置之度外；否則容易患得患失，遇到不如己意的事，就怨天尤人，毫無益處，只顯示自己的心智不夠成熟，所以說：「不知命，無以為君子也。」（參閱附錄十一釋知命）❷禮是人與人交往所遵行的模式，不知禮節的話，待人接物就會手足失措，無所適從，也就難以在社會上立足了，所以說：「不知禮，無以立也。」❸知言，意思是從言談中瞭解對方的心態——例如孟子・公孫丑上篇說：「詖辭（偏頗的話）知其所蔽（迷障），淫辭（繁複的話）知其所陷（執著），邪辭（醜惡的話）知其所離（失德），遁辭（逃避的話）知其所窮（心虛）。」言為心聲，與人交往，如果聽不懂對方話裡的含意，也就無從瞭解他的為人，所以說：「不知言，無以知人也。」

貳、附錄

一　釋學

論語全書開頭第一句話就是：「學而時習之，不亦說乎？」孔子自道好學精神無人能及（見公冶長篇28），他又說：「吾嘗終日不食，終夜不寢，以思，無益，不如學也。」（見衛靈公篇30）此外，季氏篇13和陽貨篇09分別記他對伯魚和弟子的教誨：「不學詩，無以言」、「詩可以……多識（記憶）於鳥、獸、草、木之名」，前者因而促使伯魚「退而學詩」。衛靈公篇02也記他問子貢：「女（你）以予為多學而識之（記住）者與？」可見孔子所謂「學」，主要指閱讀而言（參閱【附註】）；然而子路卻曾頂撞他說：「何必讀書然後為學？」（見先進篇24）究竟「學」這個字的構體和本義是什麼？歷來學者似乎一直都沒有交代清楚。愚意以為：教、學兩者關係密切，可說是一體的兩面，最好互相參照，一併加以研究。

按說文・攴部：「教，上所施、下所效也。從攴、從𡥈。」許慎把「教」當會意字解，其實它應該是個形聲字，而形聲字必兼會意（參閱自序【註五】）。「教」字在卜辭和金文中，大多從𡥈聲作敎、敎。另有少數幾款寫法都屬省體或變體，其中一款作𢽈、𢽈，就是說文「教」字下所列從攴、爻聲的重文。不過，用作「教」字聲符的「𡥈」，它的構體當為從子、爻聲，屬子部，意謂仿效、學習；並非老部從老省、從子，意謂善事父母的那個「孝」字（參閱學而篇02）。爻者，效也（見廣雅・釋詁），子女幼年在家仿效父母的言語、動作，是最早的學習行為，可知「𡥈」是「學」的初文。尚書・堯典說：「扑（「攴」的後起字，用竹棍特製的體罰用具，有撲打之意。參閱文字析義・釋攴，「魯實先全集編輯委員會」印行）作教刑（教師處罰的方式）。」禮記・學記也說：「夏（「榎」的初文，楸木）、楚（荊條）二物，收其威（藉以獲取受教者敬畏的效果）也。」「教」字從攴，以示「上所施」之意；從𡥈得聲，以示「下所效」之意。說文「教」字下所列另一從言、𡥈聲的重文，則為「教」的異體字——施教當然是要用言語的，因此「教」字也可以從言。

又按說文・攴部：「斅，覺悟也。從教、從冖——冖，尚矇也；臼聲。學，篆文斅省。」然而「學」字在卜辭中作ⅩⅩ、[古文字]，金文作[古文字]、[古文字]，未見有從攴的寫法，可知「斅」當為「教」的繁體，禮記・學記引兌命曰：「學學半（邊教邊學，也就是「教學相長」之意）。」偽古文尚書・說命篇作「斅學半」，雖是偽書，但作假的人認定「學學」就是「教學」，倒是頗有見地。此外，「學」字在甲骨、金文中無一從冖，而都從宀。孟子・滕文公上篇說：「設為庠、序、學、校以教之……夏曰校，殷曰序，周曰庠，學則三代共（通稱）之，皆所以明（教示）人倫也。」由此可知「學」字的本義，應指施教的場所，也就是學校；它的構體應為從宀、從臼，斈聲——宀和「序」、「庠」兩字所從的广，都象建築物之形，如同現在學校的教室；臼，音「局」，為「掬」的古字。子路篇21記載孔子的話說：「不得中行而與之，必也狂狷乎！」「與」字通「予」，指傳道、授業而言，那麼像兩手取物的「臼」自可用來表示受教之意。由於形聲字必以聲符為初文（說本假借遡源），所以說「斈」是「學」的初文，當可無疑。「學」字原為名詞，指學校，引申可作動詞用——凡是藉由閱讀、仿效、請教、嘗試等方式而獲得某項新的知識、技能、經驗，也叫做學；後來「學」字通行，於是本義為學習的「斈」字，在隸書出現後，或許人們為了避免和「孝悌」的「孝」字混淆，就只留作「教」、「學」兩字的聲符了。

【附註】

學習的方式本不限於閱讀；然而除了技藝、言語、動作等方面的模仿或見賢思齊般的效法外，一般則多指閱讀而言。常言道：「開卷有益。」契合於孔子說的「好學近乎知」（見中庸），他說：「吾嘗終日不食、終夜不寢，以思，無益，不如學也。」（見衛靈公篇30）因而終身樂此不疲，自認好學精神無人能及（見公冶長篇28），並且經常勉勵弟子們好學。從子路對孔子爭論「何必讀書然後為學」的言詞，可知孔子所謂「學而時習之」的學習行為，指的就是讀書。因此，子張篇22記子貢答覆衛國大夫公孫朝詢問「仲尼焉學」時說：「文、武之道未墜於地，在人，賢者識其大者，不賢者識其小者，莫不有文、武之道也。」而中庸記孔子應對哀公問政時說：「文、武之道布在方策。」「方」通「版」，指的是書版；「策」通「冊」，意思是書冊——所謂「方策」，就是可供展閱、捲藏的簡牘，那麼孔子身上的「文、武之道」，當然是廢寢忘食從「方策」中「學」來的了。

二　釋道

孔子集先聖之大成，德配天地，道冠古今，被後人尊為萬世師表；然而他在世的時候，就曾一再感嘆「莫我知」、「道不行」（見憲問篇37、公冶長篇07），甚至表示「予欲無言」、「欲居九夷」（見陽貨篇19、子罕篇13），究竟是什麼緣故造成的呢？他自己說是因為「不怨天、不尤人，下學而上達」、「知者過之，愚者不及……賢者過之，不肖者不及」（見憲問篇37、中庸）；但也難怪，中庸說：「君子之道費而隱，夫婦之愚可以與知焉，及其至也，雖聖人亦有所不知焉；夫婦之不肖可以能行焉，及其至也，雖聖人亦有所不能焉。」可見君子之道本是「極高明而道中庸」，必須終身學習的，因此孔子說：「朝聞道，夕死可矣！」（見里仁篇08）乍聽之下，他口中的道似乎充滿神秘性而不易理解；事實上，孔子之道也往往讓人覺得「仰之彌高，鑽之彌堅」，連聞一知十的顏淵都會興起瞻前忽後之嘆，一般人就更難以入其門牆而窺見「宗廟之美、百官之富」了。（參閱子罕篇10、子張篇23）

論語中的「道」字，共出現八十幾次，和「仁」字相去不遠，想從單章的寥寥數語中瞭解它的涵義，確實不太容易；只有互相參照，融會貫通，才能理出一些頭緒來，現在試將愚見陳述於下，以就正於有道：

（一）道、仁、禮三者的含意可以相通相容

「道」字從辵，首聲【註一】。「首」在甲、金文中分別作、與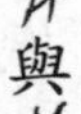、，象鹿頭之形（參閱按語），代表人類和其他禽獸類的頭部。凡形聲字必兼會意，故「道」從辵、首聲，以示人所行走的路徑——例如孔子說：「予縱不得大葬，予死於道路乎？」「道聽而塗說，德之棄也。」曾子也說：「士不可以不弘毅，任重而道遠。」（見子罕篇11、陽貨篇14、泰伯篇07）用的都是本義。由道路之

意引申，可指為人處事所遵循的法則。孔子大概擔心學生以為他的道高深莫測而裹足不前——例如雍也篇10記冉求曰：「非不說子之道也，力不足也。」於是再三提醒他們：「道不遠人；人之為道而遠人，不可以為道。」「人莫不飲食也，鮮能知味也。」「誰能出不由戶？何莫由斯道也？」（見中庸、雍也篇15）可見孔子之道並非遠在天邊，實乃近在眼前——它原來像飲食、進出家門那麼平凡，是人人所習知、天天所常行的，或許可稱為「生活哲學」。孔子說：「人能弘道，非道弘人。」（見衛靈公篇28）意謂他的道並非說了就算，而是要做到才算；也非只做一時，而是要做一輩子的。因此，僅僅熟記他論道之言，甚至口若懸河、講得天花亂墜，和具備高尚人格、成為得道之人，恐怕還有一大段距離。若要認識道的真諦，進而提升自己的人格，必須不斷地博學、審問、慎思、明辨，並且從日常生活中親身體會，篤實踐行，才能深造自得而有所助益。

孟子・離婁上篇引述孔子的話說：「道二：仁與不仁而已矣！」可知孔子之道就是仁道，它不僅是可以坐而言的學術思想，更是必須起而行的人生途徑。顏淵篇01記孔子答覆顏淵問仁時說：「克己復禮為仁。」衛靈公篇41記載孔子接待師冕的態度極為親切而無微不至，當客人都離去後，子張問：「與師言之道與？」孔子回答：「然，固相師之道也。」師、生交談中的「道」字，指的就是待人接物的禮節——可見它以敬愛他人之心為動機，而依照禮的規範來行動，期能與人維持和諧的互動關係。因此道、仁、禮三者，名稱雖異而實質相同【註二】。明白了三者的關係，才比較能夠掌握孔子之道的要領，進而瞭解他話裡的含意。

（二）「道」字還可引申為事情發生的緣由

里仁篇05記孔子的話說：「富與貴，是人之所欲也；不以其道得之，不處也。貧與賤，是人之所惡也，不以其道得之，不去也。」歷來學者對前半節大致上皆無異說；但對後半節則各執隅見——有人改易經文【註三】，有人變更句讀【註四】，也有人增字為訓【註五】，真是眾說紛紜，莫衷一是。究其原因，主要是他們不知關鍵詞「道」在這裡只代表客觀的因素，幾乎都用主觀的價值判斷，而把它解作「道義」或「正當途徑」，同時未能體會孔子說「不知命，無以為君子也」（見堯曰篇03）這句話的深意有以致之。

上文提及「道」字的本義是人所行走的路徑，而路徑有起點和終點，從起點的意思引申，則可用來指事情發生的緣由——例如孫子．地形篇云：「凡此六者，敗之道也。」意謂以上這六項是造成軍隊戰敗的原因。孟子．滕文公上篇云：「孝子仁人之掩其親，亦必有道矣！」意謂從此以後，孝子仁人埋葬去世的親長，實在是其來有自的。因此，在古今各家的說法中，朱熹四書集註：「不以其道得之，謂不當得而得之；然於富貴則不處，於貧賤則不去——君子之審富貴而安貧賤也如此。」可謂最得孔子原意【註六】。至於陳大齊論語臆解批評此說「既拂人性，亦違道理」，而主張「在不以其道的條件下，不可以求去貧賤。申言之，意即貧賤並非絕對不可求去，但不得用不正當的手段以求去；故欲去貧賤，必須採用正當的手段」（按陳氏說法近似王充的「以道去貧賤」，參閱附註二），則純係個人觀點，不免作了擴張解釋；殊不知君子樂天知命，所以能夠「素富貴行乎富貴，素貧賤行乎貧賤」（見中庸）、「臨財毋苟得，臨難毋苟免」（見禮記．曲禮上篇）；否則依陳氏所言，如果採用正當的手段還是不能脫離貧賤，那麼君子又將如何自處呢？

（三）「道」字可用來指事物的目的、目標或宗旨

從路徑終點的意思引申，「道」字又可用來指事物的目的、目標或宗旨——例如孟子．告子上篇云：「學問之道無他，求其放心而已。」意謂士君子求學的目的沒有別的，只為找回先前失去的善良本心罷了【註七】。大學云：「大學之道，在明明德、在親民、在止於至善。」意謂大學的教育宗旨，

在教示美好的禮行——即倫理道德，使民眾親睦相處，而形成最優良的社會風氣【註八】。

孔子之道，一言以蔽之，不過一個「仁」字。所謂仁，是指親睦的、和諧的人際關係，以及能夠維持這種良好關係的一切作為。（說詳附錄七釋仁）孔子說：「好仁者，無以尚之。」（見里仁篇06）可知他說「志於道」（見里仁篇09、述而篇06）的意思就是：讀書人首先要立定遠大的志向，作為自己一生努力以赴的目標，而這個人生至高無上的目標就是「仁」；若能求仁得仁，當可死而無憾了（參閱述而篇14）。

（四）「道」字也可指人君治國的禮教和法度

論語中常見「邦（或天下）有道、無道」的記載，「有道」一語泛指各方面都很有秩序地在正常的狀態下運作，好比車輛在軌道上順利行駛；反之則為「無道」。孔子說：「為國以禮。」（見先進篇25）可知「邦（或天下）有道、無道」的「道」，就是指人君治國（或平天下）所施行的禮樂教化。呂氏春秋‧貴公篇引尚書‧洪範篇的話說：「無偏無黨，王道蕩蕩；無偏無頗，遵王之義；無或作好，遵王之道；無或作惡，遵王之路。」意謂公正無私，選賢舉能，才是帝王應走的大道；否則憑個人的好惡，徇私用人，將使政治腐敗、天下大亂，好比在夜間行走而迷失道路，所以說「無道」。此外，倘若治國不先正名，以致「君不君、臣不臣、父不父、子不子」，勢必使得「民無所措手足」，這也是「上失其道」、「邦無道」的意思。孔子批評「衛靈公之無道」（見憲問篇20），是指他不循正規行事，也就是違背禮教與法度的意思——包括怠忽國政、不理會諸侯的交際、耽溺聲色犬馬之樂等。曾子說：「上失其道，民散久矣！」（見子張篇19）所謂「失道」，就相當於白話說「迷路」。史記‧太史公自序說：「夫禮禁未然之前，法施已然之後。」禮的作用在維持社會秩序，所以廣義的禮教，泛指一切典章制度，自然包括法律在內——例如制訂交通規則的目的，在於維持交通秩序，其中柔性的規範部份是禮，而剛性的罰則部分屬法，剛柔相濟，才會像禮記・雜記上篇說的：「一張一弛，文、武之道也。」季康子所謂「殺無道以就有道」（見顏淵篇19），意思就是處死目無法紀的歹徒，使其他民眾都能安分守己。孟子・離婁上篇說：「上無道揆也，下無法守也；朝（官員）不信道，工（工匠）不信度（尺度）；君子犯義（觸犯教條），小人犯刑（觸犯刑罰），國之所存者幸也。」正是「邦無道」的寫照。

（五）「道」字可指一個人立身處世、待人接物的風格與方式

這是由途徑、法則一再引申而來的意思——例如「三年無改於父之道，可謂孝矣」（見學而篇11）、「子產有君子之道四焉」（見公冶長篇16）、「子張問善人之道」（見先進篇19）等等都是。

（六）「道」字當動詞用，有領導、治理之意。

這是由途徑、遵循、使人遵循的意思一再引申而來的——例如學而篇05的「道千乘之國」、為政篇03的「道之以政」、顏淵篇23的「忠告而善道之」、子張篇25的「道之斯行」等等都是。

（七）「道」字當動詞用，有述說之意。

「道」字既然可由途徑引申為法則，而使用語言、文字來表情達意，也有必須依循的語法、章法，因此當動詞用時，「道」字便有述說的意思——例如「君子道者三……夫子自道」、「樂道人之善」（見憲問篇30、季氏篇05）等，不一而足。

【附註】

註一 「道」、「首」古音同屬幽攝（見曾運乾古音三十攝表），可知「道」為從「首」得聲的形聲字。

註二 陽貨篇04記載：孔子前往武城，聞絃歌之聲，戲曰：「割雞焉用牛刀？」子游以昔日所聞「君子學道則愛人，小人學道則易使」為自己辯解，故知禮樂可稱為道。蓋人倫日用之常道，統稱為「仁」，析言則有孝、弟、忠、信諸名；若加以儀式化，使之成為人們遵守的規範，便叫做「禮」，因此為政篇05記孔子以「無違」答覆孟孫問孝，意思其實就是「生，事之以禮；死，葬之以禮、祭之以禮」。人格是完整而不能分割的，具有成熟的心智，能妥善經營各種人際關係，才算真正的成人，所以大戴禮記・衛將軍文子篇引述孔子的話說：「孝，德之始也；弟，德之序也；信，德之厚也；忠，德之正也。」禮記・冠義篇云：「責成人禮焉者，將責為人子、為人弟、為人臣、為人少者之禮行焉……孝、弟、忠、順之行立，而后可以為人。」八佾篇03記子曰：「人而不仁，如禮何？」可見禮以仁為其內涵，因此禮記・儒行篇說：「禮節者，仁之貌也。」

註三 東漢王充在論衡・問孔篇中首先發難。他對「人當由道義得，不當苟取也；當守節安貧，不當妄去也」這一點，並無異議；只是認為得富貴和去貧賤是同一回事，「獨富貴當言得耳」，「貧賤何故當言得之」？「當言去，不當言得」。因此，他批評孔子「不能吐辭」，進而主張「以道去貧賤」，亦即「修身行道，仕得富貴爵祿；仕得富貴爵祿，則去貧賤矣」。他不贊成「毒苦貧賤，起為奸盜，積聚貨財，擅相官秩」，因為那是「不以其道去貧賤」的作法。按王充之說，僅僅認為孔子用詞不當，並未直指經文有誤。近人王叔岷論語斠理則懷疑「此文本作『不以其道棄之不去也』」，才符合上下一律的句法，並且判斷這是「涉上文『得』而誤耳」。按古籍傳寫致誤的情形固然所在多有；但是若無確實證據，學者們對此仍多持審慎保留態度，而另求妥當的解釋。

註四　宋人俞琰書齋夜話也認為貧賤「安有以其道而得之哉」，而主張「當就『不以其道』點句」。陳大齊雖贊成在『不以其道』下讀斷，卻不同意俞氏所持理由，因為「若把道字解作途徑，則貧賤亦很可有以其道得之者——游手好閒而致貧，違法失職而致賤，都足為以其道得貧賤的實例」，不為無見；然而陳氏拐彎抹角，終究還是把道字解作「正當的手段」，既與前說相抵觸，自己也覺得「採用此一讀法，不免有上下文不相應的缺點」，真是治絲而益棼了！

註五　日人竹添光鴻論語會箋引述中井的話，認為上「之」字指「處」，下「之」字指「去」。又引古賀煜的解釋，各在兩「之」字前面加了「處」字和「去」字。雖然近人王熙元論語通釋（臺北：學生書局）採用其說，但是增字為訓，畢竟難免穿鑿、牽強之病；何況論語本章意旨原來非常淺明，實無橫生枝節、曲為之解的必要。

註六　何晏論語集解云：「時有否泰，故君子履道而反貧賤，此則不以其道而得之也；雖是人之所惡，不可違而去之也。」按何氏的解釋，雖在義理上說得過去；然而「履道」之「道」和「不以其道」之「道」卻相扞格，因此不能說是很恰當的解釋。

註七　孟子感嘆「仁，人心也；義，人路也——舍其路而弗由，放其心而不知求，哀哉！人有雞犬放，則知求之；有放心，而不知求」，所以特別強調「學問」的目的只不過在「求放心」罷了（見孟子・告子上篇）。朱熹集註不知「道」字引申有目的之意，反而將「求放心」解釋為從事學問的方法，真可謂智者千慮之一失了。

註八　「明明德」的上一「明」字，與孟子・滕文公上篇「明人倫」、左傳・僖公二十五年「明恥教戰」等「明」字，都是宣揚、教導之意。尚書．文侯之命的「克慎明德」和國語．齊語的「休德惟慎」同義。休者，美也；「明」也有美意，例如大戴禮記．主言篇「天下之士說，則天下之明譽興」的「明譽」，意思相當於國語．周語上的「令聞嘉譽」，可知明德的意思就是美德，在此指人倫交接之禮行，所以人倫之教於孝經稱為「德教」。孟子．滕文公上篇云：「夏曰校，殷曰序，周曰庠，學則三代共之──皆所以明人倫也。人倫明於上，小民親於下。」正是大學「明德親民」的意思。

按這是瑞典漢學家林西莉博士的見解（見臺北貓頭鷹出版社所印行漢字的故事），十分可取。因為人類頭部的五官都造有象形文了，很難再造一個象全頭之形的字來，只好藉形象明顯的鹿頭來表示。在河南．安陽出土的一件殷商青銅器上，鑄有鹿頭的正面紋飾（見附圖），它的右半和甲文「鹿」的頭部以及金文「首」字的構體正相符合，足以糾正許慎以來所有文字學家的謬說。

附圖

三　釋禮

孔子小時候就喜歡模仿大人祭祀的禮儀（見史記・仲尼世家），十五歲立志向學以後，非常景仰制禮作樂、創造周朝初年太平盛世並奠定八百年政權基礎的周公，於是發憤用功，勤學三代禮制。青年時期，便以知禮而聞名（參閱八佾篇15），並且收徒傳授以禮為首的「六藝」，開創了平民教育的風氣。孟僖子臨終時，特別遺囑二子師事孔子，向他學禮。孔子畢生也以恢復周公制訂的禮樂為志業（參閱述而篇05、八佾篇17、陽貨篇05）。

先師魯公說：「凡形聲字必兼會意。」又說：「凡形聲字必以聲符為初文。」「禮」字從示、豊聲，初文在卜辭中作、金文作，為從豆（一種禮器，參閱泰伯篇04解說）的合體象形（上半部象祭品），本義是「所以事神致福也」（見說文・示部），原指用來祭祀祖先或神祇以求降福的物品或儀式；由於祭禮按照儀式進行，才有秩序而得以順利完成，因而引申為一切可以維持秩序的規範——自國家的典章制度、社會的節慶程序到個人日常生活中待人接物的儀節等。

論語中有許多孔子談論禮教功能與施行要領的記錄。在功能方面，他說：「不學禮，無以立。」（見堯曰篇03）又說：「能以禮讓為國乎，何有？」（見里仁篇13）在位者應當以身作則，教化民眾，因為「敬人者，人恆敬之」（孟子語，見孟子・離婁下篇），禮儀的作用就在教人真誠、尊重與謙讓，好比人際關係的潤滑劑。孔子進到魯國太廟時，每項細節都要詢問清楚，以免違犯廟規而褻瀆了神明。禮記・曲禮上篇說：「入境而問禁（禁忌），入國而問俗（習俗），入門而問諱（主人家中長輩的名字）。」無非表示對邦國、地方與家庭主人的尊重。在父母生前死後，子女都須依照相關的禮節來服事、安葬與祭祀（見為政篇05）；與人交往或相處，凡是違背禮教的事情，都不要看、不要聽、不要說、不要做（見顏淵篇首章）。每次孔子和弟子們座談平生抱負和治國理念時，子路都搶先發言，孔子雖然賞識子路的勇敢、果決和軍事才能；但因「為國以禮，其言不讓」，所以當子路發言完畢後，孔子僅僅對著他微笑，並未給予稱讚（見先進篇末章）。

禮教雖有指導的作用，但凡事「過猶不及」，有時也得加以節制才好，所以叫作「禮節」；否則「恭而無禮則勞，慎而無禮則葸，勇而無禮則亂，直而無禮則絞」（見泰伯篇02）。至於如何節制才能無過、無不及而恰到好處，有賴經驗和智慧的權衡，必須隨時隨地博學、審問、慎思、明辨，並從日常生活中去實踐、體會與調整、改進，可參閱附錄十釋中行，這裡不再贅述。

禮節的內涵為誠敬，藉由物品、言詞、動作等外在的形式來表現，所謂「誠於中而形於外」，表裡如一，行禮才有意義；否則捨本逐末，巧言令色，虛有其表，為君子所不齒，所以說：「人而不仁，如禮何！」「禮云禮云，玉帛云乎哉？」（見八佾篇03、陽貨篇11）

此外，行禮也得符合當事人的身分，不能有所僭越；否則妄自尊大，違背了謙讓的禮教，勢必貽患無窮──難怪季孫氏身為大夫，卻擺出專屬天子和魯君的八佾舞排場，會使孔子覺得忍無可忍了（見八佾篇首章）。又如管仲，雖然輔佐桓公尊王攘夷，勞苦功高，備受孔子推崇；但是他生活奢靡，室內設備和國君相侔，仍避免不了孔子的批判。又如當時魯國一般朝臣都改在堂上拜見國君，已經成為慣例；唯獨孔子不願苟同，堅持拜於堂下，就是為了謹守臣屬的分際（見子罕篇03）。

禮制有因革損益，在合情合理的基礎上，當與時俱進，所以孔子說：「麻冕，禮也；今也純，儉，吾從眾。」（見子罕篇03）又說：「殷因於夏禮，所損益可知也；周因於殷禮，所損益可知也；其或繼周者，雖百世可知也。」（見為政篇23）在二十一世紀政治日趨民主化的今天，禮教的時代意義，可分兩點加以說明：

一、禮教與法治 「夫禮禁未然之前，法施已然之後」（語見史記・太史公自序），可知禮教與法治兩者殊途同歸，都是為了要維持社會秩序，無妨相輔相成，不宜偏廢（參閱附錄二釋道）。不過孔子說：「道之以政，齊之以刑，民免而無恥；道之以德，齊之以禮，有恥且格。」（見為政篇02）又說：「聽訟，吾猶人也；必也使無訟乎！」（見顏淵篇13）因此，為政最理想的成效，還是用禮教使民眾修養品德，潔身自愛，以損人利己為可恥，因而不屑於違法犯紀，這樣，社會自然祥和，就像周朝初年，天下太平，刑罰只是備而不用罷了。

二、禮教與民主

孔子說：「禮者，敬而已矣！」（見孝經）梁漱溟先生說：「倫理社會所貴者，一言以蔽之，曰：尊重對方。」（引見顏淵篇首章「為人由己」句解說）可知禮教的精神在尊重。現代學者談論民主政治，往往引用十八世紀法國思想家伏爾泰的名言：「我雖不同意你說的話，但誓死維護你說這話的權利。」說明了和法治互為表裡的民主，其真諦也不外乎尊重。因此，就本質而言，倫理與民主其實相通相容。對於過去兩千年在君主專制政體下，被法家尊君卑臣思惟嚴重扭曲的儒家倫理道德，如今我們應該重新檢視，將孔子得人心所同然、平易可行的仁道發揚光大，藉著「選賢舉能」的民主政治，締造「講信修睦」的和諧社會，讓世人由小康邁向大同的終極理想目標！

四　釋直

憲問篇36記載或問曰：「以德報怨，何如？」子曰：「何以報德？以直報怨，以德報德！」世人往往誤認以德報怨是孔子的主張【註一】，其實不然。由本章可知：孔子雖未斷然反對以德報怨，卻也頗不以為然。在一般人的觀念裡，以德報怨的作法顯示當事人的涵養深厚，令人敬佩，因此才會有人拿它來問孔子，沒想到孔子並不贊成。從他的回應，可知以直報怨比以德報怨更難能可貴；不過，以德報怨的意思非常清楚，而以直報怨則嫌隱晦不明。何謂以直報怨？孔子沒有說明。向來學者們的解釋，若非過於簡略，就是不夠貼切【註二】，實有加以探討的必要。鄙見以為問題的關鍵在於「直」這個字，解決之道，自然得求之文字學和論語書中用到「直」字的地方。

按許慎將「直」字歸屬於說文・乚部，而且是該部收錄的唯一篆字，他的解說是：「，正見也。从十、目、乚。」殊不知「直」字於卜辭作、，從目；又按說文「直」字下另有從木為繁文的或體作，當與木工有關，可知丨象直線之形，「直」應是個部份形符不成文的會意字（參閱學而篇01附註）。卜辭「直」字也有加「行」的省體為繁文作、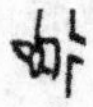的構形。繁文部份到了金文，有變成乀的；到了小篆，又訛變為乚。此外，金文裡面，往往會在長劃當中加上一個圓點；到了小篆，為了書寫方便，圓點又變成橫畫（參閱泰伯篇07「任」字解說），於是丨變成了十，而從目、十，再加上變體繁文乚的「直」字，也就寫作了。後人根據字形訛變的篆字來解釋，自然不符造字的原意（參閱先師魯公文字析義・釋直）。

由上述可知：「直」字的本義為木匠以目測直線，引申可指一個人個性條直。為政篇19記孔子回答哀公的話說：「舉直錯諸枉，則民服。」雍也篇17記子曰：「人之生也直，罔（通「枉」）之生也幸而免。」此外，微子篇02記柳下惠的話說：「直道而事人，焉往而不三黜？枉道而事人，何必去父母之邦？」這些句子裡，以「直」和「枉」對言，枉為枉曲，故知直為正直、條直之意。衛靈公篇06記衛國賢大夫史魚「邦有道，如矢；邦無道，如矢」，所以孔子稱讚他說：「直哉史魚！」這是「直」字原本的意思。

繩墨是古代木匠取得直線的工具；然而一個人是否正直，則非肉眼可見，因此各人判斷的標準不盡相同。子路篇18記葉公告訴孔子：「吾黨有直躬者，其父攘羊，而子證之。」孔子對他說：「吾黨之直者異於是──父為子隱，子為父隱，直在其中矣！」此外，公冶長篇24記子曰：「孰謂微生高直？或乞醯焉，乞諸其鄰而與之。」可見孔子對直的看法異於世俗，而有他獨特的標準──那就是禮，而禮不外乎人情與事理。父子之間的親情乃根於天性，「父為子隱，子為父隱」才合乎人之常情，所以說「直在其中」。孟子・盡心上篇記載桃應問曰：「舜為天子，皋陶為士，瞽叟殺人，則如之何？」孟子認為：舜必定會放棄天子之位，然後「竊負而逃，遵海濱而處」，也是同樣的意思。葉公所言「其父攘羊，而子證之」，未免矯情，這是對人性的扭曲，因此孔子不以為直；而所謂「大義滅親」，畢竟是法家標榜的作法，是非姑且不論，在重視親情、講究倫理道德的孔子看來，那是不足為訓的。

禮教是體乎人情、應乎事理的，並不強人所難，因此禮記・曲禮上篇說：「貧者不以貨財為禮，老者不以筋力為禮。」同書表記篇也說：「君子於有喪者之側，不能賻焉（資助喪葬費用），則不問其所費（支出多少）；於有病者之側，不能饋焉（給予食物），則不問其所欲（想吃甚麼）；有客不能館（留宿自宅），則不問其所舍（要住哪裡）。」就是為避免口惠而實不至，有虛情假意之嫌。微生高自己家裡沒有醋，本可據實以告，並不算失禮；可是他為了討好對方，或怕別人說他吝嗇，於是轉向鄰居索取。這種無而為有、借花獻佛的作法，往好處說，是熱心有餘；但以直的標準而言，則有所不足，因此孔子不許微生高為直者【註三】。

禮是內心真誠的表現，所謂「誠於中、形於外」，不得矯飾；若情不足而禮有餘，則必定有詐。

孔子說：「古之愚也直，今之愚也詐而已矣！」（見陽貨篇16）以「詐」與「直」對言，可見有詐就是不直。季氏篇04記孔子談益友和損友的分別時說：「友直、友諒、友多聞，益矣；友便辟、友善柔、友便佞，損矣。」便辟、善柔、便佞都是小人的虛矯作風，即柳下惠所謂「枉道而事人」的「枉道」表現，這與益友之直相反，由此可知直與不直的分際所在了。

顏淵篇20記孔子告訴子張「達」與「聞」的區別說：「夫達也者，質直而好義，察言而觀色，慮以下人，在邦必達，在家必達。夫聞也者，色取仁而行違，居之不疑，在邦必聞，在家必聞。」以「色取仁而行違，居之不疑」和「質直而好義」對言，則前者之為不直可知，而子張莫辨，可見當時有些人對直與不直的分際頗為混淆，難怪孔子要感嘆「今之愚也詐而已矣」，對於三代能直道而行之民，則特加讚譽（見衛靈公篇24）；雖說「古之愚也直」，想必孔子也是認為「其愚不可及」的吧！

待人接物是一門永遠學不完的大學問，因為天下沒有絕對應該如何或絕對不該如何的事，要須因人、事、時、地而制宜。孔子說：「君子之於天下也，無適也，無莫也；義之與比。」（見里仁篇10）所以他自稱處世的態度是「無可、無不可」的（見微子篇08）——例如狂者與狷者雖然都次於中道，但是他說：「不得中行而與之，必也狂狷乎！狂者進取，狷者有所不為也。」（見子路篇21）又如伯夷之隘、柳下惠之不恭，雖皆君子所不由（見孟子・公孫丑上篇「伯夷非其君不事」章），但他們仍不失為聖者，而為孔、孟所推崇【註四】。同樣的，禮記・表記篇說：「以德報怨，則民有所勸。」又說：「以德報怨，則寬身之仁（當作「人」）也。」可見以德報怨並非絕對不可，甚至有時還可收感化頑劣或明哲保身之效；然而畢竟不可視為常軌，所以孔子雖未斷然反對，卻並不贊成大家那麼做；否則蔚成風氣後，以德報怨成了人們行為的準繩，容易使好人得不到應有的稱讚和鼓勵，且令壞人心存僥幸，而不知反省、改過，這樣就會使得公理不彰、曲直莫辨，大家也就無所適從了。因此孔子主張「以直報怨，以德報德」，社會才有是非與公道可言。

以直報怨不是以德報怨，也不是以怨報怨，究竟指的是什麼呢？孔子並未明示，或許因為這不是三言兩語便說得清楚的。現就個人平日讀書及體會所得，謹陳鄙見如下：

上文說孔子的直道是以禮為標準的，而禮不外人情與事理，所以凡事必須衡情度理，然後才能採取適當的對策。孔子說：「直而無禮則絞。」（見泰伯篇02）又說：「好直不好學，其蔽也絞。」（見陽貨篇08）所以我們必須不斷地博學、審問、慎思、明辨、篤行，以體驗待人接物之道，才不會有太過或不及之偏。在孟子・離婁下篇裡有一段話，似可作為「以直報怨」一語的註腳。孟子說：「君子所以異於人者，以其存心也——君子以仁存心，以禮存心。仁者愛人，有禮者敬人。愛人者，人恆愛之；敬人者，人恆敬之。有人於此，其（若）待我以橫逆（蠻不講理的態度），則君子必自反也：『我必不仁，必無禮也，此物（指「橫逆」）奚（為何）宜（正好）至（落到自己身上）哉？』其（倘若）自反而仁矣，自反而有禮矣，其（他的）橫逆由（猶、仍舊）是（這樣）也，君子必自反也：『我必不忠。』自反而忠矣，其橫逆由是也，君子曰：『此亦妄人也已矣，如此則與禽獸奚（如何）擇（分別）哉？於（對）禽獸又何難（爭論）焉？』」而憲問篇38記載：公伯寮愬子路於季孫，子服景伯以告，曰：「夫子固有惑志於公伯寮，吾力猶能肆諸市朝！」子曰：「道之將行也與，命也；道之將廢也與，命也——公伯寮其如命何！」這種不與妄人計較的作法，不失為以直報怨的範例。此外，歷史上大家所熟知的故事，如藺相如體念國家安危，處處迴避廉頗的挑釁及侮辱。（見史記・廉頗、藺相如列傳）又如荊軻先後忍受蓋聶及魯句踐的不友善態度，避而遠之。（見史記・刺客列傳）他們都有君子的見識與器度，能夠以直報怨，結果贏得了對手及世人的尊敬和稱讚。至於韓信之俯出淮陰屠中少年胯下，實有悖人情，恐怕只有他才做得到，是否可稱為以直報怨，似乎值得商榷。【註五】

由以上所述，大體上可說，以直報怨的意思，是用一種合情合理的方式來回應他人不友善的對待。君子以仁、禮存心，報怨之道，首在自反；其次，小怨固可不與計較【註六】；假使對方橫逆太甚，甚至威脅到自己身家性命的安全時，在講究法治的今天，正當的處理方式，大概只有訴諸法律一途了。

【附註】

註一　日本已故產經新聞社記者古屋奎二說：「以德報怨思想是古代孔子的名言，是依據儒家的四書、五經所教導的人的道理。這是我們東方人的榮譽，蔣總統以此為對付敵人的基本精神——譬如對日本放棄賠償、從寬判處戰俘等措施，一切都是淵源於此。」見臺北中央日報社發行的蔣總統秘錄冊一，頁二六。

註二　自古迄今，學者們大抵皆以正直或至公無私為訓，失之太簡，而陳義太高，且不切合孔子回應的本意。唯劉寶楠論語正義的見解不同，他說：「凡直之道非一，視吾心何如耳——吾心不能忘怨，報之，直也；既報，則可以忘矣。苟能忘怨而不報之，亦直也；雖不報，固非有所匿矣。」又說：「其心不能忘怨，而以禮勝之者，亦直以其心之能自勝也。直之反為偽，必若教人以德報怨，是教人使為偽也，烏乎可？」按劉氏「報怨」與「忘怨」的說法，不無矛盾之嫌，令人無所適從；至於拿「直」和「偽」相對照，也未免僵化，因為孔子是「無可、無不可」的，何況以德報怨之可否，從禮記・表記篇所稱「則民有所勸」和「則寬身之人也」，可知它並非絕對的價值判斷問題。

註三　不過，子女事父母須竭其力，又當別論，例如曾子之奉養曾皙，事見孟子・離婁上篇。

註四　參閱微子篇08「逸民」章、孟子・公孫丑上篇「夫子加齊之卿相」章與萬章下篇「伯夷目不視惡色」章。

註五　愚意並非批評韓信的作法不對；只因禮記・表記篇說：「聖人之制行也，不制以己，使民有所勸勉愧恥，以行其言。」所以必須是合情合理而易為一般人接受的事，聖人才會教導人們去做。韓信見侮不辱，能屈能伸，這是他了不起的地方；然而他的作法，並不能視為模範，而要大家去學他。不過，韓信究竟應如何自處，由於對當時的情況不太清楚，未便妄作主張——或許就他個人而言，那是最妥善的應付方式吧！

註六　除上述的藺相如、荊軻外，如唐人婁師德唾面自乾（見新唐書・婁師德傳），也是一例。

五　釋德

論語書中，愈簡短的詞句，通常愈難理解，因為某些文字的涵義十分廣泛，學者們的解讀頗不一致，令人無所適從。述而篇06記孔子的話說：「志於道，據於德，依於仁，游於藝。」學者們對其中「德」字的解釋，似乎都嫌攏統而不夠清楚，現從該字的構體和論語中用到它的地方來試加探討。

按：「德」字在金文中作[illegible]、[illegible]，為「悳」的後起字，而初文「悳」則為從心、直聲的形聲兼會意字。「直」的本義為木匠用矩尺畫出或用繩墨所造成的線條，引申以形容人的心地條直。由此可知：「悳」的本義為心性真誠、坦率，「如惡惡臭，如好好色」（語見大學），內心怎麼想，外表就怎麼說、怎麼做，不拐彎抹角，更不自欺欺人；後來加「行」的省體「彳」作「德」，以表示心性和行為兩者都直的意思。雍也篇17記孔子說：「人之生也直，罔（通「枉」）之生也幸而免。」意謂人們的天性是條直的，扭曲本性而能生存下來的，那是由於一時幸運躲過災難的結果。由此可見他是賦予心地條直正面評價的，和今人說正直的意思相當。再從他回應葉公「吾黨有直躬者，其父攘羊而子證之」時說：「吾黨之直者異於是——父為子隱，子為父隱，直在其中矣！」可知他判斷一個人直不直的依據，不外乎情、理——「其父攘羊而子證之」有違人之常情，不能認定為直；因此，他所主張「以直報怨」（見憲問篇36）的意思，也就是用合情合理的方式回報別人的惡意對待了。（參閱附錄四釋直）孔子既然認定「直」是合情合理的作為，而給予正面的評價，並拿它作為判斷是非善惡的標準，那麼從直得聲的「德」字，拿現代的話來說，就是指這種做人的核心價值；所謂「據於德」，和子張篇02的「執德」，意思都是把握住這一點做人的核心價值。述而篇03記載「德之不修」為孔子所擔憂的事項之一，所謂「修德」，應當就是誠意、正心的功夫，而由此修養所表現的端正品行，便是德行了。

述而篇24記載：「子以四教：文、行、忠、信。」關於「行」的涵義，大戴禮記・曾子制言上篇說：「夫行也者，行禮之謂也。夫禮，貴者敬焉、老者孝焉、幼者慈焉、少者友焉、賤者惠焉——此禮也，行之則行也。」可知一切符合禮教的行為，便稱作「行」或「禮行」（見下）。同書衛將軍文子篇引用孔子的話說：「孝，德之始也；弟，德之序也；信，德之厚也；忠，德之正也。」禮記・冠義篇說：「責成人禮焉者，將責為人子、為人弟、為人臣、為人少者之禮行焉……孝、弟、忠、順之行立，而后可以為人，而后可以治人也。」可知人格養成教育在古代名為「德教」（語見孝經），其實就是指禮教；而所謂「成人」，顧名思義，自然就是兼具理性和感性，能做到孝、悌、忠、信的成德之人了。德和行既然同為禮教的內涵，意思相當，因而得以構成「德行」這個聯合式合義複詞。孔子以「克己復禮」答覆顏淵問仁，顏淵自己也說：「夫子循循然善誘人，博我以文，約我以禮。」所以他能擇善固執、「其心三月不違仁」、力行「非禮勿視、非禮勿聽、非禮勿言、非禮勿動」的教誨，而列名孔門「德行」科之首（見先進篇02），可說是名符其實的。

「德」字從直得聲，而直有正直之意，所以孔子答覆季康子問政時說：「政者，正也；子帥以正，孰敢不正？」又說：「子為政，焉用殺？子欲善，而民善矣！」（見顏淵篇17、19）又答覆哀公問「何為則民服」時說：「舉直錯諸枉，則民服。」（見為政篇19）正具體說明了「為政以德」、「道之以德」（見同篇第一、第三章）的含意。

「德」字在論語中，也可用來指愛心或友善的態度——例如憲問篇36的「以德報怨」，意思是用友善的態度回報惡意的對待。又如季氏篇01的「遠人不服，則修文德以來之」，意思是說：偏遠地區的人若不順服，便制訂懷柔的政策來向他們招手。

由於古代文字為數不多，又不像現行白話可用複詞來表達細膩的思想，以致古人說話或行文都十分簡要，所用詞語在不同的地方往往有不同的含意，或不同文字的意思卻又可以相容，形成「析言則有別，渾言則無異」的現象。在論語中，「天」、「道」、「行」、「仁」、「知」、「勇」、「利」……等字，都有事實判斷與價值判斷兩種用法並存的情況，「德」字也是如此——例如學而篇09記曾子的話說：「慎終追遠，民德歸厚矣！」子路篇22記孔子引述南人的諺語說：「不恆其德，或承之羞。」憲問篇35記子曰：「驥不稱其力，稱其德也。」顏淵篇19記孔子告訴季康子說：「君子之德風，小人之德草；草上之風，必偃。」子張篇11記子夏曰：「大德不踰閑，小德出入可也。」這些話裡的「德」字都純指性情、意志或行為而言，並不涉及價值判斷。

六　釋義利

里仁篇16記孔子的話：「君子喻於義，小人喻於利。」說明君子和小人的差異，在於價值觀的不同。按論語所錄孔子分別談論君子或小人的地方，不勝枚舉；至於拿君子與小人對照的談話，除了本章之外，還有：

一、君子周而不比，小人比而不周。（為政篇14）

二、君子懷德，小人懷土；君子懷刑，小人懷惠。（里仁篇11）

三、子謂子夏曰：「女為君子儒，無為小人儒。」（雍也篇11）

四、君子坦蕩蕩，小人長戚戚。（述而篇36）

五、君子成人之美，不成人之惡；小人反是。（顏淵篇16）

六、君子之德風，小人之德草；草上之風必偃。（同前19）

七、君子和而不同，小人同而不和。（子路篇23）

八、君子易事而難說也——說之不以道，不說也；及其使人也，器之。小人難事而易說也——說之雖不以道，說也；及其使人也，求備焉。（同前25）

九、君子泰而不驕，小人驕而不泰。（同前26）

十、君子上達，小人下達。（憲問篇24）

十一、君子固窮，小人窮斯濫矣！（衛靈公篇01）

十二、君子求諸己，小人求諸人。（同前20）

十三、君子不可小知，而可大受也；小人不可大受，而可小知也。（同前33）

十四、君子學道則愛人，小人學道則易使也。（陽貨篇04）

十五、君子義以為上——君子有勇而無義為亂，小人有勇而無義為盜。（同前23）

以上所引各條中的「君子」和「小人」，除了少數係指統治者與被統治者外，大多就個人立身處世的態度而論；所有這些區別，可說都是由於彼此人生觀與價值觀的差異所致，而「喻於義」和「喻於利」正點明了君子和小人價值觀的不同所在。因此，對一個讀書人來說，本章實具有無比深遠的意義。

按：「義」在卜辭中作義、義，金文作義、義，從羊、我聲【註一】，為形聲兼會意字。從「羊」代表一切牲畜；「我」象鋒刃如鋸齒狀的兵器【註二】，以示宰殺之意——可知「義」的本義當指祭牲，而為「羲」、「犧」的初文。被拿來祭祀的牲畜捐棄自己的生命，讓鬼神賜福給人類，於是「義」字引申可指一切捨己為人的善行。呂氏春秋・順民篇記載：商湯克夏做了天子，曾因連年大旱沒有收成，禱於桑林，願以己身為犧牲，祈福於上帝。不久之後，天空果真下起大雨，解除了旱象。姑且不論故事的真實性，湯的舉動應能代表先民這種觀念。後來「義」字由祭牲引申為捨己為人的善行，又因語音轉變，於是加注「兮」聲而孳乳為「羲」字【註三】——這是部份後起形聲字有一形二聲情形的緣由【註四】；再因「羲」字借為姓氏或日御（太陽神的車夫），故又加注形文「牛」而孳乳為「犧」。由以上所述，本義為祭牲的「義」字，因為語音的轉變或字義的引申、假借，而就其初文加注聲文或形文，先後孳乳了「羲」、「犧」二字，這便是轉注造字的原理。【註五】

在轉注、假借造字之後，傳鈔或引述古籍者往往拿後起字或訓詁字改易初文【註六】；但也仍有沿用初文的情形【註七】，不啻為後人留下了印證時的蛛絲馬跡。就拿「義」字來說吧！後人承其輾轉引申之義，又造出一個「儀」字。國語・周語上：「犧人薦醴。」賈逵本作「儀人」【註八】，顯然國語的原本當作「義人」，屢經傳鈔的結果，賈逵本改成它的後起形聲字——「儀」；別本則改成它的轉注字——「羲」，後來再改成現行的「犧」。秦惠王詛楚文「犧牲」之字作「羲」【註九】，許慎說文解字「犧」字下引賈侍中說：「此非古字。」其實「儀」又何嘗是古字呢？尚書大傳・堯典：「儀伯之樂舞䕫哉！」鄭注：「儀，當為義，義仲之後也。」因此，若說「儀伯」本作「義白」，從文字演變的軌跡看來，是可以理解的。

「利」在卜辭中作[illegible]，從刀、禾，以示刈禾而有所得，故其本義當為收穫。字或作[illegible]、[illegible]，則為卜辭中常見的繁文——蓋從土以示禾為土地所出，從又以示刈禾時用手把持，刀中點狀物則象禾粒，都無害於「刈禾而有所得」之意。在古代的農業社會，農耕所得是民眾的主要財源，因此「利」字引申可指財貨以及許多與財貨有關的事物。孔子說：「見利思義。」（見憲問篇13）又說：「見得思義。」（見季氏篇10）意思是完全相同的。常言道：「工欲善其事，必先利其器。」（語見衛靈公篇09）刈禾所用刀具，自以銛快為佳，因此「利」字引申也有銛利、便利、快捷等意思。

好利之心，人皆有之。「小人」原指未成年的兒童；據心理學家研究，人類在幼年時期，大都以自我為中心，說明了兒童是很自私的，行事仍不脫動物求生存的本能。有道是：「讀書明理。」但在古代，一般民眾沒有權利進學校受教育，因而比較不明事理，心智往往仍像兒童那麼幼稚，所以論語中的「小人」有時也指平民而言【註一〇】；上文所引里仁篇11的「懷土」、「懷惠」，正說明了「小人喻於利」的心態。不過，當時平民處在被統治的弱勢地位，只求「養生喪死無憾」，「無恆產因無恆心」，為了私利，於是「放辟邪侈，無不為已」，孟子認為情有可原，而歸咎於統治者的失職（見孟子・梁惠王上篇）。如果一個士人讀了聖賢書，卻依然心胸狹小，眼光淺短，自私自利，患得患失，便無異於「長戚戚」的小人，也就是孔子所不齒的「小人儒」了。

孔子說：仁者「愛人」（見顏淵篇22）。又說：「君子無終食之間違仁。」又說：「好仁者無以尚之。」（見里仁篇05、06）又說：志士仁人「有殺身以成仁」（見衛靈公篇08）——可知一個「喻於義」的「君子儒」既以行仁、求仁為終身職志，當義之所在，愛到最高點時，生命也可以犧牲，而所謂「殺身成仁」、「舍生取義」，正是仁人義士所表現無私無我的最高情操。唯其如此，君子立身處世，待人接物，自然能夠不忮不求、無怨無憾、坦坦蕩蕩、窮達俱樂了。

【附註】

註一　「義」、「我」古音同屬阿攝疑紐（見曾運乾古音三十攝表）。

註二　說見李孝定甲骨文字集釋頁三七九九，「中央研究院・歷史語言研究所專刊」之五十。

註三　「義」之古音為阿攝牙音，「兮」為益攝牙音，旁轉相通（參閱曾運乾古音三十攝表）。

註四　說本魯公假借遡原頁四三至四四。

註五　說詳魯公轉注釋義（臺北洙泗出版社）。

註六　例如「義」有時借為姓氏或日御，後人承借義而孳乳為「曦」，於是論衡・是應篇：「堯候四時之中，命曦、和察四星以占時氣。」遂以「曦」字取代了「義」字。

註七　例如詩經・小雅・蓼莪篇云：「哀哀父母，生我勞瘁。」又云：「民莫不穀，我獨不卒。」上文「瘁」為後起字，下文「不卒」卻是「丕瘁」的初文（丕，大也）。同書邶風・日月篇云：「父兮母兮，畜我不卒。」亦然。

註八　見臺北廣文書局所發行王引之經義述聞頁五五〇所引北堂書鈔禮儀部十二。

註九　見臺北商務印書館發行的丁福保說文解字詁林頁五四三至五四四所錄各家引文。

註一〇　例如文首所引「小人懷土」、「小人之德草」、「小人學道則易使」等。

七　釋仁

研究孔子的中、外學者幾乎一致公認他的中心思想是「仁」；然而孔子不曾明確地為「仁」下過定義，當時人們對「仁」的概念似乎也不太清楚【註一】，難怪近人屈萬里先生會說：「我們打開論語，對於『仁』字的涵義，頗使人有迷惘之感——因為這樣也是仁，那樣也是仁；同時又這樣也不是仁，那樣也不是仁。」（見書傭論學集‧仁字涵義之史的觀察，臺灣開明書店）根據他的考證，殷代及西周文獻中沒有「仁」字【註二】；而在論語二十篇中，有五十八章用到「仁」字，全書共出現一百零五次之多，因此近人李濟先生以為「仁」之成為一種學說，當從孔子開始（見屈文引述），可說是真知灼見。至於「仁」字的涵義，我們可以試著從它的構體和孔子對它的相關言談來加以探討。

依照許慎說文以及先師魯公「形聲必兼會意」（參閱本書自序【註六】）的說法，「仁」這個字的解釋應為：「仁，親也；從二、人聲。」可知「仁」字的本義，是指二人——也就是人與人之間的親睦關係；而一切足以維繫、增進親睦人際關係的美好德行——倫理道德，都屬於仁的範疇。相對而言，不和諧的人際關係或一切足以損害人際關係的非道德行為，便是不仁了。孔子說：「天下之達道五。」指的是「君臣」、「父子」、「夫婦」、「昆弟」、「朋友之交」這五種人際關係。忠恕為行仁的捷徑，所以說「忠恕違道不遠」、「能近取譬，可謂仁之方也已」。他因自謙未能善盡「所求乎子以事父」、「所求乎臣以事君」、「所求乎弟以事兄」、「所求乎朋友先施之」等四項「君子之道」，所以不敢承當仁者的讚譽（參閱中庸、雍也篇28、述而篇33）。這些言論已隱約說明孔子的仁道，實為人際交往最平易可行的途徑；而論語所載孔子答覆弟子問仁的話，就是在為他們指點經營人際關係的迷津，例如：

一、顏淵篇22記載樊遲問仁，孔子直截了當地教他要主動去「愛人」——因為「愛人者，人恆愛之」

（語見孟子・離婁下篇），人人相親相愛，關係和睦，當然就是仁了。

二、同篇第一章記載顏淵問仁，孔子教他要「克己復禮」——因為人與人之所以不能和睦相處，大抵不外驕、吝所致；而禮的作用，正在制約人們妄自尊大、計較私利的心理，期能表現出恭敬、謙讓的態度，這樣才能贏得他人的好感，而樂與交往，所以說：「一日克己復禮，天下歸仁焉。」意謂一天二十四小時當中，只要隨時能夠克己復禮，那麼無論走到天下任何地方，都會贏得很好的人緣，就像他答覆子張問行時說的：「言忠信，行篤敬，雖蠻貊之邦行矣！」（見衛靈公篇05）

三、同篇第二章又記仲弓問仁，孔子告訴他：「出門如見大賓，使民如承大祭；己所不欲，勿施於人；在邦無怨，在家無怨。」意思是：在位者隨時隨地都應待人恭敬，體恤民眾，設身處地，將心比心，這樣才能「在邦無怨，在家無怨」。孝經也記孔子的話說：「先王有至德要道，以訓（教導）天下，民用（因而）和睦，上下無怨。」「無怨」與「和睦」是一體的兩面，人際的互動關係和諧，彼此無怨，這就是「仁」的具體呈現。

四、同篇第三章還記孔子答覆司馬牛問仁說：「仁者，其言也訒。」「訒」字從言、刃聲，以示言語知所節制，也就是懂得掌握說話分寸之意。由於言語是人們溝通意見、維繫感情的主要媒介，「其言也訒」除了顯示說話態度謹慎外，也代表謙虛、忠厚的人格修養，當能受到交談對方的敬重，而相處融洽；否則「禦人以口給」固然會「屢憎於人」（見公冶長篇05）；而「巧言令色」（見學而篇03）也難免使人不齒，落得自取其辱——如此則何仁之有？

五、陽貨篇06記子張問仁，孔子教他要做到「恭、寬、信、敏、惠」五者——因為「恭則不侮、寬則得眾、信則人任焉、敏則有功、惠則足以使人」，施於為政，必能使人和政通；用來理家，也會使上下無怨，如此則非仁而何？

六、此外，雍也篇20和子路篇19也各有樊遲問仁的記載，孔子的答覆是「仁者先難而後獲」和「居處恭，執事敬，與人忠，雖之夷狄，不可棄也」，都不外乎待人接物之道，為的也是經營和諧的人際關係。

由以上所列舉七則孔子答覆弟子問仁的話可知：一個人要與他人和睦相處，必須表現出謙恭、寬厚、誠信、勤勉、慈惠、體貼、敬慎、遜讓等等良好的態度——這些都是仁的內涵；由於相處或交往的對象不同，而有孝、弟、忠、信、慈、愛、敬、順等名目的分別【註三】。孔子說：「道二：仁與不仁而已矣！」（引見孟子·離婁上篇）孟子說：「仁也者，人也；合而言之，道也。」（見孟子·盡心下篇）人類是過群居生活的，從出生到死亡之間，隨時隨地都會和各種不同關係的人相處或交往，也就隨時隨地都要講究與他人和睦相處的法則，才能養成完整、優美的人格，擁有圓滿、豐富的生命。君子立身處世，進德修業，為的就是要實踐仁道，做一個真正的「人」。學習待人接物之道是君子一輩子的功課，隨時必須講究，所以孔子說：「君子去仁，惡乎成名？君子無終食之間違仁，造次必於是，顛沛必於是。」（見里仁篇05）

不過，人際關係非常複雜而微妙，做人可說是一門大學問，除了要以仁存心之外，還要持之以恆，並且學習許多與他人溝通的技巧和處理問題的方法，才不會造成反效果。孔子說：「君子而不仁者有矣夫！」（見憲問篇07）意謂君子也有可能由於一時的疏忽、鬆懈或經驗不足，而跟人家發生誤會、摩擦、甚至損人不利己等不愉快的情形，所以說：「好仁不好學，其蔽也愚。」（見陽貨篇08）「人之過也，各於其黨；觀過，斯知仁矣！」（見里仁篇07）然而只要時時反省，知過能改，仍舊不失為一個君子。至於唯利是圖的小人，無論與任何人相處，終必因為利益衝突，而罔顧感情、道義，甚至反目成仇，所以說「放於利而行，多怨」（見里仁篇12）、「未有小人而仁者也」（見憲問篇07）。

孔子說：「好仁者，無以尚之。」（見里仁篇06）對於一個君子而言，世上再也沒有比仁更高貴的事物了；因此，必要的時候，殺身成仁也在所不惜，（見衛靈公篇08）這是人類最高尚的情操。若能求仁得仁，就算完成了自己的人格，達到做人的目的，人生還有什麼遺憾呢？（見述而篇14）魯童汪踦能執干戈以衛社稷，結果戰死沙場，孔子贊同以成人之禮為他治喪（事見左傳・哀公十一年），正說明了人生的意義。由這種「成仁即成人」的觀念，即可見孔子人文主義精神之一斑。

仁道的精神，在以主動的意願、真誠的態度為他人著想，並且無私地付出，以成全對方。從雍也篇28所記子貢「如有博施於民，而能濟眾，何如？可謂仁乎」的問話，可知在一般人的心目中，有所施捨，能幫助別人解決困難、脫離痛苦的，就是一位仁者。因此，「仁」字往往被用來代表愛人的心意或行為，意思變窄【註四】；久而久之，人們對它的認知，便如霧裡看花而難以釐清了。

總之，古人用語簡單，論語中的「仁」字涵義很廣——有時用人際關係和諧的本義，有時引申為一切經營和諧人際關係的觀念、態度、言行、舉止等；有時泛指待人接物的倫理道德，有時單指愛人的心意或行為；有時則又用來指品德優良的士君子……，最好能融會貫通、靈活地隨文解讀，不宜拘泥，這是讀論語時必須特別留意的。

【附註】

註一　例如孟武伯問子路、冉求、公西赤三位弟子「仁乎」，孔子都回答「不知也」，而只推薦他們的才具（見公冶長篇08）；子張問令尹子文、陳文子兩位賢者的表現「仁矣乎」，孔子雖然稱許他們的操守說「忠矣」、「清矣」，但是並未許為仁者（見同篇第十九章）；而當子貢問「如有博施於民而能濟眾」者「可謂仁乎」時，孔子卻回答「何事於仁？必也聖乎」（見雍也篇28）。

註二　「仁」字在先秦典籍中，首見書經・金縢篇的「予仁若考」句，意謂我品行良好而且懂得孝道。

金縢篇當為春秋時代魯人所記關於周公事蹟的傳說。此外，詩經的鄭風•叔于田篇和齊風•盧令篇各有「洵美且仁」和「其人美且仁」句——「美」指儀表、風度優雅；「仁」則指心地、行為善良，和金縢篇的用法相同，都是從本義引申而來的。

註三　孝經云：「資於事父以事母而愛同，資於事父以事君而敬同；故母取其愛，而君取其敬，兼之者父也。故以孝事君則忠，以敬事長則順。」中庸記孔子的話說：「君子之道四，丘未能一焉：所求乎子，以事父，未能也；所求乎臣，以事君，未能也；所求乎弟，以事兄，未能也；所求乎朋友，先施之，未能也。」可見仁道包括事父、事君、事兄、交友等倫理道德；做人是一輩子的事，必須終身學習，他謙稱不敢當「仁」而願意「為之不厭」（見述而篇33），緣故就在這裡。

註四　屈萬里先生說：「孔子把『仁』看作做人的最高準則，它包涵著律己、待人、造福人類等多方的意義，而孟子則只把握著『愛人』這一意義，兩相比較，孟子之『仁』的涵義就比孔子之『仁』的涵義狹隘多了。」（出處見正文首段）

八　釋中庸

雍也篇27記孔子的話說：「中庸之為德也，其至矣乎！民鮮久矣！」按「中庸」與「中道」二詞，長久以來，世人多混同使用，幾乎積非成是了。論者未能探究詞源，大都忽略「庸」字、「道」字的存在，只見二詞都有一個「中」字，又將「中」字定義為「不偏不倚」，因而認定「中道」就是「中庸之道」的簡稱；殊不知兩個「中」字意思並不相同，這種粗心大意、想當然耳的謬誤，實不可取。

我國文字，除本義外，還可引申及假借使用，因此一個字往往有許多意思，究竟該如何解釋，得看它用在什麼地方而定——例如雍也篇10的「中道而廢」、中庸的「從容中道」以及孟子・盡心下篇的「不得中道而與之」，三句裡的「中道」，一指半途，一謂合於禮儀法度【註一】，一指最優秀的施教對象（說詳附錄十釋中行）。況且複詞的構成，大體上也有一定的法則，要確知它的涵義，每需借助於文法的分析。就拿「中和」來說，它可以是兩個詞性相同的單詞所構成的聯合式合義複詞（參閱學而篇01附註）——例如荀子・勸學篇云：「樂之中和也。」意謂音樂的作用在調和人們的情感；然而在中庸裡，「致中和」的「中和」，卻絕不是一個複詞。從上文的「喜怒哀樂之未發，謂之中；發而皆中節，謂之和」【註二】看來，「致中和」的「中」字，顯然是個名詞，指心而言；至於「和」字，則如「花好月圓」的「好」與「圓」字、「山明水秀」的「明」與「秀」字，是個形容詞，形容心境的平和。「致中和」的句法，同於杜甫奉贈韋左丞丈二十二韻的「致君堯、舜上」——後者是「致君於堯、舜上」的省言，前者是「致中於和」的省言；後者意謂使天子的政績達到堯、舜的水準，這是杜甫早年的志願；前者意謂使人們喜怒哀樂的抒發都合乎節度而達到心氣平和的境地，下文的「天地位焉，萬物育焉」，則意謂長幼尊卑各安其位、萬物也都各遂其生，這是儒家禮教的終極效果。

「中庸」與「中道」二詞各有出處，也各有所指，我們沒有理由或證據足以說明「中道」就是「中庸之道」的簡稱。關於「中道」的涵義，另詳附錄十釋中行，本文專釋「中庸」。

按：「中庸」一詞首見雍也篇27，在論語中僅此一見，且孔子未作闡釋。因此，從漢代以來，學者們的解說非常紛歧，大抵泥於字義之一端，或囿於個人的成見，不是失之穿鑿附會，就是流於玄虛空泛（說詳孔孟學報第六十三期所刊拙文中庸錯簡試探頁二〇四至二〇五）。竊謂「中庸」一詞既為孔子所創用，要瞭解它的原意，最好從孔子的相關言論和思想去探討。孔子言論提到「中庸」的地方，除論語外，概見於中庸，臚列於下：

一、仲尼曰：「君子中庸，小人反中庸，君子之中庸也，君子而時中；小人之反中庸也（今本無「反」字，據陸德明經典釋文所引王肅本補），小人而無忌憚也。」

二、子曰：「中庸其至矣乎！民鮮能久矣！」

三、子曰：「人皆曰予知，擇乎中庸而不能期月守也。」

四、子曰：「回之為人也，擇乎中庸，得一善，則拳拳服膺而弗失之矣！」

五、子曰：「天下國家可均也，爵祿可辭也，白刃可蹈也，中庸不可能也。」

另有兩則係子思的申論。由於子思作中庸，以昭明聖祖之德，篇中思想猶不失孔子之意，所以一併錄出，作為研究的參考：

六、子曰：「素隱行怪，後世有述焉，吾弗為之矣；君子遵道而行，半途而廢，吾弗能已矣！」君子依乎中庸，遯世不見知而不悔，唯聖者能之。

七、君子尊德性而道問學，致廣大而盡精微，極高明而道中庸，溫故而知新，敦厚以崇禮。

以上錄得「中庸」詞例共七則，從字面上很難看出它所指的究竟是什麼，我們只有依據論語和中庸所記孔子的其他言論來理解。按朱熹中庸章句所訂中庸第十三章引述孔子的話說：「道不遠人，……忠恕違道不遠。」對照述而篇29所記子曰：「仁遠乎哉？我欲仁，斯仁至矣！」雍也篇28所記他答覆子貢的問題時說：「夫仁者，己欲立而立人，己欲達而達人，能近取譬，可謂仁之方也已。」以及顏淵篇02所記他答覆仲弓問仁時說：「己所不欲，勿施於人。」可知「不遠人」的孔子之道就是仁道。他認為仁是每一個人都做得到的，所以說：「有能一日用其力於仁矣乎？我未見力不足者。」（見里仁篇06）並且在冉求表示「非不說子之道，力不足也」後，告訴他：「力不足者，中道而廢；今女畫！」（見雍也篇10）這與朱氏所訂中庸第十二章說，君子之道是「夫婦之愚可以與知」、「夫婦之不肖可以能行」的意思頗相契合。此外，第十三章在孔子謙稱未能君子之道後，子思把孔子講的「所求乎子，以事父」、「所求乎臣，以事君」、「所求乎弟，以事兄」、「所求乎朋友，先施之」四者視為「庸德」，足以說明仁道是人倫日用之常道，「中庸」之「庸」當取義於此。而朱氏所訂中庸第十一章「君子遵道而行」的「道」，相對於孔子所弗為的隱怪之行，應該就是下文子思所稱「君子依乎中庸」的「中庸」。由於它太平常了，因此有人好高騖遠，捨易求難，以致缺乏恆心，「半途而廢」；也有人自命清高，「素隱行怪」；或則自作聰明，「行險徼幸」——這些都是因為對中庸認識不清，所以不是「過之」，就是「不及」，難怪孔子會不勝感慨地說「人莫不飲食也，鮮能知味也」（見朱氏所訂中庸第四章）、「人皆曰予知，擇乎中庸而不能期月守也」（見朱氏所訂中庸第七章）；唯獨像顏淵這樣的君子，具有正確的認識和堅定的意志，才能擇乎中庸，服膺弗失，而成為真正的知者和強者。

中庸之道既然指的是仁道，而仁為人倫日用之道，就像飲食那麼平常，所以「中庸」的「庸」字，取義於常，明白易曉，應無可疑。至於「中」字，則歷來學者眾說紛紜，頗不一致。按：「中」在古文字裡，有三種劃然不同的構體和用法，（詳見中庸錯簡試探頁二〇七至二〇八）其中古人借為「伯仲」字和仲氏的，本義為投矢入壺或射矢貫侯（貫穿箭靶）。凡投中或射中而獲優勝的一方，都要行觴慶功，所以「中」字引申有美好、妥善之意，在古書裡或通作「衷」——例如國語・晉語二：「以君之靈，鬼神降衷。」同書吳語：「今天降衷於吳。」韋昭並注：「衷，善也。」降衷，意思是賜給好運。同書晉語八：「私志雖衷，不敢謂是，必長者之由。」意謂自己心裡雖然覺得很好，口頭上卻不敢這麼說，一定要遵從長輩的指示。朱氏所訂中庸第六章引述子曰：「舜其大知也與！舜好問而好察邇言，隱惡而揚善；執其兩端，用其中於民——其斯以為舜乎！」用者由也、從也，中者善也、當也，所謂「執其兩端，用其中於民」，意思是多方徵詢，然後就正反兩面的意見，權衡利弊得失，選擇比較妥善的方案來施行；並非自以為是，固執己見。孟子‧公孫丑下篇說大舜「樂取於人以為善」，意與此同【註三】。本文開頭引述孔子對中庸之德的讚語（又見雍也篇27），對照里仁篇06所記孔子「好仁者，無以尚之」的話，則「中庸」應當就是至高無尚、至善至美的「仁」。此外，朱氏所訂中庸第八章記孔子讚美顏淵：「擇乎中庸，得一善，則拳拳服膺而弗失之矣！」子思則在下文說：「誠之者，擇善而固執之者也。」「擇善」的意思猶如「擇乎中庸」，「固執」也就相當於「拳拳服膺而弗失」之意。

再從「尊德性而道問學，致廣大而盡精微，極高明而道中庸」的句法來看，「中庸」和「德性」、「問學」、「廣大」、「精微」、「高明」一樣，都是聯合式合義複詞。「中」解作善、「庸」解作常，已如上述，那麼「中庸」一詞，就是指美好而平常的道理——因為美好的事物未必平常，平常的道理未必美好；而仁是既美好、又平常的待人接物之道，所以孔子特別稱之為「中庸」。它既然指美好而又平常的仁道，所以君子必須時時刻刻切實遵行，也就是里仁篇05「君子無終食之間違仁——造次必於是，顛沛必於是」之意。顏淵「其心三月不違仁」；縱使偶而違仁，也絕「不貳過」（見雍也篇05、02），仍不失為擇善固執的君子，因此孔子才會稱讚他說：「回之為人也，擇乎中庸，得一善，則拳拳服膺而弗失之矣！」孟子‧離婁上篇引孔子的話說：「道二：仁與不仁而已矣！」君子以仁存心，素位而行，故能時時依乎中庸，居易俟命；小人則其心不仁，不安於位，因而常常無所忌憚，行險徼幸。兩者恰好相反，所以說：「君子中庸，小人反中庸。君子之中庸也，君子而時中；小人之反

中庸也，小人而無忌憚也。」【註四】

孔子之道，一言之蔽之，曰「仁」；然而孔子平日不輕許人以仁，也絕不自居仁者；對於弟子們問仁，他的答覆都不相同。因此，顏淵曾有「瞻前忽後、欲從末由」之嘆（見子罕篇10），冉求也頗以力不足以行之為苦（見雍也篇10）。孔子唯恐弟子們誤認他的道理高深莫測而畏難不前，於是首創「中庸」一詞，以專指美好而又平常的仁道，並提示忠恕為行仁之方。子思繼志述事，作中庸加以申論，而猶不失其原意。「極高明而道中庸」是說道德修養須由日常最平易的事務著手，才能逐漸達到高明的境界，這就是憲問篇37「下學上達」、中庸「行遠自邇，登高自卑」的意思。不過，「中庸」雖與「高明」對舉；但兩者只有量的不同，而無質的差異——好比涓流匯成河海，本質卻都是水；聖人為君子進德修業的最高目標，而本身也仍是君子。孔子自述平生進修之階說：「吾十有五而志於學，三十而立，四十而不惑，五十而知天命，六十而耳順，七十而從心所欲不踰矩。」（見為政篇04）無非將行仁的規範——禮，經由不斷的博學、審問、慎思、明辨、篤行，而達到習慣自然、從容中道的地步罷了。

中庸之道雖然平易可行；但是若無固窮的認知、弘毅的精神，便不能終身無怨無悔地努力奉行。此外，更要有知幾的智慧，才能衡度情理，審察時勢，通權達變，當機立斷；而不致因自己一時的愚昧，造成令人遺憾的後果。易・繫辭下記孔子的話說：「知幾其神乎！幾者，動之微，吉之先見者也。」這是君子之道的「費而隱」處，也是中庸之道的「極高明」處，「雖聖人亦有所不知」、「有所不能焉」。孔子說：「假我數年，五十以學易，可以無大過矣！」（見述而篇16）明白了這一點以後，那麼孔子說「中庸其至矣乎！民鮮能久矣」【註五】、「中庸不可能也」，便不足為怪了。

由上述可知：孔子推崇至極的「中庸」，指的是美好而平常的人倫日用之道，亦即他所「無以尚之」而經常勉人力行的仁道——就人與人的倫理而言，叫做「仁」；因為它是待人接物最好的道理，卻像飲食那麼平常，所以叫做「中庸」。孔子口裡的「中庸」已經是個專有名詞，用作「仁」的代稱；後人仍把它當作一般形容詞，用來表示中等、折中之意，大概是受荀子・王制篇及禮記・喪服四制篇的影響【註六】，和孔子的原意有很大的出入，不可不辨。

【附註】

註一　王念孫曰：「從容中道，謂一舉一動，莫不中道，猶云動容周旋中禮也。韓詩外傳曰：『動作中道，從容得禮。』漢書・董仲舒傳曰：『動作應禮，從容中道。』王褒四字講德論曰：『動作有應，從容得度。』」（見王引之經義述聞・通說）

註二　程頤說：「中也者，言寂然不動者也，故曰『天下之大本』；發而皆中節謂之和，和也者，言感而遂通者也，故曰『天下之達道』。」（見近思錄・卷一）朱熹在中庸章句的篇題下又引述他的詮釋：「不偏之謂中，不易之謂庸。」根據程氏的見解，朱氏說：「喜怒哀樂，情也，其未發則性也；無所偏倚，故謂之中。」既視「中」為喜怒哀樂未發之「性」，又解為不偏不倚，一字而作二解，巧則巧矣，卻不符合訓詁的原則。且朱氏強把喜怒哀樂分別為「性」與「情」，而專在未發已發、動靜感應上面下功夫，似已落入禪宗的窠臼，和先秦儒家以禮樂治國的理念大異其趣。其實，喜怒哀樂既然未發，就沒有偏不偏的問題；其發與中節之間，更沒有必然的關係。二氏的誤解，緣於不知「發而皆中節」的「而」，用法和為政篇22「人而無信」、述而篇11「富而可求也」的「而」相同，都是假設語氣詞，相當於白話的「如果」、「假使」。本句的意思是：喜怒哀樂之發如果都能中節就叫做「和」，否則為不和；至於和或不和，在於有無禮樂的規範與疏導；而制作禮樂，教化民眾，正是在位者的職責和偉大事業，因此中庸下文說：「大哉聖人之道！洋洋乎發育萬物，峻極於天。悠悠大哉！禮經三百，威儀三千，待其人然後行。」

註三　歷來學者往往據堯曰篇01的「允執其中」，以附會中庸的「用其中於民」；殊不知把「允執其中」的「中」解作中道，猶如說文解釋「史」字說：「記事者也。從又持中——中，正也。」都嫌過於空泛。依先民造字通例，史官手中所持當係實物；且「史」字所從之「中」，與旗名之「中」、古人借為「伯仲」之「中」，構體都不相同，前人以為象簿書之形，足以糾正許氏之誤（參閱王國維觀堂集林・卷六・釋史）；「允執其中」的「中」字，當從高亨老子正詁之說，也作簿書解。

註四　「君子時中」之「中」，係承上文「中庸」而省言；「時」字讀同「學而時習」的「時」。歷來學者大多以中道解釋時中，並不妥當，因為本章說明君子與小人不同的地方在中庸、反中庸——即仁、不仁；而仁或不仁，取決於有無行仁的意願，所以說：「我欲仁，斯仁至矣！」中道則與為人處事的智慧相關，不一定是意願所能及；孔子從不強人所難，自然不會拿中道作為區分君子、小人的標準。

註五　衛靈公篇34記子曰：「民之於仁也，甚於水火；水火，吾見蹈而死者矣，未見蹈仁而死者也。」可和本章互相參照。

註六　荀子・王制篇說：「元惡不待教而誅，中庸民不待政而化。」所謂「中庸民」，意思和同書非相篇「中人羞以為友」的「中人」、榮辱篇「夫詩書禮樂之分，固非庸人之所知也」的「庸人」相同，指的是資質平凡的一般民眾。後世用「中庸」表示中等、平凡之意，蓋本於此。禮記・喪服四制篇說：「（上略）此喪之中庸也，王者之所常行也。」意謂三年之喪是個折中的期限，所以說：「賢者不得過，不肖者不得不及。」後世用「中庸」表示適中、折中之意，蓋本於此。

九　釋忠恕

里仁篇15記載子曰：「參乎！吾道一以貫之。」曾子曰：「唯。」子出，門人問曰：「何謂也？」曾子曰：「夫子之道，忠恕而已矣！」按孟子‧離婁上篇引孔子曰：「道二：仁與不仁而已矣！」可知孔子之道就是仁道；對照雍也篇28所記他的話：「夫仁者，己欲立而立人，己欲達而達人；能近取譬，可謂仁之方也已。」可見曾子悟性之高，他的說法應無可疑。

何謂忠恕？孔子在答覆子貢問是否「有一言而可以終身行之者」時說：「其恕乎！己所不欲，勿施於人。」（見衛靈公篇23）後世學者於是將「恕」字和「己所不欲，勿施於人」劃上等號，而對「忠」字則另作他解。【註一】如此拘泥聖人之言，實不恰當。須知孔子對學生循循善誘，最能因材施教——例如憲問篇31記載子貢喜歡批評他人，孔子曾教訓他：「賜也賢乎哉？夫我則不暇！」公冶長篇12記載子貢說：「我不欲人之加諸我也，吾亦欲無加諸人。」孔子則對他說：「賜也，非爾所及也！」可見子貢似乎頗有自知之明，而思有以改正，只是做的和說的仍有差距。孔子也深知子貢的個性，所以針對他的缺點，特別拿「己所不欲，勿施於人」來告誡他；然而因子貢只求教「一言」，所以孔子就提示一個「恕」字，這並不表示「忠」與「恕」的涵義有所不同。我們不妨從二字的構體來看：「忠」字從心、中聲；中也有心的意思，所以省己之心，以度人之心，就叫做忠。「恕」字從心、如聲；忖人之心，如己之心，就叫做恕。由此可知：忠、恕都是將心比心之意；所謂「人同此心，心同此理」，無論將己心比人心，或將人心比己心，其理一也。再說，仁者愛人，進則思己立立人，己達達人，退則思勿以己所不欲加之於人，都可說是「能近取譬」的具體作為，孔子何嘗析忠恕為二心呢？

考經傳把「忠恕」用作複詞，除論語外，還有中庸一見，而且出於孔子自己口中。他說：「忠恕違道不遠；施諸己而不願，亦勿施於人。君子之道四，丘未能一焉——所求乎子，以事父，未能也；所求乎臣，以事君，未能也；所求乎弟，以事兄，未能也；所求乎朋友，先施之，未能也。」在這一段話裏，「施諸己而不願，亦勿施於人」固然是忠恕，而「君子之道」那四項也無一不是忠恕；若因孔子以「恕」字答覆子貢後，接著提醒他要「己所不欲，勿施於人」，便認定「所求乎子以事父」以下四者為「忠」而非「恕」，愚意實不敢苟同，請以管子・版法篇中的文字來說明：「取人以己，度（考量）恕而行也。度恕者，度之以己（將心比心）也；己所不欲，勿施於人。」這與上述孔子教示子貢的話大致相同。「取人以己」就是「能近取譬」之意，而前引雍也篇28說「己欲立而立人，己欲達而達人」，管子則作「己所不欲，勿施於人」，若說前者是恕，後者是忠，也未嘗不可；不信的話，請再看管子・小問篇所言：「質信（心地真誠）極忠（極盡體恤），嚴（莊重）以有禮，慎此四者，所以行之也……信也者，民信之；忠也者，民懷之；嚴也者，民畏之；禮也者，民美之。語曰：澤命不渝（愛心承諾不變），信也；非其所欲，勿施於人，仁也；堅中（意志堅定）外正（品行端正），嚴也；質信以讓，禮也。」前面以「信」、「忠」、「嚴」、「禮」並舉，而後面解釋「忠」字卻說「非其所欲，勿施於人，仁也」，可見「忠」、「恕」可以互言，都是「仁」的表現，意義本無二致。

禮記・檀弓上篇記載：子柳之母死，子碩請具。子柳曰：「何以哉？」子碩曰：「請粥（「鬻」的初文，賣也）庶弟之母。」子柳曰：「如之何其粥人之母以葬其母也？不可！」鄭玄注曰：「忠恕。」國語・周語上說：「考中度衷以涖之。」韋昭注：「考中，省己之中心以度人之衷心，恕以臨之也。」周語上又說：「考中度衷，忠也。」韋注：「忠，恕也。」同書楚語上說：「明（闡釋）施舍（施與捨之理）以道（教導）之忠。」韋注：「施己所欲，原心（推求動機）舍過（不究過失），謂之忠恕。」可見鄭、韋兩位都還曉得忠、恕同義，因此兩者可以連言，可以分言，也可以互言。

近人楊一峰先生在釋恕一文中說：「恕是由同類意識而來。由同類意識透過情感，情感最直、最基本的是好和惡，就是喜歡和不喜歡。由自己之所好，深深知道別人之所好；由自己之所惡，深深知道別人之所惡。這樣便對別人發生了同情心，同情心就是孟子所說的『惻隱之心』，也就是孟子說的『仁之端』。再由這一點同情心加以擴充，一心一意使自己之所好，設法成為大家之所好，那便是『己欲立而立人，己欲達而達人』，也便是仁也。擴充也就是『推』，就是推己及人。推己及人就是恕，所以仁是由恕而來。」（見孔孟月刊第二卷・第四期）楊先生用「同類意識」闡明恕道，而歸納為一個「推」字，見解非常精闢；但將文中「恕」字換成「忠」，應無不可。仁者既本同情心以待人，所以忠恕引申也有仁愛之意。楊先生既已詳釋恕與仁的關係，以下就來探討「忠」字的涵義吧！

學而篇02記有子說孝弟是仁之本，大戴禮記・曾子本孝篇記曾子說忠是孝之本。逸周書・官人篇說：「忠愛以事親，驩以敬之，盡力而不固【註二】，敬以安之，曰忠孝者也。」事親而說「忠愛」、「忠孝」，可見學而篇07記子夏說的「事君能致其身」，固然是忠愛君上的行為，「事親能竭其力」也算是忠愛父母的表現。子路篇19記孔子答覆樊遲問仁說：「居處恭，執事敬，與人忠。」所以阮元注大戴禮記・曾子本孝篇說：「事親、事君、事長、交友皆貴忠。」是不錯的。此外，左傳・桓公六年說：「上思利民，忠也。」管子・五輔篇說：「待以忠愛，而民可使親。」前引小問篇說：「忠也者，民懷之。」賈誼新書・大政篇也說：「吏以愛民為忠。」可見愛人、利他之心本無上下之分，都是忠的表現。孟子說：「推恩，足以保四海；不推恩，無以保妻子。古之人所以大過人者，無他焉，善推其所為而已。」（見孟子・梁惠王上篇）「推恩」的說法，究竟是仁、恕或忠呢？應該都是吧！

仁者忠愛他人，只管為所當為，而不在意所作所為對本身的利害如何，因此，事君貴忠，當其無道，則「勿欺也，而犯之」（孔子答子路問事君語，見憲問篇23），因為「天子有爭臣七人，雖無道，不失其天下；諸侯有爭臣五人，雖無道，不失其國；大夫有爭臣三人，雖無道，不失其家」（見孝經）。呂氏春秋・至忠篇記申公子培之弟對楚莊王說：「臣之兄犯暴不敬之名，觸死亡之罪於王之側，其愚心將以忠於君王之身，而持千歲之壽也。」如果對君王「唯其言而莫之違」（語見子路篇15），這是佞臣的心態，不是事君之道。子女事父母貴忠，當其犯錯，則「下氣怡色，柔聲以諫」（見禮記・內則篇），因為「父有爭子，則身不陷於不義」（見孝經）；若遵從父命卻害他陷於不義，不能算是孝子，晉太子申生就是一例（見禮記・檀弓上篇）。交友貴忠，當其有過，則「忠告而善道之」（語見顏淵篇23），因為成人之惡是君子所不取的。孔子說：「愛之，能勿勞乎？忠焉，能勿誨乎？」（見憲問篇08）以忠、愛互言，可見忠也有愛的意思，父兄之教誨子弟，就是忠愛他們的作法。禮記・檀弓上篇說：「君子之愛人也以德。」所以人臣有犯顏之義、子女有幾諫之禮、朋友有責善之道、父兄有教誨之恩。孟子說：「教人以善，謂之忠。」（見孟子・滕文公上篇）就是這樣的意思。

孔子說：「臣事君以忠。」（見八佾篇19）孝經云：「資於事父以事君而敬同。」子夏則說：「事父母能竭其力，事君能致其身。」（見學而篇07）於是「忠」字引申而有誠敬、盡己之意；且相對於「孝」為事親之專名，後來更用為事君之專名，意義窄化了，並非「忠」字的本義如此，不可不辨。

【附註】

註一　如何晏論語集解說：「忠謂中心也，恕謂忖己度物也。」朱熹集註：「盡己之謂忠，推己之謂恕。」劉寶楠論語正義說：「己利己達，忠也；立人達人，恕也。」馮友蘭中國哲學史：「因己之所欲，推以知人之欲，即『己欲立而立人，己欲達而達人』，即所謂忠也；因己之不欲，推以知人之不欲，即『己所不欲，勿施於人』，即所謂恕也。」

註二　朱右曾注據大戴禮記・文王官人篇，改「固」為「面」，並且解釋說：「力竭而不見於面。」

【補錄】忠恕之道的體認與實踐

「仁」是孔子的一貫之道，意謂人與人之間的親睦關係，以及一切能使彼此感情融洽的觀念、態度、言行、舉止等；「忠恕」則為達到「人際關係和諧」這一目標最便捷的途徑。

忠恕之道的真諦，在於「他人有心，予忖度之」（孟子・梁惠王上篇引詩經・小雅・巧言篇語），也就是要設身處地，將心比心，真誠而主動地向對方表達善意，並付諸行動。在現代的工商業社會，同情心和同理心仍為眾所公認經營人際關係不可或缺的要領；然而人類的心理非常複雜而微妙，雖有共通之處，但也頗具個別差異。在世人自我意識高漲、價值觀念分歧、彼此互信不足的情形下，實有待大家用心體認、真誠實踐，共同開創祥和的社會風氣。

常言道：「人同此心，心同此理。」人人都希望受到尊重、信任、關懷、包容、接納、讚美、肯定……，也都希望國家富強、社會安定、家庭和樂、事業成功、環境清潔……因此，我們可以將心比心，盡自己的本分，做到孔子說的「所求乎子，以事父；所求乎臣，以事君；所求乎弟，以事兄；所求乎朋友，先施之」（見中庸）、「己欲立而立人，己欲達而達人」（見雍也篇28）；反之，則「己所不欲，勿施於人」（見顏淵篇02、衛靈公篇23）——這是忠恕之道的基本原則，一般人都不難瞭解，也比較容易實踐。

不過，由於年齡、性別、出身、個性、嗜好、教育、職業、身分等等的不同，每一個人都有獨特的心理需求、生活習慣，以及不足為外人道的隱私——這就是古人說的「人心不同，如其面焉」（語見左傳・襄公三十一年）。日常生活中，常見有些人熱心過度，又太主觀，不瞭解他人的處境，也不顧及對方的意願，只是一味地站在自己的立場，憑自己的想法，用自己的方式，去勉強或勸阻人家怎麼做，以致使人感到為難。相對的，有些人則過度拘守「無功不受祿」的古訓，或不願欠下人情債，而堅決拂逆他人的善意——前者有不尊重他人之嫌，後者有不通達人情之病，往往因而造成沒必要的誤解與隔閡，甚至發生摩擦，以致損及雙方關係的和諧，所以孔子才會說：「君子而不仁者有矣夫！」（見憲問篇07）「好仁不好學，其蔽也愚。」（見陽貨篇08）此外，也有人不忍或不知如何拒絕他人的盛情，只好勉強自己接受，因而久久難以釋懷——這和前述兩者，即使動機都可謂良善，卻不符合孔子的中道精神。今人吳淡如小姐說：「懂施懂受才有福。」（見創造好心情，臺北方智出版社）一個「懂」字當中，實蘊含著高超的智慧，值得大家省思與學習。

由以上所述，可知忠恕之道的實踐，始於瞭解別人的需求及意願，然後秉持尊重、體諒的態度，適當地將自己的善意傳達給他人，同時也要學會接受他人真誠的善意，或有雅量接受自己善意被拒絕的結果，這樣才能夠增進或維繫人我之間關係的和諧。

十　釋中行（中道）

子路篇21記孔子的話說：「不得中行而與之，必也狂狷乎！狂者進取，狷者有所不為也。」本章「中行」一詞，孟子・盡心下篇引作「中道」，為世人所習用。何謂中道？由於孔子並未明示，且曾告訴子貢：「過猶不及。」（見先進篇15），所以長久以來，世人對於中道的涵義頗有誤會，大抵認為中道就是所謂的「中間路線」，於是在處理事情時，往往不能堅持原則，而慣於採用折中的辦法，以求息事寧人。這樣雖不能說絕對錯誤，但恐怕不是孔、孟的本意。

今人朱守亮先生說：「中字不是上中下之中，不是平均數、中間數。」又說：「中字的意義，是沒有過與不及，沒有或偏或頗，沒有過寬過猛、過剛過柔，也沒有輕重失衡、長短失度；而是隨時皆宜、隨地皆宜的適當、合宜、恰到好處。」【註二】見解十分精闢，固可糾正一般人的錯誤；只惜本身語意欠周，似也不免矯枉過正之嫌。此外，朱先生據孟子・盡心下篇：「孔子不得中道而與之，必也狂獧乎！狂者進取，獧者有所不為也。孔子豈不欲中道哉？不可必得，故思其次也。」而把中道解釋為：「行能得其中正之道，不狂不狷。」看似穩當，但嫌攏統，且不無語病，容易滋生誤解，更是有待商榷。

細究孟子之言，可知狂者、狷者之所以次於中道之士，是由於他們各有偏執；但是畢竟仍不失為可造之材。按公冶長篇22記載孔子在陳國時說：「歸與！歸與！吾黨之小子狂簡，斐然成章，不知所以裁之。」孔子有鑒於故鄉弟子徒自擁有精美的布料，卻不知如何裁製成衣；而他遊說諸侯既不得志，遂興返鄉作育英才之念。因此，所謂「中道」，當非不狂不狷之意；否則豈不成為「非之無舉也，刺之無刺也；同乎流俗，合乎汙世；居之似忠信，行之似廉潔，眾皆悅之，自以為是，而不可入於堯、舜之道」，為孔子所深惡痛絕的鄉愿了嗎？鄙見認為：「中道」指的應是無所偏執而能狂能狷、有為有守的君子。由此類推，就寬嚴來說，是宜寬則寬，當嚴則嚴；就剛柔而言，是宜剛則剛，當柔則柔；但須寬而不至於姑息，嚴而不至於苛虐，剛而不至於倨傲，柔而不至於懦弱，才能成為「溫而厲、威而不猛、恭而安」、「和而不同」、「泰而不驕」、「矜而不爭、群而不黨」、「文質彬彬」（見述而篇37、子路篇23、26、衛靈公篇21、雍也篇16）的君子。孔子曾對顏淵說：「用之則行，舍之則藏，唯我與爾有是夫！」（見述而篇10）可見在孔子的學生裡面，只有顏淵夠得上中道的標準，其餘則多為狂者、狷者而已。

由上述可知：「中道」原係孔子用來指稱像顏淵那種無所偏執、既知進取而又有所不為的施教對象【註三】，引申為不偏不頗、最妥當、最適切的處事方法。後人對孔子中道認識最深刻、闡釋得最精當的，應推私淑諸人的孟子。他說：「楊子取為我，拔一毛而利天下，不為也；墨子兼愛，摩頂放踵利天下，為之；子莫執中，執中為近之。執中無權，猶執一也；所惡執一者，為其賊道也，舉一而廢百也。」（見孟子・盡心上篇）可見執中的作法，未必合乎孔子的中道，朱先生說的沒錯；然而問題的關鍵不在「執中」，而在「無權」，以致喪失了因利制宜的彈性，所以孟子說他「舉一而廢百」。若是經過權宜之後的執中，也有可能就是朱先生認為恰到好處的作法；這時，若把它排除於中道之外，豈不成為「舉百而廢一」了嗎？因此應該說：「中道」的「中」，並非絕對的居中，而是相對的存在——凡是最適當、最正確的途徑或法則，都叫做中道。打個比方好了：從甲地前往乙地，其間有許多岔路，每逢岔路，若能選擇正確的一條來走，便可順利而快速地到達目的地。這樣，沿途所走的岔路，無論是左邊、右邊或中間那條，都可說是中道。如果每逢岔路，都堅持要走左邊、右邊或中間那條，便是「執一」，那麼舉一廢百的結果，便很可能到不了目的地了。

再就以上的比方來探討：遇到岔路時，如何能選擇一條正確的途徑來走呢？那得靠理性作判斷——或依照路標的指示，或聽從旁人的指引，或憑藉自己的經驗等。然而當我們待人接物時，又如何能選擇正確的法則來遵循呢？無他，「權」字而已。孟子說：「權然後知輕重。」（見孟子・梁惠王上篇）意思是東西要用秤子稱過，才能得知它的輕重。「權」是什麼？根據許慎說文的解釋，它原指一種開黃花的樹木，顯然孟子用的是假借義，其本字當作「銓」。說文曰：「銓，稱也。」段玉裁注：「銓，即今秤字。……垂，古音陀，假權為之，俗乃作錘。」可知權就是後人說的秤錘，也叫秤鉈；作動詞用，就是稱重的意思。稱東西時，把秤錘移到能使秤桿保持平衡的位置，於是秤桿上的星點就標示了這件東西的重量。這個星點就是最適中的位置，但它不一定在秤桿的正中央。稱另外一件不同重量的東西時，秤錘便得移到另一個適中的位置了。由此引申，衡量事物的本末輕重、利弊得失，而後決定處理的先後緩急，或知所取捨，也叫做權。孟子說：「男女授受不親，禮也；嫂溺援之以手者，權也。」（見孟子・離婁上篇）便是一例。經過權衡之後，事情處理得十分恰當，便是合乎中道。孟子說：「可以死，可以無死；死，傷勇。」（見孟子・離婁下篇）因此，桓公殺公子糾，召忽死之，管仲不死。後來他輔佐桓公，九合諸侯，不以兵車，尊王攘夷，澤被天下，孔子連聲稱讚「如其仁、如其仁」（見憲問篇17），可知管仲當初不死的抉擇，是符合中道的。

稱東西的秤子和所稱的東西都是實物，有客觀的標準，輕重一稱便知；然而人的理性和所處理的事情都是無形的，且利弊得失往往非一時可見，究竟該拿什麼作為權衡的標準呢？孟子・盡心下篇說：「梓匠輪輿與人規矩，不能使人巧。」但是「離婁之明、公輸子之巧，不以規矩，不能成方員」（見孟子・離婁上篇），因此「大匠誨人，必以規矩，學者亦必以規矩（同前）」。試觀孔子平日教導學生，和他自己持以處理事情的「規矩」，大抵不外人情之常與事理之宜——例如雍也篇03記載：孔子擔任魯國司寇時，曾派公西子華出使齊國，冉求為子華之母請領粟米安家，孔子對冉求擅自作主、最後給了五秉（八百斗）這件事相當不滿，他認為公西子華家境富裕，冉求不該錦上添花、大作順水人情的。不過，當孔子用原思作家宰時，知他家境貧窮，而堅持給他九百斗粟米的俸祿。孟子說：「可以與，可以無與；與，傷惠。」（見孟子・離婁下篇）給不給或給多少，完全視情況而定，孔子「君子周急不繼富」這句話，實有深意而值得省思。又如憲問篇36記載：有人問：「以德報怨，何如？」孔子答覆說：「何以報德？以直報怨，以德報德。」在一般人的觀念裡，以德報怨是非常了不起的修養，往往可以感化頑劣之徒；但是它不合情理，有違社會正義和公平原則，不宜作為人們處事的準繩，所以孔子雖未正面加以駁斥，卻也頗不以為然；他主張「以直報怨、以德報德」，不但公平合理，也為當事人保留了處理問題時寬廣的迴旋空間。（說詳附錄四釋直）

孟子推崇孔子為「聖之時者」（見孟子・萬章下篇），這是因為孔子處理事情從不預存成見，而「無可，無不可」、「無適也，無莫也；義之與比」（見微子篇08、里仁篇10），全憑他淵博的學識見聞、豐富的人生歷鍊，以及天縱的聰明睿智，衡度情理，考量利弊，通權達變，隨時保持靈活的彈性——孟子・萬章下篇說他「可以速而速，可以久而久，可以處而處，可以仕而仕」，所以能無所不宜，論語・陽貨篇01及孟子・滕文公下篇所記孔子應付陽貨的方式，就是很好的例子。根據左傳的記載，陽貨本是季平子的家臣，在平子卒後，遂繼之而專魯國之政。他夙有野心，想要除掉三桓的勢力，於是劫持魯定公和叔孫氏，去攻伐孟孫氏。事敗，逃至邊關，索性舉兵造反。被敉平後，出奔齊國，再奔往晉國。論語及孟子所載該事，發生於陽貨還做季氏家臣的時候。他為了塑造能禮賢下士的形象，而積極延攬孔子；殊不知孔子有先見之明，看出他陰謀不軌，將來恐怕會出亂子，所以恥與為伍。不過，禮尚往來，來而不往非禮也（見禮記・曲禮上篇）；孔子是知禮、尚禮的人，對於陽貨的禮遇，表現了高度的智慧，不亢不卑，應付得恰到好處！孟子說：「仲尼不為已甚者。」（見孟子・離婁下篇）相形之下，段干木翻牆躲避魏文侯，泄柳閉門不納魯繆公，（見孟子・滕文公下篇）就顯得太過分而不通人情了。

總之，孔子的中道是待人接物的最高藝術。它以仁為體，以權為用，所以在守經之餘，又能達變；

而不論守經或達變，都不違背人情和事理。如果一味地行仁而不知權變，則難免成為拘於禮法的愚夫愚婦，何足與言中道？倘若缺乏了仁心，則所謂權變，只不過是小人食言的藉口而已，離中道就更遠了。因此，君子立身處世，固當以仁存心、以禮存心，亦須在不斷的博學、審問、慎思、明辨、篤行中，深切體悟，知所變通。那麼，舉凡待人接物，才能無過、無不及，而獲得最和諧、最圓滿的效果。

【附註】

註一　按「行」字於卜辭作卝，彝銘作卝，并象交道之形，而以道路為本義（說見魯師文字析義・釋行），可知「中行」就是「中道」。

註二　用一「中」字去認識孔子，見孔孟月刊第六卷・第三期。

註三　「不得中道而與之」的「與」字，意思是傳道、授業。

十一　釋知命

子罕篇01記載：「子罕言利；與命，與仁。」按「與」字通「語」（參閱述而篇23）。本章意謂孔子平日很少跟學生談論財利方面的事；卻時常談到天命和仁道【註一】。因為人際交往，若涉及利害關係，總是很傷感情的，所以他說：「放於利而行，多怨。」（見里仁篇12）至於知命和行仁，則是君子應該念茲在茲、終身服膺的事，所以說：「君子去仁，惡乎成名？」（見同前05）「不知命，無以為君子也。」（見堯曰篇03）仁與不仁、知命與不知命，都是君子和小人的基本差異所在；前者說詳附錄八釋中庸，本文試就後者陳述鄙見如下：

何謂知命？按「命」是「令」的後起字。「令」於甲文作、金文作，從亯（享）省、人聲，象人臣跪在宗廟亯堂（甲文作、金文作、，又稱太室，供奉祖宗牌位的房間）、聽受冊命之形。金文加「口」為繁文作，表示史官宣讀冊文之意，於是構成了「命」字（說本先師魯公文字析義・釋命）。上古時代，知識未開，人們對許多大自然的現象和人間的事物不太瞭解，總以為宇宙間有一位萬能的主宰在那裡掌控，稱為「天」、「帝」或「上帝」等，人類一切吉凶禍福——大自政權的更替，小至個人的際遇，都由這位主宰來決定，如同帝王手裡握有對臣民生殺予奪大權，神聖而不容冒犯。因此人們對於「天命」，只能消極地順服、接受；否則「違天不祥，必受其殃」。到了春秋時代，有些賢達之士針對人們這種認知和心理，站在以人為本的立場，來解釋一些自然界和人世間所發生的特定事故。博學多聞的孔子吸取了他們的智慧【註二】，雖謙稱「述而不作」，而仍沿用「天命」、「鬼神」等現成的詞語，卻賦給了全新的意義。在他的心目中，天命只是一種象徵性的說法，凡是當事人無法做主的外在因素，都歸之於天命。像權勢、金錢、感情等身外之物，固然可以設法追求，但是能否如願，就不一定了——因為有許多變數不是當事人能夠掌握的；何況得到後隨時可

能失去。至於知識的獲得、人格的提升，完全操之在我，只要肯下功夫，一分耕耘就必有一分收穫，這是終身最寶貴的資產，不僅任何人都偷不走、搶不走、騙不走，而且愈累積愈豐厚。君子必須有這樣的認知，凡事盡力而為，並以平常心看待成敗得失，才能夠逆來順受、隨遇而安——這就是大家所熟悉儒家「盡人事、聽天命」的處世態度，君子能做到「人不知而不慍」，原因就在這裡。

由於孔子經常在言談之間提到天命，卻不曾為天命下過定義，以致造成後代學者的誤解【註三】；但是我們不難從他的處世態度【註四】以及孟、荀等人對天命的說法，來瞭解他的天命觀。孟子・萬章上篇說：「莫之為而為者，天也；莫之致而至者，命也。」孟子・盡心上篇又說：「求則得之，舍則失之，是求有益於得也，求在我者也。求之有道，得之有命，是求無益於得也，求在外者也。」【註五】荀子・天論篇說：「不為而成，不求而得，夫是之謂天職。」又說：「君子敬其在己者，而不慕其在天者。」可知以孔子為代表的儒家認為：決定一個人成敗、得失、榮辱、禍福、窮通、壽夭等等的因素，不外兩種：一是內在的，操之在我，那就是人為的努力；一是外在的，當事人無法掌握，那就是上天的意思。後者孔子稱之為「天命」，或單稱「天」、「命」，在論語裏面，可以找到很多例證——如孔子自謂「五十而知天命」（見為政篇04），他說：「君子畏天命；小人不知天命，而不畏也。」（見季氏篇08）這是稱「天命」的例子。顏淵死，孔子悲慟地說：「噫！天喪予！天喪予！」（見先進篇08）這是單稱「天」的例子。伯牛有疾，孔子前去探望，從窗外握著他的手，不敢置信地說：「亡之，命矣夫！斯人也而有斯疾也！斯人也而有斯疾也！」（見雍也篇08）這是單稱「命」的例子。司馬牛以無兄弟為憂，子夏引述所聞安慰他說：「死生有命，富貴在天。」（見顏淵篇05）由於人的死生、富貴，都不是人力可以強求的，所以只能諉之於天命，這是「天」、「命」互言的例子。其實，孔子只是拿世人習用的詞語和方式來表情達意，以便和他人溝通、交往，並非認定宇宙間真的存在一位有意志而可以決定人事禍福的皇天或上帝【註六】——就像他不相信人間有鬼神，卻仍然祭祀祂們。他說：「祭如在，祭神如神在。」（見八佾篇12）又說：「務民之義，敬鬼神而遠之，可謂知矣！」（見雍也篇20）可知他重視祭祀，完全著眼於教化的功能——就像曾子說的：「慎終追遠，民德歸厚矣！」（見學而篇09）以及荀子說的：「君子以為文，而百姓以為神。」（見荀子・天論篇）可謂相當理性、務實，具有人文主義精神。學者拘泥聖人之言，未免以辭害意，不可不辨。

本文第一段中引述孔子的話說：「不知命，無以為君子也。」子思也說：「君子居易以俟命，小人行險以徼幸。」（見中庸）為什麼君子要知命、俟命呢？傅斯年先生說得好：「夫得失不係乎善惡而天命為前定者，極端命定論之說也；善則必得天眷，不善則必遭天殃，極端命正論之說也。後說孔子以為蓋不盡信，前說孔子以為蓋無可取，其歸宿必至於俟命論。所謂俟命論者，謂修德以俟天命也——凡事求其在我，而不責其成敗於天。」（出處見【註一】）試就俗語「一分耕耘，一分收穫」來作說明：這兩句話原是鼓勵大家努力耕耘的，假使風調雨順，國泰民安，一切客觀條件都很正常，那麼，農夫耕耘愈努力，收穫理當愈多；可是若遇到天災、人禍等農夫無法控制的事情，很可能終年的辛勞在一夕之間便枉費了。假使這時候還深信「一分耕耘，一分收穫」的話，豈不要怨天尤人、心灰氣餒了嗎？倘若農夫能夠認清耕耘之後有無收成或收成多少，除了要看本身的努力程度外，往往還會受到許多外在因素的影響，就會「但問耕耘，不問收穫」；而當努力耕耘卻毫無收穫時，由於早有心理準備，所以能夠坦然接收事實；等到災害過後，立刻重整田地，仍舊努力耕耘，總會有豐收的一天。所謂「謀事在人，成事在天」，有了這種觀念，對於一切事情，便只求盡其在我；至於成敗、得失、榮辱、禍福、貧富、貴賤等，則不驕矜、不氣餒、不計較、不怨尤、不強求、不苟免，總是以平常之心隨遇而安，做到子思說的「君子素其位而行，不願乎其外——素富貴，行乎富貴；素貧賤，行乎貧賤；素夷狄，行乎夷狄；素患難，行乎患難——君子無入而不自得焉。在上位，不陵下；在下位，不援上；正己而不求於人，則無怨」（見中庸），自然會「人不知而不慍」、「貧而樂道，富而好禮」

（見學而篇01、15）了。

由上述可知：在孔子心目中，知命和行仁的地位實同等重要，兩者相輔相成，密不可分——因為行仁是君子本分，必須身體力行；知命可使君子忘懷得失，隨遇而安。行仁而不知命，容易因挫折而流於悲觀；知命而不行仁，未免失之被動與消極。君子必須行仁而知命，才是積極進取的人生態度。

【附註】

註一　近人傅斯年先生根據國語卷九：「殺晉君，與逐出之，與以歸之，與復之，孰利？」以及同書卷十五：「夫以回鬻國之中，與絕親以買直，與非司寇而擅殺，其罪一也。」卷十六：「夏后卜殺之，與去之，與止之，莫吉。」而認為「子罕言利與命與仁」的文法相同，於是主張：「與字在此仍是聯詞，非主格之動詞也。」殊不知古人文章遣詞用字不避重複，所在多有——例如詩經・小雅・斯干篇云：「乃生男子，載寢之床，載衣之裳，載弄之璋。」大學云：「大學之道，在明明德，在親民，在止於至善。」因此子罕篇01的「與」字，無論作動詞或聯詞用，都有例可援；究竟作何解釋才對，當從義理上去探討。傅先生說：「子罕言命，罕言仁，而論語所記者多，蓋子所常言，每無須記，其罕言者乃記耳；孔子雖罕言，然其信天命則章章矣；特孔子所信之天命，仍偏於宗教之成分為多。」（見性命古訓辨證上卷，中央研究院・歷史語言研究所印行）這是固執己見的牽強說法，很難令人信服。

註二　例如左傳・莊公三十二年記史嚚曰：「國將興，聽於民；將亡，聽於神。」左傳・僖公五年記宮之奇曰：「臣聞之：鬼神非人實（是）親，惟德是依，故周書曰：『皇天無親，惟德是輔。』……如是，則非德民不和，神不享矣！神所馮（憑）依，將在德矣！」左傳・僖公十六年記周內史叔興就「六鷁退飛，過宋都，風也」一事，答覆宋襄公的詢問時說：「是陰陽之事，非吉凶所出也，吉凶由人……」等等，不一而足，可參閱近人馮友蘭中國思想史第一篇・第三章。孔子平日不與弟子言天道（見公冶長篇13），並且認為「務民之義，敬鬼神而遠之」才是理智的作法（見雍也篇20），充分說明他的思想是淵源於這些先知先賢的。

註三　如馮友蘭先生說：「在中國文字中，所謂天有五義：曰物質之天，即與地相對之天；曰主宰之天，即所謂皇天上帝，有人格的天帝；曰運命之天，乃指人生中吾人所無奈何者，如孟子所謂『若夫成功則天也』之天是也；曰自然之天，乃指自然之運行，如荀子・天論篇所說之天是也；曰義理之天，乃謂宇宙之最高原理，如中庸所說『天命之謂性』之天是也。詩、書、左傳、國語中所謂之天，除指物質之天外，似皆指主宰之天。論語中孔子所說之天，亦皆主宰之天也。」（出處見前註）

註四　求之論語，例如：

01子曰：「君子食無求飽，居無求安，敏於事而慎於言，就有道而正焉。」（學而篇14）

02子曰：「富與貴，是人之所欲也；不以其道得之，不處也。貧與賤，是人之所惡也；不以其道得之，不去也。」（里仁篇05）

03子曰：「不患無位，患所以立；不患莫己知，求為可知也。」（里仁篇14）

04子曰：「賢哉回也！一簞食、一瓢飲，在陋巷，人不堪其憂，回也不改其樂。」（雍也篇09）

05子曰：「富而可求也，雖執鞭之士，吾亦為之；如不可求，從吾所好。」（述而篇11）

06子曰：「飯疏食，飲水，曲肱而枕之，樂亦在其中矣！不義而富且貴，於我如浮雲。」（述而篇15）

07子曰：「天生德於予，桓魋其如予何！」（述而篇22）

08子畏於匡，曰：「文王既沒，文不在茲乎？天之將喪斯文也，後死者不得與於斯文也；天之未喪斯文也，匡人其如予何！」（子罕篇05）

09子疾病，子路使門人為臣。病間，曰：「久矣哉由之行詐也！無臣而為有臣，吾誰欺？欺天乎？」（子罕篇11）

10子欲居九夷，或曰：「陋，如之何？」子曰：「君子居之，何陋之有？」（子罕篇13）

11公伯寮愬子路於季孫，子服景伯以告，曰：「夫子固有惑志於公伯寮，吾力猶能肆諸市朝！」子曰：「道之將行也與，命也；道之將廢也與，命也——公伯寮其如命何！」（憲問篇38）

12子路宿於石門。晨，門曰：「奚自？」子路曰：「自孔氏。」曰：「是知其不可而為之者與？」（憲問篇41）

13在陳絕糧，從者病，莫能興。子路慍見曰：「君子亦有窮乎？」子曰：「君子固窮，小人窮斯濫矣！」（衛靈公篇01）

14子路曰：「君子之仕也，行其義也；道之不行，已知之矣！」（微子篇07）

註五　姑且拿現在的選舉制度來說，候選人不論運用什麼手段來競選（此所謂「求之有道」），都無人能保證他一定會當選——因選票在選民手中，且投票是選民的自由意志（此所謂「得之有命」），這時，非候選人所能掌控的選民集體意志就代表天命。孟子・萬章上篇引尚書・泰誓篇說：「天視自我民視，天聽自我民聽。」可見兩千多年前的賢者早就有這樣的意識了。

註六　例如八佾篇13記王孫賈問曰：「『與其媚於奧，寧媚於竈。』何謂也？」子曰：「不然！獲罪於天，無所禱也！」在這裡，所謂「天」，只是虛擬的主宰，獲罪於天，其實就是做了違背良知和人道的事；無論討好任何神明，而祈求庇佑，也是沒有用的；即使真的逃過懲罰，那也是一時的幸運使然，所以說：「人之生也直，罔之生也幸而免。」（見雍也篇17）。

十二　談兩性關係

兩性關係在古代叫做「夫婦」或「男女」，雖屬「五倫」之一，但論語所記孔子關於兩性關係的言論，僅見於陽貨篇25，而且後人有所誤解，以為孔子歧視女性；其實，誠如淮南子・氾論篇所言：「誦先王之書，不若聞其言；聞其言，不若得其所以言。」孔子所以會那樣說，自有當時的社會背景，相信通情達理的孔子，應不致有歧視女性的心理——因為人際關係是相對的，孔子提倡的倫理道德，凡關係相對的雙方，都各自有應盡的本分，那就是父慈、子孝、兄友、弟恭、夫義、婦順、君惠、臣忠、朋友有信。況且曾子說：「夫子之道，忠恕而已矣！」（見里仁篇15）而忠恕的精神，在設身處地，為對方著想。彼此雖有輩分先後、年齡長幼、地位尊卑、體能強弱的差異，但互相關愛的心意是可以等量齊觀的；甚至居強勢地位的一方，對居弱勢地位的他方，還應表現更多的體恤才是。

為彌補論語談兩性相處之道的不足，大千曾根據孔子的忠恕精神發表過兩篇短文，特轉錄於下，供讀者諸君參考。

從太極圖談兩性關係（見孔孟月刊第四十三卷第二期）

網路流傳一篇談論愛情的文章，題為無因、無求、無怨、無悔，作者說：「人與人之間不可能有聯集，只有交集——彼此擁有共同的部份，喜歡一起做一些事情；但是也有各不相同的部份，屬於個人的生活空間。」其中「聯集」與「交集」的涵義我不太懂，經一位學生鄭雅方君告知那是數學的術語，「例如ABC與ABD，其聯集為ABCD，而交集則為AB」，於是茅塞頓開。韓愈師說所謂「術業有專攻」、「弟子不必不如師」，果然不錯！

以學生的釋義為準，我可以想像：一黑（ABC）、一白（ABD）兩個等圓相交，重疊（交集）的部份（AB）為灰色，其餘部分仍各自保持原來的黑色（C）與白色（D）——如附圖一。用這樣的圖形來說明兩性關係，的確是很好的比喻，很容易被一般人所了解與接受。不過，這樣的圖形似乎只能讓大家明白兩性關係的靜態現象，而不足以顯示兩性之間的互動關係。此外，原來兩圓各自擁有的AB，在交集之後變成了灰色，跟彼此的本色都不相同，似乎也容易使人產生「質變」的誤解。事實上，兩性關係是互動的，彼此相處達到最圓融、最和諧的境界（聯集），雖不容易；但是易經・繫辭傳上說：「二人同心，其利斷金；同心之言，其臭（音「秀」，氣味）如蘭。」只要兩人同心努力，並非絕不可能，太極圖就足以說明其中的道理——如附圖二。

古人習慣拿「陰」、「陽」兩概念來說明天地間一切相對的事物——就性別而言，黑為陰，代表女性；白為陽，代表男性。太極圖外面的大圓包著由S形線條平均分隔的黑、白兩半，象徵人格平等的一男、一女，因相愛而結合為一家；黑、白分明而對等，表示兩人在一個屋子裡，因互相尊重而仍然各自保有獨立的空間，並沒有誰「擁有」誰的問題。另外還有兩點最妙的地方：

第一、外面的大圓由S形線條平均分隔，連接S形線條起點和終點所虛擬的直線，剛好是這個圓的直徑，它和S形線條的交點則為圓心；以虛擬的直徑為界，看起來，原屬白的半圓又以大圓半徑為直徑所形成的小半圓，凸出到原屬黑的大半圓範圍裡；而原屬黑的半圓也相對以大圓半徑為直徑所形成的小半圓，凸出到原屬白的大半圓範圍裡。這好比一對男女跳舞時步伐的配合——你進我退，我進你退，自始至終，兩人在優美的旋律中，不管怎麼舞動，都不至於互相踩腳，這是多麼動人的場面啊！

第二、在虛擬的大圓直徑上，白的那半正中央有一個小黑圓，黑的那半正中央也相對有一個小白圓——這叫「陽中有陰、陰中有陽」，除了顯示「我心中有你、你心中有我」的意義外，也印證了「男性體內也會分泌少量女性荷爾蒙，女性體內也會分泌少量男性荷爾蒙」的生理現象，以及「女性也有陽剛的時候，男性也可以表現得很溫柔」的心理特質。在林口的長庚醫院精神科「婦女身心醫學小組」

主治醫師蕭美君說：「愈刻板地將兩性區分為強壯、沉默的男性和柔弱、情緒化的女性，愈容易造成維持愛情的障礙。許多研究顯示：執著於性別刻板印象，是壓力與不合的的來源之一。如果情侶可以超越性別刻板印象，更能自我肯定及了解自己，則更能為彼此帶來多方面益處。能幹、獨立、自信、敏感、體諒、以及善於表達的女性及男性，才是理想的情人。」（愛情、婚姻與女性身心健康，見民國九十年二月十四日聯合報）實在是很中肯而值得大家省思的見解。

由以上所述，太極圖所顯示的兩性關係，是可以「聯集」的——若大圓中被S形線條平均分隔的黑、白兩半，各以ABC、ABD來表示，黑、白兩半中的小白圓、小黑圓，各以D、C來表示，那麼，相愛、相敬的男女結合（聯集）之後，不但沒有喪失自我（仍舊保有各自的ABC、ABD），而且能互相吸納對方的優點、包容對方的缺點（D、C）、「若代表優點為吸納，若代表缺點則為包容」，結果是彼此都造就了對方，也成長了自己（ABC＋D與ABD＋C）。有人說：「愛是成全，而非佔有。」太極圖所蘊涵的意義，不正代表夫妻互相成全、同步成長的婚姻終極理想嗎？

此外，太極圖中，被S形線條平均分隔的黑、白兩半，順著圓周，黑色與白色都是從極小發展到極大後，再換成相對的顏色，而繼續同樣的發展，這又象徵著陰陽調和、生生不息的自然生態。一個簡單的圖形說明了宇宙間無窮的奧妙，發明者的智慧真是高超到無以復加，令我讚嘆不已！因而試擬了一則聯語，說明兩性相處之道，在「通識」課堂上宣揚，現鈔錄於下，讓讀者諸君分享：

【上聯】陰陽合成太極圖，豈容切割分你我？你之中有我，我之中有你；

【下聯】夫妻本是共同體，何必計較爭輸贏？輸了也是贏，贏了也是輸！

【橫幅】卿卿我我，永結同心。

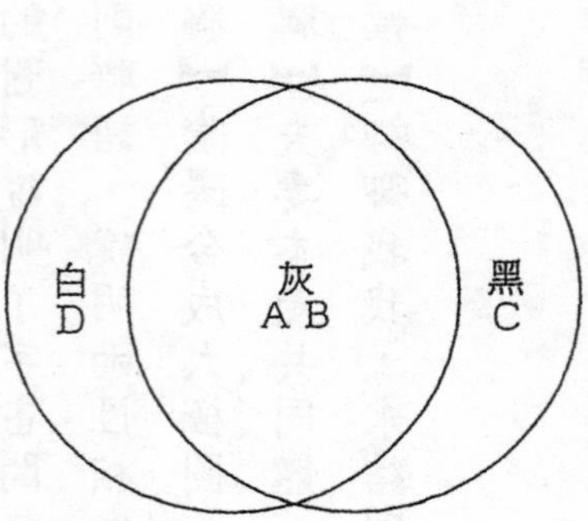

附圖一

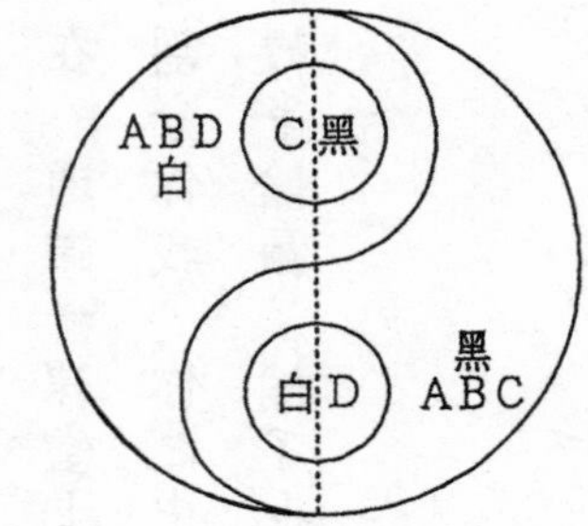

附圖二

唯女子與小人為難養也？（見孔孟月刊第三十八卷第一期）

美籍學者 Scott Wetzler 所著愛上一個不成熟的男人（劉哲華翻譯，臺北：方智出版公司出版）舉出許多案例，說明不成熟男人的人格特質，大致上可以歸納為自私自利、患得患失、鄙吝小器、猜忌多疑、輕諾寡信、工於心計、色厲內荏、諉過卸責等。由於作者主要是寫給女性看的，所以特別點明「男人」來論述；事實上，具有上述不成熟特質的女性，同樣大有人在，聰明的男性也得放亮眼睛，以免愛上之後，吃盡苦頭而懊悔不已。

所謂「不成熟的男人」，即俗稱的「小人」。孔子說：「唯女子與小人為難養也。」（見陽貨篇25）相信女性同胞聽了一定不會服氣；而服膺孔子思想的人士，面對忿忿不平的女性親友時，恐怕大多只有苦笑以對，不知如何辯解與應對。不過，大家無妨試想：孔子的母親也是女性，聖人會對母親不敬嗎？細究孔子這句話的意思，不難明白他對女性其實並無惡意，甚至相當體諒。

首先在邏輯上，孔子既然拿女子和小人並舉，明顯可見他把女子排除於小人之外——這也就意謂「小人」一詞是專指男性而言的。因此，不明事理的男性若拿孔子這話來貶損女性，不啻搬石頭來砸自己的腳，豈非愚蠢到極點？

其次，所謂「小人」，原本指的是兒童。根據心理學家的研究可知：人類在小時候，大都以自我為中心，凡事都先想到自己，所以說「小人喻於利」。由於兒童沒有讀過書，懵懂無知，所以需要大人監護，並教導他們為人處事的道理。隨著年齡的增長，也受到良好的教育，心智逐漸成熟，而有了群體意識，於是愈來愈懂得替他人著想，以謀求彼此關係的和諧。到了成年以後，立足於社會，就得為自己的言行負起完全的責任了。

在孔子那個時代，除了貴族子弟及地方官所推薦「凡民之俊秀者」外，女子和一般平民沒有機會受教育，大都比較愚昧無知，所以在從前，婦女和小孩經常被相提並論——例如過農曆年期間，家長們會用紅紙寫上「童言婦語百無禁忌」幾個字，張貼牆上，以示家中婦孺由於沒讀過書，不太懂事，倘若無心說了一些不得體的話，也無可厚非，值得原諒。因此，相對於受過完整教育、有資格做民眾君、師的「勞心者」被稱為「君子」，那麼一般愚昧無知的「勞力者」，自然就被稱為「小人」了——例如孔子說：「君子之德風，小人之德草；草上之風，必偃。」（見顏淵篇19）其中的君子和小人，指的就是統治者和被統治者。

由以上所述，「小人」一詞，無論是指兒童或平民，原來並不涉及人格的價值判斷；然而一個成年男子既已受過教育，讀過聖賢書籍，如果思想、言行仍像兒童那麼幼稚，人格就不夠健全，因此而被稱為小人，對長久以來深受儒家思想薰陶的國人來說，就是一件非常可恥的事了。

如今女子受教育的權利、機會既然和男性均等，對人格的修養，理當有相同的標準——也就是說：現代的男、女兩性，都應該自許成為一個君子，不但能夠自尊、自愛、自信，而且懂得尊重、愛護、信任他人；否則徒有豐富的學識，卻依舊是個「不成熟的人」，假使孔子再世的話，就不用將女子與小人區隔開來，而只要說「唯小人為難養」就行了。

十三　談活出自我

自民國七十六年臺、澎、金、馬地區解除戒嚴以後，異議蜂起，導致政治紛擾，社會動盪，經濟衰退；加上小人當道，政策謬誤，使得貧富懸殊，民眾失業率及痛苦指數不斷攀高，公、私醫療院所過去乏人問津的精神科，忽然變成熱門，求診患者絡繹不絕；而教人如何追求快樂人生的書籍，也像雨後春筍般紛紛問世【註】。人們莫不希望自己能快快樂樂地渡過一生，只是每一個人對於快樂涵義的認知，以及追求快樂的途徑不同罷了。既然憑個人之力無法改變大環境，只有自求多福，於是「活在當下」、「活出自我」的生活主張漸漸成為國人的主流思想。

愚意以為：與其希望活在當下，不如好好活出自我──因為活出自我比活在當下的層次高、格局大。凡是能夠活出自我的人，應已具備成熟的心智和自主的能力，對於時間、金錢、感情、權勢等外物，也就可以操之在我而收放自如，自然懂得如何活在當下。相反的，若心靈空虛，徬徨無主，便很容易誤解「活在當下」的涵義，一味地想用外物來填補空虛的心靈，於是汲汲於追求感官的刺激和慾望的滿足，甚至不惜舉債，過著「今宵有酒今宵醉」的生活；然而當酒醒之後，心靈空虛的問題依然存在，而原本亢奮的情緒卻早已消失無蹤了。

人人都是獨一無二的個體，生來愛好自由；若能隨心所欲、按照自己的方式來處理一切事物，便會感到欣喜。不過，也有許多人誤解了「活出自我」這句話，過度膨脹自我意識，難免流於驕矜自滿、妄自尊大，或自私自利，結果不是人際關係疏離，就是受制於外物，與想要「活出自我」的初衷大相違背。

快樂是自我感覺滿足、安定、輕鬆、舒適、自由自在、無憂無懼的心理狀態，唯有一顆充實而自由的心靈才會產生這些感覺。因此，快樂應該是內建而非外求的。我們要如何充實並活化自己的心靈，讓它經常洋溢著喜氣呢？現不揣愚陋，謹抒六點淺見如下：

一、**端正觀念**　活出自我的首要條件，就是具備正確的觀念。已故美籍心理學家馬斯洛有幾句名言：「心若改變，態度就會隨之改變；態度若改變，習慣就會隨之改變；習慣若改變，性格就會隨之改變；性格若改變，人生就會隨之改變。」所謂「心」，指的就是觀念。一個人若有高尚的人生觀，才得以建立正當的價值觀，遇到任何事情，才知所取捨，而不至於捨本逐末，甚至誤入歧途。孟子‧盡心上篇說：「士尚志。」意思是讀書人應該立定高尚的志向。至於志向的優劣，則取決於觀念是否偏差，自我省察也才有所依據。

二、**自我省察**　有了正確的觀念後，必須經常自我省察。若能認清自己的個性、志趣、能力和優、缺點，並據以確定人生的理想目標和努力方向，處理事情時，才有本身的立場、原則和方法。且因自知具有某些優點，所以不會妄自菲薄，而懂得珍惜自己，適時地發揮所長；又因自知仍有某些缺點，所以不敢驕矜自滿，而願意虛心受教，不斷地學習成長。總之，充分認識自己，才能切實掌握自己，朝理想的目標努力以赴；而不至於迷失方向，盲目衝撞。這才是做自己的主人，而得以真正享受活出自我的快樂。

三、**培養信心**　一個人若缺乏自信，雖有理想，亦屬枉然。同時，自信不足的話，疑慮必多，也就不容易信任別人，因而造成心態上的封閉。滿懷信心的人，凡事想得開、放得下，既有見賢思齊、從善如流的胸襟，也有與人為善、成人之美的雅量；雖尊重別人、欣賞別人，但不會貶抑自我、喪失自我；因為相信「留得青山在，不怕沒柴燒」，所以能義無反顧，為所當為；由於能自我肯定，也就不在意世俗的毀譽。培養信心之道，在於不斷充實自我；且因相信自己會愈來愈好，所以不怕認錯改過，而當過錯改正之後，不但更值得別人尊敬，自己也領略了成長的喜悅。

四、**真誠無私**　孟子‧離婁下篇說：「大人者，不失其赤子之心者也。」赤子之心貴在天真無邪。由於世風日下、人心險惡，人們為了保護自己，總要戴上面具來與人交往，而不願或不敢坦誠相待，結果未受人害，卻先已自累，無形的損失可能更多。如果擁有自信，就不怕受到傷害，因此願意真誠待人，生活中便無需處處設防，得以保持輕鬆愉快的心情，這也是博得良好人緣的不二法門。一個人的誠意和私心是互相消長的——私心愈少，誠意就愈多。所謂「至情忘我，大愛無私」，以這種真誠的感情和愛心來待人接物，完全不計較一己之得失，自能無怨無悔、不憂不懼、其樂洋洋了。

五、**知足寡欲**　孟子・盡心下篇說：「養心莫善於寡欲。」一個人活得不快樂，往往是因為嗜欲過多，上焉者雖已成就斐然，名利雙收，卻仍想要追求無盡的成就感，迫使自己像走馬燈一樣不停地轉動，落得身心疲憊不堪；下焉者受限於主、客觀因素，欲望無法滿足，內心不平，於是發為怨尤。如果知足寡欲，就懂得持盈保泰，適可而止；若所願未遂，也不至於怨天尤人。凡事只要心安理得，便能做到孔子說的：「飯疏食，飲水，曲肱而枕之，樂亦在其中矣！不義而富且貴，於我如浮雲。」（見述而篇15）俗話所謂「知足常樂」，真是意義深長的至理名言。

六、**居易俟命**　呂氏春秋・慎人篇有言：「古之得道者，窮亦樂，達亦樂——所樂非窮達也；道得於此，則窮達一也。」可見快樂的根源在於真誠、善良、美好的心靈，和外在物質條件的好壞、個人際遇處境之泰否無關。士君子一心向道，致力於進德修業，充實自我，雖不排斥富貴，但認為那是「求之有道，得之有命」（語見孟子・盡心上篇）的身外之物，因此能夠保持平常心，既不羨慕，也不強求。如逢良好時機，得以出人頭地，便竭智盡慮，服務社會，立人達人，與民同樂；即使遭時不遇，有志難伸，也能安貧樂道，獨善其身。范仲淹岳陽樓記說古仁人「不以物喜，不以己悲」，快樂與否繫乎本身一念之仁——這一念看似消極，但就「人生以快樂為目的」的前提來說，卻具有十分積極的意義。

人生在世，若能做自己應該做、喜歡做又做得到的事情，便可感受到莫大的快樂。不過，活出自我並非剛愎自用、一意孤行的為所欲為，而是「從心所欲不踰矩」（語見論語・為政篇04）、「有不為而後可以有為」（語見孟子・離婁下篇）的為所當為。這是須經漫長歲月的歷練，才可望達到的境界。論語・述而篇18記載孔子自道「樂以忘憂，不知老之將至」，實因他從「十五而志於學」開始，便安於「人不知而不慍」的寂寞，既不追求不可必得的財富，也不眷戀無法施展抱負的權位；完全忠於本身的志趣，讓自己浸潤於深造自得和作育英才的喜樂中。由此可見「活出自我」並非今人的發明，古人早就在提倡並且身體力行了。

【附註】

例如美籍學者芭芭拉・安吉麗思所著活在當下（汪芸翻譯，臺北：天下遠見出版公司發行）、日本趨勢大師大前研一所著想做的事就去做（陳寶蓮翻譯，臺北：先覺出版公司發行）等，出版至今超過十年了，始終暢銷，並在網路廣為流傳。

跋

現在一般人談到傳統文化的內涵時，大都以仁義道德來概括，而且根據韓愈的見解為說辭。韓氏的經典名作原道一開頭便說：「博愛之謂仁，行而宜之之謂義；由是而之焉之謂道，足乎己無待於外之謂德。仁與義為定名，道與德為虛位，故道有君子、小人，而德有凶、有吉。老子之小仁義，非毀之也，其見者小也——坐井而觀天，曰天小者，非天小也；彼以煦煦為仁，孑孑為義，其小之也則宜。其所謂道，道其所道，非吾所謂道也；其所謂德，德其所德，非吾所謂德也。凡吾所謂道德云者，合仁與義言之也，天下之公言也；老子之所謂道德云者，去仁與義言之也，一人之私言也。」

其實，「仁」、「義」、「道」、「德」四字，各有本義及引申義；加上古人大都使用單詞，固有句法簡潔的優點，在今人看來，卻難免含糊攏統的缺陷，以致歷代學者們對論語章句的解釋，才會異說紛紜，令人無所適從；不像現行白話創造了大量的複詞，可以清楚而且精確地表達種種細微的意思。因此，要明白論語所用「仁」、「義」、「道」、「德」四字的涵義，最好能融會貫通，隨文解讀，而不宜拘泥。試觀韓愈的解釋，過於簡略而不夠周全，拿來閱讀論語，常有扞格難通的時候——例如他以博愛為仁，那麼何以孔子既說：「君子去仁，惡乎成名？」又說：「君子而不仁者，有矣夫！」便極為費解。此外，韓氏既然認定「道與德為虛位」，所以「道有君子、小人，而德有凶、有吉」，那麼他又說：「由是（指仁、義兩者）而之焉之謂道，（仁與義）足乎己無待於外之謂德……凡吾所謂道德云者，合仁與義言之也。」就難免自相矛盾之嫌。因此，韓愈對「仁」、「義」、「道」、「德」所下的定義，似嫌狹隘，才會捉襟見肘、顧此失彼，而無法自圓其說；套用他自己的話，恐怕也是「其見者小也」、「其所謂道，道其所道」，非論語所謂道也；「其所謂德，德其所德」，非論語所謂德也。

昔日曾聽先師魯公垂示：「中華文化有三寶——文字、史學、儒家思想。」他說的儒家思想，當然是以記錄孔子言談和行誼的論語為代表。大千有幸忝列魯門末座，卒業之後，始終未曾忘懷恩師發揚孔子之道的遺志，拿他所授文字學作為研讀論語的入門鑰匙，不無一得之愚。在先生辭世三十五年後，論語甚解能夠問世，或許可以告慰先生在天之靈了。

國家圖書館出版品預行編目(CIP)資料

論語甚解 / 王大千撰述. -- 修訂初版. -- 屏東縣長治鄉：王大千出版；臺北市：萬卷樓經銷, 民 102.11
面；　公分

ISBN 978-957-43-0996-2（平裝）

1.論語 2.注釋

121.222　　102022825

論語甚解

作者暨出版者：王大千
地　　址：屏東縣長治鄉香楊村瑞安三街十八號
電　　話：〇九八一〇六二三二一
電子信箱：pt762@ms52.hinet.net
承 印 者：和裕出版社
地　　址：臺南市海佃路二段六三六巷五號
電　　話：（〇六）二四五四〇二三～七
售　　價：新臺幣七〇〇元
經 銷 處：萬卷樓圖書股份有限公司
地　　址：臺北市羅斯福路二段四一號六樓之三
電　　話：（〇二）二三二一六五六五
傳　　真：（〇二）二三二一八六九八
電子信箱：service@wanjuan.com.tw
網路書店：www.wanjuan.com.tw
劃撥帳號：一五六二四〇一五
中華民國一〇一（西元二〇一二）年七月初版
中華民國一〇二（西元二〇一三）年十一月修訂初版